„… weil Gott es so will"

„... weil Gott es so will"

Frauen erzählen von ihrer
Berufung zur Diakonin und Priesterin

Herausgegeben von
Philippa Rath OSB

HERDER

FREIBURG · BASEL · WIEN

Umschlaggestaltung: Verlag Herder
Umschlagmotiv: Komposition auf Basis von © Thoom/shutterstock
Satz: Röser Media, Karlsruhe
Herstellung: CPI books GmbH, Leck
Printed in Germany

ISBN Print 978-3-451-39153-8
ISBN E-Book (E-Pub) 978-3-451-83153-9

Inhalt

ANSTATT EINES VORWORTS

Texte heiliger Frauen

Teresa von Ávila (1515–1582)

Du, Herr meiner Seele, dir hat vor den Frauen nicht gegraut, als du durch diese Welt zogst, im Gegenteil, du hast sie immer mit großem Mitgefühl bevorzugt und hast bei ihnen genauso viel Liebe und mehr Glauben gefunden als bei den Männern, denn es war da deine heiligste Mutter, durch deren Verdienste – und weil wir ihr Gewand tragen – wir das verdienen, was wir wegen unserer Schuld nicht verdient haben. Reicht es denn nicht, Herr, dass die Welt uns eingepfercht und für unfähig hält, in der Öffentlichkeit auch nur irgendetwas für dich zu tun, was etwas wert wäre, oder es nur zu wagen, ein paar Wahrheiten auszusprechen, über die wir im Verborgenen weinen, als dass du eine so gerechte Bitte von uns nicht erhörtest? Das glaube ich nicht, Herr, bei deiner Güte und Gerechtigkeit, denn du bist ein gerechter Richter, und nicht wie die Richter dieser Welt, die Söhne Adams und schließlich lauter Männer sind und bei denen es keine Tugend einer Frau gibt, die sie nicht für verdächtig halten.

O ja, mein König, einmal muss es doch den Tag geben, an dem man alle erkennt. Ich spreche nicht für mich, denn meine Erbärmlichkeit hat die Welt schon erkannt, und ich bin froh, dass sie bekannt ist, sondern weil ich die Zeiten so sehe, dass es keinen Grund gibt, mutige und starke Seelen zu übergehen, und seien es die von Frauen.

(Weg der Vollkommenheit [CE] 4,1)

Thérèse von Lisieux (1873–1897)

Als sie sich 1897 bewusst war, dass sie Lungentuberkulose hatte, sagte sie: „Der liebe Gott ist im Begriff, mich in einem Alter zu sich zu nehmen, da ich noch nicht die Zeit gehabt hätte, Priester zu sein ... Wenn ich hätte Priester werden können, hätte ich in diesem Juni die heiligen Weihen empfangen. Was tat also Gott? Damit ich nicht enttäuscht würde, ließ er mich krank werden. Auf diese Weise konnte ich nicht dabei sein, und ich sterbe, bevor ich mein Amt ausüben könnte."

(Bericht der jüngeren Schwester Céline 1910 vor dem Diözesangericht des Bischofs von Bayeux und Lisieux, in: Bd I der Heilig- und Seligsprechungsakte von Thérèse von Lisieux)

Edith Stein (1891–1942)

Die neueste Zeit zeigt einen Wandel durch das starke Verlangen nach weiblichen Kräften für kirchlich-caritative Arbeit und Seelsorgshilfe. Von weiblicher Seite regen sich Bestrebungen, dieser Betätigung wieder den Charakter eines geweihten kirchlichen Amtes zu geben, und es mag wohl sein, dass diesem Verlangen eines Tages Gehör gegeben wird. Ob das dann der erste Schritt auf einem Weg wäre, der schließlich zum Priestertum der Frau führte, ist die Frage. Dogmatisch scheint mir nichts im Wege zu stehen, was es der Kirche verbieten könnte, eine solche bislang unerhörte Neuerung durchzuführen.

(Vortrag vor der Katholischen Akademikervereinigung in Aachen am 30. Oktober 1931, in: Edith Stein Gesamtausgabe 13, 77)

PROLOG

Die ursprüngliche Bitte um persönliche Lebens- und Berufungszeugnisse

Am 26. April 2020 sandte die Herausgeberin untenstehende Anfrage per E-Mail an zwölf Frauen. Bis Pfingsten, d. h. innerhalb von fünf Wochen, erreichten sie 150 Lebens- und Berufungszeugnisse. Sehr viele Frauen hätten gerne auch später noch – nach Redaktionsschluss – ihre Texte eingebracht. Die Anzahl hätte sich beliebig vergrößern lassen.

Liebe engagierte Frauen, denen wie mir das Thema Geschlechtergerechtigkeit in der Kirche am Herzen liegt!

Hiermit komme ich mit folgendem Anliegen auf Sie zu und möchte Sie um Ihre Mithilfe bitten. Hintergrund: Ich bin Delegierte beim Synodalen Weg und wurde als solche in das Forum „Frauen in Diensten und Ämtern der Kirche" gewählt. Nun arbeite ich mit in einer Untergruppe, die sich mit der theologischen Argumentation im Blick auf die Teilhabe von Frauen am sakramentalen Ordo – Diakonat und weitere Ämter – befasst. Wichtige Stichworte sind in diesem Zusammenhang: neue Ämterstruktur – diakonische Kirche und diakonische Ämter sui generis – die pneumatologische Dimension der Kirche – charismenorientierte Zugänge zu Ämtern und Diensten u. v. m.

Ganz wichtig ist mir und anderen in diesem Zusammenhang das Thema Berufung. Deshalb bin ich auf der Suche nach persönlichen Lebenszeugnissen von Frauen, die sich in Vergangenheit und Gegenwart zum Diakoninnen- und zum Priesterinnenamt berufen fühlten und fühlen und ihre Berufung aus bekannten Gründen nicht leben konnten und können. Wären Sie wohl selber bereit, auf maximal einer Seite Ihre Berufungsgeschichte zu schildern und auch darüber zu berichten, für welche Alternative Sie sich dann warum entschieden haben? Auch darüber vielleicht, was die unerfüllte Sehnsucht in Ihnen bewirkt hat und vielleicht immer noch an Spuren in Ihnen hinterlässt? Und/oder würden Sie meine Mail an interessierte Frauen weitergeben?

Mein Ziel ist es dabei zunächst einmal, der „Männerkirche", aber auch vielen Frauen, die das Thema „gleicher Zugang für alle zu Diensten und Ämtern der Kirche" immer noch als „Machthunger aufmüpfiger Frauen" diffamieren, vor Augen zu führen, welches Potential an Berufungen, an Geistkraft und an Charismen der Kirche und den Gläubigen über viele Jahrhunderte vorenthalten wurde und immer noch wird. Ich möchte zum Nachdenken anregen, ja, auch Erschütterung auslösen und ein Bewusstsein dafür erzeugen, wie überfällig eine Kursänderung und Erneuerung in dieser Frage ist.

Ich freue mich sehr, wenn Sie mitmachen. Gerne auch anonym, wenn Ihnen dies notwendig erscheint. Diskretion von meiner Seite sage ich Ihnen hier selbstverständlich zu.

Ihre Sr. Philippa Rath OSB

EINFÜHRUNG DER HERAUSGEBERIN

Welch eine Verschwendung von Charismen und Begabungen

„Jesus sagte zu ihnen: Bringt von den Fischen, die ihr gerade gefangen habt. Da stieg Simon Petrus hinauf und zog das Netz ans Land, das mit großen Fischen gefüllt war, *hundertdreiundfünfzig* Stück; und obwohl es so viele waren, riss das Netz nicht." (Joh 21,10–11)

Einblick

Der nachösterliche Bericht vom wunderbaren Fischfang im See von Tiberias erscheint wie ein Paradigma für das vorliegende Buch. Zunächst spiegelt die Zahl 153 eine verblüffende Parallele wider, denn es sind genau 153 Berufungs- und Lebenszeugnisse – 150 von Frauen und drei als Zeichen der Solidarität mit ihnen von Männern verfasst –, die hier gesammelt sind. Bloßer Zufall? Nur eine unbedeutende Zahl? Oder vielleicht doch ein leises, aber deutliches Zeichen, dass der Heilige Geist – Redaktionsschluss für die Textsammlung war ausgerechnet an Pfingsten – hier seine Hand mit im Spiel hat?

Was wäre gewesen, wenn Petrus nicht den Mut gehabt hätte, auf Jesu Weisung hin das Netz noch einmal auszuwerfen, diesmal auf der rechten Seite? Er wäre leer ausgegangen und vermutlich mutlos und resigniert von dannen gezogen. So aber bringt er einen überreichen Fang mit an Land, dieser Petrus, der Menschenfischer. Wie wäre es, wenn wir, wenn unsere Kirche, sich noch einmal auf einer ganz anderen Ebene von dieser Erfahrung des Petrus inspirieren lassen würde? Wie wäre es, wenn auch wir heute die Netze einmal in unbekannten Gewässern auswerfen würden, dort, wo allzu viele keinerlei Fang erwarten? Zum Beispiel bei den Frauen in der Kirche?

Rückblick

Als die deutschen katholischen Bischöfe im März 2019 einen „verbindlichen synodalen Weg" zur Aufarbeitung und Aufklärung der Missbrauchsfälle beschlossen, da war die Frauenfrage zunächst für sie noch kein zentrales Thema. Man(n) wollte sich zunächst mit drei wesentlichen Themenbereichen beschäftigen: „Macht, Partizipation, Gewaltenteilung", „Sexualmoral" und „Priesterliche Lebensform". Erst als das Zentralkomitee der deutschen Katholiken (ZdK) mit Vehemenz das Frauenthema auf die Agenda brachte und dabei leidenschaftlich von den Vertreterinnen der katholischen Frauenverbände und der Aktion Maria 2.0 unterstützt wurde, wendete sich das Blatt. Seither gibt es ein viertes Synodales Forum: „Frauen in Diensten und Ämtern der Kirche".

Schon sehr bald, bei der ersten Synodalen Vollversammlung im Februar 2020 und auch in den Vorbereitungspapieren für die Foren, zeigte sich, wie zentral die Frauenfrage werden würde. So zentral, dass inzwischen kaum noch jemand daran zweifelt, dass die Frage der gleichberechtigten Teilhabe von Frauen an Ämtern und Diensten eine Überlebensfrage der Kirche werden könnte – oder bereits ist. Inzwischen spricht sogar der Vorsitzende der Deutschen Bischofskonferenz, der Limburger Bischof Georg Bätzing, offen aus, was viele denken: „Die Thematik Frau in der Kirche ist die dringendste Zukunftsfrage, die wir haben ... Wir werden nicht mehr warten können, dass Frauen zu gleichen Rechten kommen." (Interview im ARD-Morgenmagazin vom 4.3.2020)

Und die Frauen selbst? Viele erfahren eine wachsende Diskrepanz zwischen ihrem eigenen Selbstverständnis, ihrer Lebenswirklichkeit als Frau in einer modernen Gesellschaft des 21. Jahrhunderts auf der einen und vielen kirchlichen Positionen auf der anderen Seite. Sie fühlen sich diskriminiert, ausgegrenzt, ihres Menschenrechts auf Gleichheit und Geschlechtergerechtigkeit beraubt. Und vor allem: Viele fühlen sich nicht ernst genommen, ja missachtet in ihrer Berufung, erfahren, wie ihre Lebens- und Beruf(ung)smöglichkeiten eingeschränkt werden, empfinden dies als Unrecht, dem sie hilflos und ohnmächtig ausgeliefert sind. Noch mehr aber erzürnt sie, dass diese Schieflage von vielen Amtsträgern nicht etwa als Missstand gesehen wird, den es zu beheben gilt, sondern dass die strukturelle Benachteiligung von Frauen nach wie vor mit längst widerlegten theologischen Argumenten gerechtfertigt und damit jeder Kritik entzogen wird.

In steter Regelmäßigkeit ist nun ein Aufschrei der (noch) engagierten Frauen in der Kirche zu hören. Die Katholische Frauengemeinschaft Deutschlands (kfd) und der Katholische Deutsche Frauenbund (KDFB), der Hildegardisverein und Maria 2.0, Christiane Florins „Weiberaufstand", Aufrufe und Statements von Frauenorden und -gemeinschaften, Aktivitäten und Initiativen neu entstandener Frauennetzwerke wie CWC (Catholic Women's Council) oder „Ordensfrauen für Menschenwürde" belegen es: Niemand sollte darauf hoffen, dass die Frauenfrage in den deutschsprachigen Ländern und auch weit darüber hinaus irgendwann wieder von der Tagesordnung verschwinden wird. Nicht, solange keine Reformen in den Blick genommen und Schritt für Schritt mehr Mitbeteiligung und Mitverantwortung von Frauen in der Kirche umgesetzt wird – und zwar nicht als Lückenbüßer, nicht als Almosen, sondern als verbrieftes Recht in Anerkennung ihrer gleichen Würde.

Wider alle Hoffnung glauben viele Frauen, dass Umdenken und Erneuerung möglich sind, dass es sich lohnt, neu zu denken und Kirche anders zu leben, Dienste und Ämter auf andere als klerikale Weise zu sehen und wahrzunehmen und anzuerkennen, wie viel an Seelsorge, an Diakonie, an gelebter Liebe und echter, auch priesterlicher Nachfolge schon heute von unendlich vielen Frauen getan wird. Um im Bild des Anfangs zu bleiben: Die Gewässer dieser Welt sind voll mit großen Fischen! Wir müssen nur den Mut haben, die Netze auch an unbekannten Stellen auszuwerfen – mit anderen Worten: dem Geist/der Geistkraft Raum zu geben. Denn er/sie weht bekanntlich, wo er/sie will. Und wer sind schließlich wir, dass wir Gott vorschreiben wollten, wen er zu welchen Ämtern und Diensten in seiner Kirche beruft und welches Geschlecht diese Berufenen haben müssen?

Ausblick

Ursprünglich war es meine Absicht, ein paar wenige Berufungs- und Lebenszeugnisse von Frauen zu sammeln, die sich zum Diakoninnen- oder Priesterinnenamt berufen fühlten und fühlen, ihre Berufung aber nicht leben können, weil ihnen die Kirche und ihr Lehramt den Zugang zu diesen Ämtern verwehrt. Der fachtheologischen Arbeit im Synodalen Forum „Frauen in Diensten und Ämtern der Kirche" wollte ich damit – sozusagen als andere Autorität – die konkrete Lebenswirklichkeit von Frauen an die Seite stellen. Zudem hatte ich bereits bei den ersten Synodalen Treffen von verschiedener bischöflicher Seite gehört, „dass es doch in Wahrheit eigentlich wohl nur ganz wenige berufene Frauen gäbe". Dem zu widersprechen und den Gegenbeweis anzutreten, war mein Ziel.

Dass aus ursprünglich 12 erwarteten Lebens- und Berufungszeugnissen innerhalb von nur fünf Wochen 150 wurden, hat mich überwältigt. So ist die Idee zu diesem Buch entstanden.

Was können diese authentischen und zutiefst berührenden Texte uns lehren? Viel zu lang wurden die Frauen mundtot gemacht in der Kirche. Gehört werden, die eigene Berufung zur Sprache bringen können, die eigenen geistlichen Kompetenzen einbringen zu können, das war und ist für viele Frauen bis heute ein unerfüllter Wunsch. Oder wie es eine der Frauen so treffend ausdrückt: „Bleiben in dieser Kirche bedeutet für mich: aushalten, dass sie meine Berufung und die vieler anderer Frauen nicht wahrhaben, noch nicht einmal prüfen will, weil nicht sein kann, was nicht sein darf."

Die Bandbreite der Texte – ihre Fülle und Breite aus dem gesamten deutschsprachigen Raum, aus nord-, west-, ost- und süddeutschen Diözesen und vier Generationen umspannend – ist beeindruckend. Bei aller Vielfalt gibt es bestimmte Grundkonstanten, die an mehreren Stellen wiederkehren und in denen sich viele Leserinnen wiederfinden werden. Vor allem aber zeichnen die Zeugnisse das erschütternde Bild einer ungeheuren Ressourcen- und Charismen-Verschwendung, die sich seit Jahrzehnten in der Kirche ereignet hat und immer weiter ereignet. Wie oben bereits gesagt: Die Gewässer sind voll, nur werden die Netze offenbar noch immer an der falschen Seite ausgeworfen. Oder, wie eine der Frauen schreibt: „Den Begriff der verlorenen Generation/Generationen weite ich auf die Frauen unserer Kirche aus, auf die ab 1950 geborenen, gut ausgebildet, voller Engagement, Mut und Hoffnung, die ihre religiösen, intellektuellen und sozialen Talente in ihre Gemeinden einbringen wollten, in ihrem Wirken aber nur bedingt Anerkennung fanden und entmutigt wurden. Das sind rückblickend schon drei Generationen von Frauen, die für das Priesteramt verloren sind, deren tröstende Hände an Krankenbetten fehlten, deren Gebete, gute Predigten und Segnungen ihren von Gott bestimmten Gemeinden vorenthalten wurden."

Der Schmerz und der Leidensdruck vieler Frauen ist groß. Eine von ihnen schreibt: „Ich merke, dass es krank ist und krank macht, wenn Lebensmöglichkeiten, ja Berufung, nicht gelebt werden kann." Viele leiden im Stillen, haben sich irgendwie arrangiert oder aber auch resigniert; manche haben im benachbarten Ausland, vor allem in der Schweiz, ihre Berufung leben und mehr Entfaltungsmöglichkeiten finden können; wieder andere haben sich nach langem inneren Ringen entschieden, die katholische Kirche zu verlassen, und in der alt-katholischen oder evangelischen Kirche ihren Platz gefunden; eine kleine Gruppe schließlich ist den Weg der „Weihe *contra legem*" gegangen, hat für ihre Berufung die Exkommunikation auf sich genommen und leidet bis heute schwer unter diesem Ausschluss. Es ist leider wohl auch kein Zufall, dass 26 der 150 Lebenszeugnisse in diesem Buch mit „Anon." gezeichnet sind. All diese Frauen

14

sehen sich gezwungen, unerkannt zu bleiben, weil sie um ihren Arbeitsplatz oder ihr Ansehen in der Gemeinde fürchten. Die meisten von ihnen arbeiten in Diensten der Kirche. Sie haben Angst vor Repressionen, vor Mobbing und Ausgrenzung. Auch das eine traurige Wirklichkeit in unserer Kirche.

Die Texte dieses Buches sind exemplarisch – sie stehen als Teil für das Ganze. Sie sind vielfältig, auch widersprüchlich, im besten Sinne katholisch, allumfassend und universal. Die Erfahrungen der Frauen sind nicht lokal oder regional, sondern stammen aus zahlreichen Ortskirchen. Ihr theologischer Ansatz ist nicht uniform, es kommen unterschiedliche Aspekte eines Amts- und Priesterverständnisses zum Ausdruck, verschiedene theologische Meinungen und Schulen, ganz unterschiedliche Modelle einer Kirche von morgen. Allen gemeinsam aber ist das Fundament auf der Heiligen Schrift, das Ernstnehmen und ein großer Respekt vor der Tradition, Kultur und Geschichte der katholischen Kirche und ein klares Bekenntnis zu den Lehren des Zweiten Vatikanischen Konzils. Viele Beiträge atmen einen zutiefst ökumenischen Geist und ausnahmslos allen geht es um einen pastoralen Ansatz und eine pastorale Zukunftsperspektive.

Die Fülle der geschilderten Erfahrungen sind ein ernster, unüberhörbarer, theologisch gut begründeter Appell zu einem Neudenken von Kirche und einer Änderung des Amtsverständnisses. Wie Kirche ist, wie sie sein sollte und werden könnte, leuchtet an vielen Stellen auf. Wie auch der unüberhörbare Ruf, dem Geist zu vertrauen und unter seiner Führung gangbare Wege für eine Kirche des 21. Jahrhunderts zu finden. Die Zukunft ihrer Kirche liegt den Frauen am Herzen. Sie lieben ihre Kirche und leiden gleichzeitig an ihr. Sie möchten sie verantwortlich mitgestalten und vor allem in ihrer authentischen Berufung Anerkennung finden. Eine von ihnen schreibt: „Ich durfte die Kinder auf die Taufe und Erstkommunion vorbereiten, aber nicht selbst taufen und bei der Erstkommunionfeier nur Statistin sein. Ich durfte die Krankenkommunion zu den Menschen bringen, aber den Wunsch der alten Frau, bei mir die Beichte abzulegen, weil es sich von Frau zu Frau leichter sprechen ließe, musste ich abschlagen. Später in der Altenseelsorge habe ich die Menschen beim Sterben begleitet, aber ich durfte bei der Krankensalbung nur dem fremden Priester den Weg weisen, der im Eilschritt von Zimmer zu Zimmer hetzte. Ich habe gerne in Gottesdiensten zu den Menschen gesprochen und oft erlebt, wie die Worte von Gottes Zuwendung und Barmherzigkeit aus meinem Herzen quollen und die Menschen erreichten – aber sonntags predigen durfte ich nicht. Ich konnte besser leiten als mancher Vorgesetzter, aber die Leitungsfunktion oblag dem Priester."

Viele der Lebens- und Berufungszeugnisse in diesem Buch deuten darauf hin, dass in der Breite der katholischen Gemeinden im deutschsprachigen Raum nicht nur ein Akzeptieren von geweihten Frauen möglich, sondern dies geradezu ein Desiderat ist. Dabei geht es den Gläubigen keineswegs um eine bloße „Anpassung an den Zeitgeist", sondern um ehrliche Glaubensüberzeugungen, um gewonnene theologische Erkenntnisse und vor allem um konkrete geisterfüllte Erfahrungen mit engagierten Frauen in der Kirche, die heute bereits „diakonisch" und „priesterlich" wirken. Zu fragen wäre, ob dieser *sensus fidelium* (Glaubenssinn) heutiger Christinnen und Christen nicht wachsamer gehört, deutlicher zur Kenntnis genommen und mutiger in die Tat umgesetzt werden müsste. Nicht selten in der Geschichte der Kirche hat die *vox populi* schließlich heilige Frauen schon zu Zeiten anerkannt und verehrt, als diese von der Amtskirche noch lange ausgegrenzt und ignoriert wurden.

Die 150 Texte dieses Buches spiegeln wie in einem Brennglas – vergleichbar den 150 Psalmen des Alten Testaments – die Heilsgeschichte Gottes mit den Menschen in all ihren Höhen und Tiefen wider. Dass den Lebenszeugnissen der Frauen noch drei Texte von Männern hinzugefügt sind, hat eher symbolischen Charakter. Die Herausgeberin erreichte eine Vielzahl von Zuschriften von Männern – Klerikern und Laien –, die ausdrücklich ihre Solidarität mit den Frauen bekunden wollten und sich für die gleichberechtigte Teilhabe der Frauen an allen Weiheämtern der Kirche engagieren. Ihre Stimmen sollten in diesem Buch wenigstens ansatzweise Gehör finden. Alles andere würde den Rahmen des Projektes sprengen. Wir danken den Autoren für ihren Zuspruch und ihre ermutigenden Statements.

An dieser Stelle ist es Zeit, den 150 Autorinnen dieses Buches selbst zu danken. Sie haben sich ansprechen lassen durch den Aufruf, ihr Lebens- und Berufungszeugnis aufzuschreiben, und sind diesem leidenschaftlich gefolgt. Viele haben meine (Mail-)Anfrage an andere weitergeleitet, so dass eine ganze Bewegung in Gang kam, die dieses Buch erst möglich machte. Mich haben die Texte tief beeindruckt und bewegt. Sie haben mir neue Blickwinkel und Perspektiven eröffnet und mich in meinem Engagement für die Frauen und für mehr Geschlechtergerechtigkeit in der Kirche bestärkt. Sie haben mir gezeigt, dass es sich lohnt zu kämpfen – auch dann, wenn vielleicht erst die kommenden Generationen die Früchte unseres Engagements ernten können. Diese oder ähnliche Erfahrungen wünsche ich auch allen Leserinnen und Lesern dieses Buches.

Nicht zuletzt danke ich meiner Äbtissin und meinen Mitschwestern

für die wohlwollende Begleitung des Projektes, das sich scheinbar nahtlos einreiht in das unermüdliche Engagement unserer verstorbenen Schwester Marianna Schrader OSB für den Diakonat der Frau in den sechziger Jahren des 20. Jahrhunderts. Ihre Hoffnung, dass das Konzil sich der Frauenfrage mutig zuwenden würde, ist unerfüllt geblieben. Nun ist es an uns, ihr Vermächtnis weiterzuführen.

Mein Dank gilt schließlich auch meiner langjährigen Weggefährtin Frau Maria Sybille Bienentreu, die mir bei der Zusammenstellung der Texte mit Rat und Tat zur Seite stand, sowie Herrn Clemens Carl und dem Verlag Herder für die sorgfältige Lektorierung und Drucklegung des Buches.

Abtei St. Hildegard am Fest der heiligen Hildegard, dem 17. September 2020

Sr. Philippa Rath OSB

DIE LEBENS- UND
BERUFUNGSZEUGNISSE DER FRAUEN

Von A–Z

1. **„Es kam mir vor, als würden meine Worte gestohlen"** Je älter ich werde, desto drängender wird das Thema „Priesterin" für mich als geistliches Thema. Es lautet: Bist du deiner Berufung gefolgt oder warst du zu bequem, zu ängstlich, zu …? Es gibt bis in die Kindheit Erinnerungen, dass ich mich zur Priesterin berufen gefühlt habe. Mit meinem Bruder habe ich Messe gespielt; die Rollenverteilung war klar: Mein jüngerer Bruder war Messdiener, ich Pastor. Als er nach der Erstkommunion Messdiener wurde, mir diese Aufgabe aber verwehrt wurde, habe ich wie die Witwe im Gleichnis mehrere Jahre gekämpft, bis wir Mädchen den Dienst am Altar tun durften. Mit 13 war ich mir sicher, Theologie zu studieren. Als wir in der 10. Klasse auf der Klassenfahrt an einer Universität das Schild „Institut für Theologie" sahen, wäre ich am liebsten sofort reingegangen, um das Studium zu beginnen. An meiner Liebe zu Theologie wesentlich beteiligt war ein Priester, der promovierter Kirchenhistoriker und Leiter des Lehrerseminars war. Als ich ihn in der Oberstufe mit der Frage nach dem Priestertum der Frau behelligte, meinte er: „In zwanzig Jahren spricht da niemand mehr drüber." Wie falsch er mit diesem Urteil lag! Das Theologiestudium habe ich zunächst noch im Glauben, dass die Verhältnisse sich ändern können, begonnen. Ich war Mitglied in einem Bewerberkreis. Bei den Veranstaltungen dort wurde von der Ausbildungsleitung immer wieder betont, dass die Pastoralreferent*innen keineswegs Ersatz für fehlende Priester seien, weil wir eine ganz andere Spiritualität hätten. Ich habe mich immer gefragt, wo genau der Unterschied ist. War er daran zu erkennen, dass ich freiwillig morgens vor der Vorlesung in den Gottesdienst ging, während die Priesteramtskandidaten über die verpflichtende Teilnahme an der Messe jammerten? War er daran zu erkennen, dass wir „Laien" uns im Studium viel mehr engagierten und im Durchschnitt bessere Leistungen erbrachten als die Männer mit der anderen Spiritualität? Allmählich wuchs die Überzeugung, dass es sinnlos ist, darauf zu warten, dass Frauen zum Priestertum zugelassen werden, und ich habe die Berufung

zum Priestertum ganz hinten/unten vergraben, versteckt, wie auch immer. Denn parallel kam das Leben mit Beziehung, Elternschaft, Nestbau ... All diese Aufgaben habe ich bewältigt, die Frage danach, wie mein Geschlecht und meine Berufung sich zueinander verhalten, trat zwar in den Hintergrund, meldete sich aber auf ganz unterschiedliche Weise immer wieder. Evangelische Pastorinnen lösten nie etwas aus, solange sie Talar und Bäffchen trugen. Aber als ich eines Tages einer lutherischen Pfarrerin im Messgewand gegenüberstand, traf mich wie ein Blitz die Erkenntnis: So könnte es sein. Oft wurde ich gefragt, warum ich als Frau katholische Theologin bin. Evangelische Kolleg*innen boten mir mehr als einmal an: „Komm doch zu uns." Die Schwester einer Freundin, ebenfalls aus streng katholischem Elternhaus, konvertierte und ist seit 20 Jahren glücklich evangelische Pfarrerin. Es geht hier nicht darum, die Frage Priesterverständnis in den Kirchen der Reformation zu reflektieren. Es geht mir darum zu sehen, dass sie Menschen Heil zuspricht, wie es in der katholischen Kirche den Priestern vorbehalten ist. Für mich war die Konversion nie ernsthaft eine Frage. Die Mutter bleibt immer die Mutter, selbst wenn sie eine schlechte Mutter ist/war.

Immer wieder gibt es Situationen, in denen das Thema sich wieder meldet: Ich arbeite in der theologischen Erwachsenenbildung. Kurse schließe ich oft mit einer Wortgottesfeier ab. Wir hören das Wort der Schrift, wir teilen Brot und Wein, wir singen und beten gemeinsam. Nur eines tun wir nicht: die Worte, mit denen Jesus die Gemeinschaft derer, die ihm folgten, beauftragte, sich an ihn zu erinnern, sprechen. Die fehlen wie eine tiefe, schmerzhafte Wunde. Die Reaktion auf meine Weise, diese Feiern zu gestalten, ist oft so, dass die Teilnehmenden mir sagen, wie gut sie sich vorstellen können, wie es wäre, wenn es katholische Priesterinnen gäbe. Gibt es aber nicht. Noch nicht? – Ich bin Autorin in einer Predigtreihe. Eines Sonntags saß ich in der Bank und hörte überrascht eine Predigt, die ich gut kannte. Es kam mir vor, als würden meine Worte gestohlen. Nicht weil eine andere Person meine Predigt hielt – das ist meine Aufgabe –, sondern weil ich diese Predigt nicht halten dürfte. Bei einer Gelegenheit legte ein Priester ausgerechnet bei Mk 5,21–43 als Tageslesung meiner Gemeinde nicht das Evangelium aus, sondern ließ sich breit über seine Berufung aus und darüber, dass so etwas für Frauen völlig undenkbar ist. Spannend war zu sehen, dass im Anschluss nicht nur Frauen, alte und junge, sondern auch Männer entsetzt waren. Die Überlegung, wie dieser Sicht entgegengetreten werden muss, löste bei mir die Frage aus, ob ich bereit bin, mich zu meiner Berufung zu bekennen und so auch meine berufliche Position zu riskieren. Diese Gewissensfrage verstummt nicht mehr.

Andererseits frage ich mich angesichts der aktuellen Situation auch, ob ich in einer so kyriarchal strukturierten Gemeinschaft überhaupt ein

Amt übernehmen will. Wir müssten unbedingt die Themen Amt und Priestertum völlig neu und zeitgemäß buchstabieren.

Manchmal denke ich, es gibt die Stimme der göttlichen Geistkraft in mir und es gibt eine satanische Stimme. Letztere sagt: Lass das, hat ja doch keinen Zweck, verlorene Energie ... Erstere sagt mir: Du kommst Deiner Berufung nicht nach! Schon länger habe ich ehrliche Gewissensbisse, dass ich mich nicht kämpferisch in die erste Reihe gestellt habe, sondern immer vorsichtig diplomatische Wege gesucht habe. Über Jahrzehnte wurden Argumente gesammelt und vorgebracht, aber das wichtigste Argument nennen wir viel zu selten:

Es geht um Berufung. Wer kann dem Heiligen Geist vorschreiben, dass er nur die Hälfte der Menschheit zu dieser Aufgabe berufen darf?   Anon.

2. „Ich bin Priesterin, die der Kirche dient und freudig das Reich Gottes verkündet" Ich bin 79 Jahre alt, Kolumbianerin, und wurde von einer rebellischen Mutter, einer ehemaligen Ordensfrau und Missionsschwester aus dem Karmeliterorden, nach den Prinzipien und christlichen Werten des Glaubens erzogen. In meiner Kindheit habe ich mit meinen Brüdern Prozessionen abgehalten und „Messen" gelesen. Die Mutter machte uns den Altar und die Ornamente aus Zeitungspapier; sie hat uns nie gelehrt, dass Frauen Randfiguren in der Kirche sind. In meiner Jugend und in meinem ganzen Leben habe ich mich im Dienst des Evangeliums engagiert. Von klein auf war ich Laienmissionarin unter Afros und Indianern in der von Bischof Gerardo Valencia Cano gegründeten UFEMI (Unión Seglar de Misioneras), dem ich einen Teil meiner Ausbildung verdanke, die ich in Höherer Katechese am Lateinamerikanischen Katechetischen Institut absolviert habe. Als Sekretärin des Bischofs war ich eine der drei Laiensekretärinnen der 2. Lateinamerikanischen Bischofskonferenz in Medellín (1968).

Ich fühlte den Ruf erst, als ich in der Gemeinschaft die Notwendigkeit spürte und erlebte. Die Mutter einer Freundin lag im Sterben, und sie bat mich, ihr bei der Suche nach einem Priester für die Krankensalbung zu helfen. Ich fragte sie, ob sie in die Pfarrei gegangen sei, und sie sagte ja, aber dass der Priester gerade dabei war, an der Universität zu unterrichten. Und in der anderen Pfarrei? Sie antwortete: Der Priester sagte, es sei nicht seine Aufgabe, in diese Pfarrei zu gehen. An diesem Punkt begann ich stark zu spüren, dass die Verkündigung des Evangeliums nicht zwischen Grenzen oder Mauern gefangen sein kann. Von dem Moment an, bis heute, haben mich die Sorge und der Ruf nicht mehr verlassen.

Mit der Unterstützung meiner Schwester und Freundin Elfriede Harth, einer Deutschkolumbianerin, nahm ich Kontakt mit der Vereinigung römisch-katholischer Priesterinnen (Association of Roman Catholic Women Priests) auf. Es schien mir unmöglich. Könnte es eine andere Kirche, eine andere Sekte sein? Sie erklären mir, dass sie zur Kirche gehören, dass sie eine internationale Bewegung sind, und sie fragen mich, ob ich akzeptieren würde, exkommuniziert zu werden. Bis heute fühle ich mich nicht exkommuniziert. Vor kurzem ging ich in mein Dorf, um meine Taufurkunde zu holen, und ich gestehe, dass mir mein Herz aus meiner Brust springen wollte, während der Sekretär meinen Antrag vorbereitete. Es gab keine Randbemerkung, die auf eine Neuheit hindeutete. Ich bin nicht aus der Kirche ausgetreten, ich habe nicht auf meine Taufe verzichtet. Ich bin keine Unbekannte vor dem Episkopat und dem Klerus. Weder ich noch sonst eine der Priesterinnen, mit denen wir innerhalb der Kirche mit Mut und Diskretion zusammenarbeiten, wurde bislang belästigt.

Am 11. Dezember 2010 wurde ich zur Priesterin geweiht, und am 24. September 2015 wurde ich zur Bischöfin ernannt. Ich baue auf die Unterstützung der Laien, die sich zunehmend bewusst werden, dass sie diejenigen sind, die uns unterstützen und uns bitten, ihnen zu dienen. Ich fühle, dass ich dazu geweiht wurde, die Laien zu befähigen, durch die Verkündigung des Evangeliums der Kirche zu dienen und sie wiederaufzubauen. Ich fühle mich nicht dazu geweiht, mit dem männlichen Klerus in Konkurrenz zu treten. Ich bin eine Priesterin, die der Kirche dient, freudig das Reich Gottes verkündet, Sexismus, Marginalisierung und Ungleichheit ausmerzen will, die gegenwärtige Sünde, die der Kirche schadet.   Olga Lucía Álvarez Benjumea

3. „Zu groß war der Schmerz über die Unerfüllbarkeit der Berufung" Ich bin mit 25 Jahren in ein Kloster eingetreten. Schon einige Zeit zuvor spürte ich die Berufung zu einem ehelosen Leben. In den ersten Jahren war ich natürlich mit dem Kennenlernen und Hineinwachsen in die Gemeinschaft und in diese Berufung beschäftigt. Das fordert den ganzen Menschen. Nie wäre ich auf die Idee gekommen, in diesem Leben auch noch eine andere Berufung zur spüren. Vor allem nicht eine Berufung, die es – nach dem offiziellen Recht und der Lehre der Kirche – nicht geben kann. Ich bekam sehr bald den Dienst der Sakristanin. So war ich Mesnerin und ein bisschen auch Messdienerin in einem. In vielen Messen brachte ich das Brot zur Gabenbereitung nach vorne und übergab es dem Priester. Ich liebte den Dienst in der Sakristei – ganz besonders aber den Dienst während der Messe. Stellvertretend für alle brachte ich das Brot. Irgendwann – ich war etwa zwei Jahre im Kloster – spürte ich etwas, wusste aber nicht, was ich spüre. Ich spürte etwas, das ich gar nicht spüren „konnte", das nicht sein konnte. Deshalb verstand ich auch nicht, was ich spürte.

22

Wir machten mit dem Kloster nicht lange danach einen mehrtägigen Pilgerweg zu Fuß, an dem auch Gäste teilnahmen. Eine langjährige Bekannte des Klosters und Theologin war dabei. Wir kamen auf dem Weg in ein persönliches Gespräch. Ich war erstaunt über ihr Vertrauen zu mir. Sie erzählte mir, dass sie schon seit Längerem die Berufung zur Priesterin in sich spürte. Das war das erste Mal, dass ich so etwas hörte. Dass ich hörte, dass eine Frau sich dazu berufen fühlt. Es platzte bald aus mir heraus: Ich fühle mich auch dazu berufen! Wir sprachen darüber, sie bestärkte mich. Ich war ganz überwältigt. Was für eine Begegnung. Für mich war es auch eine Fügung, eine Bestätigung dessen, was ich gar nicht hätte denken, geschweige denn aussprechen können. Ich spürte eine große Dankbarkeit Gott gegenüber – und gleichzeitig einen starken Schmerz und große Fragen. Was bedeutet diese Berufung, Gott? Was soll ich tun?

In dem Kloster waren Leitung und geistliche Begleitung leider nicht klar getrennt, so dass die Oberin für mich auch eine sehr persönliche Ansprechpartnerin war. Sie hatte eine hohe Autorität. Sie muss zu dieser Zeit irgendwo unterwegs gewesen sein – jedenfalls schrieb ich ihr von meiner Berufung. Sehr aufgeregt und gespannt, was sie sagen würde. Ich mochte sie gern und schätzte sie sehr hoch. Es kamen nur zwei Zeilen – ich weiß gar nicht mehr was. Es war unklar, unverständlich. Als sie wieder im Haus war, wartete ich immer, dass sie etwas dazu sagte. Aber es kam nie etwas. Und ich traute mich nicht, sie nochmal darauf anzusprechen! Ich versuchte, ihrem Schweigen irgendeinen Sinn zu geben, aber so recht gelang das nicht. Meine Novizenmeisterin reagierte offen. Das tat mir gut. In mehreren Gesprächen war die Berufung Thema. Aber sie wusste nicht, was sie damit machen sollte. Die fehlende Reaktion der Oberin blockierte mich zunehmend. Ich sprach bald nicht mehr über das Thema und wurde nicht mehr darauf angesprochen – auch nicht von der Novizenmeisterin, die meine offizielle geistliche Begleiterin war. Jahrelang sprach ich nicht darüber, und verdrängte es auch ein bisschen. Auch mit einer neuen Begleiterin – wieder einer Mitschwester – sprach ich die Berufung nicht an. Zu groß waren einerseits der Schmerz über die Unerfüllbarkeit der Berufung und andererseits die Verwirrung, dass die so geschätzte – und wahrscheinlich überschätzte – Oberin mich damit ignoriert hatte. – Eine geistliche Begleitung außerhalb der Gemeinschaft wäre für mich sehr wichtig gewesen!

Mittlerweile lebe ich nicht mehr im Kloster – und zwar nicht, weil ich die Berufung dazu nicht mehr gespürt hätte. Die Gründe waren ernsthaft, sollen aber hier nicht dargelegt werden. Ich habe einen geistlichen Begleiter gefunden, einen Jesuiten, der meine Priesterberufung ernst nimmt und mich darin bestärkt. Weiterhin lebe ich ehelos.

Eine Zeit lang – noch in den ersten Klosterjahren – war ich in der Ausbildung für Pastoralreferent*innen angemeldet, meldete mich aber bald davon ab. Einerseits wurde mir vom Kloster dazu geraten – der Beruf sei kaum mit dem Klosterleben vereinbar. Andererseits konnte ich mir damals zunächst schwer vorstellen, in jeder Messe nur neben dem Priester zu stehen oder in der Bank zu sitzen. Ich dachte, das würde ich schwer ertragen, weil die Sehnsucht so groß war. Vor allem die Sehnsucht, Eucharistie zu feiern. Brot und Wein darzubringen, die Einsetzungsworte zu sprechen. Das gebrochene Brot zu teilen. Jesu Gegenwart zu feiern.

Jahre später, nach meiner Promotion in Theologie, habe ich mich doch bewusst für die Gemeindeseelsorge entschieden – als Pastoralreferentin. Ich fühle mich in dem Beruf sehr wohl und „in meinem Element". Schwer zu ertragen war es allerdings, zu Beginn des Berufslebens zur Priesterweihe meiner männlichen Kollegen eingeladen zu sein, mit denen ich viel Zeit verbracht hatte. Ich wollte hingehen und ging auch hin – aber es war sehr schmerzhaft. Auch dann, als der Erzbischof in seiner Predigt betonte, wie sehr es beim Priestersein um Berufung geht und dass Gott diese Männer ausgewählt hat. Das ist ja richtig, dachte ich. Ich konnte mich für meine Kollegen auch wirklich mitfreuen. Aber gibt es nicht auch andere, die Gott beruft? Nach dem Gottesdienst sprach mich ein bekannter ständiger Diakon – der aber nichts von meinem Wunsch wusste – an und sagte: „Willst nicht auch du sagen: ‚Hier bin ich!'?" (wie es die werdenden Priester vor der Weihe tun). Darüber war ich sehr erstaunt, aber auch tief berührt.

Ich erfahre in meinem Beruf viel Freude. Aber dann kommt immer wieder auch der Schmerz, dass ich meine Berufung nicht voll leben kann. Ich kann nicht Eucharistie mit den Menschen feiern. Nicht die anderen Sakramente spenden. Die Sehnsucht danach ist nach wie vor da.

Dr. Monika Amlinger

4. „Du bist Priesterin des Höchsten Gottes" Meine erste Gotteserfahrung – oder eben Nicht-Erfahrung – datiert in das Jahr 1964. Ich war gut zwei Jahre alt und sollte bei der Fronleichnamsprozession Blumen streuen: „Der liebe Gott kommt in einem kleinen goldenen Haus." Die dummen Erwachsenen machten dann dauernd in meinem Körbchen herum, als wenn ich nicht verstanden hätte, was streuen bedeutet. Aber ich habe nicht gesehen und also nicht gestreut. Fronleichnam ist für mich bis heute mein Lieblingsfest, weil Gott kommt.

Auch an die Liturgiereform – da war ich im Vorschulalter – kann ich mich gut erinnern: Auf einmal drehte der Priester sich um. Dann stand plötzlich ein Tisch vor dem Hochaltar. Wochen später kam er noch näher: In der Vierung wurde eine Altarinsel gebaut. Mein Gott kommt auf mich zu.

Mit sieben habe ich mit Gott gestritten: „Völlig unverhältnismäßig, Dir jetzt zu versprechen, aus Buße ins Kloster zu gehen. Hallo, ich bin erst sieben." Woher ich den Begriff Buße kannte? Keine Ahnung. Verlangt hat er es schließlich doch.

Ein wichtiges Datum war meine Erstkommunion. Neunjährig. Die Vorbereitung, klassenweise, durch den Pastor. An vieles Kostbare erinnere ich mich. Tabernakel habe ich mit ck geschrieben, dafür schäme ich mich heute noch. Einen Priester sollten wir malen mit grünem Messgewand. Ich greife zum grünen Filzstift und beginne mit dem Gabelkreuz. Grün auf Grün – Pech. So hat die Kasel nur einen roten Stab. Daneben Jungs als Messdiener. Natürlich.

1975, schon dreizehn, durfte ich endlich Messdienerin werden. In diesem Jahr hatten wir Abendmesse und Maiandacht mit sakramentalem Segen kombiniert, also mit Weihrauch, Segensvelum und allem Drum und Dran. Der Küster musste auf die Orgel. „Traust Du Dich?" „Ja." Es war der 21. Mai. Fest des heiligen Hermann-Josef. Das ist der, der den Apfel zurückgebracht hat. Der Weg ist seitdem offen, zurück ins Paradies.

Meine Berufung ist Priesterin. Schon damals war klar: Von den drei Aspekten ist für mich der wichtigste die Liturgin. Andere pastorale Berufe schieden damit aus, der Eintritt bei den Benediktinerinnen folgerichtig. Bei der Einkleidung – ich wollte eigentlich gerne meinen Taufnamen Anna behalten – bekam ich den Namen Klara, der Frau, die die Eucharistie trägt (auch wenn ich weiß, dass zu ihren Lebzeiten die Monstranz noch gar nicht erfunden war). Das Namensgeheimnis durften wir selbst benennen: vom Heiligen Kreuz. Denn in der Liturgie der Priesterweihe heißt es: „Bedenke, was du tust, ahme nach, was du vollziehst, und stelle dein Leben unter das Geheimnis des Kreuzes." Ich übe es.

Bei meiner Ewigen Profess, der *Consecratio*, war mir wichtig, dass ein Bischof, und nicht ein Abt, der Feier vorstand. Der Bischof, der auch die Priester weiht. Das Begleitwort ganz am Ende des Ritus, beim Aufsetzen der *corona*, des Kranzes, entspricht übrigens dem der Übergabe der Mitra an einen neuen Bischof. Die Überreichung des Stundenbuches ist ein Rest der Liturgie der Diakoninnenweihe und der mit der Aufnahme in den Klerikerstand verbundenen Brevierpflicht. (Es gibt Männer, die der *Consecratio* und ebenso der Äbtissinnenweihe ihre jahrhundertealte Begrifflichkeit absprechen und sie zu reinen Segensfeiern deklassieren.)

1992 habe ich bei einem mir bis heute unvergesslichen Wochenendkurs, der in die Tiefe führte, in meinem Herzen den sicheren Zuspruch erhalten: „Du bist Priesterin des Höchsten Gottes." Ja, das ist meine Berufung. Ich bin Priesterin des Höchsten Gottes. Keines kleinen, engen und beschränkten Gottes. Ich bin es, weil ich dazu gerufen bin. Kurz danach hat die alt-katholische Kirche beschlossen, Frauen zu Priesterinnen zu weihen. Jetzt kann es also nicht mehr lange dauern: in fünfzig Jahren ist auch die katholische Kirche so weit. (Sprich: in 26 Jahren, von heute aus gerechnet.) Damals habe ich meine Priorin gebeten, mein vor dem Eintritt begonnenes Theologiestudium abschließen zu dürfen; ich kann ja schließlich nicht erst mit über siebzig anfangen.

Es sind jetzt weit mehr als zwanzig Jahre her, dass mein Beichtvater bestätigend zu mir sagte: „Ich würde Dich jetzt weihen." Vor einigen Jahren habe ich im Traum meine Weihe erlebt. Natürlich kann ich als Liturgiewissenschaftlerin zwischen dem Akt der Handauflegung unter Gebet und den ausdeutenden Riten unterscheiden. Hier aber geschah Weihe durch das Überkleidetwerden mit einer weißen Kasel aus einem weichen fließenden Seidenlampas. Mit dunkelgrünem Gabelkreuz. Die Stoffqualität kann ich ganz genau beschreiben. Es fühlte sich gut und richtig an.

In den letzten Jahren scheint mich das Thema zunehmend zu bewegen. Auch die Wasserknappheit im ersten Dürresommer ist mir näher gegangen, als ich bei Tagesbewusstsein wahrgenommen hätte: Ich habe geträumt, ich dürfte zum ersten Mal konzelebrieren. Auf dem Schiff der Mülheimer Gottestracht. (Ich war früher nur bei der Domprozession, nie bei der Gottestracht.) Da stand ich also in meiner Kasel und habe auf das Schiff gewartet. Damit sich niemand an der Frau stört, wurde ein kariertes Geschirrtuch wie ein Skapulier vor die Kasel gehängt. Aber das Schiff kam nicht. Zu wenig Wasser. Herbe Enttäuschung.

Letzten Herbst: Aus der Wandmalerei einer Kapelle springt mir das Wort *Sacerdota* in die Augen. Eine Frau, die ich als Kind sehr bewundert habe, hat im Pfarrheim nach der Kindermesse Kekse und Tee verteilt. Die Plätzchenausteilende. Sacer dota ist die Schenkende, die Heiliges unter die Menschen bringt. Wie Elisabeth, der unter der Hand das ausgeteilte Brot zu Rosen wird.

Dann wieder im Traum. Endlich! Ich konzelebriere. Ich halte die goldene Schale in der Hand. Darin pralle grüne Ähren. Ob das gültig ist? Auch der Wein fehlt. Aber, sagt mein Traum, kein Problem: Konkomitanz. Ich will sprechen, aber vor Intensität stehen mit buchstäblich die Haare zu Berge. Davon wache ich auf (die Haare standen hoch).

Zuletzt jetzt in der Corona-Krise. Der Dogmatiker Achim Buckenmaier machte darauf aufmerksam, dass jüdische Familien bis heute zuhause Mahl feiern können. Das hat mich so bewegt, offensichtlich auch die Frage nach der Möglichkeit der Anknüpfung für Christen daran, dass ich nachts davon geträumt habe: Ich wurde von einer uralten jüdischen Frau, einer Rabbinerin, auf meine Rechtgläubigkeit geprüft. Ich muss bestanden haben, denn danach hat sie mir meinen „spirituellen Namen" (ich habe selbst nicht so eine esoterische Sprache) zugesprochen. Sie sprach aber hebräisch und dazu ganz leise. Ich habe, noch im Traum, eine Eselsbrücke gebaut, um den Namen zu behalten: Du musst an Malachit denken, die Grünkraft der heiligen Hildegard. Hat auch funktioniert. Ich wusste es morgens noch. Sie hat mir den Namen der Priesterin des Höchsten Gottes zugesprochen, den Namen des Ur-Priesters Melchizedek (vgl. Gen 14,18) in seiner weiblichen Form: Malkatizedaqah. Ich bin zur Priesterin berufen. Ich bin so nahe dran, wie es von mir aus geht. Ich bin Theologin und Liturgin, in Dienst genommen als Kantorin (der Dienst des Kantors/der Kantorin ist ein eminent theologischer; mittelalterliche Kantoren führten deshalb sogar einen Stab), zuzeiten als Hebdomadarin [= das Mitglied des Konventes, das während einer Woche beim Chorgebet den Vorbeterdienst wahrnimmt]. Ich kann nur noch warten. Ob aber Kirche noch ewig warten kann?

Sr. Dr. Klara Antons OSB

5. „Es ist krank und macht krank, Berufung nicht leben zu dürfen" Seit ich mich erinnern kann – und wohl auch zuvor – spürte ich in mir eine besondere Offenheit des Herzens, des Verstandes und der Sinne für die Religion. Hineingeboren wurde ich als fünftes von sieben Kindern in eine „normal katholische" Familie in Niederbayern. Die Atmosphäre in den Kirchenräumen, die biblischen Texte, die Heiligenlegenden und die „heiligen Rituale" zogen mich an. Die Erstkommunion prägte sich tief in mich ein. Die erste Enttäuschung mit der Kirche war die Nichtzulassung als Ministrantin mit für mich schon damals fragwürdigen Argumenten des Pfarrers. Gott-sei-Dank erlebte ich dann eine sehr menschenfreundliche Spiritualität in der Jugendarbeit durch unseren Kaplan und unsere Gemeindereferentin. Nach dem Abitur schwankte ich zwischen dem Medizin- und dem Theologiestudium. Es waren persönliche Begegnungen und die Sehnsucht, diesen menschenfreundlichen Gott ganz zu erfahren und erfahrbar zu machen, die mich dann Diplom-Theologie studieren ließen. Da meine Eltern dagegen waren („Was willst du denn als Frau in der Kirche?"), studierte ich parallel mehr oder weniger pro forma auch Lehramt für Gymnasium (D/Frz). Unvergesslich eine Begegnung mit Prof. Josef Sayer während meines Freijahrs 1993 in Fribourg, in welchem er sagte: „Haben Sie noch etwas Geduld mit der Kirche. Spätestens im Jahr 2000 wird die Kirche auch Frauen zu Priestern weihen." Ich hatte Geduld und merkte doch während meiner Ausbildung zur Pastoralassistentin in der

Erzdiözese München und Freising, dass die Kirchenleitung in Rom den Klerikalismus weiter pflegt und mich als Frau in meinen Gaben nicht ernst nimmt. Die Arbeit in der Gemeinde machte mir große Freude, doch merkte ich an entscheidenden Punkten, dass es weder mir noch den Menschen, die ich begleitete, entsprach, dass ich nicht die Sakramente spenden konnte, z. B. die Krankensalbung bei einem Menschen, den ich auf seinem letzten Lebensweg intensiv begleitete und der explizit wünschte, dass ich nicht den Pfarrer hole, sondern ihm selbst das Sakrament spende. Als dann 1994 durch Papst Johannes Paul II. die Klerikalisierung durch das Apostolische Schreiben *Ordinatio sacerdotalis* noch mehr vorangetrieben wurde, merkte ich, dass ich in Gefahr war zu verbittern. Weder theologisch noch spirituell verstand ich die Argumente, dass das Mann-Sein die notwendige Zugangsvoraussetzung sein soll für den priesterlichen Dienst. Um nicht in der Wut darüber zu verhärten, entschied ich mich gleichsam wie eine Pflanze, die nicht nach oben wachsen kann, die Wurzeln tiefer zu strecken, und trat in die Ordensgemeinschaft der Kleinen Schwestern Jesu ein. Das Leben an der Seite der Machtlosen, das geschwisterliche Miteinander im Orden, das Mich-dem-Aussetzen, der sich mir/uns aussetzt, ließ mich innerlich wachsen. Doch meinem priesterlichen Charisma entsprach das Ordenscharisma nicht, und so trat ich nach sieben Jahren am Ende der zeitlichen Gelübde im beiderseitigen Einvernehmen und in gegenseitiger Wertschätzung aus. So deutlich und brennend spürte ich die Nähe Gottes und das Berufensein zum priesterlichen Dienst.

Doch in einem Gespräch mit dem Personalreferenten der Erzdiözese München und Freising 2006 sagte man mir: „Liebend gerne würden wir Sie in den pastoralen Dienst nehmen und es gäbe so viele Gemeinden, die Sie dringend brauchen. Aber hat sich Ihre Einstellung zur Priesterfrage inzwischen verändert?" Als ich antwortete, dass ich durch die Jahre in der Verborgenheit des kontemplativen Weges in der Unterschicht noch weniger verstehe, wie man das Priesteramt auf das männliche Geschlecht reduzieren könne, riet er mir, Lehrerin am Gymnasium zu werden. Dies tat ich dann auch, doch es ist nicht meine Berufung und es kostet mich viel Kraft, dies immer wieder innerlich zu merken. Äußerlich funktioniere ich und bin nach einem Zusatzstudium auch Schulpsychologin und engagiert als Notfallseelsorgerin und Pfarrgemeinderätin, aber innen drin mehren sich die Anzeichen einer Depression, sodass ich seit einem Jahr in einer ambulanten Psychotherapie bin. Ich gebe nicht einer Institution die Schuld, merke aber in dem Resonanzraum der Therapie einmal mehr, dass es krank ist und krank macht, mehr Lebensmöglichkeiten, ja Berufung nicht leben zu dürfen. An diesem Pfingstsonntag vertraue ich meinen Weg und den so zahlreicher „geistbegabter" Frauen und Männer Gott an und bitte, dass die katholische Kirche sich endlich dem Reichtum im Priestertum öffnet, der auch in verheirateten Priestern und Frauen liegt: „Zum Wohle der Menschen und zur Verherrlichung Gottes."

Barbara Audebert

6. „... damit hier eine hoffnungsvolle und sich gegenseitig stärkende Kirche entstehen kann" Nach einer sehr positiven Erfahrung in der respektvollen und ermutigenden Zusammenarbeit mit einem englischen Jesuiten in einem Praxissemester im Ausland waren meine Erfahrungen in Deutschland danach andere. In der ersten Zeit meiner Berufsausübung als Gemeindereferentin habe ich mir die Frage, ob ich mich zur Priesterin berufen fühle, nicht gestellt. Dass das, was ich tat, etwas mit Priestertum zu tun hatte, ist mir erst allmählich aufgefallen: wenn ich z. B. den Eindruck hatte, dass das Tun von Priestern in Gottesdiensten, in Begegnungen und in Planungen den Menschen nicht gerecht wird, sie demütigt, statt ihnen Entfaltung zu ermöglichen. Priester-Sein an sich schien für sehr viele Inhaber des Amtes so wichtig, dass sie zu wirklichen Begegnungen gar nicht mehr fähig waren. Ich nahm Priester wahr, die sich häufig auf einer anderen, einer Ebene „über der der Menschen" sahen, für die sie Verantwortung trugen. So erfuhren sie nur von wenigen Menschen, wie diese wirklich dachten, wie es ihnen wirklich ging. Sie erfuhren natürlich von manchen Menschen, die im Priester noch eine Bezugsperson sahen, Probleme und fühlten sich dann als die Seelsorger und sagten dies auch. Sie erfuhren aber nicht mehr das, was man nur in einem ebenbürtigen Gespräch erfährt. Unausgesprochen schien mir auf Seiten der Priester immer die Erwartung zu bestehen, Bewunderung und Verehrung zu erhalten. Wenn sie diese bekamen, wurde das für eine Begegnung gehalten.

Ich versuchte gegenzusteuern, Verletzungen zu heilen, die Gemeindemitgliedern zugefügt worden waren, Menschen aufmerksam und mit Respekt zu begegnen, sie ernst zu nehmen. Auf diese Weise sah ich mich immer mehr in der Rolle der Priesterin. Die Erfahrung, Priester scheinen nicht das zu tun, was sie tun sollten, also müssen wir es jetzt selber tun, wurde zu einer Berufungserfahrung. Eine solche Berufung galt allerdings nicht nur mir. Ich nahm auch die Menschen, mit denen ich täglich zu tun hatte, in ihrer priesterlichen Berufung wahr. Meine Aufgabe war es dann, sie in ihrer Berufung, sofern sie sie auch wahrnahmen und es wollten, zu unterstützen. Diese Unterstützung sehe ich als eine wesentlich priesterliche Aufgabe.

Doch diese Art zu arbeiten brachte mir immer wieder Anfeindungen von Priestern ein. Ich ginge meinen Hobbies nach, statt meine Arbeit zu machen, ich sei berufsunfähig, ließ man mich wissen. Einmal wurde mir verordnet, wochenlang genau zu notieren, was ich tat, um zu beweisen, dass ich überhaupt etwas tat.

In den Augen solcher Priester und ihrer Anhänger schien es meine Aufgabe als Gemeindereferentin zu sein, die erhöhte Position des Priesters zu bestätigen und seinen Ruf zu mehren. Eine Caritas-Sammlung zu organisieren, die zu einer Geldsumme führte, von der es sich lohnte, bei einer Versammlung zu berichten, war gut. Gemeindemitgliedern zum runden Geburtstag zu gratulieren und einen Gruß vom Pfarrer auszurichten auch. Bei all dem spielten die folgenden für mich wesentlichen Fragen keine Rolle: Was hat Gott mit uns hier vor? Wie will er unter uns sein? Welche Begabungen wollen die Menschen hier in die Kirche einbringen? Wie können wir Gemeindemitglieder darin unterstützen, sich ihres Glaubens bewusst zu werden, um ihn dann ihren Kindern weitergeben zu können? Wie können Menschen (auf nicht entwürdigende Weise) in Notlagen unterstützt werden? Wie können sie sich gegenseitig unterstützen? Wie können hier Strukturen entstehen, die Menschen helfen, Glauben und Leben zu verbinden? Wenn ich nachfragte, warum wir eine Sache taten, wurde das als unverschämt angesehen. Ein Priester meinte, ich würde ihn wie einen Schuljungen behandeln, denn nachdenken sollte ich nicht, infrage stellen auch nicht und schon gar nicht sagen, was ich denke.

Ich tat es dennoch, weil ich keine andere Möglichkeit sah, spirituell und nicht nur mechanisch zu arbeiten sowie die Menschen der Gemeinde und meine eigene Wahrnehmung ernst zu nehmen. Dies führte zu vielen beglückenden Begegnungen, zu Entwicklungen, zu Gesprächen über Gott und die Welt, zum Aussprechen von bis dahin unausgesprochenen Erfahrungen durch viele Menschen, zur Entdeckung ihrer eigenen Begabungen, zu neuem Selbstbewusstsein und zu neuen eigenverantwortlichen Strukturen, neuen Gottesdiensten. Ich machte Erfahrungen, bei denen nicht alles glatt lief und ich sicher nicht immer alles richtig gemacht habe, Erfahrungen aber, die mir zeigten, dass wir grundsätzlich in der richtigen Richtung unterwegs waren. Sie führten allerdings zu sehr vielen Spannungen, zu Verdächtigungen durch Priester, zur Empörung von Gemeindemitgliedern, die in mir nur die Zuarbeiterin des Pfarrers sehen wollten, die dafür sorgt, dass alles so bleibt, wie es war.

Ich konnte dem, was hier zu tun war, nicht mehr ausweichen, ohne Menschen im Stich zu lasse. Im Versuch, gegen etwas zu steuern, das mir sinnlos erschien und auch menschlich wie strukturell destruktiv, sah ich mich also immer mehr selbst in der Rolle und in der Berufung zur Priesterin, immer mich selbst fragend, wo ich nicht im Wege stehen durfte, damit hier eine hoffnungsvolle und sich gegenseitig stärkende Kirche im Sinne Jesu entstehen kann.

Ist es mir auch jetzt nicht mehr möglich, in dieser Weise zu arbeiten, bleibt doch der Auftrag, nun in der Schule Kindern und Jugendlichen von Gott zu erzählen, der sie liebevoll wahrnimmt, und von einer Kirche, in der die Gemeinschaft, die gemeinsame Verantwortung und nicht die Hierarchie im Vordergrund steht. Sie erfahren, dass ihre Meinung im Unterricht gefragt ist und sie selbst in biblischen Texten finden können, was ihnen Kraft gibt. Dr. Monica von Ballestrem

7. „Auf Augenhöhe mit den Männern dieser Kirche, weil Gott es so will"

Womit soll ich anfangen? Nachdem mein berufliches Leben in dieser katholischen Kirche bald zu Ende gehen wird und meine „Berufungsgeschichte" in weite Vorzeit zurückreicht, fällt es mir schwer, in Kürze zu schreiben, was mich ein Leben lang bewegt und angetrieben hat: meine Berufung als Frau in dieser Kirche zu finden und zu leben, und zwar auf Augenhöhe mit den Männern dieser Kirche, weil Gott es so will. Auch jetzt wieder Herzklopfen im Rückblick auf Jahrzehnte, vor allem auf meine Lebensmitte.

Vor etwa 20 Jahren bin ich einem Priestermönch begegnet, der sich einen „Alltagsmystiker" nannte und mich mit seinen Briefen nach und nach in seinen Bann zog, weil er in meinen Worten eine große „Logos-Affinität" und Berufung sah.

Ich war seit 15 Jahren mit J. verheiratet, einem Bolivianer in Deutschland. Wir hatten drei Kinder, waren gute Eltern und liebten unsere Kinder sehr. Er ging seinem Beruf als Ingenieur nach. Ich nahm, nach einer Familienpause und viel Ehrenamt in der Kirchengemeinde (Frauengemeinschaft, Krabbelgruppe, Familiengottesdienste, Ökumenischer Arbeitskreis, 1-Welt-Arbeit, Kommunionhelferin, Katechetin …), zunächst als Religionslehrerin meine Arbeit wieder auf. Dabei fiel es nicht so auf, dass unsere Ehe für mich nicht unbedingt die Erfüllung war. Zwar hatte ich lange gezögert, dem Werben „meines" Mannes nachzugeben, aber mit 28 Jahren schien für mich damals die Zeit gekommen, eine Entscheidung „für's Leben" zu fällen … wobei meine depressive Stimmung in den sogenannten Flitterwochen schon auch eine deutliche Sprache sprach. Es fühlte sich immer wieder falsch an zwischen uns. Aber ich schob die fehlende Nähe auf den Unterschied in unserer Herkunft und Mentalität. Da J. mein erster und einziger Mann war, hatte ich keine Vergleichsmöglichkeit zu anderen Beziehungen.

Eine erste „Berufungsgeschichte" gab es für mich bei der Eröffnung des Jugendkonzils im August 1974 in Taizé. Mit einer Freundin und per Fahrrad war ich nach meinem Abitur dorthin gefahren. Die Wirkung, die das Erleben dieser weiten Kirche, der Communauté und von Frère Roger auf mich und meinen Glauben hatte, ist unbeschreiblich: „Gott zeltet in Taizé." Es ist noch heute meine spirituelle Heimat, in die es mich einmal jährlich zieht, meistens zu einer Schweigewoche. Wenn ich ein Mann gewesen wäre, hätte ich wohl Anschluss an diese Gemeinschaft gesucht. Die Suche nach einem entsprechenden Frauenorden blieb für mich ohne Ergebnis. Bei einem Abstecher in die Schweiz bin ich, nach einem kühlen Gespräch mit einer Ordensfrau, mitten in der Nacht in mein Auto gestiegen und davongefahren. Taizé war auch ausschlaggebend für meine Entscheidung, vom Staatsexamen zum Diplomstudium zu wechseln und in den Pastoralkurs zu gehen. Mein Theologiestudium hat mich wenig begeistert. Die Art und Weise, wie die Professoren ihren Stoff darlegten, sprach mich nicht an. Ich habe oft geschwänzt und nur für die Prüfungen gelernt. Anders meine Begeisterung für die Jugendarbeit, die ich seit dem 14. Lebensjahr in meinem Heimatdorf aufgebaut hatte und fortsetzte, oder auch meine engagierte Teilnahme an der „Stadtgruppe" während des Studiums, in der es für uns Studentinnen wöchentlich die Möglichkeit gab, in einen spirituellen Austausch mit den Seminaristen und deren Regens zu kommen. Ich habe immer das tiefgehende, theologische Gespräch gesucht, bei dem ich meine eigenen Glaubens- und Gotteserfahrungen einbringen konnte. Dieser Austausch war für mich stets eine Lebensquelle und tiefe Freude.

Die Pastoralkurszeit sagte mir mehr zu, weil es darin Fächer wie Pastoralpsychologie, Predigtausbildung oder auch praktische Seelsorge bei „Schulendtagen" gab. Ich hatte schon meine erste Stelle als Pastoralreferentin, als ich zum ersten Mal das Buch einer feministischen „Theologin" in den Händen hielt: „Die perlmutterne Mönchin". Es fiel mir wie Schuppen von den Augen, dass diese „Frauentheologie" es gewesen wäre, die mich interessiert und die ich gerne studiert hätte. Ich bedauerte diese späte Einsicht und meine „Dummheit" zutiefst.

Mit der ersten Schwangerschaft gab ich meinen geliebten Beruf als Pastoralreferentin auf und zog wegen der Arbeitsstelle meines Mannes in eine andere Diözese.

Mein Weg war gepflastert mit Priestern, die entweder alkoholkrank oder psychisch krank waren, mit ihrer Homosexualität nicht zurechtkamen oder im Konkubinat lebten oder – das Schlimmste – Kinder missbraucht haben. Wie furchtbar mich das ganz persönlich betraf, habe ich erst später im Rahmen meiner Scheidung erfahren. Mein Mann war schon lange zuvor bei uns ausgezogen. Ich blieb als Alleinerziehende mit den heranwachsenden Kindern zurück.

Zwischenzeitlich hatte ich eine Zusatzausbildung im Bereich Beratung begonnen und wieder eine Stelle als Pastoralreferentin angenommen.

Vielleicht war das eines der guten Ergebnisse der Krise meiner Lebensmitte und der „Liebesgeschichte" mit dem Priestermönch, die vor allem eine innere Berufungsgeschichte zwischen meinem Gott und mir wurde. Immer ist es die Liebe, die uns zu Gott führen kann. Das Drängen des Mannes „Jede Liebe muss leibhaftig sein!" erzeugte in mir einen großen, inneren Zwiespalt bis hin zu dem Gedanken, nochmals ein Kind zur Welt bringen zu müssen.

„Kann eine Frau zwei Männer lieben?" Diese Frage mutete ich meinem damaligen Ehemann zu. Ich blieb bei ihm und unseren Kindern und focht diesen Kampf in meinem Innersten aus ... über Jahre ... Es gab ja niemanden, dem ich diese verrückten Gedanken hätte zumuten können. Tausend Tagebuchseiten liegen oben auf dem Speicher ... ich habe sie nicht mehr angesehen. Ich weiß nur, dass ich dieses Erleben im Nachhinein als „Geburt des göttlichen Kindes" in meiner Lebensmitte bezeichnen kann. Eine schwere Geburt, und mein Kind war die Einsicht, berufen zu sein als „Priesterin".

Im Gegenüber eines geliebten Menschen, bei mir dieser „Priestermönch", entdecken wir – sagt die Psychologie – die ungelebten Seiten in uns selber, die gelebt werden möchten. Der mir versagte Weg zum Priestertum der Frau hat mich an den Rand gebracht und in die tiefsten Tiefen meines Unbewussten gestoßen. Das Amts- und Machtsystem unserer Kirche, der mir verwehrte Berufungsweg mit seiner Missachtung der Frau, letztendlich auch eine Missachtung des Mannes, hat mich nahe ans „Missbraucht-Werden" – und ans darüber krank an Leib und Seele Werden – geführt. So nahe, wie ich es nie vermutet hätte. Vielleicht sogar mitten hinein. Denn dieser intensive Briefkontakt mit dem Priestermönch und alles, was er angestoßen hat, bedeutete den Anfang vom Ende meiner „Ehe". Nach 33 Ehejahren habe ich die Scheidung eingereicht, zunächst weil ich Angst um meine Existenz haben musste. In diesem Zusammenhang hat mir J. in wenigen Sätzen entgegengeschleudert, was er sich wohl in all unseren gemeinsamen Jahren nicht getraut und wofür er sich geschämt hatte.

Er war damals in Bolivien, als 12-jähriger Junge vom Land, in einem katholischen Internat. Der Leiter, ein deutscher Priester, war homosexuell und hätte mit den Jungen „geduscht". Dieser Satz fiel schon einmal nebenbei in unserer Ehe, ich hatte ihn aber in meiner Naivität über das, was möglich ist oder nicht, verdrängt. Es war dieser Priester, der „meinem" Mann eine Lehrstelle in Deutschland vermittelt hatte, Jahre später mit ihm ein Doppelzimmer auf einer Romreise buchte, dann unser Trauzeuge wurde, uns zu sich ins Pfarrhaus einlud, zum Priesterjubiläum oder in die Seniorenresidenz, in der er untergebracht war ... Bei meinem Ehemann gab es also eine Abhängigkeit durch Macht- und Kindesmissbrauch, die mir gegenüber nie ausgesprochen oder je therapeutisch bearbeitet wurde. Ich war entsetzt, auch über meine eigene Blindheit, und fühlte mich verwoben in die schlimmsten Missbrauchsgeschichten meiner Kirche ... Die Scheidung, aufgrund meiner gut katholischen Erziehung ein schier undenkbarer Schritt, blieb der einzig wahrhaftige Weg. Ich wollte „meinen" Mann freigeben ... Auch das kann Liebe sein.

Das Bitterste für mich aber bleibt das psychische Leiden meiner Tochter: In ihrer Vorstellungswelt geht es um Kindesmissbrauch und Vergewaltigung. Was will sie mir und uns damit sagen? Das unschuldige Leiden eines Kindes ist es, das mir nachgeht, nicht meine eigenen schweren Erkrankungen, die es durchaus gab.

Kaum jemandem erzähle ich davon, auch nicht in meinen Gemeinden. Schon gar nicht meinen Dienstvorgesetzten, den Priestern der letzten Jahrzehnte, die in mir wohl nur eine gefährliche Konkurrentin sehen, die ihnen ihre Macht nehmen will. Mir scheint, es ist ihre eigene Schwäche, mit der sie mich kleinhalten oder rausmobben wollen. Aber: Es gibt mich noch in dieser katholischen Kirche! „Sólo Dios basta!" sagt die große Teresa. Ein kontemplatives Leben und das innere Jesus-Gebet sind meine Stütze. Auch kfd- und KDFB-Frauen und zwei, drei Priester, denen ich vertrauen kann. Nicht zuletzt die Menschen in meinen Gemeinden, in der Frauenarbeit, im Beerdigungsdienst, in den Gemeindeteams. Mein Engagement in dieser Kirche lässt mich leiden, aber es hält mich auch am Leben. Gerne und bewusst trage ich meine Albe, das weiße Gewand, das an meine Taufe erinnert und daran, dass ich „Christus angezogen habe" (vgl. Gal 3,27). Und ich spüre eine tiefe Freude, wenn einfache Menschen zu mir sagen: „Ich möchte von Ihnen beerdigt werden!" oder auch „Heute waren Sie unsere Priesterin!" Anon.

8. „Für mich ist Berufung nichts, was ich ‚habe'" Ich bin Jahrgang 1969, aufgewachsen in einer katholischen Familie, in Bindung an eine norddeutsche Diasporagemeinde mit fortschrittlich denkenden Pfarrern. Durch bis heute für mich ungeklärte Erfahrungen und Gefühle wollte ich nach der Erstkommunion und Erstbeichte nicht mehr zur Kirche gehen. Es war nie zu klären, ob es irgendeine Form von Missbrauch war oder was mich als 10-Jährige so sehr verstört hat, dass ich immer in der Kirche weinen musste und dann schon allein deswegen nicht mehr dort hingehen wollte. Sieben Jahre habe ich den Kontakt verweigert, was als Kind/Jugendliche eine schwierige Sache in meiner Familie war. Aber Gott war bei allem auf seine Weise weiter da. Und dann gab es viele einzelne kleine Dinge, Fragen, Ereignisse und ich habe „Ja" gesagt. Mit 17 war ich wieder dabei und mit 20 bin ich irgendwie in ein Theologiestudium hineingeraten. Ich nenne das „irgendwie", weil ich diese Wege nicht so sehr als geplante und geradlinige Lebens- und Studienentscheidungen begreife. Das genau ist für mich „Berufung": im Rückblick auf das eigene Leben die Spuren Gottes darin entdecken. Ich glaube, das erklärt auch, neben meiner norddeutschen Art, wo das Wort „Berufung" schon skeptisch als merkwürdiger Enthusiasmus beäugt wird, warum ich mich schwertue mit der Frage, ob ich eine Berufung zum Priesteramt gespürt habe oder noch spüre. Für mich ist Berufung nichts, was ich „habe" oder auf einen möglichen zukünftigen Weg hin spüre, sondern eher ein berührtes und geistliches Zurückschauen und Entdecken der Gegenwart Gottes in meinem bisherigen Leben. Es gab also mein „Ja" zur Kirche und nachdem es mit einem Grafikdesign-Studium zunächst nicht geklappt hat, mein „Ja" zum Theologiestudium in Münster mit dem Berufsziel, im Bistum Hildesheim Pastoralreferentin zu werden. Dort bin ich nach dem Studium 1995 in den Dienst gegangen und geblieben: mein Beruf und in geistlicher Reflexion meine Berufung (im Sinne eines von Gott begleiteten und so gesegneten Lebens)! Ich kann nicht sagen, ob ich auch Pastoralreferentin geworden wäre, wenn ich ebenso Priesterin hätte werden können. Es gab diese Alternative nicht. Das Gefühl, dass ich berufen und nur durch mein Geschlecht darin gehindert wäre, hatte ich nicht. Ich hätte mir ein Leben mit dem Zölibat auch nicht vorstellen können. Aber ich weiß noch sehr klar, dass ich diese „Tatsache" der katholischen Kirche nie als verständlich oder logisch akzeptiert habe. Ich kann mich an den Moment erinnern, als ich 1994 das Apostolische Schreiben *Ordinatio sacerdotalis* von Johannes Paul II. gelesen habe. Und noch heute hänge ich mehr an dem Punkt, dass er versucht hat, damit die Diskussion darüber für immer zu verbieten. Die Argumente selbst fand und finde ich sowieso in keiner Weise überzeugend oder bindend für die Kirche.

Würde ich jetzt Priesterin werden, wenn es ginge? Ich würde nicht in der momentanen Kirche Klerikerin sein wollen, nicht unter den momentanen Bedingungen eine Gemeinde leiten wollen – auch jetzt könnte ich eine „Berufung" nicht von der erlebten Realität des „Berufs" trennen. Aber ich würde gerne Eucharistie feiern! Mein theologischer Schwerpunkt im Studium war und ist seitdem die Liturgie. Also bin ich oft gedanklich mit dem in Berührung, was ich dann nicht ausführen darf, was Frauen nicht ausführen dürfen und von dem wir auch deswegen nicht wissen, wie es dann wäre. Ich bin sehr berührt, wenn ich anglikanische Gottesdienste mitfeiern kann, die von einer Priesterin geleitet werden. Sie sind unseren Gottesdiensten optisch und liturgisch so ähnlich. Da wird mir dann das „Warum nicht?!" zu einer so offenliegenden und brennenden Frage! Es gibt für mich keinen Grund. Frauen würden es genauso gut und genauso schlecht machen. Nein, hoffentlich nicht genauso schlecht, weil die Kirche insgesamt eine andere und bessere wäre. Bei meinem Engagement für das Thema ist es mir wichtig, mit den Menschen zu klären, dass nicht ich etwas möglich machen will, woran ich selbst mal gehindert war, sondern dass es überhaupt die selbstverständliche und freie Möglichkeit der Entscheidung zu diesem Weg für Frauen gibt. Ich kann nur mit dieser „Berufungsgeschichte" antworten, die eine große Skepsis gegenüber dem Wort „Berufung" in sich hat. Aber vielleicht sind darin dennoch Gedanken für das Thema. Ich bin sehr gespannt auf den weiteren Weg der deutschen Kirche. Christiane Becker

9. „Wer von Ihnen noch einmal predigt, läuft bei mir ins offene Messer"

Schon als Kind hätte ich gerne ministriert, weil ich es ganz spannend fand, auf diese Weise im Gottesdienst etwas tun zu dürfen. Leider ging das damals nicht und endete schließlich am Sonntag nach meiner Erstkommunion in dem Satz: „Schade, dass Du ein Mädchen bist. Ich könnte Dich so nötig zum Ministrieren brauchen. Als Mädchen kannst Du halt nur die Kirche putzen."

Am Gymnasium hatte ich einen Religionslehrer, der uns sehr viel Freude gemacht hat. Er hat uns unter anderem immer wieder geholfen, wenn es Probleme an der Schule gab. Das hat mich fasziniert. Als dann bei einer Informationsveranstaltung unser damaliger Bischof uns einlud: „Studieren Sie Theologie! Ich brauche gerade auch die Frauen. Ich werde mich dafür einsetzen, dass Sie zu Diakoninnen geweiht werden.", stand mein Entschluss, Theologie zu studieren, fest. Aus der Weihe von Frauen ist ja leider bis heute nichts geworden. Als Pastoralreferentin konnte ich mich zwar wirklich professionell um Notleidende kümmern und in den ersten Jahren durfte ich auch noch im Wortgottesdienst der Eucharistiefeier predigen, was ich mit großer Freude und hohem Engagement getan habe. Meine Predigten haben offensichtlich viele Menschen sehr angesprochen. Sie nahmen mir übel, dass ich später nicht mehr gepredigt habe, aber seit vielen Jahren ist das Predigen für uns Frauen ja jetzt leider verboten. Unser damaliger Bischof hat uns dieses Verbot mit den Worten übermittelt: „Wer von Ihnen noch einmal predigt, läuft bei mir ins offene Messer."

Auch bei Trauungen und Beerdigungen erlebe ich immer wieder, dass Brautpaare oder Trauernde nicht nachvollziehen können, warum ich nur sehr eingeschränkt tätig sein darf. Ich finde diese Entwicklung sehr bedauerlich.

Als mir in der letzten Woche dann der Hirtenbrief des Limburger Bischofs em. Franz Kamphaus „Frauen in der Kirche. Schwestern im Glauben" von 1989 in die Hände fiel, in dem er auf S. 72 schreibt: „Man ist noch weit davon entfernt, sich die Größe der Sendung der Frau in der Kirche und in der Gesellschaft ganz bewusst gemacht zu haben, sowohl für die Erneuerung und Vermenschlichung der Gesellschaft als auch dafür, dass die Gläubigen das wahre Antlitz der Kirche wieder neu entdecken. Wir sind leider noch weit davon entfernt, alle Benachteiligungen überwunden zu haben, deren Opfer die Frauen noch immer sind, nicht nur im Bereich des öffentlichen, beruflichen oder geistigen Lebens, sondern auch im Innern der Familie", konnte ich mich des Eindrucks nicht erwehren, dass es allerhöchste Zeit ist, dass sich die Kirche in der Frauenfrage allmählich einen großen Schritt in eine Richtung weiterbewegt, die Bischof Kamphaus schon 1989 angedacht hat.

Dr. Monika Berwanger

10. „**Wir brauchen viel dringlicher priesterliche Menschen als (männlichen) Priesternachwuchs oder Frauen im Priesteramt**" Als ich ein Kind war, Ende der 1980er Jahre, haben wir im häuslichen Kinderzimmer „Messe" gespielt. Mein jüngerer Bruder, meine ältere Cousine und ich haben selbstverständlich abwechselnd die Rollen des Pfarrers und der Ministranten eingenommen. Damals war weder das „Pfarramt" noch der Ministrantendienst für Frauen oder Mädchen zugänglich. Uns Kindern war das völlig egal. Zumindest der Ministrantendienst hat sich – jedenfalls in meinem Umfeld – seit Mitte der 1990er Jahre geändert. Vielerorts sähe es heute ohne „die Mädels am Altar" ziemlich leer aus.

Während der ersten Jahre meines Theologiestudiums habe ich mich gefragt, wie ich mich wohl entscheiden würde, wenn ich ein Mann wäre, der „Volltheologie" studiert. Würde ich ernsthaft darüber nachdenken, ob ich Priester werden wollte bzw. könnte? Als Frau brauchte ich mir die Frage – so mein Denken damals – gar nicht zu stellen. Und dennoch habe ich mich innerlich gefragt, wie man wohl die Berufung zum Priesterdienst „spürt" bzw. sich dieser gewiss wird. Dann habe ich mich viele Jahre damit abgefunden, dass es die Ordination für Frauen in der katholischen Kirche nicht gibt. Obwohl ich zunehmend lernte, dass es theologisch denkbar ist. Das sehr schwache Traditionsargument, dass Jesus Mann war und deshalb keine Frau Priester werden könne, überzeugte mich immer weniger: Obgleich die Bischöfe der Urkirche auch verheiratet waren, muss heute kein Mann „bewährt verheiratet" sein (vgl. 1 Tim 3), um katholischer Bischof zu werden.

In den letzten Jahren ist mir immer mehr klargeworden, dass wir in unseren Kirchen und Gemeinden viel dringlicher als (männlichen) Priesternachwuchs oder Frauen im Priesteramt priesterliche Menschen brauchen. Priester im theologischen Verständnis sind Menschen, die eine persönliche Beziehung und konkrete Erfahrungen mit dem verborgengegenwärtigen Gott haben und anderen Menschen helfen, ihre je eigene persönliche Beziehung vom Ich zum Du, von Mensch zu Gott, zu finden und zu vertiefen.

Jesus Christus ist das sichtbare Zeichen für die unsichtbare Wirklichkeit, die wir Gott nennen. In der Sprache der Theologie und des Zweiten Vatikanischen Konzils wird Jesus Christus als Ursakrament bezeichnet. Die Kirche (Grundsakrament) sind alle Menschen, die sich zum Herrn/ Kyrios bekennen (griechisch *kyriake*). Grundsakrament sind also alle Getauften. Möglichst nicht nur „äußerlich", im Sinne einer Mitgliedschaft in der Institution Kirche, sondern auch dem Herzen, Sinn und Verstand nach. Die Tauftheologie spricht jedem Christen zu, dass er Anteil hat an Christus, der selbst Priester, König und Prophet ist.

Deshalb würde ich mich freuen, wenn die Debatte um das „Priestertum der Frau" geweitet würde und man sich nicht vordergründig an der Frage nach dem biologischen Geschlecht, sondern an der gemeinten Sache orientieren würde. Meinem Eindruck nach mangelt es in der Kirche in Deutschland in den verschiedenen Gemeinden, aber auch in den kirchlichen Diensten und Einrichtungen an priesterlichen Menschen. Einerseits erlebe ich viele Pfarrer, die sich sehr „unpriesterlich" verhalten. Andererseits begegnen mir Männer und Frauen, die sich überzeugend priesterlich verhalten, ohne dafür „eigens" geweiht/ordiniert, beauftragt oder bezahlt zu werden.

Ich selbst verstehe mich als priesterlichen Menschen, der eine Frau ist. Ich bemühe mich um theologisches Fachwissen und eine persönliche Beziehung zum dreieinigen Gott. Aber auch ich brauche immer wieder priesterliche Menschen, die mich dabei unterstützen, meine Freundschaft mit Gott zu vertiefen. Diese begegnen mir gelegentlich. Es sind Männer und Frauen, darunter auch ordinierte Kleriker.　　　Dr. Daniela Bethge

11. „Ich konnte es nicht ertragen, im Altarraum nur Männer zu sehen" Als ich eine Studentin der Religionspädagogik als Praktikantin in unserer Gemeinde erlebte, veränderte sich mein Berufswunsch schlagartig. Auch ein Jahr Wartezeit bis zum Beginn des Studiums der Religionspädagogik schreckte mich nicht ab. Ich habe mich in der pastoralen Arbeit in den Gemeinden immer am richtigen Ort gefühlt, als Seelsorgerin, und dies mit Leidenschaft getan. Niemals hätte ich damals gesagt, ich fühle mich zum Priesteramt berufen.

Aber es schmerzte jedes Mal, zu sehen, wie ungleich Frauen in kirchlichen Diensten im Vergleich zu Männern auf dem Weg zum Priesteramt oder im Priesteramt behandelt wurden.

An der Priesterweihe eines Freundes konnte ich darum auch nicht teilnehmen, weil ich es (nach Erfahrungen bei der Diakonenweihe) nicht ertragen konnte, im Altarraum nur Männer zu sehen. Später, als ich auch in der Ausbildung von Priesteramtskandidaten zum Thema Jugendliturgie u. a. mitwirkte, war es für mich völlig unverständlich, wie bei der Priesterweihe der priesterliche Kollege den jungen Männern die Hände auflegte, ich jedoch nicht ...

Bei der Segnung von Frauen am Ende einer Frühschicht fragt die Sprecherin der kfd: „Herr Pfarrer, können Sie uns jetzt noch den richtigen Segen geben?"

Nach drei Jahren im Beruf als Pastoralreferentin wurde ich danach gefragt, ob ich mich zum Priesteramt berufen fühlte ... Meine Antwort gilt bis heute:

• Ich möchte Paaren, die ich mit meinem Mann im Ehevorbereitungskurs erlebe, bei der Trauung assistieren.

• Ich möchte Menschen, denen ich über Jahre die Krankenkommunion bringe oder die ich als Schwerkranke besuche, die Krankensalbung spenden.

• Ich möchte mit Kindern, die ich auf das Sakrament der Versöhnung vorbereite, das Beichtgespräch führen.

• Ich möchte Familien, die ich auf die Taufe ihres Kindes vorbereite, während der Taufe begleiten.

• Und inzwischen möchte ich auch mit anderen Menschen Mahl/Kommunion feiern und dabei die Leitung nicht nur von Wort-Gottes-Feiern übernehmen.

Nach vielen Jahren in der Leitung verschiedener Formen von Gottesdiensten und durch das Erleben von Gottesdiensten (u. a. in der kfd), die von Frauen geleitet werden, kann ich immer weniger die priesterzentrierte Form von Eucharistiefeiern ertragen (v. a. gestreamte Eucharistiefeiern, in denen nur der Priester am Altar zu sehen ist). Anon.

12. „Ich spüre einen Stachel im Fleisch" Aus vielfältigen Wurzeln speiste sich mein Entscheid, katholische Theologie zu studieren, und speist sich bis heute meine hohe Identifikation mit der katholischen Kirche als Institution. Zu diesen gehören die gelungene Weitergabe des Glaubens, vor allem durch die Eltern, die Erfahrung einer lebendigen und sehr modernen Gemeinde am Niederrhein, ein vor allem in der Oberstufe anspruchsvoller Religionsunterricht am Gymnasium, ein den Menschen zugewandter, sehr intelligenter, politisch engagierter und ermutigender Pfarrer (ich war wohl eine der ersten Ministrantinnen überhaupt, seit 1972). Sicher brachte ich eine große Offenheit für religiöses Leben schlechthin mit, vor allem eine Freude am Singen und an Kirchenmusik. Meinen Entschluss (im Alter von 14 Jahren), Theologie zu studieren, habe ich als eine Berufung erfahren. Dass ich damals Priesterin werden wollte, kann ich nicht sagen: Da das ja nun einmal nicht ging/geht, habe ich mir den Gedanken nicht einmal erlaubt, vermute ich heute.

Das Studium selbst brachte mir alles, was ich mir erträumt hatte: Weite des Horizonts, Vielfalt, Verwandtschaft mit so vielen anderen Fächern, die Möglichkeit, Verbindungen zu meinem später begonnenen Zweitstudium der Anglistik zu schaffen. Meine intensive Beschäftigung mit der anglikanischen Kirche und meine Zuneigung zu ihr haben mich nie von der oben erwähnten großen Identifikation mit meiner Herkunftskirche, durch die ich Vieles empfangen habe, abbringen können. Da Frustrationstoleranz ja ein erstrebenswertes Ziel ist, habe ich mich immer irgendwie mit den durch mein Geschlecht bedingten Grenzen arrangiert. Verlagswesen, Erwachsenenbildung, Schule, in den letzten Jahren verbunden mit Aufgaben in der Schulseelsorge und Engagement in der Ökumene, haben mir berufliche Befriedigung ermöglicht.

Groß war mein Erstaunen dann, als ich mit etwa 50 im Urlaub eine Eucharistiefeier in der Kathedrale von Durham besuchte, der eine Frau meines Alters und Phänotyps vorstand, und ich einen durch nichts vorher angekündigten kleinen Zusammenbruch hatte. Als sie predigte, mit Worten, die mir aus der Seele sprachen, ergriff mich urplötzlich ein praktisch unkontrollierbares Weinen. Mir wurde zum ersten Mal glasklar, dass ich meiner Berufung nie hatte völlig folgen können. Ich möchte heute sagen, dass diese Erkenntnis immer bei mir geblieben ist.

Eigentlich kann ich gar nicht verstehen, warum meine Loyalität zu der Institution, die mir nicht nur Grenzen setzte (mit denen ich mich arrangiert habe), sondern heute auch nur noch wenig Ähnlichkeit hat mit dem, was mich prägte, immer noch besteht. Kleingeist, Bildungsmangel, Bürokratismus, Klerikalismus, Enge, Verlust von klugen und beispielhaften Mitgliedern, schmerzhaft schlechte Verkündigung, unfähige und emotional wenig gebildete junge Priester, die Verheerung, die das Missmanagement der Missbrauchsskandale angerichtet hat – all das ist eine ständige Quelle des Schmerzes. Dem Schmerz versuche ich demütig zu begegnen: Ich hoffe, gründend in meinen eigenen guten Erfahrungen in der Jugend, Beispielen aus der Kirchengeschichte und einem kindlichen Vertrauen auf den Heiligen Geist, dass es einen Weg in eine andere Zukunft geben wird, wenn auch nicht für mich.

Ich genieße meine heutige Freiheit von den Fesseln der Institution. Den Menschen, die mir begegnen und die sich zum Teil direkt an mich wenden, stelle ich mich zur Verfügung als Gesprächspartnerin und Begleiterin in Lebensphasen, die einer religiösen Dimension bedürfen. Ich bete mit Menschen, feiere Feste mit ihnen, höre zu und gebe manchmal Rat, hole ihn mir auch, engagiere mich in vorhandenen ökumenischen und auch katholischen Strukturen, das alles als Privatperson. Das ist eigentlich gut so. Aber es bleibt die Frage: Hätte ich mich nicht noch viel mehr in den Dienst nehmen lassen können, und zwar auf eine Weise, wie sie von meinen Schülerinnen und Schülern wahrgenommen wurde, als Vertreterin der Kirche im vollen Sinne? Ich spüre einen Stachel im Fleisch.

Maria-Sybille Bienentreu

13. „Es zählt nicht Kompetenz und Eignung, sondern Weihe und Geschlecht" Ich bin ein Kind vom Land, in den 1970er Jahren aufgewachsen und gut katholisch sozialisiert. Meine erste „Ausbremsung" als Frau in der katholischen Kirche erlebte ich im Alter von neun Jahren. Als ich nach der Erstkommunion den Priester mutig fragte, ob ich, wie mein Bruder und meine Freunde (damals gab es im Dorf keine Freundinnen in meinem Alter), auch ministrieren könnte, war die lapidare Antwort: „Das geht nicht, du bist ein Mädchen!" Ich erinnere mich noch gut an meine Empörung, weil ich das ungerecht fand. Aber ich habe mich eben gefügt, zumal von meinen Eltern oder anderer Seite auch keine Unterstützung kam.

Im Zuge der katholischen Jugendverbandsarbeit fühlte ich mich ermächtigt und befähigt, meine Überzeugungen auch beruflich ausüben zu können. Bei der Studienwahl war eine der Überlegungen: Wenn ich ein Mann wäre, würde ich Theologie studieren, vielleicht auch mit der Option des Priestertums. Zu überlegen, ob ich als Frau Priesterin werden könnte, kam mir (vielleicht auch aufgrund der Abweisung als Ministrantin) gar nicht in den Sinn.

Als Frau gab und gibt es für mich zwei Optionen: entweder der Kirche den Rücken zuzuwenden und auszutreten oder drin zu bleiben und die Kirche von innen her zu verändern. Letzteres habe ich bislang getan. Theologie habe ich, auf Anraten meiner rollenkonformen Mutter, frauenspezifisch in der Form des Lehramts studiert mit dem Abschluss Erstes Staatsexamen. An Erfahrung reicher und vom Elternhaus emanzipierter, war mir schnell klar: Um sich Gehör in der Institution katholische Kirche zu verschaffen, muss frau sich, wenn schon nicht mit dem „passenden Geschlecht" ausgestattet, zumindest durch Kompetenz auszeichnen. Weil das Erste Staatsexamen kein theologischer Abschluss ist, habe ich diesen durch eine theologische Promotion erworben. Der akademische Titel ist mir nicht wichtig, hilft bei Diskussionen jedoch manchmal, aber nicht immer. In Entscheidungsprozesse werden i. d. R. Priester oder Männer einbezogen, nicht jedoch Frauen, so zumindest meine Erfahrung. Es zählt nicht Kompetenz und Eignung, sondern Weihe und Geschlecht. Nach der Promotion war die pastorale Ausbildung in meiner damaligen Diözese gerade gestoppt, außerdem war ich durch die Familie ohnehin gut gefordert. Ich bin dann den Weg gegangen, der für gut qualifizierte Frauen innerhalb der Institution eben möglich ist und ein Höchstmaß an Gestaltungsmöglichkeiten zulässt. Ich arbeite derzeit an einer Hochschule und bilde junge Menschen aus, versuche sie zur kritisch-wissenschaftlicher Reflexion anzuleiten und begleite sie auf ihrem Weg ins Berufsleben. Dieser liegt aus bekannten Gründen bei vielen immer weniger innerhalb der katholischen Kirche. Mein Wunsch, liturgisch mitzugestalten, ist geblieben. Am besten und für mich erfüllend geht das momentan in aufgeschlossenen Frauenkreisen. Selbst im familiären Bereich, wo wir gerade in der Corona-Krise verschiedene Möglichkeiten der Hauskirche erproben, stößt die für mich natürliche und selbstverständliche christliche Erinnerungskultur in Form des Brotbrechens bisweilen auf nicht näher argumentativ begründete Vorbehalte („Aber das darfst du doch nicht!").

Ich wünsche mir eine Gemeinde und eine Kirche, in der geschlechter- und generationenübergreifend die Kompetenzen aller einbezogen werden. Ob ich diese innerhalb oder außerhalb der katholischen Kirche finde, ist für mich wenig relevant, wichtig sind mir Gleichgesinnte und ebenfalls das Reich Gottes suchende Menschen. Das Geschlecht ist dabei unwichtig. Aber natürlich habe ich, wie viele andere auch, noch die Hoffnung, dass sich dies innerhalb der Institution katholische Kirche und insbesondere durch den Synodalen Weg erfüllen möge. Falls nicht, gibt es für mich keine ernst zu nehmenden Gründe mehr, noch immer an dieser Institution festzuhalten und dadurch das System weiterhin zu stützen. Meine Berufung wird sich dann im Sinne des jesuanischen Wortes „Sorgt euch nicht" aus der Bergpredigt, bzw. der Feldrede schon irgendwie ihren Weg suchen.   Anon.

14. „Ich wollte Gottesdienste feiern, die Himmel und Erde verbinden" Auch wenn ich Probleme mit dem Wort und der klassischen Bedeutung von ‚Berufung' habe, so kann ich doch sagen, dass ich sehr gerne Priesterin geworden wäre.

Ich war als Jugendliche sehr engagiert in der Jugendarbeit unserer Gemeinde und der Katholischen Jungen Gemeinde (KJG). Ich habe dort eine Freiheit und spirituelle kirchliche Weite erlebt, die in den 70er und

8oer Jahren des letzten Jahrhunderts fast überall erlebbar war. Ich wollte mitwirken am „Reich Gottes". Die Möglichkeit, ‚Priesterin' zu werden, war schlicht nicht gegeben – also wurde ich Gemeindereferentin.

Im Laufe der Zeit wurde mir jedoch immer klarer, dass ich im Grunde meines Herzens eine andere Berufung hatte – nämlich zur Priesterin. Ich wollte Menschen inspirieren, begleiten, ihnen die Weite des Himmels eröffnen, von der befreienden Kraft des Glaubens erzählen, die Bibel nahebringen, Gottesdienste feiern, die Himmel und Erde verbinden, Kraft schöpfen, um solidarisch zu leben und zu handeln, Trost spenden und Freude teilen. Ist das priesterlich? Ich denke schon!

Mit den Jahren wurde mir die Frauenfeindlichkeit des kirchlichen Systems immer klarer bewusst und, um nicht krank und depressiv zu werden, habe ich den kirchlichen Arbeitgeber verlassen.

Ich habe so manche Träne vergossen über die Unmöglichkeit, meinen Weg in der Kirche als Priesterin gehen zu können. Und auch jetzt, da ich diesen Text schreibe, weine ich über diese Ungerechtigkeit und Anmaßung der Männer. Aber als fast noch schlimmer empfinde ich die Situation, dass Kirche in den letzten Jahrzehnten immer enger, rückständiger und ängstlicher geworden ist.

Mein Weg außerhalb der Institution Kirche hat mir eine spirituelle Reifung ermöglicht, die ich vermutlich im System so nicht erfahren hätte.

Ich bin der Kirche weiter verbunden – aber eben eher am Rande, und ich lebe meine Berufung da, wo sie auf Resonanz stößt – als Kirchenkabarettistin, als Leiterin eines Bibelkreises, als Gestalterin beim Weltgebetstag usw. Ulrike Böhmer

15. „Die Gewissheit, ganz persönlich gemeint zu sein, beauftragt zum Dienst" „Berufung": mein wertvollstes Inneres freilegen? Wessen Augen lesen, wessen Ohren hören von meinem Weg? Ohne meine Verbündete, die Heilige Geistkraft, hätte ich nicht anfangen können aufzuschreiben, das Aufschreiben zu versuchen. Ja, ich vertraue. Dankbar bin ich den Menschen, die es vermögen, Worte aufzuschreiben, die mich herausfordern, stützen, in denen ich mich wiedererkenne. Sie, meine Verbündete, schenkt mir zunächst die Erinnerung an die erste bewusste sakramentale Erfahrung meines Lebens mit zehn oder elf Jahren. Nicht das Fest der Erstkommunion als Neunjährige meine ich damit – eine wunderschöne Erfahrung, eine besondere Feier, ja. Ich meine die erste und die vielen folgenden geschenkten Erfahrungen, die Zeit und Raum auflösen, auch über Jahre die tägliche Eucharistiefeier, tief innerlich erfüllend und überfließend – in Form von Tränen, denen keine Spur von Leid oder Pein anhaftet. 43

Die Gewissheit, ganz persönlich gemeint zu sein, beauftragt zum Dienst – schon als Kind. Eintreten als Stärkere für das Schwächere – so oft, so viel zu tun. Das mir geschenkte Lebens-Leitwort Eph 2,10:

> „Seine Geschöpfe sind wir, in Christus Jesus dazu geschaffen,
> in unserem Leben die guten Werke zu tun,
> die Gott für uns im voraus bereitet hat."

NOT-wendigkeit braucht keine Entscheidung, ob Ja oder Nein. Entscheidungsfrage in der Pubertät: Klösterliches Leben? Nein, eindeutig. Priesterliches Leben? Ja, eindeutig. Aber: „Meine" Kirche verweigert mir die Priesterweihe. Beschnitten werden, weil ich Frau bin? Nein. Beschnitten werden in Bezug auf die ganz persönliche Berufung? Nein. Beschnitten werden dient bei einem Baum dem gesunden Wachstum. Akzeptiert.

In meiner Berufungsgeschichte folgte dem Ausschluss innere Rebellion, Trauer, Abkehr. Heimgeholt durch die mir geschenkten Kinder. Tiefste Verletzung meines ohnehin beschnittenen Lebensbaumes bis auf den Grund der Erde durch den Tod eines meiner geliebten Kinder. In unbeschreiblicher Erschütterung bemerke ich nicht, dass mein Wurzelwerk noch tiefer, noch haltgebender in die Tiefe wächst und nach und nach die Baumkrone stärker und weiter austreibt – und vor mir Eph 2,10.

Neue Möglichkeiten tun sich auf, was früher aus familiären Gründen beschnitten wurde: Über 40-jährig Abitur, Studium der Sozial- und Religionspädagogik, Diplom mit 50 Jahren. Zusatzausbildungen als Sozialtherapeutin, GCL/GIS-Kurse Geistliche Begleitung, Sterbe- und Trauerbegleitung. Jährliche eigene Exerzitien, zunächst ignatianisch (u. a. 30-tägige), dann kontemplativ. Begegnung mit nach und nach immer mehr glaubwürdigen Christenmenschen. Erkennen, dass ich meine Berufung zu priesterlichem Dienst leben darf und kann – ohne kirchliche Beauftragung. Erkennen, dass ich insbesondere wegen „fehlender" kirchlicher Beauftragung für andere und von anderen gleichen Schicksals angefragt bin.

Beispiele: ,Exerzitien im Alltag' (2002–2012) übergemeindlich, jeweils in den Advents- und Fastenzeiten; 4–14-tägige kontemplative Exerzitienangebote; geistliche Begleitung des Berufungsweges der Frauen im 2. Diakonatskreis; Initiative/Aufbau und Begleitung bis heute von jungen Eltern und zeitnahe individuelle Bestattung von in der Schwangerschaft verstorbenen nicht bestattungspflichtigen Kindern – unabhängig von Religion und Weltanschauung. Dankbar bin ich, dass ich eine große Schar von Menschen begleiten durfte und weiterhin darf.

Das Sakrament der Priesterweihe ist Frauen versagt. Was ist Sakrament? Die äußere Feier, das Ritual allein sicher nicht. Für mich die Fülle von sakramentalen Erfahrungen im Laufe des Lebens, das Erkennen des Göttlichen in mir selbst, in der gesamten Schöpfung, in der Begegnung mit anderen – über Konfessionen, Religionen, Weltanschauungen hinweg. Gemeinschaftsbildend, suchend, fragend, erkennend, dankend, liebend, vertrauend. Integrales Christentum, der kosmische Christus (Eph 1,17–22).

Meine im wahrsten Sinne des Wortes katholische Kirche hat m. E. in diesem Sinne ihren Auftrag/ihre Berufung zu leben. Kirche ist zuständig für die Lehre bis zum Firmalter; die spirituelle Entwicklung jedes Menschen folgt, mit „Entlassung", Ermutigung, der eigenen Sehnsucht selbstverantwortlich nachzuspüren und am Beispiel Jesu den Urgrund als Liebe, Erbarmen und Gnade zu entdecken, unabhängig davon, für welchen künftigen Lebensweg der Mensch sich entscheidet und welche heilende heilige Kraft und Macht aus einem Leben in Einheit mit dem Urgrund, der göttlichen Geistkraft, erwächst.

Von dieser Macht sprechen die zur Diakonin und Priesterin berufenen Frauen. Sie sind berufen zur geistlichen Begleiterin eben dieser Lebenswege. Sie werden beleidigt von denen, die ihnen „Machthunger" im negativen Sinne unterstellen.

Den Ver*antwort*lichen des Synodalen Weges wünsche ich, dass sie die göttliche Kraft und Macht in ihrer Tiefe wahrnehmen und entfalten; *spe viva* – in lebendiger Hoffnung begleite ich sie. Agnes Bohe

16. „Als Frau kann ich den Schatz der Kirche nie ganz weiterschenken" Ich bin eine 45-jährige Gemeindereferentin im Bistum Fulda und arbeite mit voller Stelle in zwei Pfarreien. Diese Aufgabe ist es, die mich glücklich macht. Ich finde meine Aufgaben sehr „sinn-voll".

Ein paar Sätze zu meinem Lebens- und Glaubensweg: Ich stamme aus einer Familie, die nicht sonderlich fromm oder tiefgläubig war, doch bin ich schon früh gern mit meiner Großmutter zum Gottesdienst gegangen, habe beten gelernt und war wohl sehr offen und interessiert an Glaubensgeschichten, so erzählt es meine inzwischen über 90-jährige Religionslehrerin aus der Grundschule. Mit dem zweiten Schuljahr begannen meine Aktivitäten in der Kirchengemeinde (Pfadfinder, Schola, Erstkommunion ...). Irgendwie war nichts bewusst entschieden, es hat sich immer eins aus dem anderen ergeben. Das kann ich über den ganzen Weg bis heute sagen und sehe doch dahinter Gottes größeren Plan.

Ich war engagiert in der Jugendarbeit auf Bistumsebene, als ich 1994 Abitur machte und nach dem Abitur gern Theologie studiert hätte. Ein klassisches Studium wollte ich nicht machen, weil ich das erstens als Frau nicht in Fulda studieren konnte und zweitens das, was ich mit dem Studium beruflich machen konnte, nicht meins wäre, so dachte ich zu dem Zeitpunkt. Außerdem haben meine Eltern mir davon energisch abgeraten: „Was willst du schon werden, als Frau in der katholischen Kirche? Mach das doch weiter ehrenamtlich."

So begann ich in Marburg eine Ausbildung zur Pharmazeutisch-Technischen Assistentin (PTA) und landete in der Apotheke. Was mir auch gut gefiel. Sehr schnell waren aber wieder die Gedanken an ein Theologiestudium da und die Überlegung, dass ich selbst für mein Leben verantwortlich bin. Besonders groß war die Sorge, später zu bereuen, dass ich es nicht einfach versucht habe. Und so entschloss ich mich, ermutigt von einigen aus Pfarrei und Bistumsjugend, 1998 gegen den Willen meiner Eltern zum Studium der Religionspädagogik in Hildesheim. Das Ziel war „offiziell": Gemeindereferentin im Bistum Fulda. Mein persönliches war anders: mehr über meinen Glauben erfahren, wobei ich das damalige Berufsbild einer Gemeindereferentin auch spannend fand. Aber für mich viel zu hoch.

Irgendwie blieb ich dabei und merkte nach und nach, dass „Seelsorge" mir lag, schon in den Gesprächen mit Kunden in der Apotheke, aber auch in der Gemeinde. Ich wurde also Gemeindereferentin, bemerkte aber schon bald, wie uneins doch die Kirche ist, in der sehr traditionelle neben neuen Ideen hin- und herwogen.

Mit Familienzeit (Heirat und zwei Kinder, inzwischen auch schon Scheidung) trat der Beruf einige Jahre in den Hintergrund, bis 2015 ein junger, engagierter neuer Pfarrer in meine Gemeinde kam und ich gefordert wurde. Er nahm mich mit, so dass wir als Leitungsteam Ideen für Seelsorge im 21. Jahrhundert entwickeln konnten und gemeinsam Entscheidungen trafen. Leider gab er nach zwei Jahren auf und wechselte den Beruf, weil er wegen des zu engen kirchlichen Rahmens (u. a. dem Zölibat) nicht mehr Priester sein wollte.

Der Nachfolger übernahm unsere Pfarrei als „zweite" Pfarrei und meine Aufgaben änderten sich wieder. Die Zeit brachte es mit sich, dass ich seit 2017 viel in der Einzelseelsorge, in Gesprächen tätig bin, der Beerdigungsdienst ist dazugekommen. Und Maria 2.0 kam auf.

Ich habe nie gesagt, dass ich gern Priesterin wäre oder Diakonin, merke aber deutlich, wie oft mich meine Möglichkeiten begrenzen. Wie gern würde ich Sakramente spenden können. Wenn in einem seelsorglichen Gespräch ganz klar das Bereuen und Bekennen von Fehlern zur Sprache kommt, würde ich sehr gern die Lossprechung zusagen können. So kann ich „wenigstens" sagen, dass ich sicher bin, dass Gott verzeiht, aber ich kann – als Frau – den Schatz der Kirche nicht ganz nutzen. Auch die Eucharistie würde ich gern feiern können. Ich bereite Wort-Gottes-Feiern, auch am Sonntag, vor, darf vom reichen Schatz der Frohen Botschaft erzählen, aber die Eucharistie darf ich nicht feiern, weil ich Frau bin. Ähnlich geht es mir mit der Taufe, wo ich immer wieder in die Vorbereitung involviert bin, oder bei der Krankensalbung. Den ganzen Schatz darf ich als Frau nicht weiterschenken. Das finde ich sehr schade und das würde ich gern ändern, wenn es möglich wäre.

Durch mein Engagement bei Maria 2.0 und ein Interview in der „Hessenschau", wo ich dieses ähnlich angerissen habe, und einen persönlichen Brief an Bischof Michael Gerber, in dem auch dieser Wunsch und diese Sehnsucht beschrieben war, brauche ich nicht anonym zu bleiben. Es gibt nicht viele Kolleginnen mit meiner „Stellenbeschreibung". Aber die Zeit hat es so mit sich gebracht und nun stehe ich da, wo ich bin, und hoffe, dass sich ENDLICH etwas bewegt.   Sandra Bonenkamp

17. „Meine Konversion war für mich kein Bruch, sondern einfach nur eine Wegkorrektur"

Ich bin 1974 in Mannheim geboren und wuchs in einer sportbegeisterten Familie auf. Römisch-katholisch getauft, nahm ich wie selbstverständlich am Religionsunterricht teil und feierte 1983 in Brühl/Baden meine Erstkommunion. An dieser Stelle schien meine kirchliche Karriere beendet. Denn eigentlich hätte ich es mir durchaus vorstellen können, nach der Erstkommunion Ministrantin zu werden. Aber das ging nicht – damals durften nur die Buben den Ministrantendienst übernehmen. Also ging ich wieder gemeinsam mit meiner Familie meinen Sportarten nach, und die Kirche trat in den Hintergrund. So sehr, dass ich mich, als ich in der 10. Klasse in der Realschule vor der Mittleren Reife stand, nicht zur Firmvorbereitung anmeldete. Warum sollte ich mich firmen lassen, wenn ich auch sonst mit Kirche und Glaube nichts oder wenig zu tun hatte? Außerdem war all meine Kraft und Zeit für die Ausbildung zur Pharmazeutisch-Technischen Assistentin vonnöten, die ich ab Herbst in Mannheim an der PTA-Schule begann. Bis heute faszinieren mich die Naturwissenschaften, so dass ich mich voll in die Pharmazie vertiefte. Nach zweieinhalb Jahren stand ich als fertige PTA in der Apotheke und überlegte, wie es weitergehen sollte. Damals strebte ich ein Pharmaziestudium an, so dass ich an der Technischen Oberschule in Mannheim meine fachgebundene Hochschulreife erwarb.

Aber genau in dieser Zeit passierten entscheidende Dinge. Zunächst war ich mir nicht mehr sicher, ob ich wirklich Pharmazie studieren wollte. Die Pharmazie als Naturwissenschaft fand und finde ich zwar bis heute sehr interessant, aber die Aussicht, dass ich nach dem Studium wie schon als PTA wieder als Angestellte in der Apotheke stehen würde, machte mich nachdenklich.

Außerdem tat sich ein neuer Weg auf. Eines Nachmittags traf ich mich mit meiner besten Schulfreundin aus Realschulzeiten. Wir plauderten über unsere Ausbildungen, und sie erzählte, dass es in meinem Heimatort einen neuen Pfarrer gäbe, der die Jugendarbeit fördere und sehr offen sei. Schließlich besuchten wir zusammen mit unseren Familien nach vielen Jahren an Weihnachten wieder einen Gottesdienst. Die Christmette war als Jugendgottesdienst gestaltet, und der Jugendchor sang. So etwas hatten wir alle noch nie erlebt. Die Freundin fragte mich, ob ich nicht im Jugendchor mitsingen wolle. Nach einigem Zögern (ich hatte am Wochenende auch immer wieder Sporttermine) probierte ich es aus – und blieb hängen. Die Pastoralreferentin bot für Jugendliche und junge Erwachsene eine Ora-et-labora-Woche im Pfarrhaus an. Ich nahm teil und war von der Gastfreundschaft tief berührt. Schnell wuchs ich in das Vorbereitungsteam für die Jugendgottesdienste hinein und wurde zur Pfarrjugendleiterin gewählt. Ach ja, und Ministrantin wurde ich auch noch. Von da an sog ich alle Themen rund um Theologie und Glaube in mich auf. Und plötzlich stand sie da, die Frage: Könnte ich nicht auch Theologie studieren? Aber um was damit zu machen? Dem Weg als Pastoralreferentin stand ich von Anfang an skeptisch gegenüber. Schon als PTA in der Apotheke hatte ich erfahren, wie es ist, gut ausgebildet zu sein, aber nie Leitungsverantwortung übernehmen zu dürfen. Aber genau das wollte ich. Ich wollte in meinem Berufsleben etwas gestalten, mit Menschen zusammen etwas entwickeln. Und das ist in der Regel nur möglich, wenn man Chef, bzw. frau Chefin ist. Trotz all der Bedenken nahm ich in Freiburg das Studium der Theologie auf – und ging ganz und gar darin auf. Ich wundere mich bis heute darüber, wie ich das anfangen konnte, ohne eine Ahnung zu haben, auf was es am Ende hinauslaufen würde. Denn ich bin ein zielstrebiger Mensch, allerdings auch kritisch. Vieles in meiner angestammten Kirche bereitete mir Bauchschmerzen: dass „Laien" wenig bis gar keine Mitsprache haben, dass „Laien"-theologen und -theologinnen am Sonntag nicht in einer Eucharistiefeier predigen dürfen und dass Frauen der Weg in das kirchliche Amt nicht möglich ist. Am Beginn meines Studiums wurden in der alt-katholischen Kirche in Konstanz die ersten beiden Frauen zu Priesterinnen geweiht. Natürlich bekam ich das mit. Und als eines Tages eine dieser Priesterinnen, Angela Berlis, zu uns in die Katholische Hochschulgemeinde zu einem Vortrag kam, war diese Option für mich plötzlich sehr nahe. Konnte das die Lösung sein? Fast hätte ich mit einem Schnellschuss einen Fehler begangen. Der Grund: Eine Verlautbarung aus Rom enttäuschte mich so sehr, dass ich beinahe Hals über Kopf von Freiburg nach Bonn gewechselt wäre. Dort gibt es nämlich einen Lehrstuhl für alt-katholische Theologie und außerdem befindet sich da auch die Ausbildungsstätte der Priesteramtskandidat*innen. Irgendetwas aber stimmte nicht an meinem Vorhaben. Es wäre einfach alles viel zu schnell gegangen. Und bei näherem Betrachten wurde mir klar, dass diese Entscheidung sehr viel weitreichender und auch tiefschichtiger war. Ich würde eine große Volkskirche verlassen und mich in eine sehr kleine, ja winzige Kirche begeben, in eine Kirche mit einer anderen Struktur. Klar, die Synodalität kam mir aus meiner theologischen Überzeugung sehr entgegen. Aber wie wird sie gelebt? Und wo wäre dann dort mein Platz? Ich machte einen Rückzieher und entschied mich ganz bewusst dafür, mein Studium in Freiburg mit dem Diplom abzuschließen. Dort waren auch mein Studienfreundeskreis und eine Katholische Hochschulgemeinde, in der ich als langjähriges Mitglied im Gemeinderat eine echte geistliche Heimat gefunden hatte. Um aber auch neben der Theorie einen Einblick in den real existierenden Alt-katholizismus zu erhalten, studierte ich ein Wintersemester in Bonn. Die Erfahrungen waren sehr gut, und am Anfang war es für mich ungewohnt, dass der Bischof am Sonntag nach dem Gottesdienst mit Kirchenbesuchern am gleichen Tisch beim Kirchenkaffee saß. Sowohl das Gemeindeleben der alt-katholischen Gemeinde in Bonn als auch das der Hochschulgemeinde prägten diese Zeit. Mit vielen Eindrücken fuhr ich zurück nach Freiburg. Aber ich hatte mich noch immer nicht entschieden. Mir wurde immer klarer, dass die Entscheidung eine vollumfängliche sein musste. Nur aus Frust die Konfession zu wechseln, wäre keine gute Grundlage gewesen. Ich musste das „gesamte Paket" wollen: eine kleine Kirche mit begrenzten finanziellen Mitteln, mit Pfarrstellen in ganz Deutschland und mit Gemeinden, die in einer Diasporasituation leben. Nur konvertieren, weil ich in der alt-katholischen Kirche Priesterin werden konnte, würde schiefgehen, das ahnte ich. Also ließ ich mir Zeit – Zeit, um das Neue entstehen zu lassen und vom Alten Abschied zu nehmen. Nach dem Diplom begann ich eine Promotion. Aber nach einem halben Jahr wurde mir bewusst: Jetzt ist die Zeit gekommen, um mir über meine berufliche Zukunft klar zu werden: entweder der Weg in die Wissenschaft oder eben doch der Weg in die alt-katholische Kirche und damit in die Seelsorge. Und erstaunlicherweise ging es dann relativ schnell. Ich konvertierte – ohne Frust. Ich weiß bis heute, was ich alles in der römisch-katholischen Kirche geschenkt bekommen habe und immer noch bekomme. Immer noch bin ich gerne und häufig zu Gast in römisch-katholischen Klöstern. Meine Konversion war für mich kein Bruch, sondern einfach nur eine Wegkorrektur. Alles, was davor war, durfte dabei seine Wichtigkeit behalten. 2004 wurde ich in Bonn zur Diakonin geweiht, 2005 in Karlsruhe zur

Priesterin. Noch im selben Jahr zog ich nach Augsburg um. Zunächst betreute ich die Augsburger Gemeinde als Vikarin und seit 2009 leite ich sie als Pfarrerin, übrigens als erste gewählte Pfarrerin unseres Bistums. Wow, das hört sich historisch und irgendwie auch exotisch an. Wenn ich aber auf all diese Jahre zurückblicke, dann fühlt sich das gar nicht so besonders an, sondern normal und auch alltäglich – und ehrlich: Darüber bin ich sehr froh. Immer wieder erzähle ich eine kleine Anekdote: Ein Junge, den ich selbst getauft habe, fragte eines Tages seine Mutter, ob denn auch Männer Pfarrer werden können. Ist das nicht schön? Etwas, das 2000 Jahre gedauert hat, um Wirklichkeit zu werden, konnte so schnell Normalität sein!

Was aber ist dann das Spezifische daran, dass ich als Frau das Amt einer Pfarrerin bekleide? Gibt es eine spezifische Art, Priesterin zu sein? Oder sind eher die individuellen Unterschiede zwischen den Menschen ausschlaggebend? Ja und nein: Betrachte ich meine Kollegen und Kolleginnen, dann sehe ich da sehr unterschiedliche Charaktere, die so, wie sie sind, ihr Priester- oder Priesterinnensein leben und ausfüllen. Wir alle sind zunächst einmal ganz individuelle Menschen, als Mann und als Frau. Und doch bleibt die Frage, ob es spezifisch weibliche Aspekte gibt. Wenn ich meinen eigenen Führungsstil anschaue, dann sehe ich, dass dieser auf Kommunikation und Austausch angelegt ist. Ich brauche ein Gegenüber, um selbst Klarheit für den nächsten Schritt zu bekommen. Beim Gespräch gewinnen Ideen an Struktur und können durch neue Aspekte weiterentwickelt werden. Für mich ist dies anstrengend und bereichernd zugleich. Anstrengend, da es Zeit kostet, mit Menschen zu sprechen, ihnen zuzuhören und sie zu ermuntern, eigene Ideen vorzubringen. Aber auch umso bereichernder, da ich so immer wieder die beglückende Erfahrung machen kann, wie miteinander Neues entsteht und geboren wird. Sicherlich, auch Männer haben ihre Fähigkeiten in der Kommunikation – aber ich habe das Gefühl, dass Frauen häufiger einen kommunikativen Führungsstil bevorzugen. Mit dem Thema der Kommunikation verbindet sich auch eines meiner Herzensanliegen: Es ist die liturgische Sprache, also die Art, wie wir im Gottesdienst als Gemeinde mit Gott in Verbindung treten. Schon während meines Studiums wurde mir bewusst, welch große Verantwortung der- oder diejenige trägt, die im Namen einer Gemeinde ein Gebet spricht. Alle im Gottesdienst Versammelten sollten sich darin wiederfinden. Die Sprache darf nicht trivial, aber auch nicht abgehoben sein. Ich bin der Überzeugung, dass es eine dauerhafte Aufgabe von Kirche ist, die liturgische Sprache an die jetzige Zeit anzupassen. Es muss möglich sein, tiefe Gedanken über Gott in der heutigen Sprache auszudrücken und Gott auch so ansprechen zu können. Wir als alt-katholische Kirche sollten – gerade wegen unserer Kleinheit und der ihr innewohnenden Möglichkeit schneller und flexibler Umsetzung – es wagen, unseren Glauben mit und in der Moderne zu leben und auch „zur Sprache" zu bringen.

Alexandra Caspari

18. „Ich bedauere, dass ich nicht dazu beitragen kann, dass in jeder Pfarrei an jedem Sonntag Eucharistie gefeiert wird"

„Du bist spirituell begabt", urteilte ein Mentor während meines Theologiestudiums. Dieser originelle Satz fasst treffend eine Neigung und eine Formung in mir zusammen. Bis zu meinem Abitur wurde ich Schritt für Schritt in Richtung eines pastoralen Berufes geprägt. Solange ich denken kann, macht es mir Freude, in der Kirche mitzuwirken. Als Kind und als Jugendliche erlebte ich sie als einen Ort, an dem man gestalten und philosophieren darf. Auch förderte man in mir durch Glaubensschulung, Erklärungen während der Kindermesse und regelmäßigen Einsatz als Ministrantin eine jeweils altersgemäße Jesusbeziehung. Ab dem 12. Lebensjahr hatte ich das Bedürfnis nach altersgemäßer Mystik. Ab dann vertiefte sich meine Beziehung zu Gott sehr intensiv. An einer katholischen Mädchenschule genoss ich es, Gottesdienste zu gestalten. In dieser Schule und auch im Elternhaus wurde ich zu einem denkenden und hinterfragenden Glauben ermutigt. Mir wurde Gott so wichtig, dass ich noch mehr über ihn wissen wollte, und ich entschied mich daher für's Theologiestudium. Einen pastoralen Beruf zu ergreifen, war wegen meines Engagements in der Pfarrei und meiner Freude am Beten naheliegend. Und ich entdeckte in mir eine Liebe zur Kirche und zu allen Menschen, die zu ihr gehören.

Ich frage mich, wie es dazu kam, dass ich mich zur Priesterin berufen fühl(t)e. Da ich als einzige ehemalige Ministrantin meiner Heimatpfarrei diese Berufung verspüre und es auch keinem Ministranten meiner Generation so ergeht, hat dieser Dienst offenbar meine Berufung zwar unterstützt, aber nicht verursacht. Ist es meine Sehnsucht nach Hingabe an Gott in der Nachfolge Jesu? Ist es, weil man in meinem Umfeld als Kind und Jugendliche die Liebesbeziehung zu Jesus mit dem Priestertum gleichsetzte?

In den Aufbrüchen der 80er Jahre, die ich damals erlebte, konnte ich mir nicht vorstellen, dass man es gleichzeitig absurd fand, dass sich eine Frau zur Priesterin berufen fühlte. Für mich selbst war es wie von einer anderen Welt, dass Frauen dies nicht werden konnten, denn alle anderen Berufe standen ihnen offen. Heute denke ich, dass man dem Heiligen Geist Vorschriften macht, wenn man eine Berufung, die ein Mensch empfindet, nicht prüft, sondern als absurd zurückweist.

Im Beruf der Pfarreiseelsorgerin kann ich die Hingabe leben, indem ich den Menschen die Frohe Botschaft zuspreche, mich für Benachteiligte einsetze, für sie als Liturgin wirke und für sie da bin. Ich bedauere, dass ich nicht dazu beitragen kann, dass in jeder Pfarrei an jedem Sonntag Eucharistie gefeiert wird. Den Schmerz, meine Hingabe an Jesus nicht im Sprechen der Einsetzungsworte zum Ausdruck bringen zu können, habe ich verdrängt. Als *Virgo consecrata* (Geweihte Jungfrau) lebe ich in der Nachfolge Jesu und der Ganzhingabe an ihn. Seit 33 Jahren gehöre ich zum Franziskanischen Säkularorden (OFS) und lebe bewusst das Evangelium, wie es jeder Christ bei der Taufe verspricht. Besorgt bin ich über das, was ich beobachte: Die Menschen und die Eucharistie entfernen sich voneinander. Die einen kennen sie nicht mehr, denn sie können sie nicht erleben, weil ihr(e) Pfarreileiter(in) nicht das Weihesakrament empfangen hat. Für andere ist es befremdlich, ein Ritual zu vollziehen, während dem sie immer wieder an die Zulassungsbedingungen zum Priestertum erinnert werden, die sie nicht nachvollziehen können. Traurig bin ich, dass einige Priester heute, weil sie so wenige geworden sind, von Ort zu Ort ziehen müssen, um dort nur noch dem Ritual vorzustehen, ohne mit den Menschen zu leben. Dies entspricht nicht meinem Ideal. An jedem theologischen oder kirchenpolitischen Argument dafür, dass nur Männer zu Priestern geweiht werden können, habe ich mich aus Liebe zur Kirche, solange es jeweils ging, festgehalten. Aber sie sind mir alle widerlegt worden. Gott weiß, ob und wie wir die innerkirchlichen Spaltungen überwinden können. Er aber ist größer und weiser, als wir es uns vorstellen können. Mögen wir uns für seinen Geist öffnen.   Christine Demel

19. „Meine Geschichte ist eine Geschichte des ‚Rufs'" Ich wurde immer wieder gerufen, um Gott, der immer schon da ist, wo wir auch hinkommen, hörbar zu machen, spürbar, erfahrbar. Mitschülerinnen und Mitschüler im Gymnasium suchten meinen Rat und meine Nähe bei Fragen nach Sinn und Ziel ihres Lebens. Bei der Vorbereitung und Durchführung von Gottesdiensten habe ich mitgewirkt, ich war dabei mit Kyrierufen, Fürbitten und Lesung, mit eigenen Impulstexten. Auch während des Theologiestudiums habe ich dieses Engagement in der StudentInnengemeinde oder bei großen Semestereröffnungsgottesdiensten fortgesetzt. Auch neue Formen von Liturgie haben wir Frauen in der StudentInnenzeit gesucht, gemeinsam entwickelt und gefeiert, die sogenannten Frauenliturgien. Es gibt sie bis heute in Münster.

Als ich vor über 30 Jahren nach dem Studium nach Bonn zog, haben mein Mann und ich dort wieder Menschen und Kreise gefunden und gegründet, wo wir mit unserer kleinen, wachsenden Familie Gottesdienst feiern konnten. Zum Gottesdienst Feiern gehören für mich Freude und Lebendigkeit, auch mal ein Tanz, ein Bilderbuch oder ein Theaterstück, Gebet und Fürbitte und der Austausch zum Evangelium, Stille und Aufeinander Hören, altbekannte und neue Lieder, Zeit für Bitten und Klagen, Dank und Lob. Wir haben im Kreis gefeiert, im Pfarrsaal, mit geteiltem Essen und Trinken im Anschluss an unsere Feier, mit vielen Kindern und Eltern, alle auf dem Weg, ihre Geschichte mit Gott zu entdecken, die Vorbereitung und Leitung ging reihum unter den Eltern. Die „Gelbe Kirche" gibt es bis heute am gleichen Ort in Bonn-Beuel.

Während wir in der Gemeinde eine geistliche Heimat fanden, und wie sich zeigen sollte, auch Freundinnen und Freunde für's Leben, arbeitete ich als Referentin für „Tage religiöser Orientierung". Ich war wochenweise mit Schulklassen unterwegs, während mein Mann bei unseren Kindern war – nur Stillkinder nahm ich zu den Tagen mit. Ich liebte es, mit den Jugendlichen biographisch zu arbeiten, Gott zu suchen in allen Dingen und ermutigende Erfahrungen zu ermöglichen bei gruppendynamischen Einheiten, kreativen Workshops, abendlichen Gebetsstunden. In diese Zeit fiel auch meine Mitarbeit bei der Predigtreihe „Gottes Wort im Kirchenjahr", wo ich u. a. Predigten für Familiengottesdienste verfasste, die dann von Priestern als Predigttext übernommen werden konnten. Dass ich selbst diese Texte hätte sprechen können, fiel mir nicht ein.

Reich beschenkt wurde ich, als ich mit Erzieherinnen im Kindergarten arbeiten durfte. Als Theologin leitete ich zwei Dekanatsrunden zur Religionspädagogik. Wir trafen uns reihum in den Kindergärten von Bonn, und wir Frauen hörten und lernten voneinander, was Gott uns durch die Kinder sagt, welche Orte und Gesten anregen, beflügeln oder auch verstören, welche biblischen Geschichten immer wieder erzählt und geteilt werden, wie die Balance von Stille, Einkehr, Bei-sich-Sein auf der einen Seite und Impulsen, Spielen, Toben, Aus-sich-Herausgehen auf der anderen Seite gelingen kann. Ich habe „Bewegungsbaustellen" kennengelernt und mit Erzieherinnen Wege beschrieben, wie Kinder und Erwachsene im Kindergarten Gott hören und ihm nahe sein können.

Inspiration und Aufbruch mit politischem Schwung erlebte ich beim Diözesanverband der KJG, wo ich in den 90er Jahren mit einigen Stunden pro Woche die Öffentlichkeitsarbeit managte. In der Geschäftsstelle in Köln suchte ich gemeinsam mit meinen Kolleginnen und Kollegen nach neuen, zeitgemäßen Formen von Kirchesein, wir stellten z. B. ein ganzes Jahr unter das Motto „Wirbelsturm im Kirchenturm". Heute freue ich mich rückblickend über diese schwungvolle, kreative, lebendige Zeit. Junge Erwachsene wollten und wollen ihr Engagement nicht als aufmüpfig, revolutionär oder spaltend verstanden wissen, damals nicht und auch heute nicht. Vielmehr wollten wir und wollte ich, und möchte dies bis heute, Kirche mitgestalten und zu einem biographiebegleitenden, lebendigen Ort machen, einem Ort, wo es möglich ist, Gott zu treffen.

Eine lange Zeit meines beruflichen Lebens durfte ich in der Katholischen Bundesarbeitsgemeinschaft für Erwachsenenbildung (KBE; heute KEB) arbeiten. Fast ein Jahrzehnt entwickelte, erprobte, evaluierte und veröffentlichte ich im Rahmen von großen, bundesweiten Studien neue Konzepte von Erwachsenenbildungsarbeit, das „Lebenslange Lernen – LLL" wurde als neue Aufgabe und Herausforderung „entdeckt", methodisch und inhaltlich entwickelt. Ich erinnere mich an eine sehr gefüllte und zugleich erfüllende Zeit, arbeiten, forschen und lernen auf Augenhöhe. Mit den Kolleginnen und Kollegen „von damals" treffe ich mich noch heute.

Von der Erwachsenenbildung wechselte ich in die Zentrale des Erzbistums Köln, in den Bereich Öffentlichkeitsarbeit, einen Bereich, der mich mit fast allen pastoralen Feldern im Bistum bekannt gemacht hat. In meiner Arbeitszeit dort entwickelte ich die Facebookseiten für das Bistum und für den Kölner Dom, auch das Adventmitspielkonzert im Dom mit tausenden von mitwirkenden Musizierenden und Sängerinnen und Sängern. Beide Beispiele, Facebookauftritte und Adventmitspielkonzert, lagen und liegen mir noch immer am Herzen, weil sie den Dialog und die Beteiligung von Vielen ermöglichen, niederschwellig, einladend und niemanden ausgrenzend.

Als die Leitung der Abteilung Erwachsenenseelsorge frei wurde, sprachen mich zwei Kolleginnen aus dieser Abteilung an und baten mich darum, mich auf die Stelle zu bewerben. Auch die ehemalige Leiterin, Elisabeth Neuhaus, motivierte mich, eine Bewerbung zu schreiben und, das war mir sehr wichtig, sie traute mir die Aufgabe zu. Ich leitete dann fast ein Jahr die Abteilung Erwachsenenseelsorge im Generalvikariat, als mich Kardinal Woelki im Herbst 2014 fragte, ob ich bereit wäre – als erste Frau in dieser Position – das Seelsorgeamt, die Hauptabteilung Seelsorge, zu leiten. Ich sagte ja, beworben habe ich mich nicht.

Selbstkritisch frage ich mich, ob es nicht eine „typisch" weibliche Berufungsgeschichte ist, gefragt zu werden, gerufen zu werden. Ich wurde dabei nie gefragt, was ich für eine Berufung spüre, welchen Ruf ich höre. Ob es einen göttlichen Ruf an mich gibt, das hat nicht interessiert. Ich bin noch heute verletzt, wenn ich an meinen stillen Wechsel in die Leitung des Seelsorgeamtes denke. Gleichzeitig hatten viele Priester ihre Ämter gewechselt und zelebrierten in ihrer ersten Arbeitswoche eine Messe, sie luden ihre alten und/oder neuen Mitarbeitenden dazu ein. Ich stand bei einem dieser Gottesdienste in der vorletzten Reihe, feierte von dort aus mit. Ich fand keine Erwähnung. Ja, ich höre den Ruf von Gott, Gott ruft mich in die tägliche und tätige Arbeit der Nachfolge. Gott ruft mich nicht an einen bestimmten Platz in eine Ämterkirche. Da hat Gott ganz andere Pläne.

Neben dem „Ruf Gottes" trägt mich mein Selbst-Bewusstsein, bewusst als Frau Kirche mitzugestalten, ihr auch ein weibliches Gesicht zu geben, ein schönes Gesicht, einladend und mütterlich, behütend und friedvoll, stark und nährend. Um diese Qualitäten – und viele mehr – zu entdecken und zu leben, braucht es viele Frauen, die solidarisch und aufmerksam zusammenstehen. Die sich gegenseitig ermutigen und begleiten. Dieses Zusammenstehen bedeutet mir sehr viel. Es stärkt und motiviert mich weiterzugehen, durchzuhalten, nicht nachzulassen. Ich arbeite so z. B. mit im Vorstand des Hildegardisvereins und freue mich, dass wir hier einen Ort mit und für viele starke Frauen in Kirche schaffen und leben.

Ich bin erfüllt von der Sehnsucht, dass wir Frauen mehr gesehen werden in Kirche, unser Leben ins Wort kommt, dass wir unsere Erfahrungen und Bilder auch in der Liturgie nennen und teilen dürfen. Ich sehne mich nach Predigten von Frauen. Ich sehne mich danach, dass die Gemeinde selbst nach Frauen sucht und sie ruft, damit wir das Evangelium noch besser entdecken, tiefer verstehen können.

In meinem Portemonnaie trage ich immer einen kleinen Gebetszettel mit, darauf ein Gebet von den Philippinen:

Heiliger Boden
Wenn wir einem anderen Volk, einer anderen Kultur, einer anderen Religion begegnen,
ist es unsere erste Aufgabe, unsere Schuhe auszuziehen,
denn der Ort, den wir da betreten, ist heiliger Boden
sonst könnte es sein, dass wir die Liebe, den Glauben, die Hoffnung
eines anderen, einer anderen zertreten oder, schlimmer wäre vergessen,
dass Gott schon vor unserer Ankunft dort war.

Ich bin verheiratet, Mutter von drei erwachsenen Kindern und seit wenigen Wochen Oma. Das Leben birgt so viele Schätze, und die Schöpfung hält so viel Glück und Segen bereit. Dies alles gilt es zu bewahren und in eine gute Zukunft zu führen.   Petra Dierkes

20. „Ich gehöre zur Gruppe der unerfüllten Berufenen" ... so wage ich
mich zu definieren. Vorweg: Ich bin 75 Jahre alt. In den Konzilsjahren
war ich Teenager, Jüdin in Mailand, wo ich mit meiner Familie damals
lebte. 1966 wurde ich getauft und lebte einige Jahre sehr asketisch. Dann
kam ich 1970 nach Deutschland und erlebte einen katholischen Kultur-
schock: Die Messen waren für mich eiskalt, es waren lauter Individualis-
ten anwesend, es gab kein Gemeinschaftsgefühl. In Mailand hatte ich eine
neue ‚Kirchenkultur' erlebt: Einer stimmte an, man begrüßte sich, bei der
Kommunion konnte man ‚etwas' spüren. Peu à peu wuchs ich in die Gemeindearbeit hinein. Ich kümmerte mich um die relativ große italienische
Gemeinde und erhielt nach relativ kurzer Zeit die Ernennung zur Gottes-
dienstleiterin. Durch die Orgeldienste hatte ich sowieso einen besonderen Bezug zur Liturgie. Es ärgerte mich zunehmend, dass ich nicht selbst
Eucharistie feiern durfte. Später, nach der Kinderpause, habe ich u. a. für
die *German Doctors* die Projektarbeit in Südostasien geleitet und fühlte
mich wirklich wie eine Diakonin, auch ohne geweiht zu sein. Nach einer
Ausbildung zur Exerzitienbegleiterin habe ich vier Jahre lang die deutsch-
sprachige katholische Gemeinde am Lago Maggiore geleitet – und jeden
Sonntag gepredigt, da der italienische Priester kein Deutsch sprach. Jetzt
als Rentnerin arbeite ich ehrenamtlich als Seelsorgerin in einem Gießener
Altenheim, mit Gottesdiensten usw. Auch hier hängt mein Herz noch am
unerfüllten Priesterwunsch. Ich habe oft Menschen getroffen, die bei mir
‚gebeichtet' haben. Sie sind mit dem Segen entlassen worden und waren
glücklich. Ich könnte noch viel schreiben ...

Marianne Christine Dieterich-Greenwood

21. „Eine unglaubliche Verschwendung von Fähigkeiten und Charis-
men" Ich bin Mitte der 1970er in Münster/Westf. zur Erstkommunion
gegangen und meine aktive Rolle in meiner Kirche endete damit erst einmal – da wurden nämlich die Jungen zum Altardienst eingeladen und den
Mädchen gleichzeitig signalisiert, dass sie nicht gern gesehen sind. Tenor
der Ablehnung: Weil Mädchen die Jungen am Altar ablenken oder weil
Mädchen aktiver sind als die gleichaltrigen Jungen, werden sie diese am
Altar verdrängen. Oder auch: weil das Umkleiden in der Sakristei nicht
machbar ist, wenn auch Mädchen Messdienerinnen werden; weil die langen Haare der Mädchen beim Dienen stören. Ich erinnere mich mühe-
los an einen ganzen Strauß solcher Sätze, was bedeutet, dass ich damals
wohl nachgefragt haben muss, sonst könnte ich diese heute, mehr als vier
Jahrzehnte später nicht so leicht abrufen.

Ich habe selbst nie die „große" Berufung, die zum Priesteramt, gespürt. Aber vor einigen Jahren hat mich der Pastor meiner Gemeinde

gefragt, ob ich nicht Lektorin werden wolle. Das bin ich inzwischen zu meiner eigenen Glaubensfreude und mit positiver Resonanz aus der Gemeinde. Außerdem bin ich seit drei Jahren auch in der Vorbereitung der Kinder auf die Kommunion sowie der Vorbereitung ihrer Katecheten engagiert. Wer weiß, welche Aufgaben ich in den Jahrzehnten dazwischen in der Kirche übernommen hätte, wenn ich nicht nach der Erstkommunion ausgeladen worden wäre. –

Nach dem Abitur (kath. Mädchengymnasium Münster) studierte eine kluge, warmherzige, führungsstarke Klassenkameradin von mir katholische Theologie auf Lehramt und lernte im Studium ihren späteren Mann kennen, der damals im Münsteraner Priesterseminar war. Die beiden haben geheiratet und wir haben damals, Ende der 1980er gedacht: Tja, wieder ein fähiger Priester weniger. Heute denke ich: vermutlich *zwei* fähige Priester weniger für unsere Kirche.

Vermutlich können viele solche „kleinen" Geschichten erzählen. Es verbindet sie, dass alle von einer unglaublichen Verschwendung von Fähigkeiten und Charismen in unzähligen Varianten handeln. Der Zustand unserer Kirche sollte uns vielleicht nicht wundern, wenn man sich diese Verschwendung von Kräften vor Augen führt. Welche Pflanze gedeiht, wenn man ihr die reichlich zur Verfügung stehende Nahrung permanent entzieht? Manchmal schaue ich auf meine Kirche und sehe einen Baum, dessen Gärtner eifrig bemüht sind, zuströmendes Wasser abzugraben und umzuleiten. Der Baum hat vertrocknete Äste und Blätter; längst schon kann er keinen Schatten mehr spenden, in dem Vorbeikommende ausruhen können; kein Vogel nistet mehr in dem trockenen Geäst; nur wenige Früchte trägt er noch. Aber seine Gärtner erklären denen, die sich um den Zustand des Baumes sorgen und vorschlagen, das zuströmende Wasser doch nicht mehr umzuleiten, die Trockenheit des Baumes sei seine von Gott bestimmte Natur und mehr Wasser würde die Existenz des Baumes infrage stellen. Das Bild lässt sich leicht weiterspinnen: Dem zuströmenden Wasser wird Gewalt angetan durch die Umleitung und Kanalisierung. Ja, es ist wichtig, diese Gewalt zu thematisieren und ihre Rechtfertigung auszuleuchten. Aber wieviel Zeit haben wir, um das alte Kanalsystem zu analysieren? Drängt nicht die Zeit, die Schleusen zu öffnen, damit der Baum nicht vollends abstirbt?

Wer trägt Verantwortung für den Zustand des Baumes (Gärtner oder Wasser)? Wer hat die Kraft zu handeln (Gärtner oder Wasser)? Wenn der Baum immer schwächer und der Wasserdruck immer stärker wird: Was passiert dann?

Um im Bild zu bleiben: Ich selbst spüre keinen Auftrag, mich mit diesen Gärtnern auseinanderzusetzen; ich setze meine Kräfte lieber ein, um die Wasser anschwellen zu lassen, die den Baum nähren könn(t)en. Ich bin aber dankbar für jeden Menschen, der direkt mit den Gärtnern verhandelt. Anon.

22. „Ja, ich fühle mich zur Ausübung des Dienstes als Diakonin von Gott berufen" Die naive Gottesvorstellung meiner Kindheit und Jugend trug nicht mehr, als ich erleben musste, dass eine Freundin und junge Mutter von drei Kindern ihren Kampf gegen die Krebserkrankung verlor. Die Frage, wie Gott dies zulassen konnte, trieb mich ein ganzes Jahr intensiv um, war immer präsent, machte mich wütend, nährte meine Glaubenszweifel. Ich suchte nach einer Antwort. Dann kam der Septembertag im Jahr 1991, an dem ich in einem plötzlich hereinbrechenden Lichtereignis meinen Namen hörte, und dass ich hinausgehen und eine Aufgabe in der Öffentlichkeit übernehmen solle. Dieser Augenblick war erschütternd, aber nicht angsteinflößend, fremd, aber auch bestimmt, liebevoll, Vertrauen erweckend. Dieses Ereignis hat meinem Leben eine ganz neue Richtung gegeben. Diese Lichterfahrung wurde zur ständigen Begleitung meines Suchweges nach der Bedeutung des Gehörten. Eine Antwort erwartete ich in der Gemeinde vor Ort zu finden. Der Weg führte mich in die aktive Mitgliedschaft der kfd, in die konkrete Gemeindearbeit mit Kommunionkatechese, Pfarrgemeinderat u. v. m.

Gleichzeitig fand ich ein Buch mit dem Titel: „Wir Frauen sind Kirche, worauf warten wir noch?" von Veronika Prüller. Endlich fühlte ich mich als Frau angesprochen, entdeckte Modelle der Kirche vor Ort als Glaubens-, Lebens- und Erfahrungsraum für Frauen. Diese Lektüre eröffnete mir den Schatz der Feministischen Theologie. Durch sie bekam ich Kenntnis über meine Glaubens-Ahninnen, die Frauen der Bibel und Kirche, die weibliche Seite Gottes, Liturgie „mit allen Sinnen" und die Möglichkeit, mich in der Sprache der Liturgie wiederzufinden. Ein reiches Angebot zur Identitätsfindung als Christin tat sich mir auf. Der Sehnsucht nachgebend, mehr darüber zu erfahren, absolvierte ich den Grund- und Aufbaukurs im Würzburger Fernkurs Theologie. Mein Gottesbild weitete sich und wie in der Begegnung einer Liebe wuchs mein Wissenshunger, noch mehr über Gott und die Schöpfung zu erfahren. Mit zunehmender Beschäftigung erschlossen sich mir Texte, die ich bisher schmerzlich in Verkündigung und Liturgie vermisst hatte.

Immer auf der Suche nach ‚meiner' Aufgabe, erfuhr ich durch eine kfd-Freundin vom ersten Ausbildungskurs zum Diakonat der Frau. Mit der Aufnahme in den 1. Diakonatskurs gab es für mich eine Adressatin, die meine Berufung ernst nahm und einen Kreis von Gleichgesinnten, die ihre Berufung öffentlich mit dem Segen ihrer Kirche leben wollten.

Ich lernte in den Jahren 1999–2002 u. a. eine eigene spirituelle Praxis zu entwickeln und daraus das diakonische Leben zu gestalten. Als besonders interessant empfand ich meine Berufung in zwei diözesane Räte direkt nach Ausbildungsende. Ich wusste, dass eine sakramentale Weihe nicht am Ende stehen würde. Allerdings hatte ich meiner Kirche zugetraut, dass sie die Zeichen der Zeit erkennt und das Überleben der ihr anvertrauten Frohen Botschaft zukunftsorientiert auch mit uns Frauen weiterentwickelt. Mit der Ausbildung endete auch der direkte kollegiale Austausch. Ebenso stark vermisste ich das gemeinsam praktizierte geistliche Leben, die Impulse aus Tagzeitenliturgie mit diakonischen Aspekten und gemeinsamer Eucharistiefeier im kleinen Kreis. Von dieser Sehnsucht geleitet, absolvierte ich im Anschluss eine Ausbildung zur geistlichen Begleiterin/Exerzitienleiterin, eine Ausbildung zur Notfallseelsorgerin und einen Kurs zur Bibliologin.

Als Notfallseelsorgerin war ich Teil eines ökumenischen Teams, konnte mich ausweisen und so Zugang zu den Menschen in Not bekommen. Es gab nur wenige, die das Berufsbild der Notfallseelsorge nicht kannten, aber einige, für die eine katholische Frau in dieser Aufgabe fremd war und die wegen der fehlenden Vorbilder auch schon mal die Kompetenz anfragten. Keinem meiner männlichen Kollegen erging es ähnlich. Allein das Mann-Sein genügte, die Kompetenz eines Pfarrers vorauszusetzen.

Gerne hätte ich meinen diakonischen Dienst im Namen der katholischen Kirche, bestärkt durch das Sakrament der Weihe zur Diakonin, ausgeführt. Damit wäre deutlich geworden, dass ich die Kraft zum Dienst in den Projekten (Marktgebet, Kirche auf dem Marktplatz, Besuch Kranker und Sterbender, Gespräch mit Hinterbliebenen, Besuch alleinlebender Senioren, aber auch Gespräch mit jungen Eltern, Verkündigung und Liturgie) nicht mir verdanke, sondern dass sie mir von Gott geschenkt wird.

Genau diese Kraft ist es, die mich bestärkt hat, Projekte mit Interessierten zu entwickeln, in denen ich das umsetzen kann, was ich zu Beginn meines Weges so schmerzlich vermisst habe und was aktuell notwendig gebraucht wird.

Beispiel 1: Das Projekt Marktgebet, jeden Freitagvormittag, ist als „geistliche Tankstelle" für Marktbesucher(innen) konzipiert, die neben den Köstlichkeiten auf dem Marktplatz die seelische Nahrung von Gebet und Schrifttext ins Wochenende und die kommende Woche mitnehmen wollen. Es ist auch der Ort, an dem ich versuche, der geschlechterbewussten Theologie Raum und Zeit zu geben. Neben der Tagesaktualität ist diese Zeit auch so etwas wie eine Möglichkeit für Gläubige geworden, die ihre liturgische Kompetenz ausprobieren wollen. Diese seit 19 Jahren bestehende, von mir und einem kleinen Team geleitete Gebetszeit, ist längst von Gläubigen der Stadt als tagesaktueller Ort des Gebets und der Begegnung angenommen.

Beispiel 2: Beim Projekt Kirche auf dem Marktplatz, das als ökumenisches Projekt gestartet ist, waren die Menschen der Stadt eingeladen, ihre Lust und ihren Frust mit der Kirche direkt an einem Marktstand mit Vertretern beider Kirchen anzusprechen. Eigenartig kam es mir vor, dass ich, von der Kirche als Diakonin abgelehnt, meinen Kopf dennoch für Frust und Beschimpfungen hingehalten habe. Die Idee dieser Marktpräsenz war es, den regionalen Selbsthilfegruppen die Möglichkeit zu geben, sich am Stand zu präsentieren und Interessierten oder Bedürftigen ein niederschwelliges Angebot zur Kontaktaufnahme zu ermöglichen.

Beispiel 3: Bei diesem Projekt handelt es sich um Glaubensgespräche, die sich sowohl in Familien als auch im Freundeskreis und aktuell auch im Besuch einer Flüchtlingsfamilie entwickeln. Die Menschen um mich herum haben davon gehört, dass ich irgendetwas mit Kirche zu tun habe, oder sie haben durch Bekannte erfahren, was beim Marktgebet stattfindet, und fragen mich an, gerade auch weil sie eine Frau als Gegenüber in ihren Anliegen suchen. Aus den Glaubensgesprächen entstehen u. a. Verabredungen zu Krankenbesuchen, gemeinsame telefonische Gebete, Fragen zu und Ausleihe von Schrifttexten und theologischer Literatur, vertrauliche Gespräche im nahegelegenen Café.

Wenn ich nach meinem Beruf gefragt werde, bezeichne ich mich als Diakonin. Da es sie offiziell nicht gibt, wird dies kaum als Anmaßung gewertet werden dürfen. Ja, ich fühle mich zur Ausübung des Dienstes als Diakonin von Gott gerufen – berufen.

Alle Schritte, die ich auf meinem Glaubensweg gegangen bin, wurden mir durch nahestehende Personen bekannt gemacht. Ich habe mich bewusst dafür entschieden, dem Ruf des Septembernachmittags im Jahr 1991 zu folgen, die Entwicklungsschritte im Glauben zu gehen und meine Aufgabe in der Öffentlichkeit zu finden. So hat es mich zum Diakonat der Frau geführt mit dem Schwerpunkt einer geschlechtersensiblen Theologie in allen Bereichen kirchlichen Lebens, *Martyria, Liturgia, Diakonia* und *Koinonia*.

Hilfreich ist es für meine ehrenamtliche diakonische Tätigkeit, dass ich keinem Dienstplan angehöre, dass ich spontan reagieren kann, dass ich nicht (mehr) auf Erlaubnisse warte, dass ich mir die Freiheit nehme zu entscheiden, in welchen gemeindlichen Anliegen ich mich einbringe. Den kleinen und großen Zurückweisungen der Kirche, auch der Gemeindeverantwortlichen vor Ort, steht die Wertschätzung derer gegenüber, die meinen Weg begleiten oder denen ich aktiv weiterhelfen konnte. Die

Erinnerung an das Berufungsgeschehen hat mir immer durch die Zeiten der Wut und Trauer geholfen. Niemand in der Institution Kirche hat das Recht, meinen Glaubensweg infrage zu stellen.

Ich fühle mich in meiner Tätigkeit als Diakonin begleitet und geführt. Gerade auch in Momenten der Trauer darüber, dass meine Kirche nicht zu mir steht, meine Berufung nicht anerkennt und den eingeschlagenen Berufungsweg nicht sakramental bestätigen will.

Das schmerzt! Insbesondere dann, wenn ich von der Kollegialität vor Ort ausgeschlossen bin, wenn die Kommunikation nicht den Stellenwert bekommt, der im Einzelfall notwendig wäre. Ungezählte Beispiele könnte ich dazu anfügen.

Ich fühle mich zum Dienst der Diakonin berufen und werde den Weg gerne weitergehen in der Zuversicht, dass die katholische Kirche die Berufungen von Frauen um der Zukunft der Botschaft Jesu Christi willen anerkennt und sakramental bestätigt, dass sie bestehende Strukturen prüft und gegebenenfalls erneuert und weitet (Mt 9,17).

Handlungsentscheidend und -leitend werden für mich weiter die Schrifttexte Joh 1,39 („Kommt und seht"), Lk 10,25–37 (Das Beispiel vom barmherzigen Samariter), Mt 28,18–20 und Joh 20,17–18 („Geh und verkünde") wie auch die persönlichen Tagzeitengebete sein, in die ich meine Tätigkeiten einbette.

Meine Sehnsucht ist, dass im Sinne des Laienapostolats immer mehr Frauen ihre Charismen als mündige Christinnen erkennen und weiterentwickeln, um gemeinsam mit den Männern diesem sakramentalen Amt ihre Prägung zu geben.

Meine Sehnsucht ist es, mit dem Segen meiner Kirche unterwegs sein zu können und erkennen zu lassen, dass die ungeheure Kraft und Ausdauer im diakonischen Dienst, die mir gegeben ist, nicht aus mir selbst kommt, sondern dass ich mich beschenkt und von Gott gerufen/berufen fühle.   Sylvia Dyballa

23. „Die Kirche versündigt sich an mir und den anderen Frauen, die berufen sind"

Ich bin Frau, verheiratet, drei Töchter, katholisch und fühle mich zur Priesterin berufen. Mein Theologiestudium hatte ich seinerzeit in Tübingen aus reinem Interesse an theologischen Fragen begonnen. Erst spät, während meiner Promotion, fiel der Groschen. Ich hatte über viele Jahre keine Worte für meine Berufung, nur eine Unruhe, eine unbestimmte Sehnsucht, und das Gefühl, dass etwas nicht stimmig ist. Als der Groschen fiel, spürte ich einfach Freude, Erleichterung und Klarheit, auch wenn mir bewusst war, dass ich im katholischen Kontext gar nicht werden kann, wozu ich berufen bin.

Ich bin dann Pastoralreferentin geworden und arbeite durchaus sehr gerne in diesem Beruf. Trotzdem weiß ich, dass ich eigentlich woanders stehen müsste. Manchmal schmerzt das, manchmal ist es o.k., und schließlich kann ich auch ohne amtliche Weihe am gemeinsamen Priester(-innen)tum teilhaben. Aber es ist immer ein Kompromiss, den mir die Kirche auferlegt. Das ist nett formuliert, theologisch würde ich sagen, die Kirche (also die entsprechenden männlichen Kleriker, die diesbezüglich die Entscheidungen treffen) versündigt sich an mir, an den anderen Frauen, die ebenfalls berufen sind, an den Menschen in unserer Kirche, und, ja, auch an Gott. Das ist keine Anklage, mehr eine nüchterne Feststellung. Mir tut es gut, so klar zu sehen, wer hier falsch liegt.

Da ich in einem System arbeite, in dem das, wozu ich berufen bin, nicht existiert und totgeschwiegen wird, habe ich immer wieder erlebt, wie diese Berufung verschüttet wurde. Das ist wirklich tragisch. Ich habe meine Berufung immer wieder und über längere Phasen nicht gespürt, verbunden mit einer Unruhe, mit dem Gefühl, dass ich am falschen Platz bin, und dann die Frage: Aber wo ist mein richtiger Platz? Zuletzt habe ich meine Berufung vor zwei Jahren wieder ganz neu entdeckt, wieder mit tiefer Freude – und mit dem Gefühl großer Kraft. Ich habe mich entschlossen, aus dem Tabu auszusteigen und habe meinen KollegInnen davon erzählt. Wenn es sich in der Kirchengemeinde günstig ergibt, erzähle ich auch dort in Gesprächen davon. Meine Berufung braucht Resonanz, Zwischenmenschlichkeit, Wirklichkeit. Dann kann ich sie leben, auch wenn ich sie nicht leben kann.

Was bedeutet für mich diese priesterliche Berufung? Interessant ist ja, dass die katholischen Priester, die ich zu ihrer Berufung befrage, mir alle etwas Eigenes, Individuelles erzählen. Priester sein ist im katholischen Kontext etwas überraschend Uneindeutiges. Viele Berufungsgeschichten berühren mich sehr. Die klerikale Variante des Priesterseins dagegen, die viele Männer leben, stößt mich nur ab.

Was bedeutet für mich meine priesterliche Berufung? Es sind Erfahrungen, dass Gottes Kraft in mir wirkt und die Menschen das spüren. Manchmal spüren Menschen diese Kraft Gottes in mir – und ich spüre selbst gar nichts. Das ist unabhängig von mir. Die Art, wie ich lebe, verkündige oder einfach da bin, hat wohl etwas Priesterliches. Und Menschen entdecken Gott. Die Menschen sagen mir das dankbar. Es ist für mich wichtig, mir meiner priesterlichen Berufung bewusst zu sein. Es ist dann mehr Raum für Gottes Wirken und für seine Gnade. Wenn ich das „amtlich", mit „Weihe" tun könnte (was auch immer das bedeutet), dann könnte ich das noch ausdrücklicher leben, könnte in der Kirche offiziell, beauftragt, gesendet, an der Stelle stehen, an die ich gehöre. Das wäre ein echtes Geschenk.

Dr. Ruth Fehling

24. „Ich vermisse kaum etwas, weil ich bereits priesterlich wirken kann" Als deutsche Theologin arbeite ich seit 2006 im Bistum St. Gallen, Schweiz. Ich bin als Seelsorgerin in einer Seelsorgeeinheit, die keinen Priester mehr hat. Eigentlich sollten ein Pfarrer und ein mitarbeitender Priester zum Team gehören. Bereits als noch ein Priester zum Team gehörte, haben wir die Verantwortung für die Seelsorge als Team gemeinsam getragen. Dies entspricht den Richtlinien für die Seelsorgeeinheiten im Bistum St. Gallen in Übereinstimmung mit can. 517 § 2 des *Codex Iuris Canonici*. Wir entscheiden als Team gemeinsam, wer in den einzelnen Pfarreien die Pfarreibeauftragung wahrnimmt.

Zur konkreten Arbeit: Ich begleite Menschen und Gruppen seelsorgerlich und sakramental. Wenn ich eine Familie auf dem Taufweg begleite, leite ich selbstverständlich auch die Tauffeier. Ist ein Priester anwesend, etwa weil die Taufe innerhalb der Gemeindemesse stattfindet, beziehe ich diesen ein, z. B. beim Gebet über dem Wasser und der Chrisamsalbung.

Wenn ich Predigtdienst habe, bin ich für den Gottesdienst insgesamt verantwortlich, auch wenn es sich um eine Eucharistiefeier handelt. Das heißt, ich bereite alles vor (auch die Gebete des Priesters, soweit ich dies möchte) und habe auch einen großen Gestaltungsspielraum bei der Rollenverteilung. Die Priester, die bei uns aushelfen, beteiligen uns an den Interzessionen des Hochgebets, um eine engere Verbindung zwischen dem Wortgottesdienst und der Eucharistiefeier zu schaffen. Ich fand dies zunächst nicht so glücklich, weil ich das Eucharistische Hochgebet ohnehin als Gebet der ganzen Gemeinde betrachte, das von einer Person laut gesprochen und von allen mit dem „Amen" bekräftigt wird. Durch die Beteiligung der Seelsorgenden am Hochgebet werden wir einfach in den Klerikalismus einbezogen. Dennoch habe ich mich von Anfang an in der Rolle wohlgefühlt. In der ökumenischen Gemeinde, die zu unserer Seelsorgeeinheit gehört, gibt es nur noch gemeinsame Gottesdienste, am Sonntag in der Regel mit Gedächtnismahl, bei der sich reformierte und katholische Kolleginnen die Einsetzungsworte teilen. Zugegebenermaßen scheue ich mich noch, die Worte über dem Brot zu sprechen oder ein Kreuzzeichen über die Gaben zu machen, wie es die reformierte Pfarrerin kürzlich vorgesehen hatte.

Das ist mein beruflicher Alltag. Mit der Begleitung von Kranken habe ich weniger zu tun, aber Anfang des Jahres hatte ich auch diesbezüglich ein besonderes Erlebnis: Mit einem Menschen, bei dem eine sehr belastende Krankheit diagnostiziert wurde, habe ich mehrere Begleitgespräche geführt. Wir haben dann geplant, im Anschluss an eine Vorabendeucharistie mit ein paar Gemeindemitgliedern und seinen Familienangehörigen für ihn zu beten. Ganz kurzfristig kam noch der pensionierte Krankenhausseelsorger hinzu, der in der Vorabendmesse als Priester mitgewirkt hat. Wir haben im Altarraum im Kreis gesessen, uns einander vorgestellt, und er hat etwas von seinem Leidensweg erzählt. Dann habe ich aus Jak 5 gelesen und anschließend eingeladen, für den Kranken zu beten. Wir haben uns um ihn herumgestellt, einige haben eine Hand auf seine Schulter gelegt. Zunächst haben wir in Stille gebetet, dann habe ich hörbar gebetet, und sein angehender Schwiegersohn hat sich dem vernehmbaren Beten angeschlossen. Das war sehr berührend. Später hat der Priester ihn gesalbt und alle Anwesenden eingeladen, ihn ebenfalls mit dem Krankenöl zu bezeichnen und ihm eine Zusage zuzusprechen. Wie unsere Pfarreiratsvorsitzende mit bewegter Stimme zu ihm sprach – obwohl sie beruflich ständig mit Leid konfrontiert ist – und als eine seiner Töchter vor ihm stand, ihn anschaute, „Papa …" sagte und ihn salbte, das hat mich tief berührt. Diese Feier zu gestalten, in der sich Menschen zur Stärkung des Kranken einbringen konnten, war für mich ein priesterlicher Dienst aller Anwesenden.

Bei der JuniaInitiative habe ich mich bisher nicht als Sendungsbereite eingetragen, weil ich bereits priesterlich wirken kann und in unserer Konstellation kaum etwas vermisse. In der Eucharistiefeier zusammenzuarbeiten ist ein Gewinn. Ich habe nicht das Bedürfnis, diese allein zu gestalten. Das Leiden an der fehlenden Beauftragung kann aber zunehmen, wenn unsere Aushilfspriester – alle Ende 70 – immer weniger zur Verfügung stehen und wir das Gedächtnismahl Jesu Christi in unseren drei Gemeinden kaum noch feiern können.

Zum anderen geht es mir nicht darum, dass ich als Theologin einen Anspruch auf die Weihe hätte, sondern mein Blick richtet sich auf die Gemeinden, denen Beauftragte für Sakramente zur Verfügung stehen sollten. Entsprechende Charismen sehe ich bei Menschen in der Gemeinde, und ich könnte mir bei einigen vorstellen, dass sie für die Leitung der Eucharistie beauftragt werden, bei anderen, dass sie Kranke seelsorgerlich und sakramental begleiten usw., unterstützt von theologischen Fachpersonen.

Dr. Barbara Feichtinger

25. „Eine Stimme in mir sagte: Ich brauche dich!" Diese Geschichte habe ich im Lauf meines Lebens nur drei- oder viermal jemandem erzählt, weil sie mir einfach viel zu persönlich und, ja, im Erzählen fast ein bisschen peinlich ist. Zum letzten Mal habe ich sie vor etwa vier Jahren meiner geistlichen Begleiterin erzählt. Und obwohl das Ereignis schon lange her ist, sind mir beim Erzählen die Tränen gekommen. Das hat für mich nochmal gezeigt: Da war was.

Ich war 15 oder 16 Jahre alt, schüchtern und eher eine stille Schülerin. Ich war in einem Werktagsgottesdienst im Mainzer Dom. Ich saß ganz allein in meiner Bank. Ich kann noch genau die Stelle zeigen, wo ich gesessen habe. Auf einmal, völlig überraschend für mich und auch ein bisschen unbequem, um nicht zu sagen unangenehm, spürte ich ein deutliches Ziehen, eine Stimme in mir, die mir sagte: Ich brauche Dich. Irgendwie spürte ich, das ist Gott. Er wirbt um mich, weil er mich braucht. Für mich war damals ganz sicher: Diese Stimme kam nicht aus mir selbst. Dazu war ich wirklich zu sehr der Typ „Mauerblümchen", das – ich war in der 9. oder 10. Klasse – sich im Hintergrund hält und nur nicht groß auffallen wollte. Auch mein schulisches Interesse galt eigentlich gar nicht dem Religionsunterricht, viel faszinierender fand ich damals Mathematik und Chemie. Das heißt, von mir aus wäre ich nie auf die Idee gekommen, dass Gott mich braucht. Ich spürte damals deutlich, die Stimme muss von außen gekommen sein und nicht aus meinem eigenen (Unter-)Bewusstsein, auch wenn ich nicht weiter erklären konnte oder kann, wie so etwas zustande kommt.

Später bin ich, da waren auch verschiedene Wege, Umwege dabei, Pastoralreferentin im Bistum Mainz geworden. Inzwischen denke ich, von meinen Fähigkeiten oder, biblisch gesprochen, Charismen her wäre ich vielleicht eher Gemeindeleiterin, also Priesterin geworden. Aber ich habe auch viel diakonische Erfahrung. Ich habe in solchen Feldern gearbeitet, so dass ich mir ein Diakoninnenamt für mich durchaus vorstellen könnte.   Renate Flath

26. „Habe ich mein Leben auf ein falsches Pferd gesetzt?" Hätte ich mich weihen lassen, wenn es möglich gewesen wäre? Ich weiß es nicht – die Frage hat sich nie wirklich gestellt, obwohl wir in manchen Zeiten wohl fest damit gerechnet hatten. Vermutlich hätte ich es in den Anfangsjahren gewagt, später sicher nicht mehr.

Natürlich beginnt auch mein Weg in der kirchlichen Jugendarbeit der Heimatpfarrei. Hier wird die Begeisterung „eingepflanzt". Sich engagieren, mit gleichaltrigen oder jüngeren Jugendlichen das Leben in der Gemeinde mitgestalten und sich selbst damit beheimatet fühlen …

Nach dem Studium am Seminar bzw. der FH in Mainz habe ich meine Dienstzeit als Gemeindereferentin Mitte der siebziger Jahre begonnen. Es waren die Jahre des Aufbruchs, der Begeisterung, der Suche und auch der Diskurse. Als junges Volk Gottes haben wir nach Antworten und Wegen gesucht. Ja, sogar auch manch neue Dinge wirklich auf den Weg gebracht. Ich denke an Familiengottesdienste, an die Vorbereitung der Kinder auf die Sakramente.

Ich bin meinen Weg mit viel Herzblut und Begeisterung gegangen, habe dabei aber auch viele Enttäuschungen und Verletzungen erfahren. Im Rückblick heute frage ich mich mitunter, ob es doch nur die jugendliche Träumerei war, die manche Wirklichkeit ausgeblendet hat? Oder habe ich mein Leben auf ein falsches Pferd gesetzt? In weiten Teilen leider ja. Von Berufung wage ich fast nicht zu sprechen, obwohl es das wohl sein muss. Bei Berufungsgeschichten denke ich an Großes und scheue mich davor, mich selbst hier einzuordnen. Und sicher hängt auch das mit meiner Rolle oder meiner Position zusammen. Wer bin ich? Was bin ich? Wer bin ich schon? Allein die Notwendigkeit, immer wieder ausgiebig erklären zu müssen, was ich beruflich gemacht habe, zeigt doch schon das ganze Dilemma. Der Pfarrer ist der Pfarrer, jeder kann damit etwas anfangen. Aber wer bin ich in diesem System? Darf ich mich wirklich „Seelsorgerin" nennen? Diese Frage habe ich mir erst in den letzten Jahren zugestanden. Ich übernehme einerseits Aufgaben und Dienste, bin aber ausgeschlossen aus dem Kreis der Bevollmächtigten, also ohne Macht, vielleicht mit ein ganz klein wenig wegen der Beauftragung. Ja, ich bin, war natürlich beauftragt zu … und nicht bevollmächtigt.

Die Einen (Männer) werden berufen, erwählt, gesegnet und geweiht und bekommen damit die Macht und Autorität, die uns Frauen fehlt. Autorität müssen wir uns erst erwerben, erarbeiten. Sie ist zerbrechlich, weil meist nur für den Moment oder im Rahmen einer bestimmten Tätigkeit verliehen und fast immer auch von der konkreten Zusammenarbeit mit dem jeweiligen Pfarrer abhängig. Von daher ist es nicht unerheblich zu fragen, was es mit uns Frauen macht, wenn wir in einem System arbeiten, das seine Autorität und Kraft von göttlicher Sendung und Segen ableitet und uns Frauen diesen Segen und das Sich-gesendet-Wissen verweigert? Ein bisschen „nur beauftragt" kann ich unterwegs sein, und tief in mir bleibt das Gefühl, minderwertig, ungenügend zu sein. Es macht mich unsicher und verletzt.

Kollege Diakon steht am Sonntag vorne am Altar, und ich sitze in der Bank. Das sind Wahrnehmungen und einprägsame Bilder, aber auch schmerzhafte Realitäten. Mein Glaubenszeugnis ist nicht wirklich gefragt, denn predigen darf ich ja nicht. Wir Frauen waren immer „nur Notlösungen" – sei es beim Predigen, bei Wortgottesdiensten oder als Pfarrbeauftragte. Und Notlösungen wurden auch schnell wieder zurückgenommen.

Sind wir heute weiter? Vielleicht insofern, als heute weniger gefragt wird, wer was ist, da die Leute froh sind, wenn überhaupt noch jemand etwas macht.

Uns hauptberufliche Laien trifft oft der Vorwurf, dass wir uns in kategorialen Nischen, in Sonderbereichen eingerichtet haben. Es wird dabei nicht gesehen, dass es einfach das Bedürfnis auch für uns Frauen gibt, einen Aufgabenbereich eigenverantwortlich zu gestalten. In der pastoralen Gemeindearbeit ist das immer vom jeweiligen Chef abhängig, der Eigenverantwortlichkeit zulässt oder in allen Bereichen mit dabei sein will. Die ersten Berufsjahre waren hoffnungsvoll. Es gab tatsächlich Veränderungen in der Liturgie und im Denken. Gottesdienste im Kreis, keine Gewänder und schöne neue Lieder. Einzig die Lieder sind geblieben. Wann haben sich die anderen Neuerungen verflüchtigt? Vielleicht sind wir nach dem Konzil zu blauäugig in die Zukunft gegangen, mit der Illusion, dass sich Strukturen ändern lassen. Ich habe es leider nicht erlebt. Im Gegenteil, der Aufbruch des Anfangs lief irgendwie aus, ist vertrocknet oder versandet. Waren wir nicht hartnäckig genug? Das will ich nicht denken, denn damit schiebe ich mir selbst die Schuld zu, die nicht auch noch auf meine Schultern gehört. Die letzten Jahre meiner Dienstzeit waren die Jahre der „alten Männer". Weiß Gott, wo sie alle herkamen, die pensionierten Priester, die nicht loslassen konnten. Die Kirchenleitung hätte das besser so nicht zugelassen, denn es hat der Zeit nicht geholfen. Die Lücken hätten sichtbar werden müssen – so wurde wieder eine Chance auf Veränderung vertan. Heute ist auch das vielerorts schon wieder Geschichte, denn selbst die „alten Männer" sind ein Auslaufmodell. Wo soll es noch hingehen?

Es ist oft nur schwer auszuhalten, wenn wir Frauen Gottesdienste vorbereiten, die Inhalte und Gedanken erklären müssen, um dann schlimmstenfalls erleben zu müssen, dass es ganz anders umgesetzt wird. Uns bleibt immer nur die Vorbereitung und bei der eigentlichen Handlung spielen wir keine Rolle. So kann z. B. die Erstkommunionvorbereitung komplett in unserer Hand liegen, und am Weißen Sonntag spielen wir keine Rolle. Ähnlich ist es mit der Taufvorbereitung. Das ist vielleicht heute nicht mehr der Alltag, hat sich in meiner Geschichte aber oft genug so zugetragen.

Was entgeht dieser Kirche mit der eingeschränkten Frauen-Seelsorge? Es ist ja ein Grundsatz in unserer Lebenswelt: Frauen und Männer sind gleichberechtigt. Natürlich sind Frauen auch in anderen Berufen oft nicht wirklich gleichberechtigt, aber in unserer Kirche wird schon im Ansatz die Gleichbehandlung und Chancengerechtigkeit ausgeschlossen. Geht nicht, keine Diskussion – von ganz oben untersagt. Wo leben wir?

Es ist die Erfahrung von Frauen aus den pastoralen Berufsfeldern, die oft mit viel Frustration verbunden ist, aber auch die Wirkung nach außen. Es fehlt einfach die weibliche Art, es ist eine verkümmerte Praxis, wenn nur Männer in den Leitungspositionen sind. Wenn wir schon dieses Verständnis von Berufung haben, die sich in der Weihe zum Priester oder Diakon festmacht, darf dies nicht einer „Sorte Mensch" vorenthalten werden. Der Priestermangel zwingt seit vielen Jahren zu mehr Teilhabe von Frauen an Aufgaben und teilweise auch an Leitung. Aber auch dies ist nur eine Notlösung. Ernstgemeinte, echte Teilhabe muss die Möglichkeit der Wahl für ein Weiheamt auch für Frauen beinhalten. Wovor hat dieses System Angst? Für mich ist es wirklich nur mit Angst zu erklären, dass sich keine strukturellen Änderungen hin zu einer Gleichbehandlung der Geschlechter durchsetzen lassen.

Gabi Flörchinger

27. „Wir Alten müssen es tun; die Jungen fehlen überall"

Ich kann leider keinen Bericht über den unerfüllten Wunsch, Priesterin oder Diakonin zu werden, schreiben. Ich bin 80 Jahre alt und der Kirche sehr verbunden, z. B. zurzeit noch als Lektorin. Ich bin am Niederrhein geboren und durch meine Familie und meine sehr gläubige Freundin, Lehrerin, katholisch religiös geprägt worden. In unserer Kirchengemeinde habe ich damals eine Mädchengruppe geleitet und wunderbar tiefe Gespräche mit meiner Freundin – auch kirchenkritische – geführt.

Bis zum 25. Lebensjahr war ich Büroangestellte, konnte dann die Begabtensonderprüfung machen und drei Jahre in Aachen an der Pädagogischen Hochschule studieren. Meine Examensarbeit schrieb ich zum Thema „Liturgie und Kirchenraum". Ich war dann 30 Jahre lang Lehrerin u. a. auch für katholische Religion in der Diaspora in Kiel. Ich bin so froh und glücklich, dass ich Lehrerin war, es ist ein toller Beruf. Für die Religionsstunden habe ich mich gerne und intensiv vorbereitet. Es gab viele Sternstunden, aber auch die Frage, ob etwas „bleibt". Enttäuscht hat mich in all den Jahren, dass die Priester in der Erstkommunionvorbereitung nie zu Hausbesuchen in die Familien gegangen sind. Die wussten nie, aus welchem Umfeld die Kinder kamen. Das hätte ich als Priester anders gemacht. Wenn ich nichts zu Ihrem Thema beigetragen habe, so möchte ich Sie ermutigen, weiter zu kämpfen. Wir Alten müssen es tun, die Jungen fehlen überall.

Auf jeden Fall muss endlich in der katholischen Kirche die Gleichberechtigung der Frau gelebt werden. Ich habe wenig Hoffnung, freue mich aber, wenn Sie kämpfen. Bitte nicht aufgeben, ich bete für Sie und ihre Mitengagierten. Manche Priester beziehen das 1. Gebot auch heute noch auf sich. Ich erlebe das aktuell sehr schmerzlich bei unserem neuen Propst. Letzte Anmerkung: Mich hat es nach Kiel verschlagen, weil mein Mann Kieler ist, wir haben drei Kinder und vier Enkelkinder. Ich bin seit 30 Jahren Mitglied in der kfd und ehrenamtlich 40 Jahre für die Deutsche Lepra- und Tuberkulosehilfe aktiv – Leiterin der AG – und Mitglied im Sozialdienst katholischer Frauen.

Marlene Fröhlich

28. „Auftreten statt austreten" Seitdem ich denken kann, wird mein Leben bestimmt vom Glauben an einen liebenden und gerechten Gott, der uns beschützt, der mir aber auch aufträgt, verantwortungsvoll zu leben, Nächstenliebe zu praktizieren und meinen Glauben weiterzugeben, so wie es uns Jesus von Nazareth gezeigt und gelehrt hat. Die vielen Brüche und Schicksalsschläge in meinem Leben – Flucht, Geldmangel, Ausgegrenztsein als Katholikin und als Frau (in der Kirche und damals auch der Gesellschaft), Gewalterfahrungen, Priesterfrau, Scheidung, alleinerziehende Mutter und chronische Krankheit – habe ich als Prüfung hingenommen. Dadurch wurde ich offener und empathischer für die Not anderer Menschen und kann viele privat seelsorglich begleiten. Mein ursprünglicher Wunsch, nach meinem Theologiestudium Anfang der 70er Jahre in der Gemeinde arbeiten zu können, vielleicht sogar geweiht zu werden, ist bis heute, fast 50 Jahre danach, nicht möglich. Damals, in der nachkonziliaren Zeit, war eine zeitgemäße Kirche der Traum vieler von uns.

Wir Frauen, die wir seinerzeit am 1. Diakonatskreis teilnahmen, wussten, dass uns am Ende der intensiven Ausbildung keine Weihe erwartet, aber mit den dann folgenden verschiedenen Schwierigkeiten hatten viele von uns nicht gerechnet. Ich kann nicht im Namen der Mitschwestern sprechen, aber Tatsache ist, dass die Hälfte der damals 13 Frauen heute chronisch krank ist. Unerfüllte Sehnsucht und nicht anerkannte Berufung können krankmachen. Mir selbst war es nach meiner Ausbildung zur Diakonin – wie einigen Mitschwestern auch – jahrelang nicht mehr möglich, in einer Gemeinde ehrenamtlich zu arbeiten oder eine Beauftragung zu bekommen.

Trotz intensiver theologisch-feministischer Forschungsarbeit und der Widerlegung aller Argumente gegen die Frauenordination weist die Hierarchie gute und begabte Frauen (noch immer) zurück, eine sündhafte Verschleuderung weiblicher Berufungen und Charismen. Ich selbst orientiere mich seit meiner Studienzeit an der Jesusgemeinschaft, in der Männer und Frauen zunächst gleichberechtigt den Glauben verkündeten und lebten. Erst durch die Anpassung an die damals patriarchale Umwelt hat Kirche die Unterdrückung der Frau fortgesetzt und mit sexualfeindlichen theologischen Argumenten über Jahrhunderte zementiert. Schon lange ist mir klar, dass wir Frauen uns wehren müssen. Wenn schon theologische Argumente nichts nutzen, dann müssen wir demonstrieren, wie es Frauen schon oft taten, z. B. um das Wahlrecht zu erhalten. Ich initiierte zum einen die „Lila Stola Aktion" in Deutschland, die sich weltweit ausbreitete. Zum anderen ließ ich mich mit anderen Frauen zur Diakonin ausbilden. Das Diakonat ist mir besonders wichtig, da es der ursprüngliche Dienst am Menschen ist, schon seit biblischer Zeit unbestritten auch von

Frauen ausgeführt und über die Jahrhunderte als Nächsten-Liebesdienst von ihnen weiterhin ausgeübt. An diese Tradition möchte ich anknüpfen, nicht an ein klerikales Machtpriestertum. In unserer zerstrittenen heutigen Zeit brauchen wir einen gleichberechtigten, neuen, priesterlich-diakonalen, am Menschen orientierten Dienst von Männern und Frauen zum Heilwerden und Brückenbauen, auch im interreligiösen Dialog. Nur durch radikale Erneuerung kann Kirche in der Gegenwart die notwendende Vorbildfunktion für Frieden und Gerechtigkeit ausüben. Sie kann nur gesunden, wenn es neben anderen Reformen auch Geschlechtergerechtigkeit gibt. Trotz aller Verwundungen möchte ich in aller Beschränktheit meinen Teil fromm und kritisch dazu beitragen.

Maria Angelika Fromm

29. „Und trotzdem möchte ich weiterträumen" Ich bin sehr gerne Pastoralreferentin. Eine Berufung zur Ordination habe ich nie gespürt. Wer weiß, wenn die Zugangsvoraussetzungen andere wären, hätte ich mich vielleicht anders damit auseinandergesetzt. Aber keine Ahnung, ob ich den Mut gehabt hätte.

Ich sehe, dass bei den Frauenbewegungen kaum Frauen unter vierzig Jahren dabei sind. Vielleicht haben wir schon aufgegeben und wollen uns nicht mehr an der Männerkirche abarbeiten. Dafür haben wir zu viel Frust bei älteren Kolleginnen gespürt. Jedenfalls wusste ich, mit welchen Voraussetzungen ich in den Dienst gestartet bin, und konnte diese immer akzeptieren. Die, die es nicht akzeptieren können, sind vermutlich längst schon abgewandert. Ich glaube, wir sind eine pragmatische Generation.

Sehr wohl habe ich eine Berufung zum kirchlichen Dienst gespürt, mich und meine Fähigkeiten einzubringen. Ich wurde in meiner Zeit als Oberministrantin toll gefördert; Studium, Ausbildung und Berufserfahrung haben mich weiterwachsen lassen. Ich habe gespürt, dass da noch mehr in mir steckt und dass Gott mich haben will, um in dieser Welt am Reich Gottes mitzubauen. Glücklicherweise habe ich Menschen erlebt, die authentisch von der befreienden Botschaft Jesu erzählt und diese gelebt haben; Priester und Pastoralreferent*innen, die mich eine bunte Kirche haben erleben lassen.

Was mich im Laufe der Jahre immer mehr beschäftigt, ist die Frage nach Leitungsvollmacht. Als Studentin und Berufsanfängerin dachte ich noch, dass ich sowieso keine Karriere anstreben will. Und als ich gefragt wurde, ob ich es nicht furchtbar ungerecht finde, dass Priesteramtskandidaten, die das Gleiche wie ich studieren, irgendwann meine Chefs sein werden und ich von vornherein davon ausgeschlossen sein würde – beim Jurastudium spiele das Geschlecht schließlich auch keine Rolle –, da sagte ich noch: „Nein, das stört mich nicht." Im Laufe der Jahre ärgert mich aber jetzt immer mehr, dass uns Mädchen quasi von Kindesbeinen an (unbewusst) Rollenklischees eingetrichtert wurden, und wir keine Vorbilder hatten, die es anders lebten.

Wie gesagt, ich liebe meinen Beruf. Ich bin sehr dankbar, welche Möglichkeiten wir in der deutschsprachigen Kirche mit diesem Berufsprofil haben. In den meisten anderen Ländern kann man sich nur ehrenamtlich einbringen. Da gibt es noch nicht einmal die Chance auf eine gerechte Entlohnung, von der man leben kann. Und für die vielen Frauen, die sich engagieren, erst recht nicht. Und trotzdem möchte ich weiter träumen und Visionen haben, dass irgendwann noch mehr möglich sein wird. Ich würde mich freuen, wenn die Zugänge zu Weihe, Amt und Leitungsvollmacht, auch und im speziellen für Pfarreien, für die nachfolgenden Generationen andere wären. Katrin Fuchs

30. „Ich bin stolz, meine Rolle als Laienmissionarin gefunden zu haben und meine Berufung bewusst zu leben"

Ich bin Laienmissionarin, so kategorisiert man mich im frankophon-afrikanischen Raum. Beide Zuschreibungen, Laiin und Missionarin, kann man durchaus kritisch betrachten, und doch trifft die Beschreibung meine Art von Berufung gut. Für mich ist Mission ein alltäglicher Begriff geworden. Ich war Missionarin auf Zeit (MaZ), habe in päpstlichen Missionswerken gearbeitet und bin aktuell für die Missionsgesellschaft vom Heiligen Geist in die Zentralafrikanische Republik entsandt.

Missionarisch leben heißt, meinem Glauben einen zentralen Platz in meinem Leben zu geben, mich immer wieder an mein Getauft-Sein und unseren Auftrag zu erinnern, mich vom Heiligen Geist berühren und durchdringen zu lassen, Gottes Ruf zu hören und Seine Zeichen in meinem und unserem Leben zu suchen, immer wieder neu einzuwilligen und bereit zu werden, mich senden zu lassen und Zeugnis zu geben, Teil von etwas Größerem zu sein und meinen Beitrag dazu zu leisten. All das steckt für mich im Wort Mission.

Laien werden über einen Mangel definiert, als wäre diese Form der Berufung eine niedrigere Stufe. Ich finde diese Abgrenzung problematisch, und in manchen innerkirchlichen Kontexten schmerzt diese mangelnde Vollwertigkeit und Zugehörigkeit. In diesem intern und extern zugleich liegen aber viele Chancen. Als Laiin habe ich einen gewissen Abstand zu klerikalen Strukturen und bin doch ganz nah dran. Manche Menschen ziehen mich genau deshalb ins Vertrauen. Meine Sonderrolle durch mein Ungebunden-Sein gibt mir gewisse Freiheiten und Möglichkeiten, Dinge zu hinterfragen, Grenzen zu überwinden und Brücken zu bauen; sei es im System Kirche und im Umgang mit der kircheninternen Hierarchie, sei es bezüglich der Geschlechterrollen oder im Kontakt mit unterschiedlichen Kreisen und Personen.

Damit ich nicht zu einer Einzelkämpferin werde, brauche ich auch Formen von Gemeinschaft. Ich lebe meine Berufung in vielfältiger Gemeinschaft, in enger Verbundenheit mit Menschen unterschiedlicher Herkunft, Spiritualität und Lebensform, und ich empfinde dies als große Bereicherung. Für das eigene Gebetsleben und meine lebendige Gottesbeziehung ist es wichtig, über das individuelle Gebet hinaus regelmäßig Orte der Stille und Gemeinschaft aufzusuchen, mich erneuern zu lassen und mich in Gebetsgemeinschaft zu wissen.

Dies hält meinen Glauben lebendig und ich lasse mich immer wieder neu von Gott herausrufen. Formen der Sendung können sich ändern, aber die Berufung bleibt. Über ein Amt in der Kirche habe ich nie wirklich nachgedacht. Diese Option gab es für mich als Frau nicht und in der Kirche des Südens ist dies noch unvorstellbarer. Ständen die Ämter allen offen, wer weiß, vielleicht hätte ich meine Berufung anders gelebt.

Aber Laie-Sein ist kein Mangel. Ich bin stolz, meine Rolle als Laienmissionarin gefunden zu haben und meine Berufung bewusst zu leben. Ich fühle mich respektiert und akzeptiert. Und durch mein Beruf(ung)sleben und Zeugnis-Geben fordere ich manch andere in ihrer Berufung heraus. Ich finde, dass die Berufung von Laien viel mehr geschätzt, aufgewertet und gefördert werden sollte. Annette Funke

31. „Mein Berufungswunsch zum Diakonat bleibt unerfüllt" Schon in der Zeit meiner Erstkommunionvorbereitung habe ich gespürt, welche Freude es mir bereitet, Gottesdienste mitzugestalten. Zum Glück durfte ich dies damals, 1971, schon. Also habe ich mich gemeldet, als der Pfarrer fragte, wer denn Ministrant werden möchte. Und ich wurde ernst genommen. Es war damals zwar undenkbar für ein Mädchen, diesen Dienst zu tun, aber ich wurde nicht einfach abgewiesen, sondern der Pfarrer suchte mit mir nach einer Lösung: Es gab einmal wöchentlich in allen Schulen Gottesdienste, die in einem Klassenzimmer stattfanden. Ich durfte regelmäßig in dieser Messe ministrieren.

Danach war ich als Jugendliche in einem Liturgiekreis tätig, der Bußgottesdienste und Kreuzwegandachten vorbereitete, die wir schon damals ohne Priester durchführten. Diese Aufgabe hat mir viel Freude bereitet.

Ich habe lange mit mir gerungen, was ich nach dem Abitur studieren soll, habe mich dann gegen Theologie entschieden, weil ich gespürt habe, ich komme mit der Rolle der Frau in der Kirche nicht klar. Ich wuchs in einer konfessionsverbindenden Familie auf und habe auch überlegt, zu konvertieren, evangelische Theologie zu studieren und Pfarrerin zu werden, aber etwas in mir hat mich davon abgehalten, dies zu tun. Ich habe dann Geschichte studiert und mich von Anfang an in der katholischen Hochschulgemeinde engagiert. Ich war mit Feuereifer dabei, wenn es um die Vorbereitung und Durchführung von Gottesdiensten ging.

Nach dem Studium und einiger Zeit im Beruf spürte ich, dass der Wunsch nach einer Tätigkeit im seelsorgerlichen Bereich in mir immer brennender wurde. So wurde ich Leiterin eines katholischen Studentenwohnheims und war gleichzeitig in der Hochschulpastoral tätig. Neben der Begleitung von Studierenden in Krisensituationen hat es mir besondere Freude bereitet, dass ich in Gottesdiensten das Predigtwort übernehmen durfte.

Es war eine Phase meines Lebens, in der die Berufung klar erkennbar wurde. Ich wollte Priesterin, ja mindestens Diakonin werden. So habe ich parallel zu meiner Arbeit als Heimleiterin die Ausbildung zur Gemeindereferentin auf dem berufsbegleitenden Weg im Erzbistum Freiburg begonnen, um wenigstens einen seelsorgerlichen Beruf ergreifen zu können.

Schwer war für mich die Zeit, als mein Mann sich auf den Diakonat vorbereitete und ich dies nicht durfte. Er wurde 1997 geweiht, just zu dem Zeitpunkt, als Papst Johannes Paul II. in der Laieninstruktion *[Instruktion zu einigen Fragen über die Mitarbeit der Laien am Dienst der Priester]* noch einmal ausdrücklich die Predigt durch Laien in der Eucharistiefeier verbot. Ich fühlte mich durch dieses Verbot und die gleichzeitige Weihe meines Mannes außen vor gelassen.

Als wir unsere Beauftragungsfeier vorbereiteten und ich sah, dass der Lesungstext des Tages die Stelle war: „Hier bin ich, sende mich" (Jes 6,8), traf mich dies ins Herz. Ich ließ mich vom Bischof mit diesem Ruf in den Dienst nehmen. Ich habe danach begonnen, den Beerdigungsdienst zu übernehmen, als erste katholische Frau in unserem Ort. Diese Aufgabe erfüllt mich sehr, aber genau hier zeigt sich die Grenze. Als eine Familie, die ich begleitete, ein lebendes und ein totes Kind auf die Welt brachte, stand die Frage im Raum: Wieso darf ich die Trauerfeier machen, die Taufe aber nicht? Ich begleite die Menschen als Seelsorgerin, aber wichtige Bereiche bleiben außen vor. Das schmerzt.

Ich habe meine Nische in der Ökumene gefunden: Als Vorsitzende der Arbeitsgemeinschaft christlicher Kirchen kann ich in Gottesdiensten predigen, kann geistliche Worte sprechen, für die Kirchen der Stadt sprechen. Aber mein Berufungswunsch zum Diakonat bleibt unerfüllt und dies schmerzt nach wie vor. Marieluise Gallinat-Schneider 73

32. „Die Erika hat das Zeug für einen Pfarrer" Es ist das erste Mal in meinem Leben, dass mich jemand – wenn auch indirekt – fragt, ob ich mich für ein Weiheamt in der katholischen Kirche berufen fühle oder jemals diese Berufung gefühlt habe. Dabei währt meine Geschichte mit eben dieser Kirche, solange ich denken kann. In wenigen Wochen werde ich mein 50. Lebensjahr vollenden. Ich bin in und mit der Kirche aufgewachsen. Nächstes Jahr werden es – wenn meine Mutter so lange durchhält – hundert Jahre, seit meine Familie den Mesnerdienst ausübt. In dem 700-Seelen-Dorf, in dem ich groß geworden bin, gab es für mich zwei Zuhause: mein Elternhaus und die Kirche in der Dorfmitte. Die großen Schlüssel für die Kirchentüren und die Sakristei hingen – und hängen bis heute – in unserer Küche. Zwei Wochen nach meiner Geburt wurde ich zur Taufe in die Kirche getragen. Seit ich laufen kann, habe ich meine Großtante Appolonia in die Kirche und Sakristei begleitet; seit ich lesen kann, durfte ich von der 1. Klasse an Eröffnungs- und Kommunionvers in der Messe vortragen. Als die Jungs unter der Woche fehlten, fing ich als erstes Mädchen in unserem Dorf an zu ministrieren. Mit 14 Jahren fragte mich der Pfarrer, ob ich nicht die Lesung lesen würde. Von da an war ich tagein, tagaus Lektorin bis zum Abitur. Weil der Pfarrer immer recht knapp zum Gottesdienst kam, übernahm ich es bald, ihm die Bücher aufzuschlagen. Mit meiner Großtante besprach ich in der Sakristei, ob wir den gebotenen Gedenktag wählen oder lieber die Lesungen im Jahreskreis. Je nachdem, wie unsere Entscheidung ausfiel, suchte sie das rote oder grüne Messgewand aus. So studierte ich gründlich die Schrifttexte und Heiligenkalender, um eine wohlüberlegte Auswahl treffen zu können. Schon damals ärgerte ich mich über die einseitige Leseordnung bei heiligen Frauen, Jungfrauen oder Märtyrerinnen. Manche Texte schienen mir Frauen auf bestimmte Eigenschaften festzulegen: Unterwürfig sollten sie sein, duldsam, keusch, angepasst und rein. Auch die Inhalte und Auslegungen an den zahlreichen Marienfeiertagen passten in dieses Bild. Als wir wenige Jahre vor meinem Abitur einen neuen Pfarrer bekamen, beließ er mir weiterhin die volle Freiheit über die Auswahl der Texte und Hochgebete. Zusätzlich bat er mich, eine Jugendgruppe ins Leben zu rufen und die kirchliche Jugendarbeit zu etablieren. Ministrantinnen waren inzwischen selbstverständlich geworden. Ihre Anzahl übertraf die der Jungs bei weitem. Im Mai 1985 wurde mein Nachbar zum Priester geweiht. Da er mehr als zehn Jahre älter war als ich, hatte ich ihn kaum kennengelernt. Er studierte schon, als ich anfing, mich in der Pfarrei zu engagieren. Nach den Gottesdiensten zur Vorbereitung seiner Primiz gab er mir in der Sakristei Tipps, wie ich meine Art, Lesung und Fürbitten vorzutragen noch verbessern könnte. Er schwärmte von der Vielfalt der

Fächer im Theologiestudium und erkundigte sich nach meinen eigenen Berufswünschen. Schon damals war mir klargeworden, dass auch ich irgendetwas mit Theologie machen wollte. In den Gruppenstunden wurden mir manchmal Fragen gestellt, die ich nicht fundiert genug beantworten konnte. Ich wollte mehr über den Glauben, über die Bibel und die Lehre der Kirche wissen. Im Gymnasium wählte ich den Leistungskurs katholische Religionslehre. Obwohl für das Zustandekommen mindestens sieben SchülerInnen nötig gewesen wären, finanzierte der Benediktinerorden, dessen staatlich anerkannte Privatschule ich besuchte, zwei Jahre lang sechs Wochenstunden Religionsunterricht für uns fünf Jugendliche. Irgendwann Ende der 8oer Jahre, ich weiß nicht mehr genau, wann und wo es war, hörte ich im Dorf jemanden sagen: „Die Erika hat das Zeug für einen Pfarrer!" Von mir aus wäre ich nie auf diesen Gedanken gekommen. Eine Berufung zum Priestertum – als Frau? Für mich war klar: Was nicht sein darf, kann nicht sein. Ich bin eine Frau. Priester werden nur Männer. Mit meinen 18 Jahren hat mich der mir zugesprochene Satz aus meiner – eher konservativ geprägten ländlichen Gemeinde – „Die Erika hat das Zeug für einen Pfarrer!" lediglich irritiert. Einen Schmerz spürte ich erst, als ich nach dem Theologiestudium zu der Weihe von Diakonen und Priestern eingeladen war, die mit mir jahrelang dieselben Vorlesungen besucht und die gleichen Prüfungen abgelegt hatten. Erst als ich bei diesen Gelegenheiten in der sehr vertrauten Benediktinerabtei im Chorgestühl saß, bestenfalls im Chor mitsang und Lesung oder Fürbitten vortrug, während meine ehemaligen Kommilitonen – noch dazu mit einem schlechteren Abschlusszeugnis als ich – ausgestreckt vor dem Altar lagen, durchzog mich ein Schmerz, der mich bis heute nicht verlassen hat. Und die Stimme aus meinem Heimatdorf hallt in mir: „Die Erika, hat das Zeug für einen Pfarrer!" Wem diese Stimme wohl gehören mag? Und wer darf darüber eigentlich das letzte Urteil fällen? Sr. Dr. Katharina Ganz OSF

33. „Priesterin praeter legem" Ich wohne in Gottmadingen bei Singen am Hohentwiel, an der Schweizer Grenze. Ich bin verheiratet und Mutter von drei (erwachsenen) Kindern. Und ich bin seit 2013 römisch-katholische Priesterin *praeter legem* [= außerhalb des Gesetzes]. Als ich ‚Ja' zur Weihe sagte, war ich von ganzem Herzen davon überzeugt, dass Gott mich zu diesem Dienst berufen hat. Während die anderen Mädchen in meinem Umfeld davon träumten, Polizistin oder Tierärztin zu werden, wusste ich von klein auf, dass ich Priesterin werde. Aber ich wusste auch, dass das nicht geht, weil das in unserer Kirche nur Männern erlaubt ist. Bei der Erstkommunion brannte dieser Wunsch in meinem Herzen. Aber es war ja klar, dass ich nie im Leben Priesterin werden kann. Nach der Erstkommunion konnte mein Bruder zu den Ministranten – während ich in den Kinderchor aufgenommen wurde. Nach der Firmung verabschiedete ich mich innerlich von der Kirche. Ich war gerade zwölf Jahre alt geworden, zu alt für den Kinderchor, zu jung für irgendein Ehrenamt in meiner Heimatpfarrei, Jugendgruppen gab es nur für Jungs. Meine Brüder blieben bei den Ministranten.

Mit 15 Jahren sprach mich die Oberministrantin der Nachbarpfarrei an. Sie lud mich ein, Ministrantin zu werden. Ich sagte ja und wurde eine der fleißigsten Ministrantinnen. Ich ministrierte jeden Werktagsgottesdienst und bei mindestens einem Sonntagsgottesdienst. Das war möglich, weil es bei uns keinen Ministrantenplan gab. Jeder, der ministrieren wollte, konnte kommen. Mit 19 Jahren wurde ich Kandidatin in einem Franziskanerinnenkloster: wenn schon nicht Priesterin, dann vielleicht Ordensschwester. Anfangs sah es ganz gut aus. Die Leiterin für die Kandidatinnen und Novizinnen war eine sehr spirituelle Frau. Sie hatte einen wunderbar franziskanisch-rebellischen Geist. Doch dann wechselte die Kandidatursleiterin. Statt tiefer Spiritualität und franziskanisch-rebellischem Ansatz sollten wir nun mit einer eher frömmelnden Schwester klarkommen. Ich meldete mich von der Kandidatur ab. Später erfuhr ich, dass die anderen Kandidatinnen sich nach und nach auch verabschiedeten. So hatten wir uns das Ordensleben nicht vorgestellt. Eine Freundin empfahl mir, noch andere Ordensgemeinschaften kennenzulernen. So war ich zu Gast bei anderen Franziskanerinnen, bei Benediktinerinnen, bei Klarissen-Eremitinnen und bei Dominikanerinnen. Doch ich war verunsichert. Ich wusste nicht, wie ich mit dem Gehorsam klarkommen sollte, wenn ich mit einer vorgesetzten Schwester nicht klarkam.

Nach der Realschule absolvierte ich die Ausbildung zur Polster- und Dekorationsnäherin. Es war nicht mein Traumberuf. Aber es war 1984, ich hatte ein schlechtes Zeugnis und die Lehrstellen waren sehr knapp. Ich war handwerklich geschickt, bekam Bestnoten und erreichte den dritten Platz beim Landeswettbewerb. Doch der Beruf erfüllte mich nicht. So zog ich 1990 die Notbremse und kündigte. Meiner Chefin erzählte ich, dass Gott mich in einen anderen Beruf führen wird. Heute habe ich großes Mitleid mit meiner damaligen Chefin. Voller Überzeugung kündigte ich meine Stelle und wusste dabei noch nicht einmal, in welche Richtung es weitergehen würde. Sie hatte zu Recht große Sorge, dass ich als „Schwarmgeist" die Bodenhaftung verloren hatte. Doch es ging alles gut. Ich machte eine Ausbildung zur Erzieherin und lernte das ganze Berufsspektrum dieses Berufes kennen. Von regulärem Kindergarten über Kinderkrippe, Hort, Jugendtreff, Kinderheim und Behindertenarbeit. Der Beruf machte mir Freude – doch die Frage nach dem Ordensleben blieb trotzdem ständig präsent. Nur wollte ich nichts mehr überstürzen. Als Erzieherin lernte ich auch die Schattenseiten des Ordenslebens kennen. In den Kinderheimen und Kindergärten begegnete ich frustrierten, depressiven und verdeckt-aggressiven Schwestern. Sie ließen ihren Frust über ihr Leben an den Mitschwestern und an den weltlichen Mitarbeiterinnen und den Schutzbefohlenen aus. Im Gespräch mit diesen Schwestern kam heraus, dass sie sich eigentlich ein Leben im Gebet gewünscht hatten – und stattdessen völlig überfordert und schlecht ausgebildet für Kinder und Mitarbeiter zuständig waren, die kein bisschen spirituell waren. Es gab aber auch das Gegenteil. Ordensschwestern, die mit Leib und Seele ihren Beruf ausübten. Die tief verwurzelt in Gott ihre Berufung lebten. Ich blieb ratlos. Dann lernte ich meinen Mann kennen. Wir heirateten und drei Kinder formten mich zur Mutter. Mein Mann ist Maschinenschlosser. Als in unserer Pfarrei die Stelle für den Hausmeister und Mesner ausgeschrieben wurde, bewarb er sich und wurde genommen. Doch wieder einmal stolperten wir über die Scheinheiligkeit der Kirche. Mein Mann geriet zwischen die Fronten von Ehrenamtlichen und dem (neuen) Pfarrer. Um aus dem Schussfeld zwischen beiden herauszukommen, ging mein Mann in Elternzeit und ich wurde Erzieherin im Kindergarten. Als ein neuer Vikar in die Pfarrei kam, erzählte er mir, dass es in der Erzdiözese Freiburg die Möglichkeit gibt, auf dem dritten Bildungsweg Theologie zu studieren. Ich bewarb mich um eine Studienerlaubnis und begann nebenberuflich mit dem Theologiestudium. Es war eine spannende Zeit. Mein Mann hielt mir den Rücken frei. So konnte ich Vollzeit als Erzieherin arbeiten, ihn mit Rat und Tat unterstützen bei seiner Arbeit als Vater und Tagesvater und an den Wochenenden zum Theologiestudium nach Freiburg, Würzburg und an all die anderen Orte reisen, wo Präsenz verlangt war. Kurz vor Ende des Pastoralpraktikums endete der Traum vom Theologiestudium. Meine Mentorin eröffnete mir, dass sie in Freiburg darum bitten werde, mir die Studienerlaubnis zu entziehen. Sie wisse, dass ich Bestnoten bei allen Prüfungen habe und äußerst engagiert in der Pfarrei mitgearbeitet habe während meines Pfarreipraktikums. Auch halte sie mich für sehr begabt. Aber ich sei Mutter von drei Kindern. Damals war Hannah in der 1. Klasse, Joël in der 2. und Charlotte stand kurz vor ihrer Erstkommunion. Meine Mentorin war der Meinung, dass eine Mutter zu den Kindern gehöre und der Vater an den Arbeitsplatz. Alles andere wäre für Kinder schädlich. Ich hatte dann ein Gespräch mit dem Studienleiter in Freiburg. Er hörte mir eine Stunde zu, warum ich gerne das Theologiestudium fortführen möchte. Dann sagte er mir, dass ich nun zwei Wochen Zeit hätte, mich zu entscheiden. Ich sagte, dass ich mich für eine Fortführung des Studiums entscheiden möchte. Da sagte er mir, dass ich ihn falsch verstanden habe. Ich hätte nun zwei Wochen Zeit, mich für den Abbruch des Studiums zu entscheiden. Da ich nicht von mir aus abbrechen wollte, würde er mir die Studienerlaubnis entziehen. Eine Woche später bekam ich den offiziellen Brief. Eine Begründung stand nicht in diesem Brief. Ich bat meine damaligen priesterlichen Freunde um Unterstützung, da ich nicht wusste, wie ich gegen den Entzug der Studienerlaubnis vorgehen konnte. Doch alle sagten mir: „Wegen dir riskiere ich doch nicht meine Karriere." Dazu kam, dass in der Pfarrei ein anderer Priester Leiter der Seelsorgeeinheit wurde. Dieser unterstellte mir, dass ich ihm nicht die wahren Motive für den Entzug der Studienerlaubnis gestand, obwohl ich ihm freie Hand gegeben hatte, den Studienleiter selbst zu fragen und ihm auch den Brief mit dem Entzug der Studienerlaubnis zeigte.

Weil er mir nicht traute, untersagte er mir jegliche ehrenamtliche Tätigkeit in der Pfarrei. Kein Engagement mehr im Familiengottesdienst, im Kindergottesdienst während des Sonntagsgottesdienstes, im Kinderwortgottesdienst am Samstagnachmittag, keine Erstkommunionkatechese, keine Firmkatechese mehr. Einzig die Kirchenwäsche durfte ich noch machen. Es war eine schwere Zeit. Der Mittelpunkt meines Lebens war weg. Dazu kam, dass ich in Vorbereitung auf das religionspädagogische Praktikum meine Stelle als Erzieherin schon gekündigt hatte und mein Mann auf der Suche nach einer Vollzeitstelle als Maschinenschlosser war. Ich wollte die Kündigung nicht zurücknehmen. Dann arbeitete mein Mann wieder Vollzeit, und ich saß da mit einem zerstörten Lebenstraum: Wenn schon nicht Priesterin, so doch als hauptamtliche Mitarbeiterin in der Seelsorge. Und dann noch nicht einmal das. Es tat sehr weh. Heute weiß ich, dass das der heilsamste Schritt war.

Damit mein Studium nicht ganz umsonst gewesen war, begann ich als freie Rednerin zu arbeiten. Schwerpunktmäßig begleitete ich Trauernde und leitete Trauerfeiern. Damals trat ich zum ersten Mal bewusst innerlich aus der Kirche heraus. Vielleicht nicht ganz. Vielleicht näherte ich mich zum ersten Mal den Hecken und Zäunen. Aber ich erschrak, welches Bild die Kirche in der Öffentlichkeit wirklich bietet. Bisher war ich ja immer in meiner frommen Blase gefangen gewesen. Heile Welt. Heile Liturgie. Heile Kirche. Ich war erschüttert darüber, was mir Menschen von ihren Erfahrungen mit den „wahrhaft Frommen" erzählten. So viel Hartherzigkeit, so viel falsche Frömmigkeit tat weh. Für die Verstorbenen, die ich beerdigte, wünschte ich mir ein Seelenamt. Doch da hatte ich nicht mit dem katholischen Granit gerechnet. Kein priesterlicher Freund war bereit, für „meine" Verstorbenen das Seelenamt zu feiern. Sie waren der Meinung, dass diese Familien ganz einfach den Verstorbenen katholisch beerdigen lassen sollen und dann würde ihnen auch das ganze „katholisches Paket" zur Verfügung stehen. Das war der Moment, an dem ich Kontakt mit den römisch-katholischen Priesterinnen aufnahm. Eigentlich wollte ich nur, dass sie für mich Seelenämter feiern. Stattdessen fragten sie mich, ob ich nicht selbst „ja" zur Weihe sagen möchte. Es brauchte sechs Jahre und sehr viele Gespräche mit meinem Mann und vielen Freundinnen, bis ich „ja" sagte. Ich war mir nicht mehr sicher, ob ich in dieser Kirche Priesterin sein will, denn ich hatte zu oft selbst die Schattenseiten kennengelernt. Zu oft hörte ich in Trauergesprächen, welche Wunden die Hartherzigkeit von „wahrhaften Priestern" und „wahrhaften Frommen" geschlagen hatten. Auf der anderen Seite hatte sich ein Satz aus dem Buch „Hallo Mister Gott, hier spricht Anna" in mein Herz gebrannt. In einem Kapitel erklärt Anna, dass man nur im Stromkreis den Strom messen kann. Von außerhalb geht es nicht. Ich war und bin davon überzeugt, dass man in der Kirche nur eine Veränderung erwirken kann, wenn man im System bleibt. Dazu kam, dass damals Barack Obama gerade Präsident geworden war. Jemand hatte im Radio erklärt, dass das unter anderem daran lag, dass vor seiner Wahl drei sehr erfolgreiche Filme im amerikanischen Kino gelaufen waren. Mit jeweils einem sympathischen schwarzen Präsidenten. So konnten die Menschen mit eigenen Augen sehen, dass das möglich ist. Auch wenn es nur Fiktion war. Menschen müssen etwas mit eigenen Augen sehen, damit sie sich vorstellen können, dass es auch funktioniert. Das gab für mich damals den Ausschlag, „ja" zu sagen. Ich wollte Menschen helfen, sich vorstellen zu können, dass Gott Frauen in das priesterliche Amt beruft. Einfach nur, weil sie sehen, dass ich als Frau im Messgewand und mit Stola am Altar stehe. Heute weiß ich, dass das nur ein ganz kleiner Schritt ist. Einer von vielen. Dank des Synodalen Weges habe ich sehr viele gute theologische Beiträge rund um Klerus, Laien, Weihepriestertum, Ökumene, Sakramentenverständnis u. v. m. gelesen, gehört und gesehen, und ich freue mich, dass meine Tochter die mündliche Abiturprüfung im Fach Religion zum Thema „Frauen in der Kirche" machen wird. Es gibt sehr gute Beiträge von der *vinyard*-Gemeinde zur Rolle der Frau in der frühen Kirche. Mein persönlicher Augenöffner war der Beitrag zur Bibelstelle „Die Frau schweige in der Gemeinde" (1 Kor 14,34). Hier erklärt der Autor absolut schlüssig, wie dieser Text zu verstehen ist – und dass er nicht im Gegensatz zu den anderen Stellen steht, die Frauen durchaus im priesterlichen Dienst sehen. Als Kind träumte ich davon, Priesterin zu werden. Das Wort „Priesterin" kam mir lange nicht über die Lippen. Zu sehr war dieses Wort mit heidnischen Kultdienerinnen verknüpft. Mit Tempelprostitution. Aus der fundamentalistischen Ecke wird das Wort „Priesterin" immer noch damit verknüpft. Vor Corona dämmerte mir, dass das Priesteramt – so wie ich es von klein auf kennengelernt habe – im Wandel ist. Um die Eucharistiefeier auch weiterhin zu gewährleisten, sollen in der Erzdiözese Freiburg bis zum Jahr 2030 die Gemeinden in 40 Seelsorgeeinheiten zusammengelegt werden. Das entspricht dann einer Seelsorgeeinheitsgröße von einem Landkreis. Auf dem Gebiet der Erzdiözese gibt es 38 Landkreise. In meiner Arbeit als Priesterin sehe ich einen anderen Schwerpunkt: Ich feiere auch die Eucharistie. Aber viel häufiger spende ich die Krankensalbung. Vor allem im Zusammenhang mit dem Sakrament der Versöhnung. Dazu kommt die theologische und religiöse Weiterbildung. Es ist erschreckend, wie wenig Wissen über Religion, die römisch-katholische Kirche und den Glauben vermittelt wird. Wohl gibt es gute Angebote, aber die beschränken sich auf die Großstädte. Ich wohne eher ländlich. Ohne Auto, ohne Babysitter ist es unmöglich, an solchen Veranstaltungen teilzunehmen. Ich bin immer noch davon überzeugt, dass Gott mich zum priesterlichen Dienst berufen hat. Und die Priesterinnenweihe war meine Antwort, denn eine andere kannte ich nicht. Ich bin davon überzeugt, dass es für viele Menschen eine Hilfe ist, wenn ich als Priesterin in Messgewand und Stola am Altar stehe. Weil sie dann mit eigenen Augen sehen, dass Gott mich nicht mit einem Blitz erschlägt, wenn ich die Wandlungsworte spreche. Tatsächlich gab und gibt es reichlich Hardliner, die es Gott übelnahmen (und -nehmen), dass er es nicht getan hat. In einem Interview spreche ich davon, dass die Weihe bei mir wirkt. Auch wenn mir Hardliner das immer noch absprechen. Es ist schwer, das Gegenteil zu beweisen. Ich bin heute davon überzeugt, dass es um mehr geht als nur um die Weihe. Frauen und Männer können zuhause Eucharistie feiern – und Jesus ist gegenwärtig. In anderen christlichen Kirchen hat er offensichtlich keine Probleme damit. Im Moment braucht es wohl die Weihe von Frauen für den priesterlichen Dienst. Weil es unsere katholische Sprache ist. Und trotzdem hoffe ich, dass die Menschen die Freiheit im Heiligen Geist annehmen und sich von Gott dorthin führen lassen, wo Gott schon ihre neue Wirkungsstätte vorbereitet hat. Judith Gigl

34. „Mein Wunsch ist ein Bewusstseinswandel" In eine katholische Enklave der norddeutschen Diaspora bin ich 1966 hineingeboren. Unter dem Schneidertisch einer Großtante im Mehrgenerationenhaushalt war mein erster Spielplatz. Die Kundschaft brachte uns bei der Anprobe ihre Sicht der Welt in die Schneiderstube. Ich habe gespielt und zugehört. Aus einer konfessionsverschiedenen Ehe kommend, habe ich früh Ausgrenzung in der katholischen Kirchengemeinde erfahren.

Beruflich wurde ich Erzieherin und anschließend Gemeindereferentin. Innerhalb der beruflichen Tätigkeit entdecken wir, mein Mann und ich –

ich als Gemeindereferentin und er als Pfarrer –, unsere gegenseitige Zuneigung. Den Wunsch, miteinander zu leben, haben wir priorisiert. In der katholischen Kirche war es uns als Paar nicht möglich, unsere Fähigkeiten weiter in der Gemeindeleitung und Seelsorge einzubringen, obwohl die Gemeinde vor Ort sich das schon damals vorstellen konnte. Der Wunsch nach Partnerschaft und Mutterwerden war groß, mein Selbstbewusstsein, für meinen Beruf und meine Berufung als Seelsorgerin einzutreten, gering. Mein Mann beantragte die Laisierung und erhält sie am Tag unserer Eheschließung 1995. Unsere drei Kinder wurden geboren, ein Geschenk, das das Leben uns machte und für das wir dankbar sind. Beruflich fühlte ich mich abgeschnitten von meinen persönlichen Möglichkeiten und arbeitete 19 Jahre in verschiedenen pädagogischen Arbeitsfeldern. 2001 ging mein Mann als Krankenhausseelsorger zurück in den Dienst des Bistums, ich kehrte 2013 als Gemeindereferentin zurück. Mit der beruflichen Tätigkeit hatte ich erneut die Möglichkeit, meine Kompetenzen zu erweitern. Ich machte Fortbildungen im Bereich Bibliolog, spirituelle Begleitung, Beerdigungsleitung und Trauerbegleitung. Lernen, Wandlung und Durchhalten sind mir wichtig. Im Zuhören entdecken, was es im Leben eines Verstorbenen sowie der Angehörigen wertzuschätzen gilt, ist mir ein tiefes Bedürfnis und eine Freude. Im Dienst als Beerdigungsleiterin lade ich ein, sich zu erinnern und wertzuschätzen, was beim Abschied losgelassen werden muss. Ich versuche, Hoffnung zu wecken über das sichtbare Leben hinaus, und ermutige, wieder Vertrauen in das Leben zu wagen.

Im Umgang miteinander brauchen wir Achtung und Wertschätzung, es geht um Bewusst-Sein. Für Jesus war die Begegnung mit Menschen auf Augenhöhe selbstverständlich. Wir brauchen ein befreiendes und stärkendes Bewusst-Sein, Mut und Hoffnung. Wenn wir miteinander achtsam und respektvoll umgehen, werden wir als Frauen und Männer unsere je eigenen Fähigkeiten einbringen zum Wohl aller. Jede und jeder wird mit dem persönlichen „Wie" unsere Kirche verwandeln, durch das eigene Denken, Fühlen und Handeln. Mein Wunsch ist ein Bewusstseinswandel und ein geschwisterlicher Umgang in unserer Kirche. Damit wird sich auch die Frage nach Ämtern, Lebensformen, Macht und Weihen verändern.   Jutta Golly-Rolappe

35. „Aus dem Kampf habe ich mich (leider) ausgeklinkt, nicht aber aus der tiefen Liebe zu den Menschen, die Gott ahnen wie ich" Nachterlebnis vor rund 35 Jahren, stark, unverbraucht. Gottes Sprechen ohne Worte; dort, wo „er" und ich in eins fallen in mir. Unmissverständlich. Tiefe, stolze Demut. Weil diese Erwählung so jenseits jedes Sagens ist, weil ich sie als ein so zutiefst unverdientes Geschenk empfinde und gleichzeitig als eine solche Auszeichnung, spreche ich kaum darüber. Völlig unterschätzt habe ich dabei Schmerz und Sehnsucht – auch der mir in der Seelsorge Begegnenden –, dass für mein pastorales Handeln nicht auch die Möglichkeit der Heilung und der Heiligung im Sakrament besteht. Grundloser Rüffel von oben, ohne dass ich je heimlich ein Sakrament gespendet hätte. Dazu ist es mir zu kostbar. Entweder geweiht oder gar nicht.

Wie kann Menschenlehre den göttlichen Ruf toppen? Als Antwort immer nur Rückzug auf die Lehre. Mir hätte schon gutgetan, auch nur ein einziges Mal gesagt zu bekommen: „Ihr Verzicht wird wahrgenommen und respektiert, ich danke Ihnen für Ihr biographisches Opfer, einstweilen kann ich Sie nur bitten, dies weiter zu tragen." Aber das sagt nie einer.

Irgendwann steige ich innerlich aus. Theologisch ist alles geklärt, und ich bin es müde und leid, das immer Gleiche mit Kirchenfürsten und Gremien zu ventilieren, obwohl ich es mir übelnahm und -nehme, darin kein besseres Vorbild (gewesen) zu sein. Gleichzeitig bleibe ich leidenschaftliche, breit aufgestellte Pastoralreferentin der Erzdiözese München und Freising.

Ab und zu höre ich von einer Theologiestudentin mit dem dezidierten Berufsziel Priesterin. Die Vorstellung, sie könnte die „erste römisch-katholische, geweihte Priesterin" sein, löst in mir Eifersucht aus. Gleichzeitig ist der Ruf von damals so persönlich, unverhandelbar, zärtlich, dass ich ihn nicht instrumentalisieren konnte. Es ist mir nie um Macht gegangen oder um „Ich will das Gleiche wie die Männer". Es ist etwas völlig vom Geschlecht Losgelöstes, wie Gott selbst, etwas unendlich Übergeordnetes zwischen Gott und mir und für die mir anvertrauten Menschen. Dazu aber auch meine Hoffnung, dass „sie" es schafft und nach ihr keine Frage mehr sein wird, wo es doch für mich zu spät ist. Wo sich einstweilen die Kirche gerufene, vollmächtig handelnde Akteurinnen entgehen lässt; wo wir allein schon durch die Diskussion des Themas offenbar gefährdet sind.

Mit „Frauen aber auch" ist es nicht getan. Würde ich als Priesterin die abverlangte Demut leben? Priesterinnentum fragt nach der Verfasstheit der Kirche selbst. Und solange sie systemisch, systematisch ein hierarchisches Gebilde mit Machtflüssen in nur eine Richtung ist – das vielfach die Botschaft des Juden Jesus, dem sie sich doch verdankt, verdunkelt –, will ich kein ordinierter Teil eines solchen Apparates sein. Dazu glaube, spreche, unterrichte, texte, predige ich zu que(e)r, zu feministisch, zu judaistisch. Zu „kritisch". Frei. Aus dem Kampf habe ich mich (leider) ausgeklinkt, nicht aber aus der tiefen Liebe zu den Menschen, die Gott ahnen wie ich, zur Menschenkirche. Mit Stachel im Fleisch.

Marion Haass-Pennings

36. „Ich habe meinen Sonderweg in einer Nische gefunden" Ich war vierzehn, als ich entdeckte, dass die katholische Kirche das zu stärken sucht, was für mich die größte Stabilität im Leben war, die Gegenwart Gottes. Zuvor hatte ich kaum eine Verbindung zwischen meiner tiefen Hingabe und der äußerlich hierarchischen Vermittlungsform der Kirche gesehen. Seitdem hielt ich die Kirche für wichtig als einen Raum, in dem sich Menschen religiös ausdrücken können. Mit 17 war mir klar, dass ich Priesterin bin, immer gewesen war, und es nur die Frage war, wie ich den Ruf umsetzen konnte. Ich war geboren und geformt, um in Menschen die Sehnsucht nach Gott zu wecken und ihn in der Öffentlichkeit auszusprechen. Zutiefst bin ich den Menschen verpflichtet, die ich gemeinsam mit mir auf dem religiösen Weg weiß.

Ich fand in den Zeichen und Ritualen der katholischen Kirche ausgedrückt, was heilt: die Geborgenheit, die Verwandlung des Schmerzes, die Kraft des Mitgetragenseins. Fremd und zerstörerisch waren die Geschlechterrollen und die autoritären Vorgaben, wie zu glauben sei.

Ich erwog, evangelische Pastorin zu werden – ein Weg, den etliche Frauen gegangen sind. Ich erwog, Psychotherapeutin zu werden, Lehrerin, Pastoralreferentin oder Café-Betreiberin mit Seelsorge.

Als Pastoralreferentin konnte ich die Begegnungsmöglichkeiten in der Kirche mitgestalten, nicht aber konnte ich die Öffentlichkeit für „meine Leute" in den sakramentalen Formen darstellen. Besonders verletzt hat mich der Widerspruch zwischen dem gemeinschaftlich geteilten Brot zwischen Gleichen und der elitären Priesterkaste, die allein die Eucharistie zu feiern meint. Die Wirkung auf mich ist insgesamt eine zunehmende Distanz zu meiner Kirche.

Gottes Wirken sehe ich vielmehr in den Befreiungen von Frauen und Kindern hin zur Selbstbestimmung und Gewaltfreiheit. Kirchliche Gemeinschaft lebe ich in der GCL, einem Kreis von Menschen, die das innere Wachsen betonen und einander darin begleiten. Vielleicht merkt man meinem Bericht an, dass ich das Berufsleben fast abgeschlossen und meinen Sonderweg in einer Nische gefunden habe. Sonja Haas-Wessendorf

37. „Bis hierhin und nicht weiter" Vieles ist schon möglich, gerade in der Erzdiözese München und Freising. Dort gibt es bereits viele Frauen in Führungspositionen. Aber die Priester- und Diakonenweihe ist für Frauen nach wie vor nicht möglich. Da müsste sich noch ein bisschen was bewegen. Die Entscheidung über die Zulassung von Frauen zur Weihe könnte durchaus zu einer Spaltung in der Kirche führen.

Ich habe Theologie studiert, habe also die gleiche Ausbildung wie ein Priester. Ich war 30 Jahre lang als Pastoralreferentin im Dienst, zunächst in Puchheim und später in St. Magdalena in Fürstenfeldbruck. 25 Jahre meines Berufslebens war ich im Erzbischöflichen Ordinariat tätig, in den letzten Jahren leitete ich die Hauptabteilung „Generationen und Lebensalter". Seit drei Jahren bin ich im Ruhestand.

Als Pastoralreferentin durfte ich Menschen auf die Sakramente vorbereiten, was sehr viel Freude machte – Sakramente spenden durfte ich nicht. Konkret heißt das, dass ich z. B. bei der Arbeit im Altenheim keine Krankensalbung spenden durfte. Das hat mich immer sehr traurig gemacht, denn gerade dort geht es ja um Beziehung. Man hat die Menschen begleitet und hat oft ein wunderbares Miteinander aufgebaut, und dann muss man an den fremden Priester abgeben, wenn das Sakrament gespendet wird. Das war auch für die Betroffenen oft schwierig. Da geht es allerdings den männlichen Kollegen gleich.

Ich bin trotzdem in meinem Beruf geblieben, denn es ging mir immer um die Sache – also um die Botschaft Christi und ihre Verkündigung.

Ich gehöre der Generation an, die nicht lange nach dem Zweiten Vatikanischen Konzil und zu Zeiten der Würzburger Synode mit dem Studium angefangen hat. Damals haben wir gehofft, dass sich sehr viel ändern wird, und es hat sich auch viel geändert. Aber was Frauen in Weiheämtern betrifft, gilt noch immer der Satz: Bis hierhin und nicht weiter.

Dr. Marianne Habersetzer

38. „Ich habe keine Chance, auch mit meiner Liebe nicht" Ich bin 53 Jahre alt. In ganz jungen Jahren war ich mit Leib und Seele Erzieherin, bin dann aber „ausgestiegen" und habe mich einer christlichen Gemeinschaft (bestehend aus Menschen in neuen geistlichen Bewegungen) angeschlossen. Dorthin kamen unzählige Menschen zu Seminaren auf der Suche nach guter und lebendiger Nahrung für die Seele, nach gemeinsamen Antworten, die tragen, nach Spiritualität. So viele Menschen, die genau das alles in ihren Kirchengemeinden nicht gefunden haben. Mehrere Jahre lang erlebte ich dort den Glauben auf sehr ganzheitliche und kreative Weise, da alle eingeladen waren, ihre Charismen zu leben. Diese zu teilen, hat uns alle sehr reich gemacht.

Aus der Betroffenheit heraus, wie viele Menschen enttäuscht waren von ihren Kirchengemeinden, entschied ich mich in den 90er Jahren, praktische Theologie zu studieren und Gemeindereferentin zu werden. So gerne wollte ich die Lebendigkeit und meine Begeisterung mitnehmen in die Gemeinden. Meine Kreativität, meine Liebe zum Glauben und zu den Menschen (besonders zu den Kleinen) und mein eigenes Charisma, der Gesang, sind mir treue Begleiter geworden. Nach 20 Jahren als Gemeindereferentin in verschiedenen Kirchengemeinden bin ich vor nun fünf Jahren einer Vision gefolgt und arbeite seither als Klinikseelsorgerin.

Eine Vision ist allerdings schon sehr viel älter: Sie begann, als ich als 8-jähriges Mädchen so sehr kämpfen musste, um Messdienerin werden zu dürfen. Das war ein harter Kampf, der sich aber gelohnt hat, denn mit und nach mir war der Weg endlich frei für die Mädchen. Seit meinem Jugendalter spüre ich die tiefe Sehnsucht, Diakonin zu werden, stoße aber, solange ich zurückdenken kann, auf Ablehnung, Unverständnis und vor allem auf fadenscheinige Argumente, die angeblich dagegensprechen. Ich spüre eine tiefe und liebevolle Berufung, für die Menschen da zu sein in Verbindung mit unserem Glauben. Wann immer ich darüber gesprochen habe, bekam ich zur Antwort: „Das kannst du ja tun, aber Diakonin kannst du nicht werden." Meist habe ich diese Antwort von Priestern bekommen und spürte jedes Mal eine tiefe Ohnmacht. Ich habe keine Chance, auch mit meiner Liebe nicht. Dies empfinde ich als Machtmissbrauch, da es keine überzeugenden Argumente gibt. Im Gegenteil, erst die Ergänzung des Weiblichen mit dem Männlichen ergibt ein lebendiges Ganzes.

Natürlich arbeite ich schon immer diakonisch, denn ich habe immer schon die Menschen im Blick, besonders Benachteiligte, Kranke, Behinderte. So bin ich im Herzen ja bereits Diakonin, und dennoch ist es für mich ein immerwährender Schmerz, dass dies nicht „anerkannt" wird.

Ich kann meine Sehnsucht nicht so recht in Worte fassen, doch wer dieselbe Sehnsucht hat, wird mich verstehen, das weiß ich. Angst habe ich allerdings auch, dass ich Schwierigkeiten bekommen könnte, wenn mein kirchlicher Arbeitgeber dies liest. Schlimm genug, Angst haben zu müssen innerhalb der Kirche!

„Wir wollen keinen Umbruch, und schon gar keinen Zusammenbruch, sondern einen Aufbruch, denn wir lieben unsere Kirche und wir sehen mit großer Sorge, wie sie droht, zusammenzubrechen. Zusammen sind wir stark – FRAUEN UND MÄNNER." Anon.

39. „Ich komme nicht los von dieser von Männern bestimmten Kirche" Seit meiner Erstkommunion 1966 fühle ich mich als Mädchen und Frau in unserer Kirche zurückgesetzt. Übergroß war mein Wunsch, Messdienerin zu werden, doch ich war ein Mädchen. Unser Heimatpfarrer hatte ein Gespür für mein Berufen-Sein und übertrug mir Aufgaben beim Mitgestalten der jährlichen Prozession und darüber hinaus. Als Mitverantwortliche in der pfarrlichen Jugendarbeit war ich jahrelang Mitglied in unserem Liturgiekreis. Als ich meinen Wunsch immer mehr verspürte, erlangte ich auf dem zweiten Bildungsweg die Mittlere Reife und nicht nebenberuflich, nein in Vollzeit. Denn ich wollte ja während der Schulzeit meine ehren-

amtliche Tätigkeit intensiv weiterführen. Meine Eltern gingen fest davon aus, dass ich das Lebensmittelgeschäft der Familie weiterführen würde. Doch ich sprach mich dagegen aus, wohl wissend, dass mein Entschluss früher oder später das Aus für das kleine Familienunternehmen bedeutete.

Ich habe mich entschlossen, in den 70er Jahren praktische Theologie zu studieren und Gemeindereferentin zu werden. Nicht zuletzt wegen der positiven Stimmung in der Kirche, bedingt durch das II. Vaticanum und die Würzburger Synode. Der Diakonat der Frau schien zum Greifen nah. Sehr gerne erinnere ich mich ans Studium und meine ersten Berufsjahre in einer Diasporagemeinde im Vogelsberg. Mit dem altgewordenen Pfarrer und den wechselnden Kaplänen arbeitete ich gerne zusammen. Doch als ein jüngerer Pfarrer, alkoholkrank, die Leitung der Gemeinde übernahm und damit sehr große Schwierigkeiten für alle auftraten, spürte ich, wie mir die Freude an meinem Beruf, der mich ganz und gar ausfüllte, verloren ging.

Ich bat nach acht Jahren um einen Wechsel und arbeitete in zwei Gemeinden. Auch hier spürte ich, wie schnell es mir gelang, Menschen aller Altersstufen zu begeistern und mit ihnen Wege unseres Glaubens und des Alltagslebens zu gehen. Mit dem Pfarrer gab es eine sehr gute Zusammenarbeit. Wir entwickelten viele pastorale Ideen und bauten eine Filialgemeinde zu einer blühenden Gemeinde auf. Vor allem die Jugendarbeit und die Firmvorbereitung lag mir sehr am Herzen. Hier schmerzte es mich, dass nur der Pfarrer die Versöhnungsgespräche führen durfte. Gerne hätte ich auch als Gesprächspartnerin zur Verfügung gestanden. Ich nahm am Kurs „Exerzitien im Alltag" teil und erlangte die Befähigung, diese in unseren Gemeinden anzubieten, ebenso wurde ich beauftragt, andere zu schulen in diesem Bereich. Wenige Jahre später bin ich Geistliche Begleiterin geworden und übe diesen Dienst bis heute aus. Über viele Jahre war ich als Honorarkraft im Liturgiereferat tätig, um mit einer Kollegin Ehrenamtliche auf ihre Beauftragung zur Leitung der Wort-Gottes-Feier vorzubereiten. In dieser Zeit wurde ich zum Beerdigungsdienst beauftragt. Diesen Dienst übe ich immer noch aus. Mein Name steht in etlichen Patientenverfügungen: Menschen wollen von mir beerdigt werden. Nach 14 Jahren kam die Zeit eines weiteren Wechsels und in der neuen Gemeinde veränderte sich mein Berufsbild. Viele Besinnungstage und Oasenzeiten für Frauen leitete ich, jeweils mit der einen oder anderen Kollegin. Meine Ausbildung zur Bibliodramaleiterin ergänzte meine Fähigkeiten, ebenso wie mehrere Kurse in TZI. Durch meine Tätigkeit im Kinder- und Familienhaus unserer Pfarrgemeinde war ich für 140 Kinder, deren Eltern und 45 Mitarbeitende über Jahre eine prägende Begleiterin, auch weit über die Kindergarten- und Hortzeit hinaus. In dieser Zeit wurden etliche Kinder getauft und Familien fanden in der Gemeinde wieder Heimat. Wir hatten vermehrt Wiedereintritte und Erwachsenentaufen. Auch hier war es so, dass ich zwar die Menschen über Wochen und Monate begleitete, aber für die Taufen oder Wiederaufnahmen war der Pfarrer zuständig. 36 Dienstjahre habe ich das gemacht. Zusammen mit vielen Ehrenamtlichen haben wir eine Initiative „Menschen in Not" gegründet, die für viele Hilfesuchende zum rettenden Strohhalm wurde. Gemeindemitglieder stellten ihr berufliches „Knowhow" kostenfrei zur Verfügung; der Jurist, die gerade pensionierte Mitarbeiterin im Jobcenter, die Sozialarbeiterin, der Rechtsanwalt für Arbeitsrecht ...Vielen, vielen Menschen konnten wir helfen durch den Dschungel der Behörden und auch mit finanziellen Mitteln der Caritaskasse. Die dankbaren Menschen halfen uns, indem sie unsere Grünflächen säuberten, notwendige Malerarbeiten in einem Büro übernahmen, den Reinigungsdienst für die erkrankte Putzfrau ... Im Jahr 2015 boomte unser Engagement in der ökumenischen Flüchtlingsarbeit. Sehr viele Menschen waren zur verantwortlichen Mitarbeit bereit und haben sich zur Verfügung gestellt, die zwar in unseren Gemeinden wohnten, aber bisher weder in der Gottesdienstgemeinde noch in einer der Gruppen bekannt waren. Dann hat der neue Pfarrer der Gemeinde auf einmal alles Bisherige infrage gestellt, weil ein Vermietungsformular des Gemeindezentrums nicht den Vorschriften entsprach oder diese „win-win Hilfsaktionen" nicht den Gesetzen entsprachen, weil Menschen fast entwürdigend darlegen mussten, wie sie in die Notsituation gebracht wurden. „Menschen in Not" drohte zu scheitern, weil die Spendenquittungen der Unterstützer vom Pfarrer unterschrieben werden mussten, und er uns in allem misstraute. Die Flüchtlingsarbeit bekam große Schwierigkeiten, weil dem Verwaltungsrat der Gemeinde vom Pfarrer dargelegt wurde, er müsse das alles, was er nicht kontrollieren könne, verantworten und dafür geradestehen. Die Ehrenamtlichen sahen keinen anderen Ausweg, als einen eigenständigen Verein zu gründen. Wertvolle Stunden, Energie und auch Kosten wurden verbraucht. In der Gemeinde verlor die gelebte Menschlichkeit ihren Platz. Unsere lebendigen Gottesdienste konnten nicht mehr gefeiert werden, weil nicht alle Rubriken eingehalten wurden. Die jahrzehntelange Zusammenarbeit in der Ökumene stieß immer wieder an dogmatische Grenzen. Ich wurde innerhalb von zwei Jahren so krank, dass ich nur noch eine Möglichkeit sah, nämlich mit wehem Herzen zu gehen. Fast hätte ich über diese Erfahrungen meine Stelle als Gemeindereferentin im Bistum gekündigt, wäre nicht tatsächlich im allerletzten Moment eine neue Stelle ins Gespräch gekommen. Dankbar bin ich, seit Sommer 2016 als Seelsorgerin in einem Caritas-Altenzentrum eingesetzt zu sein, und kann nun für Bewohner/innen, Mitarbeitende und Angehörige da sein.

Unsere schöne Hauskapelle kann ich für Besinnungstage mit Frauen und für Gottesdienste nutzen. Seit Mitte März bin ich mehr denn je im Altenzentrum und sehe mich dort am rechten Platz. Corona-bedingt kommt der Ortspfarrer nicht ins Haus und unsere alten pensionierten Priester dürfen laut Dienstanweisung des Bistums nicht aktiv sein. Ich bin eingeschränkt bei der Spendung der Krankensalbung. Also versterben die Menschen mit dem Sterbesegen, aber nicht mit dem Sakrament. Im Sommer 2019 hatte ich mein 40-jähriges Dienstjubiläum und setze mich immer noch und erst recht für eine geschlechtergerechte Kirche ein. In mir lebt wieder ein klein wenig mehr Hoffnung auf. Da gab es immer wieder Zeiten, in denen mir das Kündigen näher war als das Bleiben im geistlichen Beruf, zu dem ich mich nach wie vor berufen fühle. Was bringt uns die Zukunft? Wo wurde durch die Coronakrise deutlich, wo es schon lange geschwächelt hat? Hier gilt es nun anzusetzen und Menschen Wege zum Glauben zu zeigen. Und wenn die Liturgie in den Kirchen nun auch ein ganzes Stück „leblos" geworden ist, zeigen sich viele kleine Haus- und Gebetsgemeinschaften in Nachbarschaft und Familie. Mit vielen Menschen bin ich über die Medien in Kontakt und erlebe gelebten Glauben, tragfähige Hoffnung und zupackende Liebe. Ich bin immer noch mit Leib und Seele Seelsorgerin und komme nicht los von dieser von Männern bestimmten Kirche, auch wenn ich nach wie vor Verletzungen erlebe. An Fronleichnam hörte ich im „Zuspruch am Morgen" die Aussage: „Katholisch sein ist ein Körpergefühl" und seitdem ist mir bewusst, warum ich nicht loskomme – weil ich ganz und gar dazugehöre! Und für eines bin ich aus tiefstem Herzen dankbar: dass ich in all dieser Zeit nie meinen Glauben und meine Verbindung mit unserem lebendigen, dreifaltigen Gott verloren habe.   Marlene Hang

40. „Ich wäre eine gute Pastorin geworden" Ich bin 66 Jahre alt, geschieden, habe zwei Söhne, zwei Schwiegertöchter, zwei Enkelkinder. Von Beruf bin ich Lehrerin und habe bis Sommer 2018 insgesamt 42 Jahre lang an einer Hauptschule und einer Gesamtschule im Ruhrgebiet Deutsch und katholische Religion unterrichtet. In den letzten neun Jahren war ich zusätzlich Fachleiterin für Katholische Religion am Studienseminar in Essen.

Ehrenamtlich arbeite ich gefühlt schon immer in der katholischen Kirche. Der Schwerpunkt der letzten Jahre war von 2003–2015 die Arbeit im Diözesanvorstand der kfd im Bistum Essen und seit 2019 der Begräbnisdienst in der Pfarrei St. Gertrud in Bochum-Wattenscheid. Nach meiner Pensionierung bin ich auch wieder als Geistliche Leiterin meiner kfd-Gemeinschaft St. Pius tätig.

„Ich wäre eine gute Pastorin geworden." Dieser Satz ist mir vor vielen Jahren, als ich angefangen hatte, mich mit feministischer Theologie zu beschäftigen, mal so rausgerutscht. Ich weiß noch ziemlich genau, dass die Feststellung ihren Ursprung in der Auseinandersetzung mit dem Ortspfarrer hatte, dessen theologische und pastorale Ansichten und Praktiken ich nicht teilen konnte und wollte. Das hatte zur Folge, dass ich mich dennoch auch weiterhin um ‚klerikale' und diakonale Aufgaben in der Gemeinde kümmerte: Wortgottesfeiern, spirituelle Angebote, Gremienarbeit. Ich habe der Amtskirche nie den Rücken gekehrt, bin immer treu dabeigeblieben, weil Veränderungen nur von innen heraus passieren können. Dieser Weg ist aber in den letzten Jahren immer schwerer geworden. Vor allem seit ich durch die Arbeit in und mit der kfd viele Gelegenheiten hatte, über den Tellerrand zu schauen. Was habe ich da gesehen? Ich habe Frauen erlebt, die selbstbewusst und selbstbestimmt als Hauptamtliche Gemeinden leiten, Seelsorge ausüben, eben Diakonin sind, d. h. wie ihre männlichen verheirateten Kollegen agieren und dennoch Lichtjahre von einer Weihe entfernt sind. Ich habe Frauen erlebt, die eine Gabe, ein Charisma, haben zu predigen, die Schrift auszulegen, Freude am Glauben zu vermitteln, besser als es jemals ein Priester könnte. Und so erlebe ich mich selbst auch.

Sicherlich habe ich meine Berufung in der Tätigkeit als Lehrerin gefunden und gelebt, sonst wäre ich nicht so lange im Schuldienst geblieben, bis zum Schluss mit großem Engagement und großer Begeisterung. Und von Anfang an war mir auch klar, dass ich katholische Religionslehre unterrichten wollte, weil die Vermittlung und das Erfahrbar-Machen von Glauben zu eben dieser pädagogischen Berufung gehörten.

Als Frau blieb mir nur der Weg über die Lehrtätigkeit, ein volles Theologiestudium erschien mir wegen der mangelnden Berufsaussichten in den 70er Jahren nicht sinnvoll, genauso wenig wie eine akademische Laufbahn.

Aber das Gefühl, nur eine „Verkünderin zweiter Klasse" zu sein, ist immer mitgegangen. Natürlich war klar, dass Religionsunterricht nicht dasselbe ist wie Katechese. Das habe ich dann eben in ehrenamtlicher Tätigkeit ausgelebt, in Kommunion- und Firmvorbereitung, Vorbereitung von Glaubensgesprächen, Bibelteilen, Meditationen, Besinnungswochenenden, Trauerbegleitung usw.

Der vorläufige „Höhepunkt" meines Engagements ist die Ausbildung zum ehrenamtlichen Begräbnisdienst. Hier erlebe ich, wie meine Charismen gefordert und auch gefördert werden. Die Sendungsfeier vor einem Jahr ist mir regelrecht unter die Haut gegangen, ich habe tatsächlich zwischendurch gedacht und gefühlt, dass die Liturgie sehr an eine Weihehandlung erinnerte. Und diese bleibt mir verwehrt, weil ich eine Frau bin?!

Irmentraud Kobusch, kfd-Weggefährtin, verantwortlich für den neuen Ausbildungskurs im Netzwerk Diakonat und ebenfalls Delegierte beim Synodalen Weg, hat vor vielen Jahren den Satz zitiert: „Ich lasse mir doch mein Laien-Charisma nicht wegweihen!" Eine steile Behauptung. Immer wieder habe auch ich so argumentiert. Und irgendwie habe ich mich gut eingerichtet und abgefunden mit dem Wert, den ich mir selbst als katholische Frau in dieser Kirche zuschreibe, gleich und berechtigt. Und dennoch ist da dieser Stachel. Denn: „Ich wäre eine gute Pastorin geworden!"

Ergänzung: Ganz plötzlich kam mir der Gedanke, mein Beitrag könnte nicht fromm genug sein. Ernsthaft: Ich, die Frau, die so selbstbewusst von ihrer Berufungsgeschichte erzählt hat, hatte auf einmal das Gefühl, der Beitrag wäre nicht spirituell genug, nicht gott-erfüllt und deshalb auch nicht gott-gewollt. Was tun? Auch da war mein erster Gedanke: ‚Fromm' kannst du! Schreib etwas über deine Gotteserfahrungen, deine Beziehung zur Taizé-Ikone ‚Christus und sein Freund', deine geistlichen Führer und Führerinnen, Begleiter und Begleiterinnen. Jetzt, nachdem ich eine Nacht darüber geschlafen habe, denke ich anders. Als ich meinen ersten Text geschrieben habe, war ich nicht allein. ER war bei mir. ER umgibt mich von allen Seiten, ER kennt mich und weiß von mir. Und ich von IHM. Muss ich erwähnen, dass mich Psalm 139 schon seit ewigen Zeiten begleitet? So! Das ist jetzt die Ergänzung, die von Herzen kommt.

Elisabeth Hartmann-Kulla

41. „Ich wurde nie gefragt nach meiner Berufung" Meine persönliche Berufungsgeschichte begann damit, dass ich 1963 als erste von fünf Geschwistern in eine katholische Bauernfamilie hineingeboren und von der tiefgläubigen Oma in den Glauben, in das Gebetsleben, in die Geschichte und Botschaft Jesu und in die Solidarität mit den Menschen, die Not litten, eingeführt wurde. Die ersten Jahre schlief ich bei den Großeltern in der Kammer. Es gehörte zum abendlichen Ritual, das kleine Stehkreuz mit dem Corpus Christi, dessen Heiligenschein durch phosphoreszierende Punkte leuchtete, auf den Nachttisch zu holen und dann zu beten, frei heraus zu sagen, wofür wir heute danken wollen und worum wir bitten und ein Vaterunser und Ave Maria anzuhängen oder auch ein Gesätz des Rosenkranzes. Bis zum Firmunterricht war ich überzeugt, dass unser „Her-gott", wie wir im unterfränkischen Dialekt sagten, der Gott ist, der herkommt, wenn wir ihn rufen oder brauchen. Erst später ist mir klargeworden, dass es „Herr" bedeutet, aber näher lag mir dennoch das Bild von Gott, der herkommt und da ist. Damit war ich nah dran an Jahwe, dem „Ich-bin-da", der aufmerksamen göttlichen Gegenwart. Mit fünf

Jahren sah ich im Fernsehen bei Verwandten zum ersten Mal den Ostersegen des Papstes „Urbi et Orbi", ein Ritual, das mich völlig ergriffen hat. Von da an wollte ich Menschen segnen, wie es der Papst getan hat, wie es der Pfarrer am Ende der Messe tat. Begeistert erzählte ich der Leiterin des Kindergartens, einer Erlöserschwester, von meinem Traum, Papst zu werden, wenn ich mal groß sei. Und fand die Antwort, das ginge nicht, weil ich ein Mädchen sei, völlig irritierend und unbefriedigend. Ich hielt das für Quatsch. Zuhause erhielt ich keine zusätzlichen Argumente, nur dasselbe, als Mädchen dürfe ich nicht „geweiht" werden und es blieben mir die Ämter der Kirche verwehrt. Unglaublich fand ich das schon damals in jungen Jahren und war empört, weil es zutiefst im Widerspruch zur Gleichwertigkeit und Geschwisterlichkeit stand, die Oma mir versicherte und die auch gepredigt wurde: „Liebe deinen Nächsten wie dich selbst!" Jede und jeder ist „mein Nächster", kein Unterschied zwischen den Geschlechtern, kein Unterschied zwischen den ärmeren und reicheren, dümmeren und gescheiteren Menschen. Das hat mir imponiert an Jesus und an Gott, das hat ihn göttlich und liebenswert gemacht. Denn er liebte mich so, wie ich war. Den Dauervorwurf, mit dem „falschen" Geschlecht geboren zu sein als erstgeborenes Kind auf dem Bauernhof, kannte ich schon allzu gut. Damit einher gingen die ersten Zweifel an der Kirche und ihrer Struktur. Als Kommunionkind blieb mir das Ehrenamt der Ministrantin verwehrt. Das fand ich nur ungerecht und nie einleuchtend, das machte die Kirche für mich unglaubwürdig. Ich wollte mich einbringen und etwas tun. Also wurde ich Rosenkranzvorbeterin, das war möglich, auch bei Beerdigungen auf dem Weg zum Friedhof. Selbst die Wallfahrten nach Vierzehnheiligen, für die ich mich von der Schule befreien ließ, begleitete ich als Vorbeterin. Mit 14 Jahren landete ich in der kirchlichen Jugendarbeit bei den Augustinern in Münnerstadt und fand dort spirituelle und kirchliche Heimat, denn im Schulungsteam waren wir gleichberechtigt. Meine Gottesbeziehung vertiefte sich mit jedem Jahr. Das Reden mit Gott, dem göttlichen Du, begleitet(e) mich durch die Tage, von früh bis spät bin ich im Dialog, ob ich denke oder singe. Ich fühl(t)e mich verbunden mit Gott und berufen, der Liebe zu dienen und der Frohen Botschaft, wo ich gerade war und bin. Im Dorf besuchten Oma und ich Schwerkranke, Bettlägerige und Sterbende das ganze Jahr hindurch. Auf Beerdigungen wurde selbstverständlich gegangen. Als ich neun Jahre alt war, starb mein Onkel an einem Herzinfarkt. Er war erst 36 Jahre alt, seine Kinder so klein wie ich. Mein Vater trauerte sehr um seinen Bruder. Ein halbes Jahr später verloren wir unseren jüngsten Bruder im Alter von einem Jahr. Die Familie suchte Halt im Glauben: „Der Hergott gibt's, der Hergott nimmt's. Gelobt sei der Name des Herrn."

(Ijob 1,21) Die zwei Jahre während suizidale Krise unseres Vaters, in die ich als Älteste, damals war ich 12, durch meine verzweifelte Mutter involviert war, brachte mich zum eigenständigen innigen Beten. Ich hatte nur mein Flehen und mein Vertrauen auf Gott in der Sorge um den Vater, während ich in der Schule saß und er im Wald Holz rückte.

Das war die Zeit der eigenständigen spirituellen Reifung, kein Wunder, dass es mich in die kirchliche Jugendarbeit zog. Das Theologiestudium interessierte mich ab dem 16. Lebensjahr. Ich hielt es für möglich, dass ich Priesterin werden könnte und die Weihe für Frauen zugänglich werden würde. Schließlich war ich ja berufen und suchte mir das nicht selbst aus. Immer wieder ergriff mich die Überzeugung, dass ich von Gott in seine Kirche gestellt werde und voll und ganz am richtigen Platz bin. Dass es das Berufsbild der Pastoralreferentin gab und ich damit meine Existenz absichern konnte als Hauptamtliche, ließ mich das Theologiestudium angehen.

Gottferne bis hin zur absoluten Verzweiflung erlebte ich in mehreren Krisen, doch stets „holte mich Gott wieder zurück" auf den Boden des Vertrauens: Ich machte eine überraschende Sinnerfahrung mitten im Elend, oder es ereignete sich eine hilfreiche Begegnung, die „der Himmel fügte". Ich konnte und kann nicht anders, als mein Leben aus Gottes Hand zu deuten und zu nehmen. Anfangs im Studium und in den Berufsjahren engagierte ich mich kirchenpolitisch, traute der Kirche Veränderung zu und vor allem das Ernstnehmen der Berufungen und Charismen, die wir Frauen mitbringen. Mit wehenden Fahnen hätte ich mich als Priesterin der Verantwortung der Gemeindeleitung gestellt. Allein, ich wurde nie gefragt nach meiner Berufung. Also fügte ich mich der strukturellen Zweitrangigkeit, denn ich wollte sinnvolle Arbeit leisten und nicht irgendeinen Rang erhalten. Ich wollte nicht konvertieren, auch wenn ich in vielerlei Hinsicht eher protestantisch denke, weil ich mich nicht selbst in die katholische Kirche berufen habe. Gott wird sich was dabei gedacht haben, mich mit meinem Geist und meinen Fähigkeiten in diese Kirche gestellt zu haben. In der hochschulpolitischen Arbeit, in der Gemeindearbeit und in der Auseinandersetzung mit der klerikalen Hierarchie stieß ich auf viele Machtansprüche, die mit der jesuanischen Botschaft nichts zu tun haben. Allein den Titel „Mutter Kirche" empfand ich als blanken Missbrauch und Hohn bereits mit 15 Jahren. Zu viele Verletzungen, Entwertungen, Herabwürdigungen und Aussichtslosigkeiten brachten mich dazu, meinen Platz – eine Nische – in der Kirche zu suchen, der meiner würdig ist, an dem ich vollgültig, vollwertig und selbstständig sinnvolle und qualifizierte pastorale Arbeit leisten und meiner Berufung als geliebte, freie und gläubige Tochter Gottes gerecht werden kann. Ich suchte klerikerfreie Räume, um jedweder Konkurrenz aus dem Weg zu gehen. Ich fühlte mich mehr und mehr als Priesterin, weil ich die Kompetenzen und den Geist dazu bekommen habe. Aber ich will keine Weihe und sehe das Erstreben der Ordinationen für uns Frauen nicht Sinne Jesu: „Bei euch aber soll es anders sein!" Meiner Überzeugung entspricht die Vorstellung, dass es keine Weihen mehr gibt, die Menschen, bisher nur Männer, erhöht, mit Macht versieht und überfordert, wie sich an der Gewalt- und Missbrauchsgeschichte unserer Kirche zeigt. Dass Luther als Spalter „verteufelt" wurde, statt z. B. ein Bußjahr für die gesamte Weltkirche auszurufen und sich auf die jesuanischen Wurzeln der Bergpredigt zu besinnen, regt mich bis heute auf. Nicht Luther hat gespalten, sondern die Macht- und Geldgier im Klerus.

Mein Traum ist eine Kirchengemeinschaft, in der die Menschen – Männer wie Frauen – Ämter und Funktionen erhalten, die die Fähigkeiten dazu aufweisen, am besten immer auf eine Zeit beschränkt mit einer gesunden Rotation. Wir brauchen Leitung und Führung, keine Frage, aber nur in Verbindung mit den entsprechenden Charismen und Kompetenzen. Außerdem braucht es lebendige, gestandene Menschen, reife authentische Persönlichkeiten in der Kirche, die ihre Sexualität integriert haben. Leider führt der Pflichtzölibat zu Beziehungsverzicht oder -verlust und bei vielen somit auch zur Hemmung gesunder Beziehungsgestaltung, eine grundsätzliche Voraussetzung jeder pastoralen Tätigkeit. Ich bin Vollbluttheologin und Gott zutiefst dankbar für meinen Weg und mein Leben, zu dem seit 37 Jahren mein Mann und unsere Kinder gehören. Ich bin in die Gemeinschaft der Christgläubigen berufen, von Gott geweiht, mit heiligem Geist beseelt, getragen, geliebt und gewürdigt. Es ist meiner und unserer nicht würdig, bei den Glaubensbrüdern um diese Ermächtigung in Form einer Weihe zu bitten, die ich von Gott selbst empfange, immer wieder neu. Die männliche Ämterhierarchie und kirchenrechtliche Verfasstheit ist in meinen Augen eine unsägliche Versündigung an der Gleichwertigkeit und Ebenbürtigkeit der Menschen und Verrat an der jesuanischen Botschaft vom Reiche Gottes, dem Reich der geschwisterlichen Liebe. Gudrun Heid

42. „Christliches Handeln ist immer nur als diakonisches Handeln glaubhaft" Ich bin verheiratet, Mutter von zwei Kindern, wohnhaft in Siegburg, seit Jugendjahren ehrenamtlich politisch, verbandlich, zurzeit in kirchlichen Gremien und in der Gemeinde (u. a. Katechese, im Team Wortgottesdienstleiterin für Alten- und Pflegeheime, Gesprächsabende, Adventsmeditationen) engagiert; Diplom-Theologin, Ausbildung zur Familienmediatorin, als Verwaltungsangestellte (Presse- und Öffentlichkeitsarbeit) beschäftigt. Inspiriert von den Texten des Vaticanum II hatte ich seit dem 17. Lebensjahr begonnen, mich (kommunal-)politisch zu engagieren, die „äußeren" Lebensbedingungen mitzugestalten. Trotz Theologiestudiums blieb eine „Leere", die Frage nach dem „Sinn des Lebens". Vor Beginn des 1. Diakonatskreises, der ausgerichtet vom „Netzwerk Diakonat der Frau" von 1999 bis 2002 auf eigene Kosten an mehreren Wochenenden im Jahr in Waldbreitbach stattfand und zu dem geistliche Begleitung, Exerzitien und ein selbstgewähltes Praktikum in einem diakonalen Umfeld gehörten, war ich zufällig auf einen Artikel zum „Netzwerk Diakonat der Frau in der katholischen Kirche" gestoßen und las über ein Informationswochenende zu einer Ausbildung, die das Netzwerk anbieten wolle. Das ist es, spürte ich, und bin zum Informationswochenende nach Münster gefahren und habe mich zur Ausbildung im „Diakonatskreis für Frauen" entschlossen, ein Schritt, den ich bis heute nicht bereut habe. Dies hat meinem Leben den Ausdruck gegeben und hat mir meinen Weg gezeigt. Ich finde, Berufung ist ein großes Wort und wird gerne stilisiert. Insofern spreche ich lieber davon, dass ich mich lebendig fühle und dass ich das Leben spüre, und dass sich doch gerne immer wieder erstaunlich die Dinge fügen, wenn ich auf dieser Spur unterwegs bin und sie lebe.

Ich habe die Erfahrung gemacht, dass man sich der Sehnsucht, dem Ruf Gottes und Jesu Christi nicht entziehen kann, man wird gezogen, sich seiner Botschaft zuzuwenden. Die Zärtlichkeit Gottes, die Kraft des Heiligen Geistes, Kreuz und Auferstehung, kurzum: die Botschaft von der Liebe und Gewaltlosigkeit Jesu Christi ist stärker und will in Wort und Tat bezeugt werden.

Gerne kann ich von mir, der Ausbildung im „Diakonatskreis", meiner Spiritualität und meinem Weg mit Gott in der Welt, erzählen, berichten, Zeugnis geben.

Die theologischen Argumente sind alle ausgetauscht. Darüber hinaus gilt: Todes- und Auferstehungszeuginnen waren die Frauen unterm Kreuz und Maria von Magdala, die Apostelin der Apostel. Begründungspflichtig ist der Ausschluss von Frauen vom Weiheamt, die tatsächlich täglich weltweit die „Zeichen der liebenden Nähe Gottes leben", zum Wachstum des Reiches Gottes beitragen, dieses in Not-Zeiten am Leben erhalten und zum Lebens-Wachstum in allen seinen vielfältigen Facetten, in ihren jeweiligen Lebenssituationen gemäß ihren individuellen Biographien, mit verschiedenen Aufgaben und in verschiedener Verantwortung achtsam und aktiv beitragen.

Zweiflerinnen und Zweiflern, die angesichts der aktuellen Lehrmeinung „Frustration" wittern, möchte ich sagen, dass von Beginn an und durch die Jahrhunderte hindurch immer wieder Frauen in der Nachfolge Jesu standen. Ich selbst durfte im Vorbereitungstreffen zum 1. Diakonatskreis gestandene Frauen kennenlernen, die in ihrem Leben und mit ihrem Einsatz für die Nächsten treu und unbeirrbar der katholischen Kirche dienten, obwohl sie stetig von dieser Kirche schmerzhaft Ablehnung erfuhren und bis heute erfahren. Sie sind nicht in andere Kirchen ausgewandert, um die ihnen da zur Verfügung stehenden Möglichkeiten auszuschöpfen. Auch für mich kommt dies nicht infrage; die katholische Kirche ist meine Heimat. Ich erwarte selbstverständlich von ihr, endlich das Menschenrecht der gleichberechtigten Anerkennung von Frauen nicht nur woanders einzufordern, sondern für sich selbst umzusetzen, nicht nur als Vorbild, sondern als heilsnotwendig. Diese Umsetzung ist nicht nur ein Gebot des Anstands und der Glaubwürdigkeit, sie entspricht dem Handeln Jesu. Friede wird erst dann wirklich herstellbar sein, wenn Frauen und Männer partnerschaftlich wirken.

Gleichermaßen ist christliches Handeln immer nur als diakonisches Handeln glaubhaft. Wer den Menschen vergisst oder verzweckt, die Wahrheit über die Liebe stellt, hat schon verloren. Ich selber habe die Erfahrung gemacht, dass ich die Diakonatsausbildung wohl als Suchende und doch zunächst mehr als politisches Statement für die gleiche Würde von Frauen in der Kirche begonnen habe. Im Prozess der geistlichen Begleitung und im Kennenlernen und in der Beschäftigung mit Frauenbiographien habe ich verstanden, dass ich mit meinen Gedanken, Gefühlen und Glaubenserfahrungen nicht alleine bin. Ganz im Gegenteil. Dies durfte so sein. Meine Gedanken und Gefühle hatten plötzlich einen Platz. Ich verstand für mich, Heiligkeit hat nichts mit kultischer Reinheit zu tun; es kann mit menschlichem Versagen, Suchen, Ängsten und Mut zu Neuem zu tun haben. Es hat was damit zu tun, Menschen Heil zuzusprechen, im Leben Heil zu erfahren bzw. ein Stück weit erfahrbar zu machen. Und dass dies nur unter menschlichen Bedingungen machbar ist (bei aller göttlichen Gnade). Dies hat einen Prozess freigesetzt, auf dem eingeschlagenen Weg weiterzugehen. Nie als „Plan", manchmal gegen Widerstände von außen oder innen, manchmal durch „Fügung". War es zu Beginn meiner Ausbildung ein Tabu, über Frauen und Berufung zu sprechen, und schien es kirchenpolitisch mancherorts ein Gebot der Klugheit, einfach zu tun, aber zu schweigen bzw. die Dinge nicht bewusst öffentlich zu benennen, wurden Frauen und Männer im kirchlichen Dienst zum Schweigen, Sich-Verbiegen oder aber zur Aufgabe ihres jeweiligen Dienstes gezwungen, so hat sich heute nicht eine Menge, aber doch schon etwas geändert, indem wieder öffentlich über das Thema gesprochen werden darf. Vor 18 Jahren haben wir den Abschluss- und Segensgottesdienst gefeiert. Seitdem ist das Leben in seinen unterschiedlichen Ausformungen, mit seinen Fügungen, Herausforderungen und neuen Aufgaben, auch für mich weitergegangen. Und ich bin immer noch nicht „frustriert" – dies sei den Zweiflerinnen und Zweiflern gesagt, die meinen, mich und andere Frauen davor schützen zu müssen.

Es ärgert mich jedoch sehr, wenn ich vor Ort die Not sehe und gleichzeitig die mir gesetzten Grenzen erfahre. Als Wortgottesdienstleiterin im Alten- und Pflegeheim begegne ich vielen gläubigen Frauen und Männern, die jahrzehntelang aktiv zur Kirche gegangen sind, Kirchensteuer gezahlt, Zeit und Geld gespendet haben; doch jetzt im Alter, im Heim, müssen sie darauf hoffen und warten, wer ihnen wann die Krankenkommunion spendet.

Als Mutter erfahre ich, dass die Kinder und Jugendlichen je nach Schule bzw. Schultyp selten Schulgottesdienst feiern können. Wie aber sollen sie ihren Glauben kennenlernen und entwickeln können als tragfähige Grundlage für das Leben, wenn ihnen hier jede Ansprache und jedes Vorbild fehlen! Der übliche Sonntagsgottesdienst ist dafür kein Ersatz; die Jugendlichen brauchen für ihr Heranwachsen die *peer group* und spezielle Ansprache. Auch fehlen in diesem Bereich interreligiöse Andachten, damit die Jugendlichen lernen, sich in ihrem jeweiligen Glauben zu respektieren. In allen diesen Fragen erlebe ich Kirche als schwerfällig, überfordert und ritualisiert in verkrustetem Denken und Handeln. Selbst wenn der gute Wille da ist, dann fehlt es an Personal!

Glaube verlangt Zeit, Zuwendung, Da-Sein, gemeinsame Erfahrung. Wie oft erlebe ich, dass dies zu kurz kommt, weil niemand da ist, der sich dieser Aufgabe stellt oder rein zeitlich stellen kann. Ganz zu schweigen von dem Gefälle der Arbeitsaufteilung in einer Gemeinde. Ich kenne durch alle die Jahre und aus verschiedenen Gemeinden Ehrenamtliche, die unentgeltlich zeitlich – und manchmal qualitativ – mehr Arbeit leisten, die die ihnen anvertrauten Gemeindemitglieder aufbauen oder/und zusammenhalten sowie bei Gelegenheit mehr Verantwortung übernehmen als hauptamtliche Pfarrer, Kapläne, Seelsorger. Und vor allem sind es die Frauen, die kompetent und von der Gemeinde anerkannt bzw. mit diesem Einsatzfeld quasi beauftragt oder in es hineingewachsen, klassische Gemeindearbeit leisten, die die Gemeinde als solche in ihrem Innersten zusammenhalten: Kommunionkatechese, Firmkatechese, Bibelabende, Wortgottesdienste, Andachten, Nachbarschaftsarbeit, Flüchtlingshilfe, Krankenkommunion, oftmals eben quasi Gemeindeleitung. Da aber die endgültige Entscheidungsverantwortung fehlt, hängt der Erfolg ihrer Arbeit auch von der Kompetenz und der Förderung des leitenden Pfarrers und des Seelsorgeteams ab. Darüber hinaus bleibt manche gute Aktion unverbunden neben der Eucharistie stehen, wenn sie nicht bewusst vom Seelsorger, der Seelsorgerin mit in die Eucharistie hineingenommen wird. So fehlt diesen Aktionen, z. B. im Rahmen einer Erstkommunionkatechese, ein Stück weit sichtbare Sakramentalität, insofern sie nicht als „Kommunion" des Lebens, sondern als soziale Geste wahrgenommen werden. Das trägt dazu bei, dass Glaube und Leben auseinanderfallen, anstatt sich gegenseitig zu stärken und zusammenzuwachsen.

Nicht funktional einen amtlich vorgezeichneten Weg zu gehen, hat mir die Freiheit geschenkt, einen freien Blick zu wahren auf Strukturen und Abläufe, jenseits von Vor-Gegebenem. Zu sehen, was nottut und was nicht, was möglicherweise erwartet wird. Zudem hat es die Möglichkeit eröffnet, mit den Frauen (und Männern) des Diakonatskreises den Gottesglauben zu entdecken, meine Talente zu entwickeln, Gott immer wieder neu im Leben zu spüren. Andererseits ist dieser Weg mit der Herausforderung verbunden, Talente, berufliche Erfahrung und materielle Existenzsicherung sowie die Verantwortung als Mutter unter einen Hut zu bringen. Es gibt viele spannende Aufgaben in einem Leben, die es alle lohnt zu tun. Doch wie gerne hätte ich mehr Zeit für die alten Menschen im Alten- und Pflegeheim, für Schulgottesdienste mit Kindern und Jugendlichen, und, und ... Ich sehe die Aufgaben nur so vor mir. Vorausgesetzt, ich „dürfte" diese verantwortlich und frei in der Gestaltung übernehmen, so wären mir doch ehrenamtlich zeitlich die Hände gebunden. Und offen bliebe ihre sakramentale Dimension.

Und die Frage nach dem Sinn des Lebens? Ja, es ist das Leben selber. Das erfahre ich im Glaubensumfeld, das erfahre ich als Mutter. Beides schließt sich nicht aus. Die eine Erfahrung kann die andere tragen und prägen. Manchmal hilft der Glaube, Familie zu verstehen, manchmal sind es meine allgemeinen Lebenserfahrungen oder/und Erfahrungen als Ehefrau oder/und Mutter, die mir helfen, Glaubensinhalte den Älteren oder den Kindern und Jugendlichen verständlich zu machen; abstrakte Glaubenssätze in konkrete Lebenssituationen hinein zu übersetzen.

Bettina Heinrichs-Müller

43. „Wohin er uns stellt, sollen wir es zeigen ..." Ich bin in einem christlichen Elternhaus groß geworden, in dem man die christliche Sonntagspflicht sehr ernst genommen hat. Besonders von meiner Oma habe ich viel gelernt, was den Glauben an Gott und das Beten betrifft. Ich habe mir auch manches davon notiert, weil es für mich sehr interessant war. Selbst wenn ich einmal krank war, hatte ich ein schlechtes Gewissen, wenn ich einen Gottesdienst versäumte.

Meine Brüder durften Ministrant werden. Ich nicht, weil ich ein Mädchen war. Einen kirchlichen Beruf für Frauen kannte man in meinem Heimatdorf nicht. Als Frau hätte ich höchstens ins Kloster gehen können, aber das wollte ich nicht. Nicht weit von meinem Elternhaus gab es einen Wald mit einer kleinen Kapelle. Dorthin bin ich öfter gegangen.

Mit 18 Jahren habe ich geheiratet. Ich wollte alles richtig machen. Um bei meinem Mann zu sein, habe ich in der Fabrik am Ort gearbeitet. Den sonntäglichen Kommunionempfang habe ich als Kraftquelle erlebt. Mit 22 habe ich unser erstes Kind bekommen, und wir sind ins selbst gebaute Haus eingezogen. Mit 28 habe ich noch ein Kind bekommen, und in den folgenden Jahren besuchte ich Morgenlob und Gottesdienste so oft wie möglich. Es gab verschiedene Wallfahrten (Lourdes, Fatima, Banneux), bei denen ich wertvolle Erfahrungen machte. Im Oktober 1989 war ich mit unserer Tochter (9) und meinen Eltern in Medjugorje und wollte sehr gern eine Erscheinung erleben. Die Berichte der Seherkinder haben mich sehr interessiert, aber eine Erscheinung hatte ich keine. Auf der Heimfahrt hatte ich jedoch eine Eingebung, die mich nicht mehr losgelassen hat. Es war der Text des Liedes: „Gott liebt diese Welt, und wir sind sein Eigen. Wohin er uns stellt, sollen wir es zeigen: Gott liebt diese Welt!" Mit der Verinnerlichung dieses Liedes wusste ich, dass ich keine Wallfahrt mehr brauche, um Gott intensiver zu erfahren. „Wohin er uns stellt, sollen wir es zeigen ..." Das ist mir ein Leitwort geblieben, ebenso „Euch soll es zuerst um sein Reich und seine Gerechtigkeit gehen, dann wird euch alles andere dazugegeben werden." (Mt 6,33)

Nachdem unser Pfarrer mich wegen vieler Gottesdienstbesuche, meiner Tätigkeiten als Mitglied im Pfarrgemeinderat und als Lektorin und von Gesprächen her kannte, hat er mir empfohlen, mich bei „Theologie im Fernkurs" in Würzburg anzumelden, um die Missio zu erlangen. So wurde ich Religionslehrerin. Bei einer Fortbildung in Vallendar hat mir eine andere Kollegin dann gesagt, dass man in ihrem Bistum mit meinen Voraussetzungen auch Gemeindereferentin werden kann, und so habe ich mein Fernstudium fortgesetzt und mit praktischen Tätigkeiten ergänzt. 2005 erfolgte die kirchliche Beauftragung. In der Zwischenzeit habe ich manche Erfahrungen gemacht, die mir verdeutlicht haben, dass ich auch gern mehr für die Menschen da wäre. Ich hatte z. B. einen Traum, dass ich erst in den Himmel kommen könnte, wenn ich den Weg für alle anderen frei mache ... – Und ich hatte einen Traum, in dem ich mit Jesus am Kreuz gehadert habe. Auf einmal war da ein lebendiger, blutender Leib an dem Kreuz, dessen Arm sich vom Kreuz löste und herunterhing. Es standen die Worte von Jesus im Raum: „Wenn du aufgibst, gebe ich auch auf. Wofür bin ich dann gestorben?" Danach war ich eine Stunde wie gelähmt und sehr erschrocken. Ute Maria Hodel

44. „Meine innere Unruhe bleibt und meine Frage nach Berufung, und ebenso mein Traum von einer geschwisterlichen Kirche" Direkt nach meinem Abitur 1982 habe ich begonnen, in Freiburg i. Br. Theologie zu studieren. Ich habe dieses Studium keinen Moment angezweifelt, es war einfach klar für mich. Und zu jeder Zeit fühlte ich mich meinen männlichen Studienkollegen, den Priesteramtskandidaten, ebenbürtig, durch Seminare entstanden gute Freundschaften. Im Hinterkopf hatte ich als Ziel den Ordenseintritt. Karmelitin zu sein erschien mir als die rechte Form eines „Priestertums der Frau".

Im Oktober 1991 trat ich in den Karmel Regina Martyrum in Berlin ein. Leider musste ich die Gemeinschaft im Mai 1993 wieder verlassen. Ich wurde aus dem Noviziat entlassen, ohne dass mir der genaue Grund dafür genannt wurde. Heute sehe ich diese Zeit als „versuchten geistlichen Missbrauch", d. h. ich habe mich gegen eine bestimmte Form des Gehorsamsverständnisses gewehrt. Ich ließ die Entmündigung nicht mit mir machen. Die Folge war die Entlassung. Mir wurde nicht die Zeit gelassen, mich selbst zu entscheiden, ob ich mich in der Profess an die konkrete Gemeinschaft mit ihren Gepflogenheiten binden wollte. Zu viele Ängste verbanden sich mit meiner Person. Es bei einer anderen Gemeinschaft erneut zu versuchen, davon wurde mir abgeraten, ich hatte auch nicht die Kraft dazu.

Es brauchte lange Zeit, diese Leiderfahrung mit der Kirche in mein Leben zu integrieren. Dabei hat mich die Zeit im Karmel sehr geprägt – bis heute. Ich sehe mich heute als Kontemplative in der Welt. Inzwischen bin ich seit über 20 Jahren verheiratet, habe zwei Söhne, lange habe ich mich um mein behindertes Kind (geistig behinderter Autist) gekümmert, bis er einen Platz in einer stationären Einrichtung gefunden hat. Heute kann ich mir endlich Gedanken darüber machen, wo ich beruflich noch einmal einsteigen kann für zehn Jahre bis zur Rente.

Vor gut zehn Jahren habe ich begonnen, mich ehrenamtlich in meiner Kirchengemeinde vor Ort zu engagieren. Im Laufe der letzten Jahre ist die Sehnsucht nach irgendeiner Form der Anerkennung meines pastoralen Wirkens aufgebrochen. Es ist doch priesterliches Wirken, was ich da tue! Was mich anzieht, ist die diakonische Pastoral. Manchmal ärgere ich mich über so manchen dilettantischen Priester, der sich durchwurstelt und sich auf die Ehrenamtlichen verlässt. Schaue ich diesen Ärger an, wird mir bewusst, dass eine große Sehnsucht darin steckt, selber eine priesterliche Aufgabe übernehmen zu können. Ich entdecke in mir die Liebe zur Liturgie. Auch wenn sich mein Zugang dazu immer wieder verändert hat, so ist da mein Bemühen, das Geheimnis des Glaubens zu feiern, nicht nur einen Ritus seelenlos zu vollziehen, sondern in der Gemeinschaft der Kirche mit dem lebendigen Gott in Beziehung zu treten. Ich bin dankbar dafür, wenn ich einen Gottesdienst vorbereiten und gegebenenfalls leiten darf. Inzwischen frage ich nicht mehr danach, was ich als Frau darf und was nicht, ich mache es so, wie ich es für richtig und stimmig halte. Ich predige auch mal.

Vor zwei Jahren konnte ich im Bistum Essen an der Ausbildung „Geistliche Begleitung" als Ehrenamtliche teilnehmen und im Februar dieses Jahres abschließen. Diese Ausbildung erscheint mir als ein wichtiger Mosaikstein meiner Berufung in der Kirche. Ich erlebte wieder das Gefühl der inneren Stimmigkeit meines Tuns. Doch es fehlt mir immer noch etwas. Zurzeit frage ich mich, ob es überhaupt stimmig wäre, mich noch als Hauptamtliche in der Kirche zu bewerben. Ich komme zu der Überzeugung, dass Hauptamtlichkeit bedeutet, das alte, überkommene (männlich geprägte?) System von Kirche zu stützen, und das will ich nicht. Ich konnte und wollte es noch nie. Was aber auch heißt, Priesterin sein: Ja! – in einer Form, die noch offenbar werden kann. Denn meine innere Unruhe bleibt und meine Frage nach Berufung, und ebenso mein Traum von einer geschwisterlichen Kirche. Ich weiß um meine Untugend, mein Licht unter den Scheffel zu stellen … Zum Glück bin ich im Laufe der letzten zehn Jahre da schon mutiger geworden. Geistliche Berufung wird mir auch von anderen Menschen zugesprochen. Auch das erscheint mir als ein Indiz der Authentizität meiner Berufung. Ich hoffe, dass sich der Knoten in mir noch lösen wird und die Sehnsucht nach Anerkennung sich erfüllt. Hildegard Högner-Gierszal

45. „Für wen sind wir da?"

Ich bin seit Dezember 2019 im Bistum Osnabrück Pfarrbeauftragte in der Pfarreiengemeinschaft St. Clemens und St. Jakobus in Bad Iburg und Glane. Bischof Franz-Josef Bode hat mit anderen im Bistum Osnabrück neue Leitungsmodelle auf den Weg gebracht, u. a. die Gemeindeleitung nach can. 517 § 2 des *Codex Iuris Canonici*. Ich bin in unserem Bistum die erste Frau in einer solchen Aufgabe. Es gibt einen zweiten Standort mit einem Pastoralreferenten. Ich bin damit „Chefin" von zwei Kirchengemeinden und vier Kindertagesstätten, bin Vorsitzende in zwei Kirchenvorständen und beauftragt mit allen Rechten und Pflichten … wie ein Pfarrer, aber eben doch keiner. Messe feiern und Sakramente spenden kann ich nicht. Die priesterliche Leitung und Verantwortung (für die Sakramente) haben ein moderierender Priester (außerhalb wohnend und schwerpunktmäßig in anderen Aufgaben tätig) und ein Priester, der mit mir und drei weiteren pastoralen Mitarbeiterinnen und Mitarbeitern vor Ort die Pastoral im Auftrag des Bischofs begleitet und unterstützt. Zu diesem Leitungsmodell gäbe es an anderer Stelle vieles auszutauschen und zu reflektieren. Es ist ein Experiment, ein Versuch, ein Lernprozess und immerhin ein Rahmen, der etwas ermöglicht. Grundsätzlich kann ich für mich sagen, dass ich keine Berufung zur Diakonin oder Priesterin bzw. zu einem Weiheamt in meiner Kirche erfahren oder gespürt habe oder spüre. Ich vermute, es liegt u. a. auch daran, dass es in der Zeit, in der ich mich für einen kirchlichen Beruf entschieden habe, keine Modelle oder Vorbilder gab. Leider ... Ich glaube, das war fern meiner Vorstellungskraft ... In meiner Heimatgemeinde gab es nicht einmal eine Gemeindereferentin, sondern lediglich Pastor und Kaplan und eine Ordensschwester in der häuslichen Krankenpflege. Dennoch habe ich in der kirchlichen Jugendarbeit erfahren, dass ich als junge Frau genauso wie meine Mitstreiter ernst genommen wurde, stark werden und lernen sowie entscheiden und gestalten durfte. Über meine Rolle als Frau in der Kirche habe ich kritisch erst in den Jahren meines Studiums reflektiert und wertvolle Impulse aus der feministischen Theologie, vor allem auch aus einer Exegese aus Frauensicht bekommen und bin dafür sehr dankbar. Meine Pastoral ist vor allem biblisch fundiert und geprägt, nicht so sehr dogmatisch. Manche Mitstudentin hat mir damals vorgeworfen, ich würde eher protestantisch denken. Das hat mich aber nicht entmutigt, sondern eher bestärkt. Aus und von der Bibel dürfen wir Katholikinnen und Katholiken ruhig noch mehr lernen. Von meiner Sozialisation her bin und erlebe ich mich aber bis heute als katholisch in einem guten Sinne. Nach wie vor habe ich eine hohe Loyalität gegenüber und eine starke Identifikation mit meiner Kirche und meinem Dienstgeber. Ich kann aber auch formulieren und vertreten, womit ich nicht einverstanden bin, was ich als verletzend, enttäuschend, missbräuchlich und systemisch kränkend erlebe. Ich sage heute und trete auch dafür ein: In meiner Kirche gibt es eine strukturelle Diskriminierung von Frauen. Und ich bin zutiefst überzeugt davon, dass dies nicht Gottes Wille ist. Für mich persönlich bedeutete diese Erkenntnis, dass ich an entscheidenden Punkten meiner Berufsbiografie entscheiden musste, wie ich mit der strukturellen Diskriminierung für mich umgehen will und kann. Bislang habe ich immer entschieden, dass ich in dieser Kirche und in diesem Beruf bleibe und auch hoffe, dass ich am besten etwas verändern kann, wenn ich im System bleibe und dieses nicht verlasse. Ich habe großen Respekt und Verständnis für alle christlichen Frauen, die hier für sich anders entschieden haben. Und wer weiß? Vielleicht komme ich selber auch einmal in eine andere Situation. Im Moment ist es aber nicht so.

In den letzten Jahren habe ich durch verschiedene Erfahrungen, Lernprozesse und auch durch Rückmeldungen und Ermutigung erleben dürfen, dass ich als Frau in dieser Kirche Leitungskompetenz und notwendige Charismen für Gemeindeleitung mitbringe. Mein Verständnis von Leitung und Führung ist nicht so sehr ein vom kirchlichen Amt geprägtes Verständnis. Ich bin seit 1991 als Gemeindereferentin im Bistum Osnabrück in verschiedenen Kirchengemeinden tätig gewesen, in den ersten Jahren mit dem Schwerpunkt in der Kinder- und Jugendarbeit und der Katechese, dann auch in einer Projektstelle als Pastorale Koordinatorin mit delegierten Leitungsaufgaben. Von 1999 bis 2001 habe ich eine längerfristige Zusatzausbildung in systemischer Organisationsentwicklung und -beratung machen dürfen und war in der Gemeindeberatung tätig. Eine systemische Grundhaltung ist für mich seitdem ungeheuer hilfreich und befreiend. Für mich hat Führung damit zu tun, einen notwendigen Rahmen zu schaffen, damit andere mit ihren Fähigkeiten und Interessen ihre Arbeit gut erledigen können, egal, ob als ehrenamtliche oder hauptamtliche Mitarbeiterinnen und Mitarbeiter von Kirche. Ich erlebe meinen Beruf und meinen Dienst in der Kirche als seelsorglichen Dienst. Ich bin Seelsorgerin, nicht nur, wenn ich ausdrücklich mit Menschen über den Glauben im Gespräch bin oder Gottesdienst feiere, sondern gerade auch, wenn ich kommuniziere, koordiniere, unterstütze, ermutige, entscheide, diskutiere, anfrage, versuche, Lernprozesse anzustoßen, und vieles mehr. In der Kirche wird das Führungsverständnis immer noch sehr vom Bild des ‚Guten Hirten‘ geprägt, verbunden mit entsprechenden Erwartungen. Der gute Hirte, der den Weg kennt, vorangeht, und alle Schafe gehen hinterher. Führung kann in diesem Bild ein sehr einsamer Job sein. Irgendwann habe ich gelesen, dass in Wirklichkeit der Hirte/die Hirtin vor allem hinterhergeht. Ihre/seine Aufgabe ist es, dafür zu sorgen, dass sich die Herde nicht allzu weit zerstreut. Die Schafe haben ansonsten selbst ein gutes Gespür für Wasser und Weideplätze. Nur im Krisenfall kann es auch einmal sein, dass die ‚Gute Hirtin‘ vorangeht. Oder auch einem einzelnen Schaf nachgeht, wenn dieses sich verletzt oder verlaufen hat. Ich erlebe mich und auch viele andere Frauen und Männer in der Kirche in diesem Sinne als ‚Gute Hirtinnen‘ und ‚Gute Hirten‘.

Viele Frauen in unserer Kirche erhoffen sich vom Synodalen Weg wichtige Impulse und Veränderungen. Ob es so wird? Wer weiß … Auch ich hoffe auf die lebenspendende Kraft Gottes, bin aber auch realistisch und vielleicht gerade ein wenig ernüchtert. Die Corona-Krise wird einige Entwicklungen auch im kirchlichen Bereich deutlich verstärken, gerade auch die Abbrüche, vielleicht aber auch Aufbrüche. Und sie wird Innovation ermöglichen. Sie zeigt mir gerade vor allem, dass es uns neben aller strukturellen Diskussion um Inhalte gehen sollte: Für wen sind wir da?

Christine Hölscher

46. „Bleiben und aushalten, die Spannung, den Schmerz und das Nicht-Verstehen" Schon in meiner Jugend wollte ich Priesterin werden – und wagte es zugleich nicht, diesen Gedanken zuzulassen. Ich war in der Pfarrgemeinde aktiv und engagiert in der kirchlichen Jugendverbandsarbeit bis auf Diözesanebene. Als ich Abitur machte – zu der Zeit tagte die Würzburger Synode –, sagte ein Pfarrer, der in der Berufungspastoral tätig war, zu mir: „Maria, studiere Theologie. Bis du fertig bist, können Frauen Priester werden!" Heute denke ich, er hat damals schon so etwas wie eine mögliche priesterliche Berufung bei mir gespürt.

Ich studierte Diplompädagogik und Praktische Theologie; in dieser Zeit (1976) veröffentlichte die Glaubenskongregation das Schreiben *Inter insigniores*, in dem sie erklärte, dass die Kirche Frauen nicht zu Priesterinnen weihen könne. Das war das erste Mal, dass ich wegen dieses Verbotes weinte – und das, obwohl ich mir nicht wirklich eingestand, dass dies ein tiefer Wunsch von mir war und ich den Anruf dazu spürte. Ich wagte es nicht, dem zu trauen und zu dem zu stehen, was ich in mir wahrnahm, denn die römische Ablehnung und die Argumente gegen das Weiheamt für Frauen verunsicherten mich zugleich tief. Es darf ja nicht sein, ich darf diese Gefühle gar nicht haben. Frauen können eine solche Berufung gar nicht bekommen; wenn sie es dennoch behaupten, ist es eine Anmaßung von etwas, das ihnen nicht zusteht. Die Verunsicherung ging so weit, dass ich meinen Wunsch, Priesterin zu werden, sogar einmal in der Beichte als Sünde aussprach, für die ich mich glaubte anklagen zu müssen. In meiner Berufstätigkeit als Gemeindereferentin (1979–1983) erlebte ich mehr und mehr, wie Menschen aller Generationen fragten, warum ich nicht Priesterin sein könne – sie erlebten mein Handeln, die Gottesdienste, die ich hielt, und meine Weise, mit ihnen zu sein, als „priesterlich", ich war Seelsorgerin. Ich selbst spürte in diesen Jahren noch eine weitere Berufung wachsen – es ging um die konkrete Lebensweise, in der ich meiner Liebe zu Christus Gestalt und Form geben sollte. Anfang 1984 trat ich in eine Benediktinerinnenabtei ein. Schon bald wurde ich in unserem Kloster im Gästehaus eingesetzt: praktische Dienste, Seminare, Exerzitien, geistliche Begleitung. Wieder war ich Seelsorgerin und wurde von den Menschen, denen ich begegnete, als solche wahrgenommen und angefragt zu geistlichen Vorträgen, Einkehrzeiten, Recollectionen, Einzelgesprächen. Frauen erlebten es als entlastend und befreiend, Gespräche bis hin zu solchen, die den Charakter von Beichtgesprächen hatten, mit einer Frau führen zu können. In vielen Exerzitien- und Begleitgesprächen erlebe ich deutlich die Präsenz Gottes, Christus ist gegenwärtig. Immer wieder wird dies von den Menschen auch ausgesprochen, nicht nur von Frauen, auch von Männern, auch von Priestern. Und nicht wenige bedauern, dass ich als

Frau die Vergebung Gottes nicht sakramental zusprechen darf. Ich muss auf einen Priester verweisen – manche sagen jedoch auch, sie brauchen das Bußsakrament jetzt nicht mehr, das Wesentliche sei bereits geschehen.

Dass ich eine priesterliche Berufung habe, habe ich lange weder mir selbst einzugestehen gewagt noch gegenüber anderen ausgesprochen, obwohl sie längst wirkte und ich sie lebte. Der Gedanke daran hat mir immer ein schlechtes Gewissen bereitet, denn es durfte ja nicht sein.

Erst die Frage des Begleiters unserer Konventexerzitien im Januar 2007 (Spiritual in einem großen Priesterseminar) brachte die Befreiung. Er fragte, ob ich mich auch hätte zur Priesterin weihen lassen, wenn dies möglich wäre. Die Frage kam für mich völlig überraschend. Als ich die Frage nach einem kurzen Zögern bejahte, durfte lang Angestautes endlich leben. Zur Begründung seiner Frage meinte er nur, ich würde priesterlich wirken, er würde an mir eine priesterliche Berufung wahrnehmen. Dies so deutlich zugesprochen zu bekommen, von jemandem, der selbst in der Priesterausbildung und -begleitung tätig ist, berührte mich zutiefst. Ich fühlte mich in meinem Wesen erkannt und anerkannt und spürte, wie daraus eine neue Sicherheit und Kraft erwuchs. Von da an hatte ich den Mut, offen zu meiner Berufung zu stehen, meinem eigenen Geistlichen Begleiter gegenüber und vor anderen, wenn ich danach gefragt wurde – ansonsten sprach ich nicht darüber, auch nicht in meiner Gemeinschaft. Aber ich wusste nun um den Auftrag und das Charisma, aus dieser meiner klösterlich-priesterlichen Berufung zu leben und sie zu leben – ohne zu wissen, wie das konkret gehen sollte. Offen und von der Kirche anerkannt darf ich sie nicht leben. Eines war mir mit dem bewussten Ja zu dieser Berufung sofort deutlich. Es bedeutet für mich: der Versöhnung dienen. Und langsam, mit den Jahren, zeigte sich mir, dass dies vor allem heißt: bleiben und aushalten, die Spannung, den Schmerz und das Nicht-Verstehen.

Bleiben und aushalten mit den Menschen, die kommen, an deren Leben ich ein Stück weit teilhaben darf und wo ich in der Begegnung transparent sein möchte für die Präsenz Gottes. Bei ihnen bleiben und mit ihnen den Schmerz der Lebenswunden aushalten. Aber auch aushalten, dass ich nicht mehr tun darf, dass ich Begegnungen nicht bis in den Raum des Sakramentes hinein führen darf.

Bleiben ganz konkret und alltäglich in meiner Gemeinschaft, in unserer Wirklichkeit, wo wir einander in unserer Unterschiedlichkeit aushalten und sie so in Gottes Wirklichkeit hinein öffnen. Bleiben in dieser Kirche – und aushalten, dass sie meine Berufung (und die vieler anderer Frauen) nicht wahrhaben, noch nicht einmal prüfen will, weil nicht sein kann, was nicht sein darf. Die stets neue Empörung darüber aushalten, dass wir als Ordensfrauen nicht miteinander die Sakramente feiern dürfen und immer auf einen Priester angewiesen sind, selbst jetzt in Zeiten des Priestermangels. Und dass dieser Priester gerade in der Weise, wie er Liturgie feiert, das Bild unserer Gemeinschaft nach außen hin prägt. Aushalten, wie sehr es verletzt, wenn Priester (auch Mitbrüder) nicht verstehen, was es bedeutet, eine Berufung nicht offen leben zu dürfen, und wenn der Schmerz, der daraus erwächst, nicht wahrgenommen, sondern stattdessen auf Regelungen verwiesen wird. Die Ungeduld, die Sorge, die Fragen, die Ohnmacht im Blick auf die Zukunft der Kirche aushalten: Was muss der Heilige Geist denn noch alles bewirken, damit sein Wirken endlich erkannt und anerkannt wird, damit ihm zugetraut wird, dass er „weht, wo ER will", auch da, wo es nicht für möglich gehalten wird? Da war die frühe Kirche in ihren Anfängen offener und mutiger.

Nur schwer ertragen kann ich die Aussagen mancher kirchlicher Amtsträger, die mir gesagt haben: Finde dich endlich damit ab, dass nur Männer Priester werden können! Das hat doch nichts mit Abwertung der Frau zu tun, Mann und Frau sind ja gleichwertig! Ihr Frauen dürft doch schon so viel! Als ob es sich bei dieser Frage um Zugeständnisse von Männern an uns Frauen handeln würde! Was mir hilft zu bleiben und auszuhalten: das einmal gesprochene und immer wieder wiederholte Ja zu meiner Berufung, zu diesem Ruf Gottes, hinter den ich nicht mehr zurück kann, den ich als Zumutung und als Geschenk zugleich erfahre, das mir niemand nehmen kann. Die Solidarität und das Mitgefühl von Menschen, die mich in meiner Berufung bestätigen und unterstützen, die keine Angst davor haben und die das Leiden an der Kirche und manchen ihrer Amtsträger mit mir aushalten. Das Gebet und Begegnungen, die mich immer wieder in Berührung bringen mit meiner Tiefe und Gottes Weg mit mir. Sr. Maria Magdalena Hörter OSB

47. „Seit 50 Jahren muss ich meine Berufung deckeln, damit es mich nicht zerreißt"

Von Herzen freue ich mich über die Anfrage, wo man sonst doch schweigen muss. Schwer wird es für mich, meine Berufungsgeschichte und alles damit Verbundene auf nur eine Seite zu verdichten, spüre ich doch sofort die Vielzahl der unterschiedlichsten Emotionen, die damit verbunden sind, und ebenso die große Vielzahl an Verletzungen, die daraus resultieren.

Wenn man mich fragt, seit wann ich weiß, dass ich zum priesterlichen Dienst berufen bin, so lautet die Antwort: Seit meiner Erstkommunion vor nunmehr 47 Jahren. Das war zu einer Zeit, in der ich in meiner Heimatpfarrei nicht einmal den Ministrantendienst habe erfüllen dürfen. Zum ersten Mal spürte ich diese Nähe Gottes, die mich nicht nur faszinierte, sondern einfach nicht mehr losließ, während der Feier der Osternacht; morgens um 4:30 Uhr hatte sie begonnen. Das feierliche *Exsultet*, das Licht, das durch das kreuzförmige Fenster im Osten auf uns fiel, ließen mich erschauern, und von diesem Augenblick an wusste ich: Diesen Gott, diesen Jesus Christus, der mein Herr und Heiland ist, liebe ich aus tiefstem Herzen und mein ganzes Leben gehört ihm.

Von da an ging ich meinen Weg mit aller mir möglichen Zielstrebigkeit auf das zu, was mir als Frau im Bereich der Kirche möglich war und ist. Ich wurde Gemeindereferentin, wissend, dass das alles andere als leicht werden würde. Gerne wäre ich des Studiums wegen Pastoralreferentin geworden, aber zu dieser Zeit gab es davon so viele, dass ich glaubte, keine Chance zu haben, nach dem Studium übernommen zu werden. Ich wollte den sicheren Weg! Ich wollte Gott und den Menschen dienen, von den wunderbaren Taten und von der grenzenlosen Liebe Gottes erzählen! IHN wollte und will ich zu den Menschen tragen! So schmerzhaft das oft war und ist, ich hatte und habe keine andere Wahl! Seinem Ruf muss ich folgen!

Es gab immer wieder Situationen und Begegnungen in meinem Leben, die genau das bestätigten, die in mir die Gewissheit reifen ließen, dass ich mich, entgegen aller Lehrmeinung der Kirche, nicht irre. Der Herr hat mich in seinen Dienst gerufen, nicht als Gemeindereferentin, sondern als Priesterin.

Vielleicht lässt sich das am besten nachvollziehen, wenn ich von den letzten Jahren und der letzten Vakanz unserer Pfarreiengemeinschaft erzähle, die acht Monate andauerte. Es war eine sehr anstrengende, aber auch sehr erfüllende Zeit! Wir wählten das Vakanz-Modell, nach dem ich die Leitung der Seelsorge übernommen habe und auch für die Beerdigungen zuständig war und bis heute bin.

Das hatte zur Folge, dass ich – sehr viel mehr als bis dahin – auch im Bereich der Leitung von Liturgie tätig bin. Während der Vakanz half mir sehr häufig ein Ruhestandsgeistlicher, der mit etlichen körperlichen Einschränkungen zurechtkommen musste. So entfiel auch während der Sterbeämter sehr viel mehr an Aufgaben auf mich. In dieser Zeit wichen meine letzten „Selbstzweifel", die erlernten Rollen und Muster fielen nach und nach. Mir wurde immer klarer, das ist mein Ort! Und jener Ruhestandsgeistliche spürte und bestätigte es. Wie oft schon hatte ich mir zuvor gewünscht, mit Gruppen in sehr dichter Atmosphäre auch Eucharistie feiern zu können. Wie oft schon hatte ich so sehr bedauert, dem alten und kranken Menschen, den ich über Jahre besucht habe und mit dem ich vertrauensvoll verbunden bin, die Sterbesakramente spenden zu dürfen, wenn sich das Leben dem Ende zuneigt – und dann nicht einen fremden

Mann rufen zu müssen. Wie oft schon gab es spontane, aber sehr tiefe „Beichtgespräche" und es war nicht möglich, dem Menschen die sakramentale Lossprechung zu schenken. Darunter litt und leide ich bis heute.

Die Menschen, mit denen ich zu tun habe, spüren sowohl, dass ich ihnen nahe bin, als auch, dass ich eigentlich Priesterin bin, und sie sagen es auch.

Ebenso wie unter dem soeben Geschilderten leide ich bis heute darunter, wenn ich in Gottesdiensten nur Männer in der Leitung sehe. Oder wenn ich mich – wie mir auch widerfahren – vor dem Bistumsverantwortlichen für die Berufungspastoral zu meiner Berufung bekenne und dann den Hinweis bekomme, mich an eine psychosomatische Klinik zu wenden.

Ich würde Ihnen gerne den Schmerz beschreiben, nicht der Mensch sein zu dürfen, als der man gedacht und geschaffen wurde, weil andere glauben, es besser zu wissen! Doch die Worte dazu kann ich nicht finden! Stattdessen fließen eher Tränen während des Schreibens!

Ich weiß nicht, ob ich das ein wenig habe deutlich machen können, was in mir ist, was ich seit fast 50 Jahren deckeln muss, damit es mich nicht zerreißt – und ich dennoch in Gehorsam gegenüber Gott und der Kirche meinen Dienst tun kann!

Ich bitte Sie inständig, liebe Verantwortliche, tun Sie dies zukünftigen Generationen von Frauen nicht mehr an; stehen Sie an unserer Seite! Dieser Schmerz kann nicht nur den Glauben auf eine mehr als harte Probe stellen, er kann einen Menschen gewiss auch zerstören!   Sylvia Horsch

48. „Trage deine Kirche – oder hieß es: ertrage deine Kirche?"

Weihnachten 2014. Über ein Jahr des Infragestellens des bisher Erreichten und Angestrebten liegt hinter mir. Infragestellen der vielen Erfolge, der zielgerichtet verfolgten „Karriere" im Bereich Musik und Wissenschaft. Ein halbes Jahr Besuch der Wiener Theologischen Kurse liegt hinter mir. Ich wollte meinen Glauben vertiefen, mehr darüber lernen. Das Nachholen meiner Firmung und zugleich der Beginn des Nachgehens der Frage, ob ich in eine Ordensgemeinschaft berufen sei, liegen hinter mir. Ein einschneidendes, lebenswendendes Gebetserlebnis im Sommer zuvor und viele andere kleine und größere Wegweiser liegen hinter mir.

Noch vor dem Jahreswechsel wird mir eines klar, sonnenklar: Dass die Theologie und der Glaube für mich kein Zusatz, kein Hobby bleiben sollen. Ich habe keine Vorstellung, wie es gehen kann, wie meine Berufung genau aussehen kann. In dieser meiner katholischen Kirche. Schon als Jugendliche, als ich mit meinen Schulkollegen geistliche Tage in Stift Heiligenkreuz verbrachte, als abends ein Kamingespräch mit einem der Mönche angesetzt war, wo wir Fragen stellen konnten, da hatte ich nur eine Frage, die mich beschäftigte: Warum dürfen Frauen keine Priesterinnen werden? Die damalige Antwort „Weil Jesus ein Mann war" ließ mich nicht nur unbefriedigt, sondern auch am Verstand meines Auskunftsgebers zweifeln. Ja, Jesus war ein Mann. Aber was hätte er werden sollen? Ein Zwitterwesen? Wäre er eine Frau geworden, so hätten wir vielleicht dieselbe Diskussion umgekehrt. So dachte ich mir schon damals.

März 2015. Ich lasse mein „altes" Leben hinter mir. Verzichte darauf, Universitätsprofessorin zu werden, und beginne stattdessen Theologie zu studieren. Ein bohrender Gedanke im Hinterkopf beschäftigt mich von Beginn an: Wenn ich ein Mann wäre, so würde ich mich zum Priester berufen fühlen. Ich diskutiere viel, besonders mit dem Regens des Priesterseminars, zu diesem Thema, lese die einschlägigen offiziell-kirchlichen Dokumente, ärgere mich über deren Argumentation: Denn wenn man(n) schon versuchen möchte, Frauen ultimativ vom Priesteramt auszuschließen, so wäre es wenigstens das Allermindeste, dafür vernünftige, logisch stichhaltige Argumente zu liefern, die keine Verhöhnung des Intellekts darstellen.

Irgendwann stelle ich mich mit dem Gedanken ruhig: Unser Herrgott wird schon wissen, warum er mich im 21. Jahrhundert in die katholische Kirche berufen hat. Aber sogar mein Vater, erzkatholisch und in seinen Zwanzigern selbst willens, Priester zu werden, riet mir, als ich ihm mitteilte, dass ich Theologie studieren werde: Werde doch evangelisch.

Werde doch evangelisch – genau diese Frage beschäftigte mich wieder, genau als der Aufruf, diesen Bericht zu schreiben, in meinem Mail-Postfach landete. Mein Theologiestudium ist inzwischen zu Ende. Ich werde ein Doktorat in Theologie machen, bin als geistliche Begleiterin und in meiner Heimatpfarrei tätig, bei der Diözese angestellt als Chorleiterin und überlege, eine Ausbildung als Coach o. ä. zu machen, um noch bessere Werkzeuge zur Verfügung zu haben, um Menschen auf ihrem Weg zu begleiten. Auf ihrem Weg: zu sich selbst, zu ihren Mitmenschen, zu einem gelingenden Leben, zu Gott. Ich will Wegbegleiterin sein – zumindest das.

2. September 2018. Ich liege in der *Prostratio* [= niedergeworfen zur Erde], fühle den kalten Boden unter mir. Ich weihe mein Leben Gott, mit großer Zeremonie, sehr öffentlich. Es gab verschiedene Gründe, warum ich mich zu dieser Lebensweihe entschlossen habe. Ich lege mein Versprechen ab in die Hände von Kardinal Schönborn. Zuvor bezeugte ich meine Bereitschaft, „dem Herrn und seiner Kirche zu dienen". Nach den Einsetzungsworten etwas Außerprotokollarisches: Ich werde an den Altar gebeten, stehe neben dem Kardinal, umringt von zehn mitfeiernden Priestern, während des Hochgebetes. Bei der Kommunionspendung ein ähnliches Bild. In den Tagen nach meiner Weihe kommen die ersten Menschen zu

mir, die bei der Weihe dabei waren. Sie bitten mich darum, dass sie bei mir beichten dürfen. Ich erkläre, was ich darf und was nicht. Die Reaktion: „Wieso, war das nicht eine Priesterweihe? Das sah doch genauso aus." Wenn ich am Ambo stehe, als Lektorin, als Kantorin, wenn ich die Kommunion austeile, wenn ich geistliche Gespräche führe, wenn ich mit Menschen bete, ihnen zur Seite stehe in Freud und Leid, wenn in Corona-Zeiten mein Telefon heißläuft, dann fällt mir dieser Satz ein, immer wieder: „Das sah doch genauso aus." Es ist ein Stachel in meinem Fleisch. Ein Stachel, der verdammt wehtut.

Um ein Zeichen zu setzen, dass ich bereit wäre, auch in den für mich sauersten Apfel zu beißen, den das katholische Priesteramt in der momentanen Form bereithält, legte ich ein Gelübde der lebenslangen Keuschheit ab. Es gibt vielleicht Menschen, für die dies kein Opfer darstellt. Für mich ist es die größte Herausforderung, auch wenn ich mich zum Zeitpunkt der Weihe auch dazu berufen fühlte.

Wie aufgeatmet hatte ich, als kurz nach meiner Weihe die Worte von Kardinal Schönborn in den Medien auftauchten: „Vielleicht weihe ich einmal Frauen zu Diakoninnen." Und wie sehr ein Schlag ins Gesicht war es, als ich das Amazonas-Schreiben des Papstes las. Ein neuerlicher Schlag, nach vielen anderen Schlägen. Ich bin es leid.

„Trage meine Kirche" – ein Satz, den ich innerlich vor einigen Jahren bei der eucharistischen Anbetung hörte und der mir Kraft gibt, neben anderen Dingen, weiter auf Wunder zu hoffen. Vielleicht hatte ich mich verhört? Vielleicht hieß es: Ertrage meine Kirche? Anon.

49. „Die Anliegen vieler Frauen endlich ernst nehmen" Berufungen können sich sehr spontan manifestieren oder aber einen langen Weg nehmen. Bei mir war es eher ein längerer Weg. Nach meinem Abitur im Jahr 1964 entschloss ich mich, moderne Fremdsprachen zu studieren und als Lehrerin tätig zu sein. Bei meinem Auslandssemester in Paris erfuhr ich durch meine Mitarbeit im *Centre Richelieu*, der katholischen Studentengemeinde an der Sorbonne, Gott als einen barmherzigen Gott, der dem Menschen in Freiheit begegnet und ihn in Liebe begleiten will. Ich fühlte in mir die Sehnsucht, diesem Gott, der sich in Jesus Christus offenbarte, nachzufolgen und in der Gemeinde diese befreiende Offenheit und Freundlichkeit zu leben und weiterzugeben. Wenn man damals – vor ca. 50 Jahren – als Frau von Berufung sprach, dachte man zuallererst an ein Leben in einem Orden; andere kirchliche Berufe waren noch kaum bekannt. So nahm auch ich auf meinem Weg zunächst Kontakt zu Orden auf. In meiner Arbeit mit Schülerinnen und Schülern und in der Mitarbeit in der kirchlichen Gemeinde (Gemeindekatechese, damals Leitung von sogenannten

„priesterlosen Gottesdiensten", Krankenkommunion, Jugendgruppen, Kinderkirche) erkannte ich, dass ich wohl eine Begabung hatte, meine Freude am Glauben an andere weiterzugeben. Neben meinem Beruf nahm ich am Grund- und Aufbaukurs „Theologie im Fernkurs" teil, sowie an „Liturgie im Fernkurs" des Deutschen Liturgischen Instituts Trier. Bald wurde mir aber auch klar, dass der Neuaufbruch des Zweiten Vatikanischen Konzils im Sande verlief, oder sogar durch die starken konservativen Kräfte der Rückmarsch in die Vergangenheit forciert wurde. Mir war bewusst, dass die Menschen die Sehnsucht nach echten Begegnungen in sich tragen, die Sehnsucht, gemeinsam Gottesdienste zu gestalten und zu feiern und miteinander religiöse Erfahrungen auf Augenhöhe zu machen. Dazu aber war kein „Weiter-so" auf dem trockenen Boden der Tradition notwendig, sondern eine Erneuerung der Kirche im Geist des Paulus-Wortes aus Gal 3,28: „Es gibt nicht mehr Juden und Griechen, nicht Sklaven und Freie, nicht männlich und weiblich; denn ihr alle seid einer in Christus Jesus." Die Begegnungen mit ordinierten Männern, die die Laien lediglich von oben herab unterweisen wollten, erfüllten diese Sehnsucht oft nicht. Die Antwort auf einen Brief an den Bischof mit der Frage nach dem kirchlichen Amt für Frauen zeigte mir, dass mein Anliegen überhaupt nicht verstanden wurde. Die Frauenkommission der Diözese reagierte auf einen ähnlichen Brief ganz anders und verwies mich auf den Internationalen Kongress zum Diakonat der Frau 1997 in Stuttgart-Hohenheim. Von 1999 bis 2002 war ich Mitglied des 1. Diakonatskreises für Frauen, den das Netzwerk Diakonat der Frau angeboten hatte. Ein Treffen der fünf Teilnehmerinnen des Kurses mit unserem Bischof verlief zu dieser Zeit eher enttäuschend. In der Gemeinde, in der ich damals auch für das Praktikum des Diakonatskreises tätig war, wurde mein Anliegen mitgetragen.

Nach meiner Pensionierung zog ich ins Allgäu, wo in der Region, in der ich lebe, keine Bindung an kirchliche überregionale Frauengemeinschaften besteht und unter den Frauen auch das Verlangen nach Gleichberechtigung in der Kirche und der Wunsch, sich für die besonderen spirituellen Bedürfnisse von Frauen einzusetzen, kaum vorhanden ist. So bin ich nun in Randgruppen tätig, als Wort-Gottes-Leiterin im Krankenhaus, in zwei Altenheimen, wo ich auch ehrenamtlich mitarbeite, und in der Begleitung von Flüchtlingen. Auch bei den „Orten des Zuhörens" kann ich mich einbringen. Besondere Freude macht mir die spirituelle Gestaltung eines jährlichen Pilgertages für die KDFB der Region. Natürlich arbeite ich weiterhin im Netzwerk Diakonat der Frau mit, da auf diese Weise tatsächlich ein Druck auf die Bischöfe entstehen könnte, die Anliegen vieler Frauen endlich ernst zu nehmen. Hannelore Illchmann

50. „Ich hatte immer das Gefühl, ein Stück Gott bleibt den Männern vorbehalten" Die ersten Gedanken, dass mich „Priester(in)-Sein" interessiert, hatte ich schon sehr früh, vielleicht so mit elf oder zwölf Jahren oder noch früher. „Gott" war für mich immer interessant, schon als Kind. Dass ich keine Priesterin werden dürfte, dass mir als Frau keine spannenden Wege offenstehen, war dann immer irgendwie schwierig. Sehr bald dachte ich, dann müsse ich wohl Nonne werden, wenn ich sonst nichts machen kann. Der Gedanke hat mich nicht glücklich gemacht. Ich habe ihn gründlich mit guten Begleiter*innen, v. a. mit sehr tollen Ordensfrauen, verarbeitet.

Nach dem Abitur habe ich ein FSJ in einer Pfarrei gemacht und habe die Begegnungen, die Arbeit dort geliebt. Ein Freund überlegte, ins Priesterseminar zu gehen. Ich erinnere mich noch an die Unterhaltung unter der Straßenlaterne, als er meinte: „Ja, ich habe auch schon gedacht, wenn du ein Mann wärst, dann würde das voll zu dir passen!" Ich wollte Theologie studieren, aber berufliche Perspektiven hatte ich keine.

So fing ich mein Theologiestudium an. Ich hatte große Freude daran, saugte alles auf, wollte alles verstehen. Die ganzen „theologischen" Probleme der üblichen Reizthemen wollte ich „lösen" (Scheidung und Wiederheirat, Sexualmoral, Ämterfragen). Dann verstand ich, dass viele Probleme gar nicht so theologisch waren. In einem Seminar lasen wir alles, was die katholische Kirche über Frauen so zu bieten hat. Ich lernte eine Priesterin kennen. Das hat mich ganz schön durcheinandergewirbelt. Es hat mich ins Herz getroffen, denn ich habe gemerkt, da ist immer noch ein ganz starkes Gefühl, und es ging gar nicht um Weihe oder konkrete Ausgestaltungen, sondern um den Wunsch, so einen Weg zu gehen und zu schauen, wo er langführt. Ich hatte immer das Gefühl, ein Stück Gott bleibt den Männern vorbehalten.

Dann stieß ich in meinem Studium zufällig auf die alt-katholische Kirche. Ich bin ökumenisch entspannt. Trotzdem würde ich nicht einfach mal so konvertieren, weil mir danach ist. Dass das eine große geistliche Frage ist, war mir sehr klar. Apropos geistlich: Ich habe die Seminaristen darum beneidet, dass sich jemand darum kümmert, dass sie eine Art „geistliche Schule" erhalten. Ich musste mir das selbst aneignen und zusammensuchen.

Schließlich habe ich noch in meinem Studium ein Praktikum in einer alt-katholischen Gemeinde gemacht und war mit dieser Gemeinde auf einer Reise. An einem meiner franziskanischen Lieblingsorte habe ich etwas erfahren, was ich für mich sehr stärkend deuten konnte. Ich hatte das Gefühl, dass die Frage nicht ist, was Gott will. Gott hat nicht den Plan, den ich finden muss. Ich darf mich so entscheiden, wie ich entscheide. Da gibt es vielleicht auch bessere und schlechtere Entscheidungen. Aber Gott lässt mich frei. Das hat mir andere Ebenen eröffnet und eine große innere Freiheit geschenkt. Für die Ermöglichung dieser Erfahrungen durch die alt-katholische Kirche bin ich bis heute sehr dankbar. Das Pfarrer*in-sein ist jedoch in allen christlichen Kirchen für mich mit zu vielen Aufgaben verbunden, die sehr viel mit Repräsentation bzw. der Erfüllung von Rollenerwartungen zu tun haben.

Ich bin nach dem Studium einige Monate in einer Pfarrei gewesen und habe dort gearbeitet und geprüft, ob ich nicht vielleicht doch Pastoralreferentin werden möchte. Dass ich das nicht gemacht habe, hat mit Priesterin-werden-Wollen tatsächlich gar nichts zu tun. Sondern damit, dass ich niemanden mit missionarischem Impetus zu Christ*innen machen möchte und dass ich die Konsummentalität (die Hauptamtlichen geben den Ehrenamtlichen) nicht mitvollziehen möchte. Auch sind meine Gotteserfahrungen nicht so zahlreich und einfach, wie das immer aussieht, wenn Seelsorgepersonal von Gott spricht. Ich konnte dieses Sprechen nicht mitvollziehen und dachte, ich müsse dann wohl religiös unmusikalisch sein. Aufgrund meiner Vorerfahrungen in verschiedenen Bereichen von Gemeindearbeit hatte ich eine klare Vorstellung, unter welchen Bedingungen ich mich in einer Ausbildung entfalten kann. Ich habe Respekt vor und für die Arbeit der Glaubenden vor Ort und habe nicht das Bedürfnis, den Menschen zu zeigen, wie sie nun richtig Gemeinde gestalten sollen. Ich kann vieles mittragen. Ich bin aber einfach nicht angekommen, und es hat mich nicht glücklich gemacht, dort zu arbeiten.

Momentan bin ich in der Wissenschaft, und ich bin dort gerne. Ich habe akzeptiert, dass mein Weg nicht so klar ist, wie ich das gerne hätte. Eine gewisse „Ziellosigkeit" muss ich aushalten. Ich wollte eigentlich mein ganzes Studium hindurch immer wieder abbrechen, aber jeder Kampf ist zugunsten der Theologie ausgefallen. Ich liebe die Theologie, ich mag es, nach Gott zu fragen, zu denken, und für mich war Theologie immer ein zugleich geistlicher Weg.

Wenn ich nachdenke, spüre ich nach wie vor, dass da ein „Ruf" ist, wenn man das so formulieren möchte. Ich spüre ein Angesprochensein oder so etwas, das mich dazu bewegen würde, einmal gucken zu gehen, was passiert, wenn ich diesen Weg verfolge.

Den Begriff „Berufung" verwende ich allerdings nicht mehr. Für mich verstellt er viel und ist so beladen mit vielen Vorstellungen. Ich habe es mal so beschrieben:

Seinen Weg finden …

… das ist dieses kleine
Ziehen im Herz, das
leise Brennen einer Sehnsucht, das
vage und euphorische Gefühl einer
beginnenden Erfüllung
im beschrittenen Weg, der
begleitet ist von
Gottes Segen.

Ich würde mich auch als Priesterin in der jetzigen katholischen Kirche nicht wohl fühlen und würde diesen Weg daher wahrscheinlich nicht einschlagen. Mir ist das derzeitige Rollenbild des Priesters insgesamt zu klerikal und es basiert für mich zu viel auf Machtstrukturen. Ich bin, denke ich, relativ entspannt und habe einfach akzeptiert, dass Frauen in der katholischen Kirche nicht sonderlich viel Raum haben. Aber ich habe jetzt nicht das Bedürfnis, dass ich eine solche Kirchengestalt retten möchte.

Anon.

51. „Meine Begabungen, die von Gott stammen, und meine Gottesbeziehung werden missachtet"

Im Theologiestudium (bis 2009) war meine Haltung zur Frauenordination sowohl resignativ akzeptierend („So ist es eben") als auch vermeidend („An der Frage beiße ich mir lieber nicht die Zähne aus"). Mittlerweile komme ich an dieser Frage nicht mehr vorbei. Die entscheidende Erschütterung war während meiner Promotion die Begegnung mit einer Frau, die klar von sich sagte, zur Priesterin berufen zu sein. Sie könne diese Berufung leider nur bruchstückhaft als Pastoralreferentin leben und es sei *das* entscheidende Problem der Kirche, dass sie Frauen von den Ämtern ausschließe. Diese Begegnung und weitere Impulse haben nach und nach meine Haltung verändert, so dass ich heute sagen kann: „Ja, ich wäre gerne Priesterin."

Anfangs wollte ich Pastoralreferentin werden. Aber der Gedanke, später dauerhaft einen meiner dann geweihten Kommilitonen als Vorgesetzten zu haben, hat mich nach zähem Hin und Her davon abgebracht. Eine mehrjährige berufliche Suche zwischen Wissenschaft, Kirche und Politik hat mich mittlerweile zu einem katholischen Verband geführt. Auch kam wiederholt die Frage nach einer Ordensberufung auf, die ich nach Schritten der Klärung ebenso wiederholt mit Nein beantwortet habe. Ich bin heute glücklich verheiratet und Mutter, was auch Teil meiner Berufung ist. Und doch bleibt die geistliche Berufung, die ich spüre, in gewissem Maße unerfüllt und nicht voll entfaltet.

Ich bin heute wütend und verletzt, dass meine Begabungen seitens der Kirchenleitung missachtet werden. Die priesterliche Grundaufgabe, zwischen Gott und der Welt zu vermitteln, erfordert einen Sensus für das Jenseitige, die göttliche Sphäre. Diese Gabe hat nicht jede*r, aber ich habe sie (viele weitere Frauen auch). Ich verfüge über theologische Qualifikation, die spirituell durchdrungen ist, sowie über liturgische Kompetenz und Erfahrung. Ich kann und mag predigen, hätte gern mehr Übung. Ich höre gern, was andere bewegt, und gebe Zuspruch. Das alles macht mich geeignet, Priesterin zu sein. Wenn ich Gelegenheit habe, Gottesdienste zu leiten, fühle ich mich dabei am richtigen Platz.

Berufung ist keine rein subjektive Sache, sondern es gehört dazu, dass andere mich als berufen (z. B. zu predigen, zu segnen) anerkennen würden. Unsere Kirchenleitung aber weigert sich, ein Anhören, Prüfen und ggf. Bestätigen meiner Berufung überhaupt nur in Erwägung zu ziehen. So werden meine Begabungen, die von Gott stammen, missachtet. Und zugleich wird auch meine Gottesbeziehung missachtet, aus der heraus ich mich zur Priesterin berufen fühle. Das ist eine Beleidigung – gegen mich und gegen Gott.

Der Diskurs zum Thema steht im Patt, denn für und wider die Frauenordination werden Argumente hervorgehoben, von denen die jeweiligen Akteur*innen zutiefst überzeugt sind. Frauen zur Weihe zuzulassen, ist darum eine Frage des Wollens und der Macht: „Wer will, findet Wege, wer nicht will, findet Gründe." Hochgradig frustrierend und demotivierend ist, dass die Entscheidungsmacht bei Männern liegt, die eben ganz überwiegend nicht wollen, dass Frauen kirchliche Ämter bekleiden.

Die gefühlte Aussichtslosigkeit, das System Kirche zu verändern, stellt für mich die so verfasste Kirche stark infrage. Gottes Kirche kann sich nicht in dieser römisch-katholischen Kirche erschöpfen, sie muss größer sein. Ich bin überzeugt, dass die Kirche sich für ihren Zweck, Gott und Menschen zusammenzubringen, selbst gestalten darf und muss. Vielen Frauen werden in der Kirche auf ihrem Weg zu Gott Steine in den Weg gelegt. Lange schon arbeiten die katholischen Frauenverbände dagegen an und derzeit zeigt sich die Aktualität des Problems in der Bewegung „Maria 2.0" sowie im gänzlichen Fernbleiben vieler junger Frauen. Ich möchte Priesterin sein, aber nicht in dem System, wie es heute ist. Ich möchte vielmehr dazu beitragen, das Priestertum in unserer Kirche zu erneuern.

Das alles mal laut sagen? Aber wann, wie und wem genau?! Berufungsfragen sind sehr persönlich und machen verletzlich. So suche ich bisher gar nicht nach einem Weg, sondern ich bin von vornherein resigniert, weil ich kaum Vertrauen habe, dass die kirchlichen Entscheidungsträger meine Überzeugungen und Erlebnisse ernsthaft anhören oder sich gar innerlich bewegen lassen würden. Ich tröste mich, so gut es geht, mit meinen Wirkungskreisen: Verband, Familie, Freunde. Dankbar sehe ich einzelne Frauen, die ihren Weg gefunden haben, gegen alle Wahrscheinlichkeiten ihre Berufung öffentlich zu machen. Vielleicht wird dieser kurze Bericht ein Schritt auf meinem Weg dorthin.   Anon.

52. „Zum Altare Gottes will ich treten, zu Gott, der mich erfreut von Jugend auf" (Ps 43,4) Es war bei einer Übung mit Tarot-Karten. Die Kursleiterin der Selbsterfahrungsgruppe hatte die Aufgabe gestellt, aus den Spielkarten die beiden herauszusuchen, die uns am meisten ansprechend bzw. abstoßend erschienen. Sehr bald hatte ich meine Karten gefunden. Die positive war die trauernde Königin. So fühlte ich mich schon lange: von unendlicher Melancholie erfüllt, die unglückliche Schöne, sehnsuchtsvoll am Fenster träumend wie weiland Feuerbachs Iphigenie ... Das Anti-Bild war auch rasch gefunden. Der Magier. Es zeigte einen Jüngling in herrscherlicher Pose mit den Attributen Schwert, Kelch und goldener Münze. Anschließend sollten wir uns zu zweit über unsere Karten austauschen. Ich wählte dazu eine gute Freundin, die damals bereits eine therapeutische Ausbildung besaß. Als ich ihr meine Anti-Karte zeigte, sagte sie nur: „Das stimmt nicht. Das ist deine Positiv-Karte. So möchtest du sein."

Einen Augenblick lang wollte ich ihr widersprechen. Aber dann fiel es mir wie Schuppen von den Augen. Sie hatte recht. Der Magier wurde für mich als Priester deutlich. Das Schwert mit seinem Griffstück war das Kreuz, der Kelch war offensichtlich, die goldene Scheibe war die Hostie. Das war es, was ich immer gewollt hatte, aber mir nie eingestanden hatte. Ich hatte es aus meinem Bewusstsein verdrängt, weil nicht sein konnte, was nicht sein durfte. Und in der Reflexion über mein bisheriges Leben wurde mir auf einmal klar, warum alles so gekommen war:

Mein Vater nahm mich etwa vom vierten Lebensjahr an mit in die Kirche. Mir gefiel es dort, die Orgel, die Kerzen, die Feierlichkeit, das geheimnisvolle Geschehen am Altar. Beim Eintritt in die Schule konnte ich die meisten Kirchenlieder und sang sie begeistert mit. Der Kontakt mit dem Ortspfarrer war allerdings enttäuschend.

Es war wenige Tage nach dem Osterfest, als ich ihm bei einem Spaziergang mit meiner Großmutter begegnete. In der Unterhaltung mit ihr ließ er die Bemerkung fallen, er sei froh, dass der „Rummel" vorbei wäre. Damit meinte er die Liturgie der Kar- und Ostertage, für mich damals das Höchste und Schönste des Kirchenjahres. Seit dieser Begegnung war dieser Priester für mich unglaubwürdig, und ich suchte nach anderen, mit denen ich meine Begeisterung teilen konnte. Mit 12 Jahren verliebte ich mich in einen Kaplan, der es verstand, eine noch innigere Beziehung zur Eucharistie und zur Liturgie in mir zu wecken. Damals trat dann auch zum ersten Mal der Wunsch auf, selbst Priester sein zu wollen. Ich lief nur noch in schwarzen Hosen, schwarzem Pulli und weißem Kragen herum, las Jungenbücher, spielte Jungenspiele und lehnte es ab, mein Frausein zu akzeptieren. Warum ich als Frau nicht Priesterin sein konnte, das hinterfragte ich zu dieser Zeit noch nicht. Das hatte ich mit meiner katholischen Erziehung als (gott-)gegeben internalisiert. Ich litt und haderte, kein Junge zu sein – bis hin zu Selbstmordphantasien.

Weil mich kein anderer Beruf wirklich interessierte, ließ ich mich von meinen Eltern zum Finanzamt schicken. Die glaubten ihre Tochter als Beamtin „gut versorgt". Ich spürte jedoch sehr bald, dass ich niemals mein Leben zwischen Akten verbringen können würde. So holte ich das Abitur am Abendgymnasium nach, absolvierte ein Pädagogikstudium und wurde Grundschullehrerin mit dem Schwerpunkt „römisch-katholische Religion". In diesen Jahren beschloss ich dann auch, eine „normale" Frau zu werden, zu heiraten, Kinder zu bekommen, wie man es von mir erwartete.

1973 heiratete ich einen Mann, der keinerlei kirchliche Ambitionen hatte. Wir bauten ein Haus mit drei Kinderzimmern. Aber trotz vieler – auch medizinischer – Bemühungen wurde ich nicht schwanger. Wahrscheinlich war ich psychisch überhaupt nicht empfängnisbereit. Vor und während meiner Ehe hatte ich immer wieder Beziehungen zu Priestern unterhalten. Eine spätere Therapie, zu der auch die eingangs erwähnte Tarot-Übung gehörte, hat mich erkennen lassen, dass ich in diesen Beziehungen eigentlich immer wieder versucht habe, meine eigene Sehnsucht nach dem Priestertum ein Stück weit zu verwirklichen. Wenn ich meine Gedanken in ihren Predigten wiederfand, wenn sie meine liturgischen Vorstellungen umsetzten, wenn sie zum Zeichen unserer Einheit in der Messe ihre große Hostie mit mir teilten, dann war ich glücklich und zufrieden.

Meine Ehe wurde nach neun Jahren geschieden. Ich hätte niemals heiraten dürfen. Immer öfter griff mein Mann zum Alkohol und wurde dann gewalttätig. Nachdem ich in einer Nacht nur durch lebensrettenden Einsatz von Nachbarn entkommen konnte, entschloss ich mich zur endgültigen Trennung.

Die folgenden Jahre waren überaus glücklich. Ich genoss meine Freiheit und lebe bis heute allein, ja, ich wage zu behaupten, ein Charisma zum zölibatären Leben zu haben, obwohl ich den Pflichtzölibat ablehne. Aber manchmal denke ich daran, wie anders meine Leben verlaufen wäre, wenn ich von vornherein meine Berufung wie ein Mann hätte verwirklichen können. Nach meiner Trennung absolvierte ich die Würzburger Fernkurse Theologie, das Trierer Fernstudium Liturgie und zahllose

Wochenend- und Ferien-Fortbildungsmaßnahmen. Ich habe eine Ausbildung für die Leitung von priesterlosen Gottesdiensten und eine Predigtausbildung des Bistums Aachen. Ich bin Predigerin, Lektorin, Kommunionhelferin, ich gestalte Erwachsenen- und Kindergottesdienste, arbeite mit Firmlingen, MessdienerInnen, Frauengruppen, im Sachausschuss Liturgie, in der Pax-Christi-Bewegung und gehöre zum Beraterinnenkreis im Bistum Aachen. In vielen Gottesdiensten stehe ich mit am Altar – in meiner Heimatgemeinde in Talar und Rochette, in meiner Wahlgemeinde in Zivilkleidung. Manchmal träume ich: Ich leite einen Wortgottesdienst mit Kommunionspendung, und dann übernehme ich plötzlich auch Gabenbereitung und Hochgebet. Schon viele Gläubige haben mir gesagt, dass sie sich das durchaus vorstellen könnten und gut finden würden.

- Wenn ich bei einer Beisetzung am Grab stehe,
- wenn ich in der Trauerhalle zu den Hinterbliebenen rede,
- wenn ich einen Wortgottesdienst am Sonntagvorabend leite,
- wenn ich im Altenheim bei der Kommunionfeier mit dem Ziborium am Altar stehe und anschließend helfe, die alten Menschen in den Rollstühlen zurück auf ihre Zimmer zu bringen,
- wenn ich das eucharistische Brot zu Hauskranken bringe,
- wenn ich Gottesdienste der Frauengemeinschaft plane,
- wenn ich bei Ausflügen des Kirchenchors die „Morgenandacht" gestalte,
- wenn ich als Ansprechpartnerin von vielen in der Gemeinde wahrgenommen werde,

dann weiß ich tief in meinem Innern, dass ich dazu berufen bin, dass ich am rechten Platz bin.

Das wusste ich auch schon mit etwa vier Jahren als Kind. Aber es gab damals keine Möglichkeit für ein Mädchen, solche Aufgaben übertragen zu bekommen. Es bedurfte vieler Jahre mit Irrungen und Wirrungen, mit der Missio Canonica als Religionslehrerin, mit zahlreichen theologischen Fortbildungen und Qualifikationen, bis schließlich die Ausbildung des Netzwerks Diakonat zur letzten Klarheit und Kompetenz verhalf. Für vieles habe ich eine bischöfliche Beauftragung, aber eine Weihe würde mir noch mehr den Rücken stärken und das Gefühl geben, im Namen und Auftrag der Kirche zu handeln. Für die praktische Arbeit ist es kaum relevant, ob ich geweiht bin oder nicht. Die Menschen wenden sich häufig an mich, wenn sie im Pfarrhaus niemanden erreichen oder nur den Anrufbeantworter hören können. Dem Pfarrer mit seinen vielen Gemeinden ist da kein Vorwurf zu machen. Er tut, was er kann. Und er lässt mich tun, was ich kann. Das ist in anderen Gemeinden nicht oft der Fall. Gestorben wird aber nicht nur zu Öffnungszeiten des Pfarrbüros. Und so wenden sich manchmal Bestatter oder Angehörige direkt an mich ...

Die Bestätigung meiner Berufung, die mir die Amtskirche verweigert, weil ich eine Frau bin, bekomme ich von den Menschen aus der Gemeinde. Die vielen positiven Rückmeldungen machen mich froh und glücklich und fordern mich heraus, immer wieder neue Aufgaben zu übernehmen – zum Wohl der Menschen in der Gemeinde und – theologisch ausgedrückt – zur Verbreitung des Reiches Gottes in der Welt. Bis zu meinem letzten Atemzug werde ich mich weigern, daran zu glauben, dass Gott seine Berufung an männliche Chromosomen gebunden hat. Ich frage mich, was die Kirchenmänner am Jüngsten Tag auf die Frage antworten werden, woher sie das Recht nehmen, Gottes fortwirkendes Handeln in seiner Kirche durch Missachtung so vieler Berufungen zu verhindern.

Gertrud Jansen

53. „Priesterin wollte ich nie werden; die Jünger und Jüngerinnen waren ja auch keine Priester"

Gott hat es mir von Anfang an angetan. Zur Firmung habe ich mir eine Bibel gekauft und in meinem Tempo durchgelesen. Bis zur Firmung hatte ich mir Zeit gelassen, die richtige Religionsgemeinschaft zu finden. Als Frau in der katholischen Kirche bin ich Mensch zweiter Klasse. Aber es gibt keine bessere Religionsgemeinschaft. Die anderen sind auch nicht besser. Insbesondere die evangelische Kirche kam mir keineswegs zeitgemäßer vor in ihren Äußerungen und in ihrem Handeln. Mir wurde gesagt, ich solle doch evangelisch werden, aber dort wird genauso wie bei uns um Ansehen gekämpft.

Priesterin wollte ich nie werden. Alleine vorne stehen und nie Zeit haben, immer Recht haben und gütig sein. Was muss das für ein Leben sein?! Die Jünger und Jüngerinnen waren ja auch keine Priester. Ich könnte mir schon vorstellen, das Brot im Kreis der Jünger und Jüngerinnen zu brechen. Aber wie soll das gehen, da die Eucharistie unerreichbar ist?

Kurz vor dem Abitur lernte ich eine Gemeindereferentin kennen und fand, dass der Beruf etwas für mich ist. Gott ist am allerwichtigsten in meinem Leben. Im Laufe von mehr als 30 Berufsjahren konnte ich durch Fügung und Führung einen Arbeitsplatz ergattern, den ich weitestgehend selbst gestalte. Bis dahin musste ich Männern dienen, um Gott dienen zu können. Beispielsweise in der Erstkommunionvorbereitung. Ein aus der Zeit gefallenes Monstrum, von dem wir bereits im Studium gelernt hatten, dass es auf Voraussetzungen fußt, die nicht mehr vorhanden sind. Man müsste etwas ändern. Aber wie, wenn man ein Nichts ist in der Kirche? Es ginge nur über Qualifizierung und Anpassung und ein Konzept nach dem anderen. Das ist nicht mehr mein Auftrag. Ich möchte Menschen dienen, das Wort Gottes verkünden und niemals Recht haben. Wenn ich Priesterin würde, wäre das eine Weihe, die mich froh macht. Ich müsste für meinen Lebensunterhalt sorgen wie alle Menschen. Es gäbe eine Gemeinschaft, in der über alles gesprochen werden kann. Wir hätten Zeit zum Studium, zum Gebet und für das, was gerade wichtig ist. Dann würden wir das Brot am Tisch brechen und miteinander teilen zum Gedächtnis an Jesus Christus. Das ist ein Traum.

Ich glaube, wenn ich die Evangelien richtig verstehe, die Berufenen können heilen. Das kann ich nicht. Darum bin ich auch nicht zu einer Weihe berufen, sondern zu einem Dienst. Aber ich möchte gerne einer Chefin oder einem Chef kollegial dienen, der oder die im Leben steht. Darum bin ich sehr für die Öffnung der Priesterweihe für alle Berufenen, aber dann muss das Priesteramt ein anderes werden. Nicht die Frauen müssen sich an die Männerwelt anpassen, sondern die Kirche als Ganze muss die Menschen als Gesamtheit im Blick haben, als Brüder und Schwestern, ohne Hierarchie, mit geteilter Verantwortung, mit dem Risiko des Scheiterns, heilend und feiernd. Dorothee Janssen

54. „Nehmen wir es selbst in die Hand" Ich bin 60 Jahre jung, seit 36 Jahren glücklich verheiratet und von Beruf Ergotherapeutin. Hier arbeite ich schwerpunktmäßig mit behinderten Kindern und Jugendlichen. In meiner Kindheit habe ich eine sehr konservative, strenge katholische Kirche erlebt. Dies hat sich in meiner Jugendzeit drastisch verändert. Ich durfte Jugendgottesdienste mitgestalten, meine Gedanken, Gebete einbringen, Messdienerin sein. Ich bekam Verantwortung, diese Kirche mitzugestalten. Dies hat mich als junges Mädchen geprägt und dieses Selbstbewusstsein ist bis heute geblieben. In dieser Zeit sind meine Wurzeln in dieser Kirche gewachsen.

Deshalb war es mir immer wichtig, mich in der Gemeinde, wo ich wohne, zu engagieren. Im Leiten einer Jugendgruppe, in Kommunionstunde, Firmvorbereitung, Bibel teilen, Bibliolog, Gottesdienstvorbereitungen. Und jetzt ist es so, dass ich nicht nur Gottesdienste vorbereite, sondern ich halte Wortgottesdienste. Oder besser gesagt – als selbstbewusste Frau und mündige Christin – ich halte Gottesdienste!

Dafür hätte ich gerne die Anerkennung und Wertschätzung von Seiten der Kirche – für alle diensttuenden Frauen. Für mein Amt habe ich die Beauftragung damals noch von Kardinal Karl Lehmann erhalten. Wie viele Frauen halten schon Gottesdienste, weil es nicht genug Priester gibt und diese auch keine Zeit für die Menschen in den Randgruppen haben. Mit meinen Gottesdiensten habe ich bei den Senioren angefangen, und ich gehe jetzt in ein Wohnheim für Menschen mit Behinderung. Wo ging Jesus hin? Wo war er anzutreffen? Ich glaube, wenn Jesus heute leben würde, würde er in Kirche auch aufräumen, wie damals im Tempel. Meine Berufung sehe ich darin, da, wo ich bin, mein Christsein zu leben, einen frohen, lebendigen und gleichberechtigten Glauben aufzuzeigen, verbunden mit der Hoffnung, dass sich im Denken etwas verändert. Solidarität mit Maria 2.0 bedeutet, deutlich zu zeigen, was wir Frauen in der Kirche (ehrenamtlich) schon viele Jahre leisten.

Ich möchte auch nicht mehr zusehen und darüber schweigen, wie viele Priester heimlich, oder geduldet, Beziehungen leben. Das ist für mich verlogen und Kirche verliert an Glaubwürdigkeit. Es macht mich wütend, von sexuellen Übergriffen von Priestern zu erfahren. Ich kann dies als Christin, Frau, Mutter und Oma nicht dulden. Kinder sind unser höchstes Gut.

Ich gebe die Hoffnung nicht auf, dass sich etwas verändert. Es verändert sich ja schon in kleinen Schritten, wenn ich so meinen Werdegang betrachte. Es liegt an uns Frauen, auf was warten wir denn noch? Nehmen wir es selbst in die Hand, denn wir sind Kinder Gottes.

Claudia Jobst

55. „Ärger und Wut über die Diskriminierung von Frauen im Namen Gottes"

Das Thema Berufung habe ich in meiner persönlichen und beruflichen Biographie in verschiedenen Facetten erlebt. Als Frau in der Kirche hatte ich zunächst keine Vorbilder. Das Interesse am Studium der Theologie und einem Beruf in der Kirche wuchs an drei wichtigen Erfahrungen als Heranwachsende: im Gebet zu erfahren, wer ich bin; die Bibel als lebendigen Schatz kennenzulernen; in der Kirche eine Heimat zu finden.

Im Studium (1992–1997) selbst gab es immer wieder Abwertung vonseiten der Priesteramtskandidaten, mit denen viele Veranstaltungen gemeinsam besucht wurden, die aber vielfach nicht an die Möglichkeit der Berufung von Frauen „glaubten". Ich habe mich gegen diese Erfahrung immunisiert, und zu Beginn der Ausbildung sehr klar gewusst, dass ich mit Hierarchien leben muss, ohne darin aufsteigen zu können. Aber ich habe die Kränkung nicht an mich herangelassen. Seither arbeite ich als Theologin in einem großen pastoralen Raum und versuche hier meine Berufung zu leben, geführt von Gottes Geist und geborgen in meiner Familie, als Mutter von zwei Mädchen, in liebevoller Beziehung zu meinem Mann.

Der Wunsch, selbst Priesterin zu sein, ist in den letzten Jahren deutlicher geworden. Eine wichtige Erfahrung ist der Kontakt zu den Schwestern der Communität Christusbruderschaft im Kloster Wülfinghausen. Ich verbringe dort immer wieder Tage der geistlichen Erneuerung und bin sehr bewegt, die Schwestern dort als Pfarrerinnen zu erleben, die der Eucharistie vorstehen. Dass eine Frau für Christus am Altar steht, diese Möglichkeit habe ich erst dort entdeckt. Und auch, dass mit einer weiblichen Stimme und Haltung die Liebe Gottes in unerwarteter Weise ausgedrückt werden kann. Daran habe ich als Pastoralreferentin auch Anteil, aber in einem sakramentalen Verständnis von Kirche stellen Priesterinnen auf besondere Weise das Versprechen Gottes dar, in dieser Welt gegenwärtig zu sein.

Was den aktuellen Stand der Diskussion dazu angeht, habe ich nur sehr wenig Hoffnung, dass die priesterliche Würde von Frauen in der Institution ausdrücklich zum Tragen kommen wird. Für die Entscheidungsträger ist es offensichtlich eine Marginalie; selbst in der Aufarbeitung der Vorschläge aus der Amazonas-Synode hat der Papst abschließend verlautbaren lassen, das Thema habe keine Relevanz. Die Wirkung der derzeitigen Diskriminierung von Frauen in der Kirche auf Mädchen und junge Frauen ist allerdings fatal. Sie fühlen sich persönlich verletzt und nicht ernst genommen. Das bewegt mich wiederum selbst sehr und macht mir deutlich, wie viele Verletzungen ich selbst übergehe, um weiter mit Freude in der Kirche arbeiten zu können.

Zum Glück habe ich immer dienstvorgesetzte Pfarrer gehabt, die mich als Theologin sehr schätzen und das in der Gemeinde auch deutlich zeigen. Es bleibt aber die Abhängigkeit von ihnen, die ich zu Beginn der zweiten Lebenshälfte deutlicher spüre als früher. Damit ist dann auch der Ärger verbunden, keinen Anteil am Leitungsamt zu haben. Für mich ist das Hauptgefühl mittlerweile nicht mehr Traurigkeit über Unmögliches, sondern Ärger und Wut über die Diskriminierung von Frauen im Namen Gottes.   Ruth Keller

56. „Ich wollte Menschen helfen, ihr Leben nach Gott auszurichten" Meine frühe Kindheit verlebte ich in Niederschlesien, bis wir 1946 von dort vertrieben wurden. Wir landeten im protestantisch geprägten Sachsen in einer Kleinstadt. Das Pfarrhaus wurde für uns in dieser Diasporasituation ein wichtiger Lebensraum. Die Seele des Hauses war unsere Seelsorgehelferin. Wir Kinder fühlten uns bei ihr geborgen und verstanden und wir vertrauten ihr bedingungslos. Als Jugendliche betreute ich bald eine Mädchengruppe, wurde „Pfarrjugendführerin" und „Dekanatsführerin", gründete eine Laienspielgruppe und einen Literaturkreis und beteiligte mich an der Vorbereitung und Durchführung von Kindergottesdiensten in der Pfarrei.

Als ich 30 geworden war und noch keine Familie gegründet hatte, fragte ich mich, wie mein Leben weitergehen sollte. Mein ausgeübter Beruf war nicht mein Traumberuf, der mir aus politischen und gesundheitlichen Gründen verwehrt war. Aber ich hatte mich gut hineingefunden und hatte auch eine leitende Position. Und doch wusste ich: Das genügt mir nicht. Merkwürdigerweise ist mir der Moment der Erkenntnis mit allen Äußerlichkeiten ganz lebhaft in Erinnerung. Es war ein sonniger Sonntagnachmittag. Ich stand in der Küche und mir wurde mit einem Schlag klar, ich wollte Seelsorgerin werden. Ich wollte Menschen helfen, ihr Leben nach Gott auszurichten, sie begleiten auf ihrem Weg zu einem erfüllten Leben. Priesterin werden zu wollen, kam mir nicht in den Sinn. Ich war zu dieser Zeit noch ganz befangen im traditionell kirchlichen Denken. Sehr bald bewarb ich mich im Seminar in Magdeburg, wo die Seelsorgehelferinnen ausgebildet wurden. Doch bevor ich diese Ausbildung begann, wurde ich von dem damaligen Jugendseelsorger gefragt, ob ich als Referentin für Jugendarbeit nach Dresden kommen würde. Damit erfüllte sich für mich ein Traum. Meinen Berufswunsch konnte ich sofort ausüben und das in meiner Traumstadt Dresden.

Zwei Jahre war ich in der Jugendseelsorge tätig, bis dann unter Bischof Otto Spülbeck (1904–1970) die Dresdner Synode begann, die ich mit großen Hoffnungen begleitete. Nach seinem Tod führte Kardinal Alfred Bengsch (1921–1979) die Dresdner Synode in die DDR-Synode über. Wie in der Zeit nach dem Zweiten Vatikanischen Konzil gewannen auch hier die restaurativen Kräfte wieder die Oberhand, und so viele hoffnungsvolle Ansätze wurden ausgebremst. Das veranlasste mich damals dazu, wieder in meinen erlernten Beruf zurückzugehen.

1975 wurde ich vom damaligen Caritasdirektor gefragt, ob ich die Betreuung einer Gruppe alleinerziehender Mütter übernehmen würde. Diese Gruppe, inzwischen Großmütter und Urgroßmütter, begleite ich noch heute. 1985 kam erneut eine Anfrage: Ein Jesuitenpater berichtete mir, dass man in Dresden eine Stelle für eine ökumenische Telefonseelsorge einrichten wolle. Es war die erste Telefonseelsorgestelle in der DDR. Ob ich bereit wäre, mich zu bewerben? Ich tat es und habe über 30 Jahre lang als Telefonseelsorgerin am Telefon gesessen und den „Mühseligen und Beladenen" zugehört, sie getröstet, sie bei der Suche nach Lösungen begleitet und Vieles einfach nur ausgehalten. Ich war damit dann dort angekommen, wohin mich mein Wunsch, mich seelsorgerisch zu betätigen, hingeführt hatte.

Aber es sollte nicht die letzte Herausforderung sein. Nach der Wende bekam ich Kontakt zur Initiative Kirche von unten, einem Netzwerk von ganz verschiedenen Gruppen und Initiativen, und war mehrere Jahre im Koordinierungskreis. 1995 initiierten Christian Weisner, Dieter Grohmann und ich das KirchenVolksBegehren in Deutschland, das mit so großem Erfolg in Österreich gestartet war. In der nachfolgenden Bewegung Wir-sind-Kirche, wie auch bei der Ikvu (Initiative Kirche von unten), spielt der Kampf um die Gleichberechtigung von Frauen in der Kirche eine wichtige Rolle. In den fünf Forderungen des KirchenVolksBegehrens steht die Frauenfrage an zweiter Stelle. Die große Resonanz, die die Bewegung Maria 2.0 erfahren hat, macht deutlich, dass die Gleichberechtigung von Frauen in der katholischen Kirche eine existenzielle Frage geworden ist. Die reine Männerkirche hat meiner Meinung nach keine Chance mehr in der heutigen Zeit. Hat die Kirche im 20. Jahrhundert die Arbeiterschaft verloren, so ist zu befürchten, dass im 21. Jahrhundert die Frauen die Kirche verlassen, wenn ihre Forderungen nach Gleichberechtigung nicht Gehör finden. Eva-Maria Kiklas

57. „Nichts ist von mir verlangt, als einzig zu leben, lebendig zu sein und dem Ruf zu trauen"

Ich weiß nicht (mehr), ob es meine Berufungsgeschichte ist, aber lange Zeit in meinem Leben habe ich sie als solche gedeutet. Heute denke ich mir manchmal, es könnte auch ein Suizidversuch oder ein psychotischer Schub gewesen sein. Gründe gab es ausreichend. Alkohol, totgeschwiegene sexuelle Belästigung, verdrängte Sexualität, mich nicht im Frauengeschlecht einfinden können etc. Gott hat sich in meinem Geschlecht geirrt. Ich war damals und bin es noch familiär und damit seelisch belastet. Ich besitze ein inneres, wildes Ausland. Auch heute noch.

Meine Erinnerungen sind bruchstückhaft vorhanden. Es ist dunkel und ich fahre am Radweg, der zwischen Fluss und Feldern und Flughafenrollfeld entlangführt, nach Hause. Ich bin ca. elf oder zwölf Jahre alt und hatte immer den Auftrag, nach dem Musikunterricht Milch und ein Kilo Topfen einzukaufen. Die Musikschule lag in der Nähe der Markthalle. Ich muss irgendwie gestürzt sein, jedenfalls ist meine Jeanshose, die meine Mutter mir unwillig, weil teuer und neu, gekauft hat, kaputt, am Knie aufgerissen. Dann gibt es eine dunkle Radweglücke, mir fehlt die Erinnerung. Ich weiß nicht, was passiert ist oder ob mir etwas passiert ist, ob da ein anderer Übergriff stattgefunden hat. Jedenfalls befinde ich mich später in völliger Verzweiflung und in Tränen aufgelöst zwischen den Ufersteinen am Fluss. Ich kenne den Platz, ich fahre heute noch oft daran vorbei. Das Rad ist oben am Radweg. Wohl auch die Geige, ich habe alles zurückgelassen. Milch und Topfen ebenso.

Ich will und kann nicht leben, meine Kräfte sind erschöpft. Ich höre eine Stimme unten vom Wasser her. Einen Ruf. Ich bin das Leben – willst du für mich leben. Oder so ähnlich. Die Wörter kann ich nicht beschwören. Nur meines: Ein JA unter großen, schweren Tränen. Ein Trost kommt. Eine frohmachende, rettende Botschaft. Ich willige ein. Es geht natürlich nicht so schnell, es ist eigentlich ein Ringen, ein Kampf da unten am dunklen Fluss. Dann lasse ich meine ungeborenen Kinder, die ich an der Hand gehalten habe, frei, ich lasse meine Pläne los. Wir waren fünf Geschwister und ein Pflegekind zuhause, und ich wollte auch viele Kinder. Ich übereigne mich. Und bin gleichzeitig – aus heutiger Perspektive – erst mein Eigentum geworden. Ich habe zumindest damals damit begonnen, aber fertig bin ich noch nicht.

Mit 17 habe ich meiner Schwester, mit der ich das Zimmer teilte, gesagt, ich werde in den Karmel eintreten (ein Ausflug mit der Schulklasse dorthin hatte stattgefunden und das Gespräch mit einer überzeugenden Ordensfrau). Ich bin nicht eingetreten, meine Schwester hat mich abgehalten. Es wäre auch der falsche Weg gewesen. Ich wollte ja Pfarrerin werden. Also habe ich Theologie studiert. Musste aber etwas machen, was auch Geld bringt, also Schule, weil ich ja doch einen rationalen Anteil besitze, der verstanden hat, dass die Kirche sich nicht ändern wird. Wie viel Groll, wie viel Saures, Bitteres und Vergiftendes die Missachtung der Berufung von mir und anderen, die nie geprüft wurde, hervorruft, habe ich in mir. Man darf ja nicht laut darüber reden, man muss ja lernen: „Die Weihe empfängt gültig nur ein getaufter Mann" (Can. 1024 *Codex Iuris Canonici*), Frauen können Jesus nicht verkörpern, es gibt keine Apostelinnen etc. In der Pfarrgemeinde habe ich mein Engagement eingestellt, die systemische Kränkung war und ist zu groß. Mittlerweile kann ich ein wenig versöhnter wieder zu Eucharistiefeiern gehen. Es hat lange gedauert. Stolz bin ich, dass ich meinem Jugendpfarrer noch vor seinem Tod in einem Brief von meiner Berufung erzählt und ihm für sein Vorbild gedankt habe. Stolz bin ich, dass ich dem Generalvikar während meines Pastoraljahres „die Leviten" gelesen und mit all meinem Mut in einem Einzelgespräch meine Berufung ausgebreitet habe. Auch verschiedenen Seelsorgern und Seelsorgerinnen.

Vor allem meinen Freundinnen und meinen geistlichen Begleiterinnen bin ich unendlich dankbar. In ihnen ist mir die wohlwollende Stimme des Lebens, die lockende Frage und Umarmung Jesu auch, immer wieder entgegengekommen. Und ein wenig bin ich auf der Spur, ein wenig. Je älter ich werde, desto richtiger erscheint mir die „irrtümliche" Berufung. Sie lässt mich auch wissen, dass die mit Amt verbundenen Machtdünkel unangebracht sind. Ich bin froh, als Priesterin/Pfarrerin wäre ich auch von vielen „firmeninternen" Abnützungserscheinungen korrumpiert. Es ist nur ausgenommen schade, dass meine geistlichen und spirituellen Gaben brachliegen. Eine Vergeudung der reichen Seelentalente, die man zuhauf findet, wenn man sucht. Die Lebensstimme Gottes höre ich nach wie vor, manchmal wende ich mich ab, meist habe ich keine Zeit für sie. Am römischen Machtapparat habe ich das Interesse verloren. Ich fühle mich allerdings schuldig, jungen Frauen diese Kirche, in der sich so wenig verändert hat, zu hinterlassen. Da schäme ich mich, dass ich nichts getan und nichts weitergebracht habe.

Während Exerzitien oder auch in der Liebe, beim Beten, in der Sexualität auch, tut sich manchmal das große Jetzt auf, das göttliche, alles übersteigende Leben, das Geheimnis. Wo der Tod hinter einem liegt und vor einem die Liebe. Ich vertraue auf die göttliche Nähe, auf seine liebevolle Kraft. Ich fürchte mich auch. Aber ich weiß, nichts Unmenschliches ist von mir verlangt. Einzig zu leben, lebendig zu sein und dem Ruf trauen.   Anon.

58. „Nie im Leben hätte ich mich dafür entschieden, mich weihen zu lassen"

Ursprünglich komme ich aus Norddeutschland. Von 1968–1974 habe ich in Tübingen katholische Theologie studiert und dann mit dem Diplom abgeschlossen. Ich habe dort meinen Mann kennengelernt, ebenfalls Theologe, aus dem Bistum Basel, wo es damals für Frauen möglich wurde, im Gemeindedienst zu arbeiten. Als erste Frau in der Schweiz wurde ich 1974 angestellt als sogenannte Laientheologin in einer Pfarrei in der Nähe von Basel. Vierzig Jahre lang habe ich dort mit verschiedenen Anstellungsgraden gearbeitet. Daneben habe ich verschiedene Leitungsfunktionen auf kantonaler und diözesaner Ebene wahrgenommen und war aktiv in der Schweizer Asylbewegung.

Das Stichwort Berufung war für mich immer negativ besetzt, auch weil es nur benutzt wurde in der „Werbung" um Priesterberufe, wovon Frauen ausgeschlossen waren. Und das ist bis heute so. Ich habe damals Theologie studiert, weil ich als Schülerin angesteckt wurde von der Begeisterung Theologiestudierender, sich zu engagieren in der Nachfolge Jesu und seiner Botschaft. Die politische 68er-Bewegung und die Befreiungstheologie waren für mich die Schlüsselerfahrungen, die mein Leben und Arbeiten als Theologin entscheidend geprägt haben: Optieren für die Armen und Armgemachten, für die Ausgegrenzten und Stummgemachten; Arbeiten für eine Welt, in der Leben für alle in Frieden und Gerechtigkeit möglich ist; Arbeiten für eine Welt, in der die Sorge für die Umwelt als Lebensauftrag verstanden wird.

Die biblischen Zeugnisse und Verpflichtungen aus der jüdischen und christlichen Tradition waren für mich immer eine Quelle der Kraft und Energie. Dazu waren mir der Austausch und die Weiterbildung mit Kolleginnen und Kollegen wichtig für gegenseitige Vergewisserung und spürbare Solidarität. Sich anstecken lassen, begeistern lassen, bestärken lassen im praktischen und prophetischen Einsatz für das Leben aller Menschen – im wirtschaftlichen, politischen und kulturellen Bereich, in der Nachfolge Jesu mit seiner Vision vom Reich Gottes und seiner Gerechtigkeit. Dazu ist mir die Zusammenarbeit mit allen Menschen „guten Willens" in sozialen und politischen Bewegungen wichtig.

Selbstverständlich ist für mich, dass Frauen gleichberechtigt Zugang haben müssen zu allen kirchlichen Ämtern. Ich möchte mich zumindest dafür oder dagegen entscheiden können. Zudem ist es eine Frage der Glaubwürdigkeit der Kirche. Aber nie im Leben hätte ich mich dafür entschieden, mich weihen lassen, zu „ordinieren", weil ich die Ordotheologie mit dem Sukzessionsgedanken für völlig verfehlt halte. Darin geht es ja nicht um eine konsequente Nachfolgepraxis auf den befreienden und prophetischen Spuren Jesu, sondern vielmehr um den Erhalt von Strukturen, die sich nach der Konstantinischen Wende herausgebildet haben – zu oft auf der Seite der Mächtigen und zu oft gegen kritische Geistkräfte. Wenn wir als Frauen über Frauen im Priesteramt reden, müssen wir m. E. zuerst über das Amt selbst reden – und darüber, was uns inhaltlich bewegt, begeistert und antreibt. Maria Klemm

59. „Die Kirche leidet darunter, dass Frauen nicht Priesterinnen werden können" Ob ich zum Priestertum berufen sein könnte? Diese Frage habe ich mir nie ernsthaft gestellt. Früh schon habe ich gelernt, dass es, um von Berufung sprechen zu können, die Antwort und die Bestätigung der Kirche braucht. Somit war es schwierig für mich, diese Frage auch nur zu denken. Die Gebetstage um geistliche Berufungen habe ich aber immer als scheinheilig empfunden. Klar wurde da für Priester- und Ordensberufungen gebetet. Worum es den Diözesen aber in Wirklichkeit geht, worum sie den Himmel anflehen und wofür sie strategische Konzepte entwickeln, sind junge oder weniger junge, unverheiratete Männer. Geistliche Schwestern sind schon auch ganz gut, des ästhetischen Aspektes wegen und sie machen viel nützliche Arbeit; wirklich gebraucht aber werden Männer, die Priester werden können. Ich bin trotzdem Ordensfrau geworden, ich habe auf einen Ruf geantwortet, und ich habe in der Pastoral gearbeitet. Das war gut für den ästhetischen Aspekt. Ich war lang die einzige Frau im Team. Und ich habe viel nützliche Arbeit gemacht. Die grundsätzliche Erfahrung aber ist die gleiche geblieben. Während händeringend nach Priestern gesucht wird, und sie sogar aus Afrika und Indien eingeflogen werden, ist es für uns Ordensfrauen und Theologinnen oft schwierig. Wenn wir versetzt werden, können wir froh sein, wenn eine neue Diözese uns eine Anstellung gibt. International betrachtet ist das aber ein Luxusproblem. Wie viele meiner italienischen und französischen Mitschwestern – von denen aus anderen Kontinenten gar nicht zu sprechen – sind theologisch gebildet und machen pastorale Arbeit! Aber wer käme auf die Idee, sie dafür zu bezahlen? Ich habe meine Arbeit gerne gemacht, habe sie als zutiefst sinnvoll erlebt und dabei Berufung gespürt. Bei den Beerdigungen, dem Predigen, den Kindergottesdiensten, dem Begleiten des Pfarrgemeinderats, den Taufgesprächen, der Sakramentenvorbereitung. Ja, ich habe Berufung gespürt darin, den Menschen das Wort Gottes zu verkünden, sie in ihrem Glauben zu begleiten und zu trösten, und ich war Hirtin – in manchen Situationen mehr als der Pfarrer, der abwesend war oder mit den Leuten im Konflikt. Berufung, aber auch viel Frustration! Ich liebte die Beerdigungen, denn es war das Einzige, wo ich vom ersten Telefonkontakt bis zum Segen am Grab so den Menschen begegnen und mit ihnen vor Gott treten konnte, wie ich das wollte. Bei allem anderen wusste ich, dass es immer auch anders kommen konnte, weil der Pfarrer seine Meinung geändert hat.

Jetzt studiere ich wieder. In zehn Jahren pastoraler Arbeit habe ich auch positivere Erfahrungen von Zusammenarbeit gemacht. Mein Ordensfrau-Sein, das heißt die Verfügbarkeit, die ich gelobt habe, ist in beruflicher Hinsicht aber eher ein Hindernis. Und in allem werde ich immer vom Wohlwollen des Priesters, der mein Chef ist oder mit dem ich zusammenarbeite, abhängig sein. Ich glaube nicht, dass ich damit noch 30 Jahre gut leben kann. Ich studiere, um mir ein zusätzliches Arbeitsfeld zu eröffnen, von dem ich hoffe, dass es mit weniger Frustrationen verbunden ist.

Ich frage mich, ob ich bitter geworden bin. Ich glaube eigentlich nicht. Aber so manches ist absurd – gerade in Virus-Zeiten mit den Fernsehmessen. So wie gegenwärtig kirchliches Leben läuft, bleibt die Frage vom Platz der Frauen in der Kirche mit der Frage nach dem Priestertum der Frau verbunden. Heute dürfen Frauen nicht Priesterinnen werden. Ich glaube immer mehr, dass die Kirche darunter leidet – und zwar nicht nur viele Frauen und einige Idealisten, sondern die ganze Kirche. Manchmal fällt es mir nicht ganz leicht, Mitgefühl mit ihr zu haben.

Sr. Christine Klimann sa

60. „Wie oft im Leben stehen wir Frauen in persona Christi unseren Mitmenschen gegenüber"
Ich bin 63 Jahre alt und seit 34 Jahren ehrenamtlich in unserer Pfarrgemeinde tätig. Den Wunsch, Diakonin oder Priesterin zu werden, habe ich nie verspürt. Eine Berufung ja – aber nicht zum hauptamtlichen Engagement. Was meinem Inneren widerspricht, ist das Gehorsamsgelöbnis bei einer Weihe. Mein von Kindesbeinen an gehegter Wunsch, Mutter zu werden, hätte dem ebenfalls entgegengestanden.

Beim Synodalen Weg und bei der Aktion Maria 2.0 habe ich mit Absicht nicht mitgemacht, weil ich nicht mehr fragen möchte „Darf ich dieses oder darf ich jenes?". Bereits 1995 habe ich mich bei der Kirchen-VolksBewegung in unserer Pfarrgemeinde und in unserem Bistum Aachen engagiert. Die Themen sind immer gleichlautend und die Antworten ebenso. Mir ist es wichtig, nicht etwas einzufordern, was mir ohnehin kraft Taufe und Firmung gegeben ist.

Ein Beispiel: Heiligabend 2019 sollte ursprünglich in unserer Kirche kein Gottesdienst stattfinden. Ich habe unserem Pfarrer geschrieben, dass ich unserer Gemeinde gerne eine Wort-Gottes-Feier anbieten möchte. Er hat dem zugestimmt. Was er nicht wusste: Bei einem eventuellen Nein hätte ich dennoch einen Gottesdienst gehalten – und zwar im Stall eines mir bekannten Bauernhofes. Über die Medien hätte ich dann auf diese besondere Feier hingewiesen.

Im Dezember 2018 habe ich ein katholisches Paar getraut, das Gottes Segen wünschte, aber keinen Priester. In unserer seelsorgerischen Arbeit führen wir so viele Gespräche. Warum keine Krankensegnung anstelle einer Krankensalbung? Warum nicht mit dem Gesprächspartner gemeinsam Gott um Vergebung bitten? Wie oft im Leben stehen wir Frauen *in persona Christi* unseren Mitmenschen gegenüber. Nicht nur am Altar, sondern immer dort, wo Trösten, Zuhören oder heilende Berührungen gefragt sind. Benedikta Klinkhammer

61. „Ich tue einen priesterlichen Dienst, auch wenn die Kirche es nicht so nennen würde" Ja, ich hatte als 17–18-Jährige (1974) einmal den Traum, Priesterin werden zu können. Ich bin wie wohl viele in dieser Zeit mit Frohschar, KJG, Gruppenleiterschulungen, Freizeiten, Jugendgottesdiensten aufgewachsen, und das machte für mich Katholisch-Sein aus. Großartige Priester und Ordensfrauen auf Augenhöhe standen an meinem Weg und vermittelten Begeisterung für den Glauben. Dieses Beheimatet-Sein in der Kirche weckte in mir den Wunsch nach einem kirchlichen Beruf. Der Vikar meiner Jugend vermittelte mir ganz selbstverständlich, ich würde, wenn es möglich wäre, eine gute Priesterin werden. Das machte mich froh, aber den Gedanken zu verfolgen war ja zwecklos, und ich suchte eine Alternative. Sollte ich Religionslehrerin werden? Theologie studieren? Dann lernte ich kurz vor dem Abitur ein Säkularinstitut kennen mit jungen, lebendigen, strahlenden Frauen und fühlte mich sofort dahinein gerufen. Das war es! Das sollte mein Weg werden. Wenn schon nicht Priesterin, dann immerhin Gottgeweihte.

Allerdings gab ich mit dem Eintritt und im Annehmen der mir so vermittelten Eintrittsbedingungen auch meine Träume auf und ordnete mich total unter. Dass ich Theologie studierte, war nicht mehr erwünscht und entsprach nicht den Aufgaben der Gemeinschaft, in deren Dienst ich mich ja hundertprozentig stellen wollte. So wurde im Gehorsam eine Sozialpädagogin aus mir und ich war überzeugt, damit Gottes Willen zu tun. Der fraglose Gehorsam als Verzicht auf den Eigenwillen erschien mir als das Höchste, das man Gott schenken kann. Mein gelegentliches Liebäugeln mit Büchern, mit Theologinnen, die sich tatsächlich weiter für ein Frauenpriestertum engagierten, kam mir rebellisch und falsch vor, jedenfalls war das nicht im Sinne meiner Gemeinschaft und so hielt ich mich davon fern. Zuweilen mit Wehmut.

Mehr als zwanzig Jahre hat es gedauert, bis sich die innere Stimme wieder Gehör verschaffte in meinem Leben, mich zunehmend unzufrieden werden ließ und mir das Gefühl gab, nicht mit mir im Reinen zu sein. Ich fühlte mich eingeengt, lehnte mich auf und wurde immer hellhöriger für kritische Stimmen in der Kirche. Ich begann, Gott viel größer zu denken und allem zu misstrauen, was in der Kirche auf mich elitär und überheblich wirkte und bestimmte Menschen und Gruppen ausschloss. Auch wenn Austreten weitaus schwerer ist als Eintreten, spürte ich, dass ich mich von der Gemeinschaft trennen musste, um meinen Platz anderswo zu finden. So folgte ich dem inneren Impuls und erlebte von da an wie nie zuvor, dass ich geführt wurde und dass mir alles, was ich in dieser schweren Zeit brauchte, buchstäblich entgegenkam.

Nach und nach fand ich meinen Weg, meine Anerkennung und eine tiefe innere Zufriedenheit in der Klinikseelsorge und in der kirchlichen Erwachsenenbildung. Musik und Tanz wurden mein Element, ich fand darin meine Form des Betens, der Meditation; meine Form, mich und meinen Glauben auszudrücken. Weiblich eben. Mein Gottesbild wurde ein anderes. Und: Je priesterlicher, seelsorglicher mein Tun wurde, umso stimmiger erlebte ich mein Sein und Tun vor Gott. Vor Gott weiß ich heute, dass ich einen priesterlichen Dienst tue, auch wenn die Kirche es nicht so nennen würde.

Priesterin wollte ich heute nicht mehr werden. Dafür muss erst das Priesterbild ein anderes werden. Aber ich wünsche mir Frauen, die predigen. Frauen, die das Sakrament der Krankensalbung spenden. Frauen, die die Einsetzungsworte sprechen. Nur in anderer Form. Schon vor 40 Jahren war zu lesen: „Die Frau kann nicht einfach in den (ohnehin neu zu schneidernden) Rock des Pfarrers steigen. Wie das Bild des männlichen Priesters einer Neufindung bedarf, so muss erst recht das Bild des weiblichen Priesters noch gefunden werden" (aus Anita Röper: *Ist Gott ein Mann? Ein Gespräch mit Karl Rahner*, Düsseldorf 1979). Jedenfalls glaube auch ich fest: Es MUSS gefunden werden.　　　　Ulrike Knobbe

62. „Zermürbender Kräfteverschleiß durch immer wieder aufkommenden Leidens- und Rechtfertigungsdruck" Ich bin 56 Jahre alt, Mutter von vier Kindern und war viele Jahre als Gymnasiallehrerin mit den Fächern Deutsch und Katholische Religionslehre tätig. Vor einigen Jahren habe ich meinen Beruf an den Nagel gehängt, weil sich bis dahin immer wieder ein Ruf in mir vernehmbar gemacht hat, noch einmal ganz neu zu beginnen. In dieser Zeit hatte ich keine Ahnung davon, was ein Diakon ist bzw. dass in der katholischen Kirche keine Diakoninnen zugelassen sind. Wohl aber stieg im Gebet immer wieder die Aufforderung in mir hoch, Diakonin zu werden.

Eine unvergessliche Erfahrung war, dass ich in einer solchen Situation laut und deutlich erwiderte: Wie soll das gehen, bei diesem Papst? Und dann nach Hause kam und im Radio hörte, dass Papst Benedikt XVI. zurückgetreten ist. Das hat meine Bereitschaft, mich mit diesem Thema intensiver auseinanderzusetzen, enorm gestärkt; ich bin Mitglied im Netzwerk Diakonat der Frau geworden und habe mich bei der Vorsitzenden vorgestellt. Irmentraud Kobusch riet mir wegen der langen Zeit, die es noch dauern würde, bis ein 3. Diakonatskreis beginnen könnte, nach Beschäftigungen zu suchen, die schon jetzt meine Berufung sichtbar machen würden. Ich wusste damals nicht, wie lange es dauern würde. Mir hat es in all den Jahren immer wieder geholfen, mein Leben ganz konkret nach dem Vorbild einer Diakonin auszurichten – meine Berufung jetzt schon zu leben. Ich gehe davon aus, dass dies viele Frauen so tun.

Warum es aber m. E. not-wendig ist, Frauen nicht nur im stillen Kämmerlein ihre Berufung leben zu lassen, von ihren Diensten zu profitieren und ansonsten – besonders jetzt zu Corona-Zeiten wieder – die priesterliche Kirche stark zu betonen, ist zum einen der persönlich stark erlebte und zermürbende Kräfteverschleiß, der durch den immer wieder aufkommenden Leidens- und Rechtfertigungsdruck („Darf die das?") entsteht, und zum anderen die Sehnsucht, Gottes heilende und stärkende Hände, sein Ja zu meiner Berufung mit einem sichtbaren Zeichen – mit der Weihe – bekräftigend zu erfahren. Ich weiß im Tiefsten meines Herzens, dass ich zur Diakonin in der katholischen Kirche berufen bin.

Am 7. April teilte mir Frau Kobusch mit, dass ich Teilnehmerin des 3. Diakonatskreises sein werde, was mir ein weiteres Mal neben der tief empfundenen Freude eine Bestätigung war, dass ich mich vor neun Jahren nicht verhört habe und dass Gott mich diesen Weg führt.

Claudia Köring

63. „Alles hat seine Zeit ..." Mit 73 Jahren ist das Thema, zur Diakonin geweiht zu werden, nicht mehr relevant für mich. Doch ich hatte schon früh ein Sehnen in mir gespürt, Gott näher zu kommen, wenn ich, vielleicht als Messdienerin, den Altarraum betreten könnte bzw. dürfte. Aufgewachsen bin ich vor dem Konzil und damit ohne die Aussicht auf Konkretisierung. Aus dem Fühlen wurde Denken und später auch Reden mit Anderen, die mich oftmals nicht verstanden. Es gab und gibt durchaus viel zu kritisieren an unserer Kirche, in der ich aufgewachsen bin. Gerade das Thema Frauen hat mich immer umgetrieben, doch abwenden wollte ich mich nicht. Vielmehr habe ich mich eingebracht, anfangs mit Kommunion- und Firmkatechese.

Unterstützt von meiner Familie, meinem Ehemann und unserer Tochter, die zu meiner großen Freude den Weg mit mir ging, habe ich den Würzburger Theologiekurs gemacht. Da traf ich Menschen, die so dachten wie ich. In dieser Zeit wurde mir endgültig klar, Gott hat mich gerufen, in seinem Namen für andere da zu sein und zu verkünden, was unsere Lebensbasis ist, eben den christlichen Weg zu gehen. Es war nicht ganz leicht für mich, meinen ‚Respekt' vor unserem Pfarrer und meine Zurückhaltung beiseitezulegen, um deutlich zu machen, welche Aufgaben ich übernehmen möchte. Doch meine Berufung war stärker als mein ängstliches Zögern. Seit 14 Jahre leite ich nun regelmäßig Wortgottesdienste mit Kommunionfeier in einer Altenresidenz und halte Andachten, je nach Jahreszeit. Und seit vier Jahren, nach der Ausbildung zur Beerdigungsleiterin im Bistum Essen, gehe ich dieser Aufgabe mit Engagement und Freude nach.

„Alles hat seine Zeit." Mein Wunsch, zur Diakonin geweiht zu werden, ist nicht erfüllt worden, doch meine Aufgaben geben mir das Gefühl, dass ich das mache, was Gott mir aufgetragen hat. Von ganzem Herzen wünsche ich den Frauen, die sich auch berufen fühlen, die Erfüllung ihrer Sehnsucht und Gottes Segen. Hanna Kraume

64. „Immer stieß ich an die Grenzen meiner Möglichkeiten und meines seelsorglichen/priesterlichen Impulses" Ich bin 57 Jahre und habe in den 80er Jahren Religionspädagogik studiert, dann 10 Jahre als Gemeindereferentin gearbeitet und 17 Jahre in einem Wohlfahrtsverband als Seelsorgerin für Mitarbeiter*innen. Da ich mich aber offiziell noch nicht einmal „Seelsorgerin" nennen durfte, nannte man mich: „Referentin für geistliche Begleitung" und später noch „Referentin für Altenpastoral", als ich in der Altenseelsorge tätig war. Vor fünf Jahren bin ich auf eigenen Wunsch aus dem kirchlichen Dienst ausgeschieden und arbeite freiberuflich als Eutonie-Pädagogin und Dozentin in der Erwachsenenbildung, aber auch für verschiedene kirchliche Träger im Bereich spirituelle Angebote in Kombination mit Eutonie.

Ich komme aus einer katholischen Familie, zwei meiner Onkel waren Priester. Zum jüngeren von beiden hatte ich als Heranwachsende einen besonders guten Kontakt, er war nur 10 Jahre älter und seine Lebensform und Spiritualität faszinierten und inspirierten mich. Ich war stark in der Jugendarbeit engagiert. In einer Jugendbildungsstätte fand ich einen Ort und engagierte Priester, die mich und meinen Glauben, meine Spiritualität förderten und mich ermutigten, Glaubensseminare, Meditationen und Gottesdienste zu gestalten. Die Zeit der 80er Jahre war dort vom Aufbruch geprägt und es gab viel Raum, um Neues zu erproben. Die politische und feministische Theologie haben mich geprägt und Räume von Freiheit, Solidarität und Selbstwirksamkeitserfahrungen geschaffen. Daneben hatte ich immer einen tiefen Bezug zur Meditation, zur Mystik, zur Eucharistie.

Als es um die Entscheidung für das Studium / den Beruf ging, war für mich klar, dass ich Seelsorgerin werden wollte. Und es gab eine tiefe Sehnsucht, dies so wie mein Onkel und meine mich begleitenden Seelsorger als Priester*in tun zu können: den Menschen nah zu sein und Gottes Nähe zu vermitteln, durch das Wort, das caritative/soziale Tun, aber auch durch die Sakramente, in denen sich Gottes Zuwendung zu uns Menschen so verdichtet.

Aber dieser Weg stand mir als Frau nicht offen und so wurde ich „Religionspädagogin“ und „Gemeindereferentin“. Nach meinem Anerkennungsjahr stieß ich auf Priester als Vorgesetzte, die ganz anders waren als die Priester, die ich in meiner Jugend erlebt habe. Sie ließen mich hart in der Welt des institutionellen Katholizismus ankommen und in der Rolle, die mir als Frau darin zusteht. Und da ist eine Frau halt meist nur „Zuträgerin“ für den Priester, die sich einzuordnen hat. Ich durfte die Kinder auf die Taufe und Erstkommunion vorbereiten, aber nicht selbst taufen, und bei der Erstkommunionfeier durfte ich nur Statistin sein. Ich durfte die Krankenkommunion zu den Menschen bringen, aber den Wunsch der alten Frau, bei mir die Beichte abzulegen, weil es sich von Frau zu Frau leichter sprechen ließe, musste ich abschlagen. Später in der Altenseelsorge habe ich Menschen beim Sterben begleitet, aber ich durfte bei der Krankensalbung nur dem fremden Priester den Weg weisen, der im Eilschritt von Zimmer zu Zimmer hetzte. Ich habe gerne in Gottesdiensten zu den Menschen gesprochen und oft erlebt, wie die Worte von Gottes Zuwendung und Barmherzigkeit aus meinem Herzen quollen und die Menschen erreichten – aber sonntags predigen durfte ich nicht. Ich konnte besser leiten als einige priesterliche Vorgesetzte, aber die Leitungsfunktion oblag dem Priester/Pastor.

Diese Beispiele mögen genügen, um zu zeigen, wie ich immer an die Grenzen meiner Möglichkeiten, meines seelsorglichen/priesterlichen Impulses stieß. Jede Zurückweisung, jedes Nichtdürfen war ein Schmerz, der sich eingebrannt hat, ein Beschnitten-werden in dem, was ich sein könnte. Einer meiner geistlichen Begleiter sagte mir, dass ich mich nicht zum Priester-Sein berufen fühlen könnte, da ich es ja als Frau nicht werden könne. Was nicht sein darf, das kann nicht sein ... Ich habe lange Zeit sehr darunter gelitten und damit gehadert. Ich konnte und kann auch theologisch nicht nachvollziehen, dass es Gottes Wille sein soll, nur von einem, dem männlichen Geschlecht repräsentiert zu werden.

Anbei noch zwei Texte, die ich als Studentin zum Thema „Berufung" geschrieben habe:

Berufung

die Gegenwart Gottes
aushalten,
ängstlichen Herzens

nicht flüchten
wagen zu hören:
ich bin gemeint

ergriffen sein
erfüllt
spürend: ich gehör ihm nun ganz

existentielle Ängste
am Übergang der Welten
keine Spur von Sicherheit

Umbruch
Aufbruch
mich einlassen aufs Unbegreifliche

den Schmerz kennen
den es kostet
und nicht ausweichen

von Gott berührt
brennenden Herzens
gehen

Suchen und gefunden werden

Der Schatz
im Acker
die einzigartige Perle
das, was mich unbedingt angeht,
die tiefste Antwort
auf meine Sehnsucht suchen ...

Finden geschieht
im Loslassen
und gefunden werden ...

Heute bin ich froh, nicht mehr in den Strukturen des institutionellen Katholizismus zu arbeiten. Trotzdem bin ich in der katholischen Liturgie und Spiritualität beheimatet und nicht aus der katholischen Kirche ausgetreten, obwohl ich mit vielem hadere und meine Spiritualität auch von anderen Quellen genährt wird. Ich würde heute nicht mehr in den gegebenen Machtstrukturen „Priester*in" sein wollen – auch da Priester heute eher Manager als Seelsorger sein müssen und das wenig mit meinem Verständnis von priesterlichem Dasein mit und für die Menschen zu tun hat.

In der Tiefe meines Seins bin ich Seelsorgerin und Priesterin, aber ich binde diese Berufung nicht mehr an den Wunsch an ein Amt – diesen Kampf zu kämpfen, habe ich für mich aufgegeben. Trotzdem würde es mich freuen, wenn Frauen endlich auch in ihrer priesterlichen Berufung wahrgenommen würden und diese Berufung im Auftrag der Kirche leben könnten. Danke, dass Sie sich im Synodalen Frauenforum engagieren und die Stimmen der „Berufenen" hören und weitertragen. Martina Kreß

65. „Pontifex – Brückenbauerin ist mein Ziel" Nein, ich wollte nie Priesterin oder Diakonin werden und da es in unserer Gemeinde viel zu viele Jungs gab, war nicht einmal Ministrantin eine Option. Meine Idee als Jugendliche war, wenn schon in der Kirche tätig werden, dann als Päpstin, „Pontifex*in" – Brückenbauerin.

Nach Mittlerer Reife und einer Lehre als Technische Zeichnerin habe ich mich bewusst für eine diakonische Gemeinschaft entschieden, die Vinzentinerinnen von Untermarchtal. Das Evangelium handfest leben, handelnd in und an dieser Kirche wirken und Hand anlegen, das wollte ich. So wie wir es in der Jugendarbeit gemacht haben, mit vielen verschiedenen Aktionen für die Menschen.

Für die Menschen kämpfen, gegen Ungerechtigkeit, soziale Ungleichheit, für Gleichberechtigung und Gleichstellung, für Natur- und Kinderschutz, für Ökologie und gegen ... vor allem gegen Krieg und Waffen, da hatte ich schon Erfahrungen beim Demonstrieren gesammelt, in Mutlangen bei den Pershings. [Gemeint sind die infolge des NATO-Doppelbeschlusses in der BRD aufgestellten Pershing II-Mittelstreckenraketen.] Ernesto Cardenal brachte es für mich auf dem Punkt: „Man kann nicht gleichzeitig das Evangelium und ein Gewehr halten", also braucht es die Entscheidung für eine Sache. Die Idee, den Menschen beizustehen, Lebenswege zu begleiten und das aus christlicher Motivation und in Gemeinschaft, hat mich aufbrechen lassen. Darum bin ich dann nicht Rehabilitationstechnikerin, sondern Ordensschwester und später auch noch Ergotherapeutin geworden. Eine Frage, die mich immer wieder umgetrieben hat und die mich derzeit auch umtreibt, ist die, ob ein Mensch alles tun darf, nur weil er es kann oder von irgendjemand dazu beauftragt wurde. Pershings bauen und andere bedrohen? Kriege führen? Psychisch Kranke abstempeln? Menschen minutenlang reanimieren? Leistungsschwache aussortieren? Suchende übervorteilen und in eine Richtung drängen? Eucharistie feiern ohne Feierlichkeit?

Mein Ordensleben sollte ein Gegenmodell sein. Nicht mitschwimmen – Gesellschaft und Kirche verändern, das war ein Ziel: Offener, freier und gerechter wollte ich mich und sie haben/machen. Was ist daraus geworden? Ich wollte nicht Priesterin werden, auch nicht, weil ich es nicht glauben kann, dass Gottes Geist an ein Amt und eine Weihe gebunden ist. Wenn wir miteinander Brot teilen, Wein trinken, über das Evangelium, die Welt, unseren Glauben sprechen, dann ist das ein heiliger Akt, ein Sakrament. Sakrament kommt vom Lateinischen „sacramentum" und bedeutet übersetzt so viel wie „Heilszeichen" und meint ein sichtbares Zeichen der verborgenen Heilswirklichkeit der Liebe Gottes; wir begegnen der Heilswirklichkeit Christi. Das „sakramentale Wesen der Kirche" soll, so sagt es das Zweite Vatikanische Konzil, in den jeweils konkreten Lebenssituationen der Menschen erfahrbar sein. In den jeweiligen Lebenssituationen den Menschen begegnen, heißt Räume schaffen und an die Ränder gehen. Wenn wir miteinander als Gemeinschaft für Menschen in prekären Situationen, am Rande der Gesellschaft und Existenz, für Suchende und Gestrandete da sind, dann ist das Diakonia. Dann wird für mich etwas lebendig von dem, was ich vom Evangelium verstehe, nämlich die Für-Sorge Gottes: sein Blick trifft diese Welt durch meine einfachen alltäglichen Gesten, durch meine Zu- und Hinwendung.

Wenn ich derzeit unsere „Corona-Liturgie" mitfeiere, dann hat das wenig mit Sinnlichkeit und Fest zu tun. Ich erlebe es als ein Abfeiern und ich kann mich des Eindrucks nicht erwehren, dass es gewollt ist von einer Männerwelt/-kirche, dass wir mit Mundschutz weit zerstreut in der Kirche sitzen. Von dem Maultäschle, wie der Mundschutz im Schwäbischen genannt wird, zum Maulkorb ist es nicht mehr weit. Still und demütig lassen wir die Eucharistie feiern oder über uns ergehen. Liturgie ist doch die Feier einer Beziehung. Gottesdienst ist Begegnung. ER ist unter uns und das gemeinsame Gebet ist die nicht messbare Geistlinie, die wie die Meridiane die Welt umspannt und zusammenhält. Das ist doch auch unsere Ver-Antwort-ung, unsere Berufung für diese Welt und unsere Martyria, unser Zeugnis. Wir leben Verkündung und verbreiten das Evangelium durch unser Beten und unseren Dienst in den und für die jeweils konkreten Lebenssituationen der Menschen. Da ist die Gegenwart Gottes erlebbar, trifft das Heilsgeschehen auf Resonanz. Ja im wirklichen Sinne, da ist Musik drin, da will etwas zum Klingen kommen, das dem Magnifikat nicht unähnlich ist. Wie weit sind wir von dem Lobgesang Mariens weg? Maria, die junge Frau, verbündet sich in ihrer Lage mit der alten Abgeschriebenen, deren priesterlicher Mann nach der Begegnung verstummt. Der, obwohl eigentlich nur stumm, wohl einen weiteren Sinn, das Gehör verloren hat. Warum sonst sollten ihm die Verwandten die Frage aufschreiben?

Nein, ich wollte nicht Priesterin oder Diakonin werden, Pontifex – Brückenbauerin ist mein Ziel. Danke, dass Sie mich daran erinnert haben. Ihre Frage war ein Stein, einer des Anstoßes. Ich werde weiterbauen, versprochen!   Sr. Marzella Krieg OSV

66. „Ich arbeite wie in einem goldenen Käfig, bisweilen mit angezogener Handbremse" Religiöse Fragen, politische Themen und gesellschaftliche Ungerechtigkeit wurden bei uns in der Familie immer rege diskutiert. Das setzte sich für mich in der kirchlichen Jugendarbeit fort. In der Pfarreijugendgruppe bereitete ich mit Begeisterung Jugendgottesdienste vor. In den Gruppenstunden besprachen wir religiöse Themen, lasen Bibeltexte und versuchten die Sonntagsevangelien mit unserem Leben zu verbinden. Diese Treffen leitete ich, obwohl mir der damalige Ortspfarrer harsch attestierte, dass ich davon nichts verstünde. Ich entgegnete, dass ich lesen könne so wie alle in der Gruppe und die Bibeltexte für uns eine Bedeutung haben. Wir machten weiter, bekamen vom Jugendkaplan/Jugendpfarrer auf Landkreisebene gute Unterstützung, und als Gruppe wuchsen wir zusammen. Da auf Kreisebene mehr religiöse Themen, Wochenenden und Fahrten nach Taizé angeboten wurden, engagierte ich mich Schritt für Schritt mehr in einem Jugendverband auf Kreisebene und später über die bayerische Landes- und Bundesebene in internationalen Vertretungen und Konferenzen.

Intensive Begegnungen in Taizé und mit den dort ansässigen Schwestern bestärkten mich, nach dem Studium zur Volksschullehrerin (ich legte das 1. Staatsexamen ab) ein Theologiestudium mit biblischem Schwerpunkt in München und Münster zu absolvieren. Dankbar bin ich für die Begegnung mit Vertreterinnen der Feministischen Theologie, die mir die Augen aufs Neue öffneten, aber auch Antworten auf meine Fragen hatten. Wir begannen Frauenliturgien zu feiern.

Während der intensiven Jugendarbeit und der Studienzeit hatte ich einen Impuls in mir (und habe ihn immer noch), zu den Menschen zu gehen und mit ihnen jesuanische Spuren zu entdecken, in Gemeinschaft zu feiern, zu teilen, mich für Gerechtigkeit im Kleinen und weltweit einzusetzen.

Das alles führte mich zum Bewerberkreis und dem Wunsch, in der Kirche hauptamtlich zu arbeiten, obwohl ich im Jugendverband des Öfteren Kirche als Hemmschuh erlebt hatte. Nach dem Theologiestudium verbrachte ich über ein Jahr in Südamerika und bekam über die Begegnung mit Indigenas und Basisgemeinden nochmals starke Impulse für den Weg in die Hauptamtlichkeit. So entschied ich mich gegen eine Anstellung als Volksschullehrerin in Bayern. Wohl wissend, dass ich Laiin bin, qua Geschlecht vom Amt ausgeschlossen und damit in eine ungerechte Struktur hineingehe, die ich nicht akzeptieren wollte und will. Eine Wahl zwischen Priesterin und Laiin hatte ich nicht.

Als Pastoralreferentin hatte und habe ich gute Möglichkeiten, mit vielen Freiheiten zu arbeiten, und dennoch arbeite ich wie in einem goldenen Käfig, bisweilen mit angezogener Handbremse. In der Pfarrei, aber auch in der Erwachsenenbildung, in Gruppen, Gesprächskreisen, bei Wochenenden mit Jugendlichen, Frauen, Familien, usw. fehlte mir immer wieder die Möglichkeit, Eucharistie feiern zu können. Entweder musste ich jemanden einfliegen lassen oder es wurde eine Agapefeier. Es bleibt eine Leerstelle.

Beim Sonntagsgottesdienst ärgert es mich zunehmend, dass ich als Frau nicht Priesterin sein darf. Ich erlebe mich in einem fremden Land. Mir ist klar, dass es in anderen Kirchen auch Gender-Probleme gibt, ebenso in anderen Religionen. Aber der Ausschluss der Frauen vom Amt qua Geschlecht ist für mich nicht mehr hinnehmbar. Ich lebe in einem Staat mit einem Artikel 1 und 3 im Grundgesetz. Ich lebe in einer Welt, in der die Menschenrechte mit den Artikeln 1 und 2 gelten. Für eine geschlechtergerechte Kirche liegen die theologischen Argumente seit langem auf dem Tisch. Die Frauen an der Basis stehen öffentlich auf und zeigen symbolisch ihren Ort außerhalb der Kirche. Haben die verantwortlichen Männer den Mut, die katholische Kirche vom Skandal der Frauendiskriminierung zu befreien, die Frage nicht weiter nach hinten auf die Jahrhunderte alte lange Bank zu schieben? Ich halte Ausschau nach einer *ekklesia of women*.   Anneliese Kunz-Danhauser

67. „Sie sind unsere Pfarrerin" Ich bin Diplomtheologin und Seelsorgerin und als Pastoralreferentin seit über 25 Jahren in der Erzdiözese München und Freising in vielfältigen pastoralen Feldern tätig: Kinder- und Familienpastoral, Schule, Erwachsenenbildung, Trauerpastoral usw. Ich bin 59 Jahre alt, verheiratet, habe zwei Kinder und arbeite derzeit in der Stadtteilkirche Rosenheim-Am Zug, seit 2017 mit dem Schwerpunkt Seniorenpastoral, und bin verantwortlich für die Seelsorge in zwei Pflegeeinrichtungen.

Zu diesem Beruf bin ich durch mein Studium in Bamberg gekommen. Dort erlebte ich damals (1981–1988) eine sehr offene, befreiungstheologisch orientierte Theologie. Das befreiende Potential der jüdischchristlichen Botschaft hat mich begeistert. Professoren wie Ottmar Fuchs (Pastoraltheologie), Volker Eid, Johannes Gründel (Moraltheologie), Paul Hoffmann (NT) und Manfred Görg (AT) zeichneten sich durch eine wissenschaftlich außerordentlich freie und gründliche Forschung aus; wir experimentierten viel und es waren damals Dinge möglich, die heute leider wieder massiv zurückgedrängt werden. Diese ‚Forschergeister' weckten meine Begeisterung für die Theologie und in deren Folge natürlich auch den Wunsch, die Kraft der jüdisch-christlichen Botschaft für die Menschen fruchtbar werden zu lassen. Beispielhaft befreiend erlebte ich da u. a. die historisch-kritische Analyse der Sündenfallgeschichte Gen 2,4b – 3,24, wie Prof. Dr. Manfred Görg sie uns damals nahebrachte. Er machte deutlich, welch unselige Wirkungsgeschichte gerade diese Stelle im Blick auf die negative Rolle der Frau über Jahrhunderte bis heute hatte. Nach bibelwissenschaftlicher Erkenntnis ging es gerade nicht um die Frau als Verführerin, sondern um den politischen Hintergrund und das Abhängigkeitsverhältnis zwischen Israel und Ägypten, das sich sozusagen verschlüsselt hinter dem Bild der „Frau" Eva symbolisch verbarg (Anspielung auf eine ägyptische Prinzessin). Hier wurde für mich sehr deutlich, wie wichtig es ist, Aussagen der Bibel aus ihrem zeitgeschichtlichen Kontext zu verstehen.

Wenn ich solche Erkenntnisse in einem Bibelkreis thematisiere, sagen mir kritisch denkende Frauen: „Warum hat uns das bisher kein Pfarrer so erklärt?" „Warum hören wir so etwas ‚Befreiendes' nicht in einer Predigt?" (Die ja allerdings im Rahmen der Eucharistiefeier aufgrund des Amtsverständnisses offiziell nach wie vor Klerikern und damit wiederum nur Männern vorbehalten ist.)

Durch meinen Schwerpunkt in neutestamentlicher Exegese sehe ich gerade die Diskussion und Fixierung auf das Amt sehr kritisch. Das heutige Amtsverständnis, das nach wie vor (trotz des Vaticanum II) zutiefst mittelalterlich, klerikal, männerorientiert und teilweise wieder verstärkt vorkonziliar geprägt ist, halte ich weder im Blick auf die Botschaft Jesu, auf ein wissenschaftliches Verständnis der neutestamentlichen Schriften, noch im Blick auf die heutige gesellschaftliche Entwicklung für angemessen. Es wäre dringend zu überdenken und zu reformieren.

Das Mann-Frau-Thema in der Kirche erlebe ich durchaus ambivalent – auch wenn es mir immer wieder gelungen ist, mit Männern (auch Klerikern) „auf Augenhöhe" sehr gut zusammenzuarbeiten. Und: Viele Wortgottesdienste, Andachten aller Art und Beerdigungen leiten wir als Frauen ja schon lange. Positive Rückmeldungen bekomme ich gerade auch von der älteren Generation. Ob bei Beerdigungen oder auch bei Gottesdiensten, die ich regelmäßig in den Einrichtungen halte, oder in der seelsorglich-individuellen Begleitung – ich höre immer wieder: „Als Frau machen Sie das viel besser als die Männer. Frauen haben halt mehr Einfühlungsvermögen." „So einfühlsam, wertschätzend und differenziert haben Sie die Biografie meines Mannes geschildert – so etwas habe ich noch nie erlebt bei anderen Beerdigungen!"

Immer wieder spüre ich, dass gerade älter werdende Menschen sich nicht mehr mit frommen Sprüchen und alten Liturgien abspeisen lassen. Oft sagen sie mir nach einer Wortgottesfeier: „Endlich erklärt uns einmal jemand diese alten Schrifttexte, die wir eigentlich nicht mehr hören wollen. Endlich erfahren wir den Zusammenhang, in dem sie ursprünglich gemeint waren; endlich werden diese Texte nicht mehr als Drohbotschaft verkündet oder nur heruntergeleiert, sondern für unser Leben heute aufgeschlossen. Wenn Sie da sind, geh ich gestärkt in die kommende Woche. Sie machen das gerade als Frau richtig gut. Wir sind so froh, dass *Sie* bei uns sind!" Da begrüßen mich die Bewohner*innen und sagen: „Sie sind unsere Pfarrerin." Inzwischen widerspreche ich nicht mehr. Und viele stellen die Frage: „Wann ändert das die katholische Kirche endlich, dass Frauen keine Priester*innen sein dürfen?! Das ist einfach unverständlich!"

Natürlich ist es nach wie vor komplett unverständlich und dem Betroffenen gegenüber nahezu unverantwortlich, zur Krankensalbung irgendeinen Kleriker holen zu müssen, obwohl man selbst als Seelsorgerin diese betroffene Person schon lange begleitet und ihr Vertrauen gewonnen hat. Meist finde ich dann schon andere Wege eines Segnungsrituals. Aber das ändert ja am bestehenden Prinzip eines klerikalen Amtsverständnisses leider nichts.

Die derzeitige Corona-Krise lässt mich im Blick auf „Geschlechtergerechtigkeit und Kirchenentwicklung" hoffen und fürchten zugleich: Zu befürchten ist, dass mancherorts der Klerikalismus wieder neu Aufwind bekommt – durch Privatmessen etc., die dann auch noch übertragen werden, oder merkwürdigste Formen „eucharistischer Brotzuteilung".

Hoffnungsvoll sehe ich, dass wir die priesterliche, königliche und prophetische (Grund-)Ausstattung eines jeden Christenmenschen endlich ernst nehmen müssen. In der Ermutigung, Hausgottesdienste zu feiern, in der Familie das Brot zu brechen und den Segen zu sprechen, ist bereits ein Anfang gemacht. Die frühen Christen haben sich im Namen Jesu versammelt, in ihren Häusern das Brot gebrochen, das Wort geteilt und sich für den Alltag gestärkt. Genau das können wir auch jetzt weiterhin so tun. Welch ein Segen!

Dies haben übrigens in der Hochphase der Corona-Krise, in der ich nicht in die Heime durfte, mit meiner Unterstützung und Vorarbeit Frauen und Männer in der Pflege in den beiden Heimen mit ihren Bewohner*innen auch getan. Als spirituell begabte Frauen und Männer haben sie auf diese Weise in den Heimen für „geistliche Nahrung" gesorgt. Dazu sind weder Zange noch Handschuhe oder sonstiges nötig. Aber vielleicht eine noch stärkere Befähigung und Ermächtigung – für alle Frauen und Männer! So wünsche ich mir sehr, dass wir als Kirche jetzt die Zeit der Veränderung und Weiterentwicklung erkennen und nicht wieder in ganz alte Muster zurückfallen. Adelheid Lappy

68. „Der Weg meiner verstorbenen Frau Christine, Priesterin zu werden" Der Weg begann nach einer Einladung zum Tag der offenen Tür in das Kloster St. Gabriel, hier in Berlin. Frauen waren eingeladen, das Leben im Kloster kennenzulernen. Das Kloster gehört zur Steyler Ordensfamilie. Zu diesem Zeitpunkt waren meine Frau Christine und ich verheiratet und hatten schon unsere Söhne Arno und Patrick. Es war eher der Wunsch von Christine, sich selbst ein Bild davon zu machen, wie Frauen es schaffen, ein Leben lang hinter Mauern zu leben und trotzdem irgendwie glücklich bzw. sehr glücklich sein zu können.

Nach diesem Besuch im Kloster gab es viele Gespräche zwischen uns. Mutter will Kinder und Mann dem Herrn zuliebe „verlassen". Wie soll das gehen? Gleich? In ein paar Jahren? Wenn die Kinder aus dem Haus sind?

Dass dies alles nicht geschehen ist, liegt fast mehr an dem zögerlichen Verhalten des Klosters / der Oberin, die meiner Frau ins Gewissen geredet hat. Christine war seither nicht mehr so richtig froh wie sonst, sie konnte ihr Leben nicht so führen, wie es ihr innerster und innigster Wunsch war. Dies war im Zeitraum um 1997. Auch wenn es in dieser Zeit nicht üblich war, wäre ich mit ihrem Leben im Kloster einverstanden gewesen. Sie sollte doch so leben können, dass es erfüllt ist von dem, was uns alle trägt und leben lässt!

Nun begann ihre Suche außerhalb der katholischen Kirche, um ihren begonnenen Weg Richtung Leben mit dem Herrn liturgisch intensiv und trotzdem möglichst mit Familie weitergehen zu können. Es dauerte nicht lange, da fand sie Zugang zur Christengemeinschaft in Berlin. Dieses starke Leben in geistigen Themen und Rhythmen hat sie vollkommen ergriffen. Hier gab es Priester und sogar Priesterinnen. Die waren auch verheiratet und hatten gemeinsame Kinder mit ihrem jeweiligen Ehepartner.

Dies war der Weg, den wir von nun an gehen konnten. Ich wäre katholisch geblieben, die Söhne auch; sie hätte Priesterin in der Christengemeinschaft sein und wirken und dabei eben auch verheiratet bleiben können. Die Weihehandlung dort hatte sehr viele Elemente wie die einer katholischen Messe. Auch die moralischen Werte des christlichen Zusammenlebens und Gemeindelebens sind fast deckungsgleich.

Christine war schon angemeldet in Hamburg für die Ausbildung, das Studium zur Priesterin. Eine vorläufige Unterkunft gab es auch. Doch nun,

2005, trat die Erkrankung ein: Krebs. Dagegen musste erst gekämpft werden. Wir blieben zusammen in Berlin, wie es der Herr für uns vorgesehen hatte. Bis Februar 2006.   Peter Leenen (für Christine Leenen)

69. „Wir träumen einen Traum von einer besseren Welt" „Wir träumen einen Traum und wenn auch viele lachen, wir träumen einen Traum von einer bessern Welt." Dieses Lied von Peter Janssens habe ich oft gerne gesungen.

Ich bin Diakonin. Das ist kein Berufungserlebnis, wie Paulus es hatte, sondern eine Lebensgeschichte; eine Berufung, die immer deutlicher und drängender wurde/wird. GOTT lässt einen nicht aus. Es ist ein „Trotzdem", obwohl die Kirche uns Frauen nicht will. Ich habe es mein Leben lang gelebt, die Möglichkeiten dieser Kirche ausgeschöpft und jedes Aufgabenfeld, das zur Verfügung stand, nach Kräften ausgefüllt.

Eine Frau, die Ärztin werden möchte, muss ihre „Berufung" nicht begründen. Sie wird auch nicht abgespeist mit den Worten, sie wäre machthungrig oder aufmüpfig und könne sich doch ehrenamtlich um Kranke kümmern, dann sei die Approbation, die sie als Frau auch bei gleicher Ausbildung eben nicht bekommen könne, nicht notwendig. Ich kenne etliche Menschen, die lieber zu einer Ärztin gehen. Ähnliches erlebe ich auch in der Kirche. Menschen öffnen sich mir als Frau mit ihren persönlichen Sorgen oder religiösen Befürchtungen leichter. Das erfahre ich seit meiner Jugend in der ehrenamtlichen Arbeit, später als Religionslehrerin (meine männlichen Ausbildungskollegen durften als Diakone in die Seelsorge, mit meiner gleichen Sehnsucht durfte ich diesen letzten Schritt nicht mitgehen), in vielen Seelsorgs-/Eltern-Gesprächen im Umfeld des Religionsunterrichts und der Schulpastoral und genauso, seit ich endlich mit 56 Jahren wenigstens als Gemeindereferentin tätig sein darf. Die hierarchischen Hürden auf diesem zäh erkämpften Weg waren hoch und die Verletzungen und Enttäuschungen zahlreich, wie bei vielen Frauen in dieser Kirche, besonders, wenn man Kompetenz und Begeisterung ausstrahlt und die Menschen damit anzieht. Die Gefahr der Verbitterung bleibt nicht aus. Man kämpft beständig dagegen an. Manchmal ist sie stärker. Doch das Feuer, das in mir brennt, behält letztlich immer Oberhand.

Meine Sendung als Diakonin sehe ich darin, nah bei den Menschen zu sein in Wort und Tat, Trauer und Angst, Hoffnung und Freude der Menschen zu teilen, Spuren Gottes in ihrem Leben wahrzunehmen, das Leben der Menschen mit dem Evangelium zu verbinden und es in der Verkündigung an den Ambo zu bringen. Für Treffen oder das Kollegium in der Schule backe ich selbst frisches Brot: Brotteilen wie das Leben und den Glauben ist doch unser Programm. Persönlich gibt mir der Gottesdienst und das Stundengebet im Alltag den Halt, mich an IHM festzumachen. Ich fühle mich nicht zur Priesterin berufen, sondern zur Diakonin – wie Tabitha aus Joppe als eine galt, die einfach Hand anlegte, wo es nötig war. (Apg 9,36ff; im Heiligenkalender auf www.katholisch.de wird sie als vermutlich erste Diakonin bezeichnet.)

Ich möchte meine Berufung als Diakonin nicht nur alleine und mit dem Segen GOTTES leben, sondern auch offiziell mit dem Segen der Kirche und unterstützt durch die Mitbrüder und hoffentlich auch viele Mitschwestern.

Geschwisterlichkeit erinnert mich an manchmal nervenzehrenden Geschwisterstreit, Eifersucht, Neid, Konkurrenz um die Liebe der Eltern. Oft haben immer noch die Brüder/Söhne unter den Geschwistern mehr zu sagen und bessere Positionen in der Familie. Wer von uns kennt nicht Fälle, in denen sehr schmerzhafte Spaltungen der Geschwister entstehen durch den erbitterten Streit und Kampf um das Erbe. Ähnliches erleben wir in Mutter Kirche. Auch da geht's ums Erbe, SEIN Erbe. Nehmen wir es ernst? Wie verwalten wir es? Wie gehen wir mit diesem Erbe in unserer Zeit um? Im Römerbrief steht doch schon „Sind wir aber Kinder, so auch Erben, Erben GOTTES und Miterben Christi." (Röm 8) Und im Galaterbrief geht`s weiter: „Es gibt nicht mehr ... männlich und weiblich; denn ihr alle seid einer in Christus Jesus." (Gal 3,28) Das beschreibt SEIN Erbe und diese Vision von Geschwisterlichkeit ist immerhin 2000 Jahre alt. Wenn man dagegen von einem Kardinal hört, dass seine schlimmsten Befürchtungen eingetreten sind, weil die Sitzordnung des Synodalen Wegs in alphabetischer Reihenfolge eingeteilt wurde, und er von Gleichmacherei spricht, dann widerspricht das eindeutig den Sätzen des Paulus. Bemerkt niemand, wie verletzend das ist? Wir sind gleich in unserer großen Sorge um das Erbe, die Zukunft des Glaubens und der Kirche. Doch das macht es mir schwer, in der Messe am ersten Donnerstag im Monat um Priesterberufe zu beten, wie es auch Papst Franziskus den Bischöfen am Amazonas empfohlen hat. Wer bin ich denn, dass ich GOTT im Gebet Vorschriften mache, ER möge Menschen als Priester berufen, doch bitte nur Männer, denn die römische Kirche will uns Frauen nicht, – selbst wenn sich junge Frauen, wie die Schweizer Theologin Jaqueline Straub, berufen fühlen. Sie wird dafür im Internet hart angefeindet. Sieht denn keiner, dass es eine Bereicherung wäre?

Deshalb gilt: „Ungeduld ist eine Tugend." Um dafür weiter einzutreten, auch wenn es mittlerweile für mich selbst zu spät sein dürfte. Denn inzwischen habe ich über dem Warten das Alterslimit der Diözese überschritten – aber als nebenamtliche Diakonin, könnte ich der Kirche noch lange Jahre zur Verfügung stehen. So bin ich Sprecherin in der „Initiative Münchner Kreis" geworden, eine der Reformgruppen der pastoralen Mitarbeiter/innen der Erzdiözese München und Freising.

Ich habe eine Vision als Geschwister im Umgang mit dem Erbe Christi und zitiere dazu den Bischof von Mainz, Peter Kohlgraf: „Ein kirchliches Amt in der Nachfolge Jesu ist Beziehungsarbeit, Kommunikation, Hinhören, und zwar in Richtung Gottes und der Menschen." Zu der Beziehungsarbeit möchte ich ein recht kleines Erlebnis erzählen, das mich sehr berührt hat. Als ich neu im Münchner Kreis angefangen habe, da hat ein Pfarrer seine Mail unterschrieben als „euer Mitbruder ..." Ich habe gespürt, dass das kein frommes Gerede war, sondern er es wirklich ernst meint. Ein solches Wort heilt manches, was ich als Frau in der Kirche erlebt habe. Ja, können wir miteinander Schwestern und Brüder in unserem Ringen um eine lebendige Kirche heute sein?

Ich will aber nicht nur reden, sondern es selbst verwirklichen, nicht irgendwann, sondern jetzt. Die Hoffnung brennt trotzdem in mir und ich wünsche mir, dass das Feuer überspringt. Der Traum soll noch wahr werden zumindest für jüngere Frauen, hoffentlich bevor sie diese Kirche verlassen. Meine Sehnsucht wird im Laufe des Lebens nicht kleiner, sondern immer stärker und nachdem ich meine Berufung in Zukunft nicht alleine leben möchte, bin ich seit ein paar Monaten in Vorbereitung, selbst eine geistliche Gemeinschaft der *Diakoninnen Christi* zu gründen. Eine Regel ist mittlerweile fertig. Dafür suche ich noch Mitschwestern mit ähnlicher Berufung und der Bereitschaft, wenn das Amt für die Frauen geöffnet wird, uns dem Bischof dafür zur Verfügung zu stellen. „Wir träumen einen Traum und schenken ihm das Leben" heißt die letzte Strophe des Liedes von Peter Janssens. „Wenn einer alleine träumt, bleibt es nur ein Traum. Wenn viele gemeinsam träumen, so ist es der Beginn einer neuen Wirklichkeit." Ulrike Leininger

70. „Was möglich gewesen wäre, wenn ..., ist schon lange nicht mehr meine Frage"
Ich habe mich noch einmal gefragt, was denn für mich mit Berufung gemeint ist. Ja, als Jugendliche, um das Jahr 1980 herum, hatte ich den Gedanken, Priesterin werden zu wollen. Da sich der Gedanke aber eigentlich verbot, laut ausgesprochen auch eher belächelt wurde, habe ich ihn natürlich gleich wieder verworfen. Die Idee war einfach unrealistisch.

Eine Perspektive bot für mich der Beruf der Pastoralreferentin. Dass auch dieser Beruf mit einer Berufung verbunden ist, wurde vor einigen Jahren von der damaligen Bistumsleitung zumindest infrage gestellt. Inzwischen ist die Berufung aus der Taufe in aller Munde, immerhin. Dass wir als Hauptamtliche uns zunächst für lange Zeit nicht Seelsorger und Seelsorgerinnen nennen durften, dass wir seit einigen Jahren mit dem fragwürdigen Begriff Hauptberufliche bezeichnet werden, obwohl wir nur diesen einen Beruf haben, immer in Abgrenzung zu den Priestern, gehört zu den kränkenden Erfahrungen der Zweitrangigkeit in der Institution Kirche. Für Frauen und Männer in Laienberufen gilt das übrigens gleichermaßen. Das alles lässt mich aber auch die Frage stellen, wohin denn eine Berufung zum Priestertum bei mir zielen würde. Welches Priesterbild steht denn hinter dieser Frage der Berufung? Wenn den Bewegungen der Frauen „Machthunger" unterstellt wird, dann scheint doch die Machtfrage mit dem Priestertum eng verbunden zu sein. Wenn der Begriff und die Bedeutung des Amtes in der Kirche so eng an Priester (und Diakone) gebunden wird, dass noch nicht einmal ein normales Wort wie Hauptamt von anderen Theologen/Theologinnen benutzt werden darf, wenn sogar das Wort *Leitung* bei ehrenamtlichen Tätigkeiten möglichst vermieden werden soll, scheint es mir doch jeweils um Macht zu gehen. Und diese ist bei Priestern in der Kirche leider heute oft und immer noch mit einem klerikalistischen Habitus verbunden.

Also: Fühle ich mich zum „Priesterinnenamt" berufen? Nein. Ich fühle meine Berufung als Christin aus Taufe und Firmung, versuche, meine Kompetenzen als Laientheologin und Pastoralreferentin anzubieten, wo es möglich ist, und versuche in Bereichen, die nicht von Priestern besetzt sind, mein Idealbild von einer partizipativen, geschwisterlichen Kirche zu verwirklichen.

„Was möglich gewesen wäre, wenn ...", ist schon lange nicht mehr meine Frage. Anon.

71. „Das ist das, was ich mir von dir wünsche, liebe Amtskirche" Ich spreche gerne. Ich spreche gerne zu Menschen. Über den Alltag, über Sehnsucht, über auf dem Weg sein, über Freiheit. Über Gedanken. Darüber Jesus in der Begegnung mit anderen zu spüren. Über all die vielen Dinge, in verschiedenen Köpfen. Ich bin gerne da. Ich bin gerne da für Menschen: In allen Lebenslagen: Zuhören. Trost geben. Umarmen. Gemeinsam lachen. Wege finden. Fragen. Antworten. Da sein. Ich spüre, dass Menschen sich bei mir wohlfühlen, und ich merke, dass meine Worte manchmal guttun. Manchmal denke ich mir, dass das doch irgendwie eine verrückte Aussage ist über mich selbst, und manchmal fühle ich mich von solchen Gedanken weit weg und sehr klein. Aber manchmal, manchmal, da denke ich mir, dass meine Gaben Geschenke sind. Und dass ich diese Geschenke nutzen möchte, dass ich weitergeben möchte, dass ich Sprachrohr sein möchte. Ich möchte gerne mit Menschen gemeinsam über das Leben sprechen und über den Glauben. Ich möchte Menschen begleiten und ihnen Stütze sein.

Kann ich nicht auch ...?

Ab und zu spiele ich mit dem Gedanken, doch noch Theologie zu studieren. Dann frage ich mich, was ich danach damit machen möchte. Klar, nach einem solchen Studium warten vielfältige Berufsfelder. Aber ist da was für mich dabei? Wer bin ich und was kann ich? Ich bin ...: ein Organisationstalent, ich bin eine Sich-Sorgende, eine Da-sein-Wollende, eine Zuhörende, eine Mitmischen-Wollende, eine Lebensfrohe. Ich bin ... geeignet für was?

Liebe katholische Kirche. Sag mir, wofür bin ich geeignet? Ich möchte nicht hören, dass mir Türen verschlossen sind. Ich wünsche mir zu hören, dass Du mich willst, so wie ich bin. Mit meinen Talenten und auch mit meinen Schwächen. Ich wünsche mir, dass Du mich machen lässt, dass Du mich schaffen lässt, dass Du mich sprechen lässt. Manchmal fühle ich mich fremd in der katholischen Kirche. Wie ein Kind, dem die Regeln erklärt wurden, das sie aber nicht versteht. Wie ein jetzt herangewachsenes Kind, das die Regeln immer noch nicht versteht, weil sie für mich auch im Laufe der Zeit keinen Sinn ergeben haben. Jetzt werden die Regeln hinterfragt. Vielleicht auch ein wenig rebelliert. Denn das muss sein, wenn Regeln keinen Sinn ergeben. Ein fast übermächtig erscheinender Gegner.

Manchmal habe ich Angst, nicht mehr weitermachen zu können. Im Angesicht dieser Übermacht aufgeben zu müssen, weil es mir zu aussichtslos vorkommt. Aber bis jetzt werde ich immer weiter ermutigt und sehnt sich mein Herz nach dieser Kirche, die wir alle mitgestalten können, die wir alle gemeinsam mitgestalten werden. Gerade bin ich in der Katholischen Hochschulgemeinde aktiv. Manchmal darf ich hier predigen. Und oft bin ich beim BDKJ. Beim BDKJ, der mir Raum gibt und der mir Kraft gibt und Unterstützung. Und: Ermutigung. Hier kann ich ausprobieren und mich meinem Schaffen-Wollen und meinem Sprechen-Wollen hingeben. Das ist schön, das ist bereichernd, das ist erfüllend – das ist das, was ich mir von Dir wünsche, liebe Amtskirche. Raum. Zum Ausprobieren, zum Sein, zum Sprechen. Anerkennung. Für das, was ich bin. Möglichkeiten. Mich so einzubringen, wie es Dich und mich weiterbringen kann.

Hannah Lenk

72. „Ich halte Gottesdienste als Frau, als Tochter des Himmels und auch Tochter unserer Erde"

Dass ich Tochter meiner Eltern bin, aber ebenso Tochter des Himmels, war mir von Anfang an selbstverständlich. Was es aber bedeutet, dies mit meinem Leben durchzubuchstabieren, und in welche Konflikte mich das führen würde, das ahnte ich nicht. Es gab viele Stimmen, die riefen. Auf welche hören? Ein Theologiestudium lag nahe, und damals gab es für mich als Frau nur Lehrerin als Berufsperspektive. Also studierte ich dazu Biologie und später noch Germanistik. Aber eigentlich wollte ich doch keine Lehrerin werden, sondern nichts sehnlicher als „Gottes Willen" erfüllen. Das Klosterleben schien mir der geeignete Ort dafür. So lebte ich nach dem Abitur sechs Wochen in einem Zisterzienserinnen-Kloster und hielt anschließend guten Kontakt dorthin. Im Studium aber verliebte ich mich in einen Pfarrer, eine Erfahrung von „Himmel auf Erden". Es war eine „körperlose" Beziehung über viele Jahre, die mich an meine Grenzen führen sollte. Denn allmählich musste ich entdecken, dass dieser Priester viele kleine „platonische" Liebesgeschichten mit Frauen pflegte, die er voreinander verbarg. Trotzdem hätte ich ein Leben lang gewartet auf ihn, wenn mir nicht ein anderer Priester (!) gesagt hätte: „Damit ruinierst du dein Leben". In seinem Team hatte ich ein Praktikum in der Krankenhausseelsorge während des Studiums gemacht, um ein weiteres mögliches Berufsfeld für mich zu entdecken. So riss ich mich los aus meiner Liebe, was mir der Pfarrer extrem schwermachen sollte. Noch 10 Jahre danach heftete er mir kleine Liebesbriefchen an die Windschutzscheibe meines Autos. Ich hatte meine Lektion gelernt – über den Zölibat, über Priester und geistlichen Missbrauch. Und auch über mich, dass es nämlich keine „körperlose Liebe" für mich geben könnte, und dass mein Leib mir zeigt, wenn ich an eine Grenze gerate, die ich zu akzeptieren habe, will ich nicht krank werden.

Glücklicherweise gab es in der Studentengemeinde auch Norbert. Er begeisterte mich für die Literatur, so dass ich mein Germanistik-Studium als drittes Fach aufnahm. In einer Minnesangs-Vorlesung kamen wir uns näher. Ich warnte ihn vor mir, dass ich nach ärztlichem Attest keine Kinder bekommen könne. Dass ich innerlich nicht frei sei für einen (anderen) Mann, sondern verzweifelt versuchte, von dem einen loszukommen. Außerdem könne ich mir vorstellen, ins Kloster zu gehen. Ein Goethe-Zitat über Ordensleute als „lebendig Begrabene" machte mir eines Tages schlagartig bewusst, dass ich höchst Vitales von mir würde begraben müssen als Ordensschwester. Der „Wille Gottes" kann doch dieses „Opfer" nicht von mir wollen. Bin ich nicht Gottes geliebte Tochter? Nach einer Zeit großen Zweifels daran, ob das wirklich wahr ist, hatte ich inzwischen über die Mystikerinnen begonnen, den Weg nach innen zu entdecken und damit Gott als meine innere Quelle, die mich lebendig hält.

So traute ich mich nach Jahren des Ringens schließlich in die Ehe mit Norbert. Wir sind nun seit 33 Jahren verheiratet und freuen uns über vier erwachsene Kinder, die dann doch ohne jeden medizinischen Eingriff kamen.

Mein Glück war, dass ich nach dem Studium vier Jahre im Frauenreferat des Bistums Essen arbeitete und mich gründlich mit der Frauenfrage auseinandersetzte. Während der 25-jährigen Kinderphase arbeitete ich freiberuflich als Diplom-Theologin. Zunächst in der Frauenarbeit auch auf Bundesebene, z. B. als erste Geschäftsführerin des „Christinnenrat – Ökumenische Arbeitsgemeinschaft von Frauen". Dann lieber von zuhause aus als Chefredakteurin und Dozentin für Ethik. Als alle unsere Kinder aus dem Haus waren, lockte mich eine Stellenausschreibung im Exerzitienreferat unseres Bistums. Meine Bewerbung wurde abgelehnt mit der Begründung, dass ich keine Pastoralreferentin sei. Aber sie nähmen mich gern als pastorale Mitarbeiterin, sofern ich diese Ausbildung nachhole. Das tat ich dann schließlich, mit 54 Jahren, und arbeite nun als Klinik-Seelsorgerin in Bochum. In dieser Gemeinde leite ich selbstverständlich Gottesdienste. Allein oder auch mit dem katholischen Priester rechts und dem evangelischen links von mir.

Innere Ruhe fand ich aber erst in meinem Leben, als wir unseren geistlichen Ort gefunden hatten und diesem Ruf auch gefolgt waren. Zusammen mit meinem Mann, der auch als Theologe in unserem Bistum arbeitet, war ich zu Beginn unserer Ehe oft zu Gast in Benediktinerinnen- und Benediktinerklöstern. Bis unserer spiritueller Weg uns in das „Katharinawerk – Ökumenische Gemeinschaft mit interreligiöser Ausrichtung" führte.

Diese christliche Gemeinschaft erwuchs aus einem Säkularinstitut und ist weder einem Frauenorden noch einem Männerorden angegliedert, sondern will die Partnerschaft der Geschlechter und die Gleichwürdigkeit der Lebensstände auch in den Strukturen abbilden. Sie ist unsere Kirche in der Weite des „universalen Christus", die mir hilft, mein Leben im Zusammenhang der menschlichen und auch kosmischen Geschichte zu deuten und zu leben. Dort verstehen sich mehrere Mitglieder – ohne geweiht zu sein – als Priesterin und Priester. Ich habe als Frau die geistliche Leitung der Kar- und Ostertage für 80 Personen. Ich halte die Gottesdienste dort als Frau, als Tochter des Himmels und auch Tochter unserer Erde.

Lisa Lepping

73. „Die Warteposition sagte mir nicht zu – Gottes Segen gehört unter die Menschen. Jetzt"

Als Lebenszeichen moderner Frauen, die sich zum Priesterinnenamt berufen fühlen, kann ich nur sagen: Mit diesem rückschrittlichen, anti-jesuanischen Kurs gräbt sich die Kirche ihr Grab selbst. Die Gesellschaft, zumindest der aufgeklärte Teil, besonders die aktuelle und kommende Generation, lässt sich die willkürliche Selektion von Menschen nicht mehr gefallen und setzt Taten – auf der ganzen Welt.

So auch ich als Freie Theologin: Da ich meine Berufung sehr ernst nehme, bin ich in letzter Konsequenz, nach jahrelangem Ringen und unzähligen Arbeitsstunden und -jahren für die Kirche, aus dieser ausgetreten. Ich konnte meine Berufung und den Segen, den ich den Menschen schenken möchte, nicht länger zurückhalten. Der Auftrag kommt von Gott – wie könnte ich ihn ignorieren? Die Warteposition sagte mir nicht zu. Was den göttlichen Ruf betrifft, sitzt die Kirchenhierarchie auf der Reservebank. Gott steht über der Kirche, indiskutabel! Als selbstständige Freie Theologin übe ich nun eine moderne Form des Priesterinnenamts aus und bin sehr glücklich darüber. Ich habe mir diesen Weg hart erarbeitet und mich im Guten mit der kirchlichen Vergangenheit getrennt. Ich bin noch gut vernetzt und es freut mich, dass liberale Kirchenkreise meinen Weg dankbar schätzen und annehmen. Doch der kirchliche Weg endete für mich, da die Kirche m. E. am göttlichen Auftrag vorbeipredigt; und wenn die Kirchenpolitik nicht aufpasst, wird auch ihr Weg zu Ende gehen. Die Bibel sagt es ganz klar: Verbreitet das Evangelium, die Nächstenliebe und Menschenwürde. „Vor mir sind alle Menschen gleich." Der Kirchenzug also fährt in die falsche Richtung.

Ich bin froh, mutig meinen Weg zu gehen, und dankbar zu sehen, dass die Gesellschaft für mich bereit ist. Das Feedback und die Nachfrage sind großartig und enorm. Ganz klar ist für mich: Gottes Segen gehört unter die Menschen – jetzt! Dafür steht mein Weg als Freie Theologin.

Melanie Lerchner

74. „Es ist nicht einfach, diesen Spagat auszuhalten" Ob ich mich zum Priesterinnenamt berufen fühle? „Nein", bzw. „nicht mehr", bzw. „nie so konkret". Aber schon zu Jugendzeiten fühle ich die Nähe zu Gott. Nicht zu einem Amt. Wer von Gott berufen ist, ist nicht in ein Amt berufen, sondern hat eine Aufgabe von ihm bekommen. Und die gilt es zu finden und zu erfüllen.

Wenn es um Reformen geht, dann sollten wir lernen, von Pöstchen und Posten abzusehen. Die gibt es bei Gott eben gerade nicht. Doch das ist leichter gesagt als getan. Nicht nur bei der weltlichen Arbeit an Maria 2.0 spüren wir sehr deutlich, wie machtvoll die Zugriffsmöglichkeiten auf Räumlichkeiten und finanzielle Mittel sind. Wie groß die Einflussnahme von Arbeitgebern letztlich ist.

Doch abgesehen davon geht es nach meiner Sicht darum, die Vielfalt dieser Welt zu erfassen, zu würdigen und die vielfältigen Wege zu Gott zu erkennen. Zu erkennen, wo er missbraucht wird und wurde. Wo alte Strukturen behalten werden, schlicht, weil der Mut zum Neuen fehlt. Die Aufgabe dieser Zeit ist es, die Gemeinsamkeiten der Menschen, Kulturen, Religionen hervorzuheben, über Tellerränder hinweg zu schauen und tief in uns hineinzufühlen. Dann kommen wir weiter.

Ich fühle mich berufen, querzudenken. Lösungen zu finden, über alle Grenzen hinweg. Ich habe Ökonomie studiert und mich sehr intensiv mit Welthandel, Verbrauchern und Management auseinandergesetzt. Seit zehn Jahren habe ich die Internetseite www.climate-couching.com. Ich habe einen Ansatz für ein klimaverträgliches Leben erarbeitet, der hervorragend zu Gläubigen, zu Kirchenmitgliedern passt. Doch leider ernte ich in meiner Gemeinde bislang nur sehr viel Unverständnis. Der Pfarrer verwehrt mir Hilfestellung, meidet die Auseinandersetzung mit „meinem" Thema. Es ist nicht einfach, diesen Spagat auszuhalten. Aber letztes Jahr war ein Jahr, in dem mir Gott sehr nahe war und mir deutlich gemacht hat, dass ich auf dem richtigen Weg bin. Dass nur, weil die Kirche keine Verwendung für mich hat, das keine Aussage über die Richtigkeit und Wichtigkeit meines Weges bedeutet. Und so gehe ich ihn und fühle (wie jetzt), dass er da ist und es gut ist. Anke Lobmeyer

75. „Es gibt nichts, was meine Sehnsucht stillen kann, Priesterin zu werden"

Meine Eltern hatten einen Bauernhof nahe Aschaffenburg. Meine Religiosität wurde vor allem von meiner Mutter geprägt. Dazu gehörten Lebenslust, Freude an Gott und das Bemühen, dass es für Menschen ein gutes Leben geben möge. Der Ortspfarrer meiner Kindheit hat eine entscheidende Rolle gespielt. Ihm waren biblische Grundlagen der Predigten, Gottesdienst, Geselligkeit und ein Gemeindeleben wichtig, in dem die einzelnen ihre Begabungen leben konnten. So übernahm ich früh eine Jugendgruppe und habe in unserem Ortsteil, weit entfernt von der Kirche, als älteres Kind schon über Jahre die Verantwortung für die Gestaltung der Maiandachten übernommen, Jugendgruppen geleitet, an Fortbildungen teilgenommen ... Meine Berufswahl hat das Negativvorbild des Religionslehrers in der Fachoberschule mitbestimmt. Mir war Glaube wichtiger geworden. Er hat dem Klassenkommunisten nach dem Mund geredet. So habe ich in Eichstätt das Studium der Religionspädagogik begonnen und Elfriede Hirsch kennengelernt. Mein erstes Praktikum war bei ihr in der Frauenseelsorge. Dort arbeitete ich während meines Studiums weiter mit. Gleichzeitig habe ich Jugendgruppen geleitet und mich in der Gestaltung von Gottesdiensten und dem Leben der Hochschulgemeinde engagiert. Meinem Wissensdrang genügte dieses Studium nicht. Ich bin zur Theologie gewechselt. Sie tat mir gut, vor allem die Spiritualität (wir hatten das Glück dafür einen Professor zu haben) – und die Philosophie. Philipp Kaiser gelang es, uns einen weltoffenen und hoffnungsvollen Glauben und fundiertes Denken zu vermitteln. Er war ein glaubwürdiger Priester. Gleichzeitig lernte ich unglaubwürdige Priester bzw. Ordensleute kennen. Ich dachte, ich könne Gott nur in einem Orden dienen. Schon als Jugendliche habe ich die Berufung zum Priestertum verspürt, aber als Frau? So schaute ich mir verschiedene Frauenorden an, die Missionsbenediktinnerinnen ebenso wie die Kleinen Schwestern Jesu und einen tätigen Frauenorden meiner Heimat. Das mit dem Gehorsam war eine unüberwindliche Hürde für mich. Durch Elfriede Hirsch lernte ich die Themenhefte und feministische Theologien kennen. Ich habe 1981 die AG Feminismus und Kirchen mitgegründet. Dass sich Ida Raming und Iris Müller stark für das Priestertum der Frauen einsetzten, hat mir die Mitarbeit in der AG Feminismus und Kirchen schwergemacht. Zwischen meiner Berufung und den Argumenten der anderen Frauen fühlte ich mich hin- und hergerissen. Auf Burg Rothenfels nahm ich an einer Tagung mit feministischen Theologinnen teil. Als Mitglied der ESWTR [= Europäische Gesellschaft für theologische Forschung von Frauen] habe ich viel Bestärkung durch die Theologinnen anderer Konfessionen und meiner eigenen erfahren. Seit 1986 bin ich wieder, wie in meiner Kindheit, beim Weltgebetstag der Frauen engagiert. Ökumene tut mir gut, wie ich sie auf allen Ebenen erlebe. Beim WGT war ich während meines Berufslebens als Frauenseelsorgerin im Komitee und bin jetzt noch im Deutschland- und im Bayernteam sowie in der Gemeindevorbereitung aktiv. Ich habe 1982 geheiratet und begonnen, als Religionslehrerin in der Diözese Augsburg zu arbeiten. Meine Kinder sind 1984 und 1986 geboren, ich war vier Jahre in Erziehungszeit. Insgesamt arbeitete ich zehn Jahre als Religionslehrerin. 1985 hat der Ortspfarrer meiner Arbeitsstelle Kinder und Jugendliche sexuell belästigt. Ich wurde strafversetzt, als ich ihn im Ordinariat anzeigte. In meinem Leben erlebte ich sexuelle Belästigung nur durch Priester. Von 1994 bis 2014 habe ich die Geschäftsstelle der Arbeitsgemeinschaft Frauenseelsorge Bayern geleitet, bis ich von den Kolleginnen der Frauenseelsorge München nach meiner Krebserkrankung herausgemobbt wurde. Im Ordinariat München habe ich durch einen Ordensmann wieder sexuelle Belästigung erfahren. Ich bin nach Antritt meiner Erwerbsunfähigkeitsrente evangelisch-lutherisch geworden, was bedeutet, dass ich jetzt in Gottesdienste gehen kann, ohne ständig innere Wut zu verspüren. Geprägt bin ich vor allem von vielen Frauen, mit denen ich mein Leben teilen durfte, und von Klara von Assisi, Teresa von Ávila, Gertrud von Helfta und Mechthild von Magdeburg. Es gibt nichts, was meine Sehnsucht stillen kann, Priesterin zu werden. Für mich ist das Diakonat kein Schritt, den ich gehen würde. Ich befürchte, Männer in der Kirche glauben, wir sollten dann damit zufrieden sein. Die Würde aller Frauen ist verletzt, solange Frauen nicht Priesterinnen werden dürfen.   Irene Löffler

76. „Unsere Kirche würde vielfältiger, reicher, gerechter und überzeugen-der" Wenn mich jemand fragt, ob ich als Pastoralreferentin Priesterin geworden wäre, wenn ich die Möglichkeit dazu gehabt hätte, kann ich die Frage kaum beantworten: Wie soll ich mich zu einem Amt berufen fühlen in einer Kirche, die es Menschen qua Geschlecht verbietet, gerade jenes Amt anzustreben, und Frauen eben diese Berufung abspricht? Nein, in so einer Kirche wollte ich nicht Priesterin werden – ein Paradoxon. Außerdem hatte ich ja immer gehofft, dass sich sozusagen „von unten" etwas verändern würde – auch im Hinblick auf Klerikalismus und die Rolle der Frauen in der katholischen Kirche. Was ich aber mit Bestimmtheit sagen kann, ist, dass mich die Nicht-Zulassung von Frauen zum Priesteramt, solange ich denken kann, gekränkt hat und ich mich daran gerieben bis aufgerieben habe.

Zu meinem Weg: Ich hatte, wie vermutlich die meisten Christenmenschen, kein „Damaskuserlebnis", wohl aber hatte ich eine Sehnsucht „nach mehr" in mir, trieb mich die Frage nach Gott um. Schließlich studierte ich (nach einer Ausbildung) Theologie und bewarb mich, trotz meiner Zweifel an der „Institution Kirche", um einen der damals noch raren Ausbildungsplätze zur Pastoralreferentin. Ich wurde angenommen. Ich arbeite nach wie vor sehr gerne mit Menschen und begleite sie in ihren religiösen und menschlichen Fragen und Nöten. Über elf Jahre habe ich als Krankenhausseelsorgerin gearbeitet.

Nicht geweihte Priesterin zu sein, hat mich dabei in meiner Seelsorge konkret behindert. Wie gerne hätte ich den Menschen, die ich in ihrem Sterben begleitet habe, auch die Krankensalbung gespendet, wie gerne die sonntäglichen Gottesdienste als Eucharistiefeiern gefeiert, manches geistliche Gespräch mit der sakramentalen Lossprechung beschlossen. Es gab z. T. unschöne Begebenheiten, wenn z. B. Menschen vor der Kapellentür abdrehten, weil es ja „nur" ein Wortgottesdienst und keine Heilige Messe war. Aber es gab auch ermutigende Begegnungen, z. B. mit der Frau, die strahlend nach dem Gottesdienst auf mich zukam mit den Worten: „Das war das erste Mal, dass ich eine Frau am Altar gesehen habe!"

Schlimmer als die „äußere" Behinderung meiner Seelsorgetätigkeit erlebe ich die inneren seelischen Verletzungen: Ich habe Jahre gebraucht, um ein Selbstbewusstsein als Seelsorgerin zu entwickeln. Und nach wie vor kann ich mich nicht richtig in „meiner Kirche" beheimaten, höre ich doch immer die Doppelbotschaft: Ja, wir brauchen euch Frauen, aber nur so, wie wir klerikale Männer (aber leider auch manche Frauen) meinen, dass es richtig ist. Verbale Wertschätzung bei gleichzeitiger Systemerstarrung. Kann ich dieses „System" noch mittragen, müsste ich nicht eigentlich austreten? Diese Frage belastet mich immer wieder. Lange habe ich erwogen, zur evangelischen Schwesterkirche zu konvertieren, hatte aber das Gefühl – katholisch sozialisiert wie ich nun mal bin –, mich auch dort nicht richtig beheimaten zu können, mal ganz abgesehen davon, dass ich dann ja meinen Beruf hätte aufgeben müssen.

Mich meinen drei Kindern gegenüber rechtfertigen zu müssen, wie ich für eine Institution arbeiten kann, die Frauen per System diskriminiert, schmerzt mich besonders. Nein, eine Zulassung von Frauen zu allen Diensten und Ämtern löst weder das Problem des Priestermangels noch des Mitgliederschwundes, aber viele Frauen und Männer hätten weniger Loyalitätskonflikte. Und unsere Kirche würde vielfältiger, reicher und vor allem gerechter und dadurch überzeugender! Anon.

77. „Längst geschenkt" Ich bin 62 Jahre alt und seit 1982 als Gemeindereferentin im kirchlichen Dienst. Dieser Beruf kam damals dem am nächsten, was ich als junge Frau als Antwort auf ein gespürtes „Als-ganze-Person-von-Gott-gemeint-und-in-Dienst-genommen-Sein" geben konnte. Schon vor der Entscheidung zum kirchlichen Dienst suchte ich im Alter von 18–24 den Augenhöhe-Kontakt zu Priestern – im Schwung von Vaticanum II und Würzburger Synode. Ich fühlte mich schuldig, wenn ich mich immer wieder verliebte, und noch schuldiger, wenn es dabei mehrfach auch zu sexuell übergriffigen erotischen Begegnungen mit denen kam, die meinem unreifen Interesse an ihnen als Priester nicht widerstehen konnten. Im versöhnten Rückblick gedeutet, versuchte ich wohl auch, meinen Berufungsweg an ihnen zu klären.

Eine gewisse Gabe und Leidenschaft zur Verkündigung des Wortes, ein Mich-echt-Fühlen in einer liturgischen Rolle und die Fähigkeit, in der Pastoral gewinnend und integrierend zu wirken, wurden mir bereits in den ersten Berufsjahren oft bestätigt. Mit dem Wachsen einer größeren geistlich-menschlichen Eigenständigkeit lernte ich, dank guter Begleitung, stetig wiederkehrende Auslöser von Schmerz, Traurigkeit, Ohnmacht und Zorn besser einzuordnen, z. B. wenn lieblos dem WORT und den Menschen gegenüber gepredigt oder mit „klerikalem Gehabe" die priesterliche Leitungsrolle ausgefüllt wird; wenn Frauen und Laien als „Lückenbüßer*innen" dann gut genug sind, wenn Amtsträger ausfallen; wenn oberstes Prinzip als Mitarbeiter*in ist, den Priester in seiner Leitungsrolle nicht zu gefährden, ob er das Charisma dazu hat oder nicht. Gegen eine fortschreitende Entfremdung von „meiner" Kirche muss ich ringen, wenn ich noch 2020 amtliche Aussagen lese, die mir ein *In-persona-Christi*-sein-und-handeln-Können aufgrund meines Frauseins und des vermeintlichen Willens Jesu absprechen. Was für ein Person-Begriff! Es ärgert mich, wenn mir ausschließlich die marianisch-empfangende und die mütterliche Rolle, die doch der ganzen Kirche zukommt, als „höchster weiblicher Status" zuerkannt wird.

Es dauerte Jahrzehnte („es darf und kann ja gar nicht sein") bis ich meine wahrscheinlich doch priesterliche Berufung anerkannte und in geistlicher Begleitung und Vertrauten gegenüber anfing, dazu zu stehen. Für eine Ordensberufung gab es nie einen deutlichen „Wink von oben" trotz enger Verbundenheit mit Ordensleuten und deren spirituellen Quellen. Ich bin Gott dankbar, dass er mein Gebet erhört hat, mich nie bitter werden zu lassen und im Neid auf die priesterlichen Möglichkeiten stecken zu bleiben. Die Entfaltung einer mehr kontemplativen und an der (Frauen-)Mystik orientierten Spiritualität trägt dazu bei. Im betenden Hören bekam ich manchmal herausfordernde Antworten, z. B.: „*Mir* kommt es darauf an, dass du Sakrament *bist*." Irgendwann konnte ich die Verantwortung dafür, meine als priesterlich verspürte Berufung fruchtbar zu machen, ganz an Christus abgeben. Seitdem komme ich „erlöster" damit zurecht, sie zwar verborgen, aber mit Freude einfach zu leben. Lächelnd nehme ich es als Bestätigung aus dem Volk Gottes, wenn ich am Ende von Vorträgen oder liturgischen Feiern auch von eher traditionell geprägten (alten) Leuten oft genug höre: „An dir ist doch ein Pfarrer verloren gegangen" oder „Solche wie dich bräuchten wir als Priester".

Ich taste danach, was ich als Kern dieser – meiner in dem Fall weiblichen – Priesterexistenz spüre, die ich auch bei andern geweihten und nicht geweihten Frauen und Männern wahrnehme: Durch priesterlich-sakramentales und diakonisch-prophetisches Dasein und Wirken alle anderen daran zu erinnern, dass es auch deren (Tauf-)Berufung ist, ihr *Christus-Selbst* zu entdecken, es wachsen und wirken zu lassen und dieser Berufung *aller* auf vielfache Weise zu entsprechen. Ich wünsche mir ein entschiedenes Weiter- und Neubuchstabieren des „Priesterlichen" – von Christus her, von den Evangelien und von den Nöten und Fragen der Menschen heute her. Ich glaube, dass Priesterberufungen in großer Vielfalt und verschiedenen Formaten Männern und Frauen längst geschenkt sind und dringend auf kirchliche Anerkennung warten. Jutta Maier

78. „Institutionell immer in die Zweitrangigkeit verwiesen" Studiert habe ich von 1979–85 an der WWU Münster. Ich hatte Zugang zu einer Aufbruch begehrenden, politisch bestimmten Theologie (Johann Baptist Metz), herausgefordert von der Theologie der Befreiung (Leonardo Boff), konfrontiert mit den amtskirchlichen Maßregelungen dieser Bewegung und angestiftet zur Neugier durch die aufkeimende feministische Theologie im deutschen Sprachraum, pastoraltheologisch geleitet von Franz

Kamphaus, dogmatisch geprägt von Herbert Vorgrimler, liturgisch inspiriert von Emil Josef Lengeling ... Eine spannende Zeit, voller Hoffnung auf ein sich ergänzendes Miteinander der pastoralen Berufungen, Laien wie Geweihten. Meine Diplomarbeit in feministischer AT-Exegese war 1983/84 aufgrund der kaum vorhandenen spezifischen Fachliteratur noch ein echtes Forschungsabenteuer. In der berufsbegleitenden Ausbildung (1986–89) im Anschluss an das Studium stand immer wieder die Frage nach der *beruflichen Identität*, ihren Chancen und ihren Grenzen, im Mittelpunkt: als Laiin – zudem als verheiratete Frau – mit seelsorglichem Auftrag, theologisch gebildet, jedoch institutionell immer in die Zweitrangigkeit verwiesen. Ein Kuriosum dieser Zeit war der Erlass des Predigtverbots für Laien (1988), sah die Prüfungsordnung doch vor, dass ergänzend zur Predigtausbildung im Rahmen der 1. und 2. Dienstprüfung gepredigt wurde. Abgesehen davon, dass mein Ausbildungskurs u. a. diesen Teil mit den zukünftigen Priesteramtskandidaten gemeinsam absolvierte. Im Lauf der Jahre haben psychosoziale Zusatzqualifikationen mir ein vertieftes Arbeiten mit Menschen in unterschiedlichen seelsorglichen Feldern ermöglicht.

Nach der Geburt unseres 3. Kindes 1990 habe ich meine Berufstätigkeit über 11 Jahre hinweg auf 50 % reduziert. So hat sich nach der schrittweisen Rückkehr zur vollen Berufstätigkeit eine Konstellation ergeben, die bis heute andauert: 50 % Frauenseelsorge und 50 % Klinikseelsorge. Beide Arbeitsfelder sind Teil der Kategorialseelsorge. Für die konkrete Arbeit bedeutet dies viel Gestaltungsfreiraum, weil der Kontakt zum jeweiligen priesterlichen Dienstvorgesetzten sich hauptsächlich auf Organisatorisches wie Urlaubsanträge, Fahrtkostenabrechnungen u. ä. beschränkt. Die Hinwendung zur kategorialen Seelsorge war ein bewusst gewählter Weg, da es auf Dekanatsebene kaum ein verbindendes Miteinander gab. Klar beschriebene seelsorgliche Aufgaben wurden trotz gemeinsamer Absprachen häufig boykottiert, eine kollegiale Zusammenarbeit mit Gemeindereferentinnen zumeist durch konkurrierende Zuweisungen untergraben. Besonders enttäuschend war das immer wieder hervortretende Machtgefälle, das nicht nur der Ermutigung und Ermächtigung engagierter Menschen in den Gemeinden entgegenwirkte, sondern die Abhängigkeit vom geweihten Priester zementierte.

In den genannten kategorialen Arbeitsfeldern ist jenseits missbräuchlicher Machtstrukturen seelsorgliche Begleitung und menschliche Nähe auf Augenhöhe lebbar: Wenn auch sehr unterschiedlich akzentuiert, geht es doch hier wesentlich um das Teilen von Freude und Hoffnung und ein Mich-berühren-Lassen und Mittragen von Trauer und Angst (II. Vaticanum, Pastoralkonstitution *Gaudium et spes,* Nr. 1).

Während der mittlerweile 34-jährigen Arbeit als Pastoralreferentin bin ich oft gefragt worden, ob ich nicht gerne Priesterin wäre, ebenso wie ich oft als Frau Pastorin angesprochen wurde. Natürlich ist die Vorstellung reizvoll, nicht nur Gestaltungsfreiraum zu haben, sondern auch Entscheidungsgewalt, zumindest aber an Entscheidungen gleichberechtigt beteiligt zu sein. Damit wäre es möglich, Entscheidungsprozesse zu öffnen und die Menschen zu beteiligen. Dennoch kam das Priesteramt für mich bis heute niemals infrage. Es ist eine rein männliche Struktur. Welchen Platz kann eine Frau in dieser männlichen Hierarchie einnehmen? Doch höchstens die Ein- bzw. Unterordnung in die patriarchale Weltsicht unter Aufgabe der eigenen weiblichen Identität. Dieses Missverhältnis ist für mich eng verknüpft mit der Sicht auf die Frau, wie sie in der katholischen Kirche insgesamt bis heute vorherrscht. Gewinnt die Frau entsprechend dem jesuanischen Beispiel Ansehen und Würde aufgrund ihres von Gott Geschaffenseins, dann ändert sich die hierarchische Struktur von innen her. Dann hängt die Sendung und die Beauftragung zu sakramentalem Handeln nicht am Geschlecht, sondern vielmehr an der inneren Haltung und der Berufung sowie dem jeweiligen Charisma.

Wie oft habe ich in den Klinik-(Wort)gottesdiensten in kaum zu beschreibender Dichte erlebt, dass sich bei der Kommunion Wandlung vollzieht; diese Sakramentalität geschieht aber viel mehr in dem Augenblick, in dem sich ein Mensch im gemeinschaftlichen Vollzug bedürftig der Zuwendung Gottes öffnet, und nicht, wenn Tage vorher die Hostien in irgendeinem Gemeindegottesdienst bei der Wandlung konsekriert wurden. Bedarf es dazu heilsnotwendig eines männlichen Priesters? Oder des an das männliche Geschlecht geknüpften Amtes? Oder bedarf es nicht vielmehr einer würdigen Person, die dafür einsteht, diese Erfahrungsräume zu öffnen. So miteinander Kirche sein, dazu will projekthaft ein *Frauen-KirchOrt* Sprachräume eröffnen und spirituellen Reichtum wirken lassen.

Anon.

79. „Mein Pastor lacht mich aus und sagt: ‚Ihr wollt ja doch nur die Macht'"

Sehr gerne möchte ich über meine Berufungsgeschichte und meine Sehnsucht nach einer gerechteren Kirche schreiben. Ich bin 60 Jahre alt und von Beruf Grundschullehrerin. Ich bin verheiratet und habe drei Kinder. Mein Glaube war und ist durch den Kirchenchor geprägt (seit 1973) und durch die Fokolarbewegung. Sehr gut und offen christlich erzogen, habe ich doch mit 13 Jahren meinen Glauben verloren und ihn später durch einen Pastor in Essen wiedergefunden, als der über den ungläubigen Thomas predigte. Ja, wenn der zweifeln durfte, dann darf ich das auch.

Ebenso inspiriert hat mich mein Religionslehrer, der Jesuit war und Pausengebete initiiert hat, an denen auch Baptisten teilnahmen, die uns das freie Beten beibrachten. In meiner Heimatgemeinde St. Josef, Essen-Frintrop, in der auch Generalvikar Klaus Pfeffer Kaplan war, waren die Laien immer präsent, sogar mit monatlichen Predigten. Buchtipp: „Wenn Laien zu Wort kommen". Leider ist das hier in Duisburg nicht möglich.

Da ich als Lehrerin erst keine Anstellung fand, wurde ich 1985 Gemeindereferentin und fand es sehr erniedrigend, dass ich in einem Seminar („Kasten") wohnen musste und mir mein 2. Staatsexamen in Theologie nicht oder kaum anerkannt wurde. Der Priester mit Doktortitel, der das Seminar leitete, wurde später entlassen, als herauskam, dass er sich den Titel nur erschlichen hatte.

In den Anerkennungsjahren war ich bei einem Schönstattpriester. Er lebte die Nächstenliebe allen gegenüber (okay, er hatte auch mindestens ein Kind, wahrscheinlich mehr, aber das erfuhr ich erst später aus der Zeitung). Er steckte mir Geld zu, wenn ich es brauchte, er lud zur Fußwaschung Behinderte, Geschiedene, Flüchtlinge, Wiederverheiratete, die er auch als Kommunionkinderkatecheten einsetzte – für mich bis heute sehr beeindruckend. Ebenso beeindruckend war der Zusammenschluss zu einem Konvent von vier katholischen (und monatlich auch Treffen mit vier evangelischen) Gemeinden durch den Nachbarpastor, der zu Charles de Foucauld gehörte und so manches Mal von „vorauseilendem Gehorsam" sprach, wenn wir etwas moderner waren und eine neue Geschwisterlichkeit lebten.

Geistige Heimat fand ich in der Fokolarbewegung, die ökumenisch geprägt offen für alle ist und sich auf das Leben aus der Bibel stützt. Meine Eltern hatten Ostermontag geheiratet und verstanden ihren Weg als Weg mit Jesus in ihrer Mitte. Mein älterer Bruder und ich sind bis heute dabei und auch meine beiden großen Kinder. Geprägt hat uns zudem der moderne Pastor Karsten Weidisch, der in Emmerich und in Moers rausgemobbt wurde, aber uns sehr im Glauben positiv aufgerüttelt und immer neu begeistert hat. Mein Glaube wird auch durch den Kirchenchor gestärkt und getragen – das Singen erhebt mich zum Himmel – wie auch durch den Religionsunterricht, die Schulgottesdienste und die Frühschichten in der Fasten- und Adventzeit, die ich seit fast 20 Jahren gestalte. Das stärkt mich darin, dass ich predigen möchte – und nicht darf. Gerade jetzt in den Corona-Zeiten gab es bei uns bis Pfingsten nur Wortgottesdienste. Also hätten wir Laien doch seit zwei Monaten unsere Talente einbringen können. Aber wenn unser Pastor meinen Anstecker „Frauen – worauf wartet ihr?" von Maria 2.0 sieht, lacht er mich aus: „Ihr wollt ja doch nur Macht haben!" Maria 2.0 habe ich durch Facebook und die kfd kennengelernt und mich im Oktober 2019 auf den Weg zu einer Demo nach Essen gemacht. Beim Kirchentag hatte ich schon meine Bekanntschaft mit Generalvikar Klaus Pfeffer aufleben lassen und wir schreiben uns gelegentlich. Ich habe ihm mein Gebet versprochen, denn er ist fast der einzige, der in der deutschen Kirche mal den Mund aufmacht und bei Unrecht nicht stillschweigt. Bei der Demo in Essen hat mich der Rückenwind des Bistums beeindruckt. Das hätte ich mir nie vorstellen können. Seitdem möchte ich in die kfd, denn sie treibt unser Bestreben um Gleichberechtigung voran. Meine Freundin hat jetzt im Bistum Münster den Kurs für Beerdigungen absolviert. Meine andere Freundin war vor 30 Jahren als Gemeindereferentin die erste, die beerdigen durfte. Aber warum verwehrt man uns die Diakoninnenweihe?

Wohin führt mich meine Sehnsucht? Ich liebe Taizé, das ich erst mit 56 Jahren kennengelernt habe. *Einfachheit, Barmherzigkeit* und *Freude.* Besonders die Einfachheit in der Kleidung, alle sitzen, keiner erhöht, das Gebet, die Stille, die Lieder, die Kreuzverehrung, das allabendliche Angebot zur Beichte, das von vielen 100 Jugendlichen angenommen wird, die Interkommunion, das ist für mich Glaube, der nach vorne strebt, der das Wesentliche in die Mitte stellt. Seit Beginn der Coronakrise erleben jeden Abend 2.000–3.000 Zuhörer aus der ganzen Welt über das Internet das Abendgebet der Brüder. Diese Ruhe überträgt sich. Man wird dankbar. Und wenn ich dann noch die Visionen von Christian Hennecke höre, weiß ich, dass ich vieles davon auch in unserem Bibelkreis der Fokolarbewegung erleben darf, in dem auch Kirchenferne plötzlich erleben, wie Gott sie führt. Gudrun Maxelon

80. „‚Du wirst sein, was du bist' – damit lebe ich sehr gut"

Eigentlich war es immer klar: In der Kirche vorne stehen, das wollte ich. Da gehörte ich hin. 1961 bin ich geboren und es war noch nicht einmal möglich, Messdienerin zu sein. Mit 13 habe ich meinen Vater so lange angebettelt, bis er beim Pfarrer die Erlaubnis für mich einholte, zumindest die Lesung lesen zu dürfen. Ich spürte immer: Das ist meine Welt. Aber ich wollte nicht nur in der Kirche vorne stehen. Im Religionsunterricht war ich begeistert dabei, als wir in der 5. Klasse darüber diskutierten, ob man Säuglinge taufen sollte oder ob man warten müsste, bis der junge Mensch selbst entscheiden kann. Über solche Dinge zu sprechen, fand ich faszinierend. In der Realschule gründete ich einen Gebetskreis, in der Pfarrgemeinde hatte ich eine Jugendgruppe und in der KJG war ich für das spirituelle Programm zuständig. Am Karfreitag lud ich die anderen Jugendlichen zum Töpfern und Meditieren zu uns nach Hause ein. Ich fuhr nach Taizé, steckte andere damit an, lernte Erzieherin, danach Fachabitur und sofort das Studium der Religionspädagogik. Hätte ich ein Jahr auf den Studienplatz warten müssen, wäre ich als Freiwillige nach Taizé gegangen, auch über ein Leben im Kloster dachte ich nach, fand mich dafür aber „zu weltlich". Ich war sehr quirlig und lebendig und immer dort, wo etwas los war, auch wenn das oben beschriebene Milieu eher ein bisschen bieder und langweilig klingt, aber das war ich nie. Wenn ich mir meine Jugendzeit so anschaue, bin ich mir sicher: Wäre ich ein Junge gewesen, ich wäre sofort nach dem Abitur ins Priesterseminar gegangen. Wäre ich dort aber am richtigen Platz gewesen? Ich weiß es nicht. Heute, nach 34 Jahren hauptberuflicher Arbeit als Gemeindereferentin, weiß ich das nicht mehr so genau. Ich habe viele Dinge erlebt, die mich kritisch und vorsichtig gemacht haben. Würde ich heute noch einem Bischof (und seinem Nachfolger) Gehorsam in die Hände hinein versprechen können?

Ich weiß es nicht. Berufen bin ich. Und ich lebe meine Berufung jeden Tag. Das beginnt schon mit dem morgendlichen Post auf meiner Facebookseite „Citypastoral Aschaffenburg". Es ist gar nicht immer so präsent, wenn ich am PC arbeite oder in einer Teamsitzung bin. Es ist aber ganz sicher da, wenn ich mich mit einer alten Frau unterhalte, die vor der Kirchentür steht, oder wenn ich einem kleinen Kind zulache. Ganz klar spüre ich meine Berufung, wenn ich die Liturgie mitgestalte oder einen meditativen Gang durch einen Park anbiete, besonders auch, wenn ich Kranken die Kommunion bringe. Ich lebe und spüre meine Berufung auch dann, wenn ich an einem Brunnen stehen bleibe und die Hand unters kalte Wasser halte, wenn ich einem Vogel bei seinem Lied zuhöre, wenn es draußen noch ganz dunkel ist. Manchmal ist es ganz einfach, manchmal tut es sehr weh, dann, wenn ich deutlich spüre, was ich zu geben hätte, was sich durch die Nicht-Weihe gebremst anfühlt. Je älter ich werde, desto mehr denke ich auch an das Gesamte, nicht mehr so sehr an mich und meine persönliche Berufung: Dann bin ich sehr traurig, manchmal auch wütend, wenn ich denke, welches Geschenk wir Frauen für die Kirche sind – ein Geschenk, das sie nicht in vollem Maße annimmt. Achtlos weggelegt.

Ich persönlich habe meinen Frieden gefunden, aber eine Kirche der Zukunft kann das meiner Meinung nach so nicht werden. Irgendwann einmal habe ich Gott danach gefragt, ob es denn einmal anders werden wird mit mir und meiner Berufung. Ich bekam die Antwort: „Du wirst sein, was du bist." Damit lebe ich sehr gut.   Eva Meder-Thünemann

81. „Ich bin nicht Priesterin, aber Prophetin und Hirtin" Mit 13/14 Jahren wurde ich eine Gottsucherin! Ich hatte den Eindruck, dass Gott mich mit „Fesseln der Liebe" an sich band. Ihn lieben, den Menschen beistehen – wie kann ich das tun in meinem Leben? Zugleich entzog sich Gott mir und ich fühlte mich lange Zeit wie die kleine Therese von Lisieux. „Rede doch, ich bin ganz Ohr!" Die Sehnsucht in mir ist seine Stimme! Gerne wäre ich als Mädchen ganz nahe am Altar gestanden. In der Liturgie durfte ich zwar schon vorsingen und vorbeten, aber in den Altarraum durfte ich nicht. Dabei hätte ich so gerne hautnah am Heiligsten des Allerheiligsten gestanden. Wäre gerne Messdienerin geworden. Es hat mich sehr geschmerzt, dass mir das in unserer Pfarrei verwehrt wurde. Bald war mir klar, dass ich zu einem Beruf in der Kirche berufen bin und ich spürte, dass ich darin Erfüllung finden würde. *Meine Sehnsucht* und Liebe zur Kirche, zur Pfarrei, zu Adonai, erkannte ich als *die Stimme*, die mich ruft. So begann ich mein Theologiestudium.

Der Gedanke, Priesterin zu werden, der kam mir allerdings nicht mehr. Zu sehr war er mir schon ausgetrieben worden. Es gab bereits eine Gemeindereferentin in unserer Gemeinde und an ihr habe ich mich beruflich orientiert. Heute kann ich sagen, dass ich eine Berufung zur Priesterin hatte. Sie wurde mir aber durch die Kirche aberzogen. Dennoch: Die Berufung ist geblieben. Ich habe kreative Wege gefunden, sie zu leben. Ich bin nicht Priesterin, aber Prophetin und Hirtin. Lebe meine Berufung in der Verkündigung und in der existenziellen Begleitung von Menschen vor allem durch das Instrument des Bibliodramas. Und noch eines: Heute gebe ich mich nicht mehr damit zufrieden, dass Frauen Diakoninnen oder Priesterinnen sein können. Sie sollten auch als Bischöfinnen gestalten dürfen. Unter diesem Maß und unter dem Maß eines veränderten Amtsverständnisses im Sinne der Partizipation und der Gemeindebeauftragung bin ich nicht mehr bereit zu diskutieren.   Dr. Claudia Mennen

82. „Das geht nicht, du bist nur ein Mädchen" Während einer Maiandacht hörte ich, zehn Jahre alt, der Predigt eines Paters zu, der zur „Geisteserneuerung" in unser Dorf kam. Seine Worte trafen mich ins Herz: „Wenn du Jesus liebst, dann lass dich von ihm zum Priester rufen." Ich spürte es deutlich: Jesus ruft mich. Er meint mich. Ja, ich liebe ihn und will ihm folgen. Einige Monate später musste ich in der Schule einen Aufsatz schreiben zum Thema: „Was will ich einmal werden?" Begeistert schrieb ich von meinem Wunsch „Priester" zu werden, nein, Dorfpastor sollte es sein. Noch besitze ich das Aufsatzheft mit dem in roter Tinte geschriebenen Vermerk der Lehrerin: „Das geht nicht. Du bist nur ein Mädchen." Ich gab nicht auf; meldete mich sofort, als zum ersten Mal in unserer Dorfkirche jemand für den Lektorendienst gesucht wurde. Diesmal sagte es mein geliebter Pastor selbst: „Das geht nicht. Du bist nur ein Mädchen."

Als ich sechzehn Jahre alt war, durfte meine Jugendgruppe eine Sonntagsmesse mitgestalten – revolutionär mit „Jugendband". Ein Wunder geschah: Der Pastor ließ mich „predigen", meine Gedanken zum Evangelium aus Jugendsicht vortragen. Bei dieser Messe spürte ich so deutlich, dass es fast schmerzte: Das ist meine Berufung! Gottes Geist gibt mir die Kraft, den Mut, die Worte ins Herz. Ich bin nicht nur berufen und will diesem Ruf folgen, ich „kann" es auch. Neigung und Eignung. Ich sagte mein „Ja" zu dieser Berufung. Ob ich diesen Weg gegangen wäre, wenn ich gewusst hätte, welch hohen Preis ich dafür zahlen musste, weiß ich nicht. Obwohl, ich konnte nicht anders. Gott zog mich. In der kleinen heiligen Theresia fand ich meine „verbündete Freundin." Auch sie fühlte sich zum Priesterin-Sein berufen.

Ich studierte Theologie mit großer Freude. Nie vergesse ich den ersten Tag im Hörsaal, als ich mich ahnungslos neben einen neuen Kommilitonen setzte. Seine Worte verletzten mich tief: „Warum studierst du Theologie, nur um mir mal später die Hemden bügeln zu können?" Dieser Kommilitone hat das Priesteramt übrigens vor Jahren aufgegeben.

Im Gebet, in Exerzitien, in Gesprächen mit Ordensschwestern – nie verstummte die Stimme in meinem Herzen, die mich nach meiner Liebe fragt und mich zu den Menschen und in Gottes Kirche sendet. Als junge Frau war ich sicher, dass der Tag nicht mehr fern sein würde, an dem die Weihe für Frauen erlaubt würde. Ich wollte so gut ausgebildet und berufserfahren für diesen Tag sein, wie es nur geht. So wurde ich Pastoralreferentin. Als mein verehrter Heimatpastor zu meiner Beauftragung mit der Begründung nicht kam, dass der Beruf der Pastoralreferentin nichts „Richtiges" sei, er käme höchstens zu einer Ordensprofess, wurde die Wunde in meinem Herzen tiefer: „Du bist nur ein Mädchen" setzte sich als Botschaft fort.

Die vielen verletzenden Erfahrungen im Beruf würden Seiten füllen. Predigen? Geht nur als *statio*, als Glaubenszeugnis nach der Lesung, wenn überhaupt. Und immer muss der Zelebrant einen guten Grund dafür finden. Gemeindeleitung? Geht nur heimlich und dann nur als „Ansprechpartnerin", weil der Pfarrer eine Demenz entwickelte. Beerdigen? Nur für einige Monate, dann wird die Beauftragung wieder entzogen, weil der Pfarrvikar sich beschwerte, die Leute würden mich bevorzugen. Wie oft habe ich, auch und gerade von Frauen, die Frage gehört, ob ich als Frau das alles dürfe oder könne. Ohne meine Beziehung zu Christus und seine Treue zu mir wäre ich nicht mehr in dieser Kirche. ER hält mich, niemand sonst.

In einigen Jahren werde ich in Ruhestand gehen. Bis heute ist die Sehnsucht in mir lebendig, als Priesterin meinen Dienst für Jesus Christus tun zu dürfen. Ob ich diese Sehnsucht mit ins Grab nehmen muss? Vor wenigen Wochen begleitete ich eine weit über 90-jährige Dame beim

Sterben. Wir kannten uns fast 20 Jahre. Kurz vor ihrem Tod nahm sie meine Hand, sah mich liebevoll an und sagte: „Sie werden nie Priesterin werden – und sind es für mich immer gewesen." Diesen Satz trage ich wie einen kostbaren Schatz in mir. Gott ruft mich bis heute. ER weiß, dass ich seinem Ruf nicht anders folgen konnte. Er weiß aber auch, dass ich heute immer noch „Ja" dazu sage. Anon.

83. „Wenn ich ein Mann wäre, würde ich Diakon werden"

In der 4. Klasse besuchte uns im Religionsunterricht eine Ordensschwester, die mehrere Jahre in der Mission gelebt hatte. Tief beeindruckt ging ich zu ihr und sagte: „Ich will auch Klosterschwester werden". Sie antwortete mir damals: „So einfach geht das nicht, dazu braucht man eine Berufung." Ich überlegte mir, was das sein könnte, diese „Berufung", von der die Schwester gesprochen hatte. Da ich auf keine Lösung kam, beschloss ich für mich: Ich gehe trotzdem ins Kloster und verrate niemandem, dass ich keine Berufung habe. 17-jährig in den Herbstferien machte ich „Kloster auf Zeit". Ein Bibeltext traf mich wie ein Blitz aus heiterem Himmel: „Hab(t) Vertrauen, ich bin es; fürchte(t) euch/dich nicht!" (Mt 14,27) Wer war das, der mich da ansprach? Warum mich? Nach einiger Zeit des Ringens ging ich zur Oberin und sagte ihr, dass ich ins Kloster eintreten möchte. Sie meinte, dass ich noch zu jung sei, ich solle eine Ausbildung machen und Lebenserfahrung sammeln. So entschied ich mich für die Ausbildung zur Krankenschwester. Im Krankenhaus lernte ich meinen späteren Ehemann kennen. Zweifel, Gewissensbisse, Ringen um die richtige Entscheidung: Was ist mein Weg? Ich sah IHN nicht mehr. Habe ich mir alles eingebildet? Durch die Ehe entfernte ich mich äußerlich immer mehr von der Kirche und innerlich machte sich eine Leere breit. Mich trieb eine Unruhe an, ich wollte Antworten und begann berufsbegleitend Theologie im Fernkurs zu studieren (Grundkurs, Pastoraler Basiskurs, Pastorale Spezialkurse). Im Juni 1999 schloss ich die Pastoralen Spezialkurse mit der Prüfung ab und wurde gefragt: „Und, was machst du jetzt mit deinem Fernstudium?" Ich antwortete: „Wenn ich ein Mann wäre, würde ich Diakon werden!" Zwei Wochen später las ich in der Zeitung, dass im September 1999 der 1. Diakonatskreis für Frauen beginnen würde. Ich wusste sofort: Ich muss dabei sein, wenn dieser Kurs beginnt! Plötzlich fiel mir wieder die Bibelstelle ein: „Habt Vertrauen, ich bin es; fürchtet euch nicht! Darauf erwiderte ihm Petrus: Herr, wenn du es bist, so befiehl, dass ich auf dem Wasser zu dir komme. Jesus sagte: Komm! Da stieg Petrus aus dem Boot und ging über das Wasser auf Jesus zu." (Mt 14,27–29) Was für ein Wagnis. Das Boot zu verlassen, um auf dem Wasser auf Jesus zuzugehen. Bei Gegenwind, dem Boot vorausgehen, im

Vertrauen auf den, der (be)ruft. Mit vereinten Kräften (meines Pfarrers, meines Mentors, von Einzelpersonen und Gruppierungen meiner Kirchengemeinde) wurde ich zum 1. Diakonatskreis für Frauen zugelassen. Es fühlte sich richtig und gut an. Doch der Gegenwind blieb nicht aus, und mit ihm der Zweifel. War es die richtige Entscheidung? Ist es der richtige Weg? Ist es mein Weg? Besonders nachts in den Träumen verarbeitete ich vieles, was mich damals bewegte. Im realen Leben arbeitete ich hauptamtlich als Krankenschwester und war ehrenamtlich Kehlkopflosenseelsorgerin, Notfallseelsorgerin, im Kirchengemeinderat, Wortgottesdienstleiterin. Die Diakonatsausbildung beflügelte mich durch das Mitgehen der Frauen und Männer, die unseren Weg mit Kompetenz, Liebe und Gebet begleiteten. Auf der anderen Seite kosteten „der Gegenwind" und die eigenen Zweifel auch viel Kraft. Im Matthäusevangelium heißt es weiter: „Als er (Petrus) aber sah, wie heftig der Wind war, bekam er Angst und begann unterzugehen. Er schrie: Herr, rette mich!" (Mt 14,30) Wie Petrus war auch ich am Untergehen. Eine Gehirnblutung und weitere gesundheitliche Probleme, das Scheitern der Ehe, Arbeitslosigkeit und Zukunftsangst. „Jesus streckte sofort die Hand aus, ergriff Petrus und sagte zu ihm: Du Kleingläubiger, warum hast du gezweifelt?" (Mt 14,31) Inzwischen arbeite ich als Teilzeit-Mesnerin in einer schönen Barockkirche. Es passt gut und doch ist da die bisher unerfüllte Sehnsucht des Frauendiakonats. Vielleicht wird die (Amts-)Kirche erkennen, dass es im Diakonat der Frau nicht primär um die Frau geht, sondern um Jesus Christus, der uns zuruft: „Habt Vertrauen, ich bin es; fürchtet euch nicht! ... Komm!" (Mt 14,27–29)

Uta Möhler

84. Das Thema macht mich müde ... *„Ich fürchte, mich bringt diese Anfrage in resignative Verlegenheit. Ich hatte keine Sehnsucht nach einem Priesterinnenamt. Andererseits, wäre ich evangelisch, dann wahrscheinlich doch einfach: Pfarrerin. Das Thema macht mich sehr müde ..."* Ein Ausschnitt aus meiner Antwort auf die Einladung zum persönlichen Statement, das ich nun doch erstellen will. Kann es gelingen, ein halbes Jahrhundert Berufungsgeschichte (ich bin gerade 61 geworden) auf eine Seite zu komprimieren? Ich beschränke mich auf das aus mir und in mir „Gewordene".

Was aus mir geworden ist ...

Magistra der Philosophie, promoviert mit der philosophisch-anthropologischen Dissertation *Krisenkompetenz Weisheit. Die spirituelle Dimension von Krisen in der Gynäkologie und Geburtshilfe*.

Katholische Hochschulseelsorgerin, vormals Klinikseelsorgerin, angestellt als Gemeindereferentin. Die philosophische Forschung an einer spirituellen Dimension von Krisen erfolgte außerdienstlich. Mein Arbeitgeber war daran „nicht interessiert". Gelegentliche Autorin, Herausgeberin, Referentin, Dozentin für *Spiritual Care*.

Ehefrau, was mir bis heute Freiheit – und so ist es nun mal: finanzielle Sicherheit – schenkt für meinen Beruf als Seelsorgerin und dessen Entfaltung als Philosophin.

Nicht zuletzt Mutter dreier erwachsener Kinder, die meine Berufung achten.

Was in mir geworden ist ...

Die Kirchenfrau in mir reagiert mit der oben erwähnten Müdigkeit auf eine kränkende Interesselosigkeit an meiner Person mit ihrem Charisma. Allzu oft hat mich meine Kirche im Berufsleben „übersehen". Ein Treppenwitz dazu findet sich in der schriftlichen Absage auf meine Bitte um sechs Wochen unbezahlten Teilzeit-Urlaub für die Endphase meiner Promotion: Es bestehe kein dienstliches Interesse an der erarbeiteten *Weisheit als Krisenkompetenz* (sic).

In Fragen der geistlichen Berufung bin ich zunehmend von der unermüdlichen Idealistin zur unruhigen Realistin geworden: Solange in diesem Land die Kirche nicht arm ist, behindert das unsere Auseinandersetzung mit dem Anspruch, Volk/laos von König*innen, Priester*innen und Prophet*innen zu sein. Gleichwohl sei zugegeben, dass unser Wohlstand uns bis hierher auf den Weg dieser Auseinandersetzung sowohl organisatorisch als auch geistig, z. B. durch uns Theolog*innen und Religionspädagog*innen, bringen konnte.

Jenseits meiner Bilanz der Hauptamtlichen im kirchlichen Dienst will ich nun endlich meinen geistlichen Zustand beschreiben. Im Kampf gegen den Geist von Verbitterung, Sarkasmus, Ärger, Kleinmut oder Resignation bin ich erprobt. Durch meine Biographie ziehen sich Brunnenerfahrungen „von Mutterleib und Kindesbeinen an". Ich entstamme einer „Priester*innendynastie" von sensitiv-klugen, lebensstarken und krisenerfahrenen Menschen, deren Humor, Menschenfreundlichkeit und Gottvertrauen ich erbte ebenso wie einen großen Auftrag daraus. Ich bin gereift an Alter und Weisheit (an der ich ja auch philosophisch-theologisch intensiv forschte).

Jesuitisch geprägt, von Wüstenvätern und allzu wenigen -müttern gelehrt, sehe ich bildlich die Geister, die um meine geschwächte Seele kämpfen, höre in geschenkten Momenten innerlich die Stimme „Ich bin da" und staune dann über den mir eingehauchten Atem. Dankbar. Wollte, nein, sollte ich Priesterin werden und habe das Ziel nicht erreicht? Dienerin für die Vielen? Ich glaube, dieses Ziel ist göttlicher Wille. Mehr und mehr werde ich befreit vom Warten auf äußere Anerkennung. Parallel dazu wächst mein Antiklerikalismus in einer heilsamen Distanz zum System, das den Klerikalismus hervorbringt. Aber hier beginnt von neuem der ermüdende Kampf gegen machtvoll negative Energien, die in mich fließen wollen. In einem anderen inneren Bild sitzt zuweilen Jesus neben mir auf dem Gartenzaun und wir schauen miteinander auf die Welt. Ob ich seine Priesterin bin? Sein Blick bleibt auf die Welt gerichtet. Es ist gut an seiner Seite. Dr. Maria Anna Möst

85. „Trotz allem gebe ich die Hoffnung nicht auf" Als Kind versetzte ich mich gern oft wochenlang in bestimmte Rollen aus Büchern, die ich gerade las. Winnetou war ich z. B. ziemlich lange. Und fast ausschließlich waren das männliche Rollen – irgendwie kannte ich wohl zu wenige Heldinnen, mit denen ich mich identifizieren konnte. Ich war gerne draußen, fuhr mit dem Rad, schnitzte mir Speere und Bögen und kletterte auf Bäumen herum. Die Buben beneidete ich um ihre Erzeugnisse aus dem Werkunterricht (wir Mädchen hatten nur „Handarbeiten", also textiles Werken). Ministrieren war nur den Buben gestattet (außer bei unserem Reliprofessor in der Unterstufe, er holte uns Mädchen auch dazu).

Dass Frau sein etwas wirklich Schönes ist, erlebe ich durch die Geburt meiner Kinder – das Leben auf so intensive Weise weiterzugeben ist wunderschön. Das drückt auch der Name „Eva" (= Leben; Gen 3,20) aus. Die Frau ist dem Mann ein ebenbürtiges Gegenüber (vgl. Gen 2). Auch in der anderen Schöpfungserzählung wird Grundsätzliches über die Menschen ausgesagt, z. B., dass sie als Bild Gottes erschaffen sind, männlich und weiblich (Gen 1,27). Leben weiterzugeben ist auch meine Motivation als Seelsorgerin (ich bin Pastoralassistentin und Bibelreferentin) – „damit sie das Leben haben und es in Fülle/Überfluss haben" ist meine Lieblingsaussage in der Bibel (Joh 10,10).

Ob ich Priesterin werden wollte? Frauen als Priesterinnen waren mir immer schon vorstellbar; für mich selber war der Wunsch lange irrelevant, vermutlich weil es nicht am Horizont war. Aber heute habe ich manchmal starke Sehnsucht danach – in diesen intensiven Momenten, in denen ich mit anderen Menschen Leben teile, mit ihnen auch die eucharistischen Gaben zu teilen. Oder wenn Frauen das Gespräch mit mir suchen und mir Sachen anvertrauen, die sie einem Mann nicht sagen wollen – da würde ich ihnen auch gern die Vergebung Gottes zusagen ...

Vor allem aber träume ich (immer noch) von einer Kirche, die sich ohne Angst fürs Leben einsetzt, für eine andere Welt, für eine Welt, in der Gerechtigkeit und Frieden herrschen. Und dazu gehört auch die volle Gleichberechtigung von Mann und Frau. Die Bibel selbst wäre kein Hindernis, ganz im Gegenteil: In Christus sind alle gesellschaftlichen Unterschiede (auch das Geschlecht) irrelevant (Gal 3,28). Deswegen – oder trotz allem – gebe ich die Hoffnung nicht auf; eben weil Gott auch immer wieder sein „Trotzdem" in der Sache für das Leben spricht!

Ach ja – und auf Bäume klettere ich immer noch gerne.   Ingrid Mohr

86. „Es gibt in der Kirche kein Amt zu meiner Berufung" In einem atheistischen, freien Elternhaus aufgewachsen und geliebt, bin ich durch das Gebet meiner Großeltern, durch die Feier der Ersten Heiligen Kommunion im Jahr 1947 und durch das Sakrament der Firmung im gleichen Jahr in meine erste, tiefe Christusbeziehung gerufen worden. In der Schule und in der Jugendgruppe wurde mein Glaube gestärkt, sowie auch durch den Beistand unseres Kaplans, der mich durch die schwere Zeit der Trennung meiner Eltern begleitet hat. Nach dem Abitur gestaltete sich meine Berufswahl schwierig. Ich wollte Theologie studieren, fand es aber sinnlos, ohne später Priesterin sein zu dürfen. Für das Studium der Sozialarbeit war ich zu jung; man empfahl mir die Ausbildung zur Kindergärtnerin und Hortnerin als eine gute Vorbereitung, letztendlich dann auch für meine spätere Familie. Auch die Frage nach einer Berufung zum Ordensleben habe ich ernsthaft geprüft. Nach eigenen schwierigen Erfahrungen im Elternhaus haben mein Mann und ich uns ganz bewusst zu einer christlichen Ehe entschlossen, die wir 53 Jahre bis zum Tod meines Mannes gelebt haben. Mit unseren 4 Kindern und 6 EnkelInnen (die Urenkelin ist erst ein Jahr alt) haben wir viel Freude und auch Leid erfahren, und auch, wie schwer es ist, den eigenen Glauben zu vermitteln.

In den ersten 10 Ehejahren haben wir bei der Arbeit mit schwererziehbaren Jugendlichen viel Elend erfahren. Das kirchliche Leben am Ort hat unseren Glauben auf eine harte Probe gestellt. Das änderte sich nach unserem Umzug nach Meckenbeuren, wo wir in eine gute Gemeinde hineinwachsen durften. Unser Pfarrer ermunterte mich zum Theologischen Fernkurs und berief mich zum Dienst der Kommunionhelferin, den ich bis heute mit Hingabe ausfülle. Später durfte ich zusammen mit einer Frau aus unserer Gemeinde 17 Jahre lang Wortgottesfeiern leiten. 5 Jahre lang habe ich in einer 2. Klasse mit 4 Wochenstunden Religionsunterricht erteilt.

Vertiefung im Glauben durfte ich durch eine Gemeindemission erfahren und durch die Charismatische Gemeindeerneuerung, mit der ich durch unsere Töchter in Berührung kam. Von Anfang an hatte ich ein sehr zwiespältiges Verhältnis zu dieser Bewegung; trotzdem hat sie meinen

Glauben und mein Gebetsleben sehr befruchtet und auch die Familie. In Folge waren es vor allem psychisch kranke Menschen und auch Sterbende, die ich bis heute ehrenamtlich tatkräftig, aber mehr noch durch mein Gebet begleite. Wesentlich zu meiner Berufung gehört das ökumenische Gebet um den Frieden in der Welt, jeden Mittwoch von 9:00–9:15 Uhr in unserer Pfarrkirche Maria von der immerwährenden Hilfe, seit über 40 Jahren. Gleichzeitig war er plötzlich wieder da, der Ruf zum priesterlichen Dienst. Ich habe alle Instanzen der Kirche, einschließlich der letzten drei Päpste, gebeten, meine Berufung zu prüfen. Man meinte: Da es in der Kirche kein „Amt" gebe zu meiner Berufung, sei es sinnlos zu prüfen. Ich solle meine wertvollen Dienste weiterhin tun. Das habe ich auch getan. Meine tiefe Sehnsucht, Eucharistie feiern zu dürfen, blieb unerfüllt, hat mich aber niemals verlassen. So sind die Jahre vergangen, und ich bin ins Rentenalter gekommen.

Und dann wie aus heiterem Himmel. Es war Ende Juni 2017. Die Priesterweihe eines einzigen Weihekandidaten war in Friedrichshafen angesagt (10 km von meinem Heimatort entfernt). Mich hat es richtig dorthin gezogen. Ich hatte nur den einen Wunsch, einen neuen Impuls zu bekommen für die Zukunft der Kirche und für meine eigene Berufung. Denn ich bin überzeugt: So kann es nicht weitergehen, wenn die Kirche einen Auftrag für die Welt hat. Ich wurde nicht enttäuscht. Unser Bischof Gebhardt Fürst sprach vom Priester, der vom Volk genommen ist und eine Berufung für das Volk hat. Und dann hat er hinzugefügt, dass der Priester Anteil habe am Brautsein der Kirche. Ein innerer Aufschrei durchfuhr mich und zugleich die Erkenntnis: Es geht um eine neue Sicht von Kirche, wo Frauen und Männer ihre verschiedenen Berufungen am Leib Christi leben können. In diesem Prozess bin ich nun noch mittendrin. Mein Briefwechsel der letzten drei Jahre liegt im Büro des Synodalen Weges der Deutschen Bischofskonferenz. In den letzten drei Jahren ist viel erwacht, so dass ich zuversichtlich bin. Wir Frauen sind so viele, und der Heilige Geist wird es richten. Sibil Morgenstern

87. „Ich bin nicht die typische Gemeindereferentin" Ich bin jetzt 58 Jahre alt. Nach dem Abitur (in einem bischöflichen Gymnasium) konnte ich mir sehr Vieles als Beruf vorstellen, weil ich schon als Kind/Jugendliche vielseitig interessiert war, in der Schule (fast) alle Fächer gern mochte. Ich war sportlich, kreativ, intelligent und – als Kind „frommer" Katholiken – natürlich auch in der Jugendarbeit aktiv. Also ein begabtes, aufgewecktes Kind.

Ich war als Jugendliche in einer „Clique", habe das Leben voll ausgekostet. Als eine lange Beziehung nach dem Studium zu Ende ging (weil wir beide wussten, dass es uns in verschiedene Lebensweisen und sehr verschiedene Ecken des Landes treiben wird), war ich lange der Meinung, dass ich keinen Mann finden würde, mit dem ich mir ein gemeinsames Leben vorstellen könnte. In dieser Zeit war ich auch sehr offen für ein Leben im Kloster. Allerdings habe ich dann in meinen ersten Berufsjahren gespürt, dass ich schon gern in einer Beziehung lebe.

Was meine Berufswahl angeht, habe ich das Gefühl, dass ich mehr oder weniger „hineingestolpert" bin in das Studium der Praktischen Theologie: Ich konnte mich nicht für ein naturwissenschaftliches Studium entscheiden, obwohl ich das lange überlegt hatte. Ich konnte mich nicht für ein Kunsttherapie-Studium entscheiden, weil ich gespürt habe, dass ich unter Anthroposophen mit meiner Glaubensüberzeugung „untergehe". Ich konnte mich nicht für ein Handwerk entscheiden, weil ich vermutet habe, dass ich glücklicher bin, wenn ich das nicht zum Beruf mache, sondern weiter als Hobby betreibe, als Ausgleich und ungebunden. Längere Zeit dachte ich, dass ich Lehrerin für Mathematik, Kunst und Religion werden möchte. Ich habe dann – mehr oder weniger, um noch Zeit zum Entscheiden zu gewinnen – ein Freiwilliges Soziales Jahr gemacht, bin in einem „Sozialen Brennpunkt" gelandet, habe die Arbeit einer Sozialarbeiterin kennen gelernt und meinen starken Wunsch, etwas bei Menschen, die in prekären Verhältnissen leben, zu bewirken.

Allerdings fehlte mir in der Sozialen Arbeit die Spiritualität. Ich habe mich dann für das FH-Studium der Praktischen Theologie entschieden (daran hat mich – im Gegensatz zum Uni-Studiengang – die Interdisziplinarität gereizt) und es in vollen Zügen genossen. Allerdings habe ich früh gemerkt, dass ich nicht die „typische" Gemeindereferentin bin, die voll in den Bezügen einer Pfarrgemeinde beheimatet ist, sondern die eher kritisch hinterfragt, was als allgemein akzeptierte Voraussetzung angenommen wird. Ich habe mich von Anfang an unwohl gefühlt mit meiner Rolle als Frau in unserer katholischen Kirche (insbesondere was die Rolle in einer konkreten Gemeinde betrifft, in der alles auf den Pfarrer zentriert ist).

Ich sehe mich selbst als „Kuratin", als „Geistliche Begleiterin", als „Seelsorgerin", was allerdings nicht unbedingt die Sichtweise des Klerus, auch nicht die Sichtweise vieler Gemeindemitglieder traf und trifft. Ich habe allerdings in meiner beruflichen Tätigkeit dadurch auch immer wieder sehr viele „randständige" oder „kirchenkritische" Menschen begleiten können, hatte und habe auch – im Gegensatz zu einigen KollegInnen – wenig Schwierigkeiten mit dem Wandel in den Strukturen gehabt, der durch den Priestermangel auch unserer Berufsgruppe immer mehr Spielraum zugesteht und uns immer mehr – zumindest von außen betrachtet

– auf eine Stufe mit den Klerikern stellt und aus der ewigen „Handlanger"-Position herausholt.

Privat lebe ich nach einer langen Ehe (ca. 20 Jahre), aus der meine beiden Kinder hervorgingen, und einer schmerzhaften Trennung inzwischen wieder seit 10 Jahren mit einem neuen Lebensgefährten zusammen. Immer noch kann ich nicht heiraten, ohne die Ehe annullieren zu lassen (was ich von Anfang an abgelehnt habe). Ich lebe also eigentlich kirchenrechtlich in einem Zustand, der ein „Ärgernis" darstellt. Wenn ich allerdings (ohne Annullierungsverfahren) wieder heirate, werde ich gekündigt.

Ich bin mittlerweile, nachdem ich neben dem Beruf ein zweites Studium der Sozialen Arbeit abgeschlossen habe, auch staatlich anerkannte Sozialarbeiterin/-pädagogin. Ich habe dieses Studium gemacht, weil ich mir damit einen lang gehegten Wunsch erfüllt habe: Ich möchte zusammenbringen, was zusammengehört. Ich bin immer noch Gemeindereferentin – trotz einiger Angebote, als Sozialpädagogin zu arbeiten (aus finanziellen, aber auch aus spirituellen Gründen).

Was hat das alles mit meiner Berufung zu tun?

Ich war schon während des ersten Studiums an feministischer Theologie interessiert, war danach mit ehemaligen Kommilitoninnen und anderen Frauen aus der ganzen Bundesrepublik sehr aktiv in der Initiative für die Gleichberechtigung katholischer Frauen – „Maria von Magdala" e. V. – und habe in der Zeit, in der ich nicht berufstätig war, die ökumenische deutsche Frauensynode und die ökumenische europäische Frauensynode mit vorbereitet und gestaltet.

Ich würde wirklich sehr gern so arbeiten, dass ich nicht „nur" als „gehobene Handlangerin" und nur in der klassischen Gemeindearbeit tätig sein kann (immer noch mehr oder weniger angesehen eher als „rechte Hand des Pfarrers"). Dafür habe ich zu viele Begabungen, die ungenutzt brachliegen.

Lange habe ich damit gehadert, dass sich die Kirche als Arbeitgeberin in meiner privaten Laufbahn gemessen an anderen Arbeitgebern im sozialen Bereich in dieser massiven Form in mein Leben einmischen zu können/dürfen glaubt. Ich hadere immer noch sehr mit dem unmenschlichen Kirchenrecht, das schon allzu viele gute Leute verprellt hat. Aber ich nutze meine Möglichkeiten; ich bin sehr gerne Gemeindereferentin (auch wenn ich mir oft eine andere Arbeitsplatzumschreibung wünsche und insgesamt andere Strukturen. Wenn ich heute immer mal wieder von meinem Pfarrer oder anderen Priestern gefragt werde, ob ich nicht die Beerdigungsbeauftragung bekommen möchte, antworte ich: ja, gern, aber erst, wenn ich auch taufen darf.)

Und ich bin gerne Frau, ich lebe gern in einer Beziehung. Ich brauche es nicht für mich persönlich, dass ich als „Priesterin" oder zumindest als „Diakonin" arbeiten kann und angesehen werde. Allerdings stört mich nach wie vor, dass „meine" (geliebte!) katholische Kirche diesen eklatanten und so wahnsinnig ungerechten Unterschied in den Geschlechtern macht und dadurch so unglaublich arrogant, rückständig, unchristlich und – ja, das meine ich wirklich – „dumm" ist. Anon.

88. „Du wirst nur der Handlanger des Pfarrers sein" Ich bin 49 Jahre alt und Dillinger Franziskanerin. Das Thema ‚Berufung zum Diakoninnen- bzw. Priesterinnenamt' lässt eine Saite in mir erklingen, die mich heute selbst überrascht. Es gibt drei Momente in meinem Leben, die ich hier mit Ihnen teilen möchte:

Ich wurde als fünftes und letztes Kind in meine Familie hineingeboren. Zwei meiner älteren Brüder waren Ministranten, und so habe ich mir nach der Erstkommunion gewünscht, selbst Ministrantin zu werden. Leider war es in unserer Pfarrei zur damaligen Zeit (1979) noch nicht möglich. Ich kann mich noch an eine Situation erinnern, die mich das Nicht-Ministrantin-sein-Dürfen als schmerzlich empfinden ließen. 1979/1980 wurde unsere Pfarrkirche renoviert, und es wurde uns Mädchen erlaubt, in dieser Zeit einmal zu ministrieren. Es war für mich etwas ‚Schönes', dem Pfarrer beim Gottesdienst ‚zu helfen'. Gleichzeitig war es für mich schmerzlich, dass es nur eine Ausnahme war. So engagierte ich mich kirchlich in anderen Bereichen, die mir als Mädchen offenstanden, einer ‚Spiel- schar', die die Sonntagsevangelien spielerisch darstellten, im Kinder- und Jugendchor oder als Sternsingerin. Gerade in dieser Zeit lebte ich den Glauben sehr bewusst und war gut integriert in die Gottesdienstgemein- de in der St. Elisabeth Klinik in Saarlouis unter dem damaligen Seelsorger Pastor Gerd Braun. Hier habe ich viele Möglichkeiten erfahren als junge Frau in der Kirche. Ich war mit 18 Jahren eine der jüngsten beauftrag- ten Kommunionhelferinnen im Bistum Trier, die die Kommunion zu den Kranken bringen durfte. Auch ohne Kurs. Es war für mich eine frohma- chende und erfüllende Aufgabe. Ich fühlte mich aufgenommen und ernst genommen. Nach dem Abitur hätte ich gerne einen pastoralen Beruf ein- geschlagen. Der damalige Pastoralreferent riet mir davon ab. Noch heu- te klingen mir seine Worte in den Ohren: „Du wirst nur der Handlanger des Pfarrers sein". Das wollte ich nicht, und so habe ich eine ganz andere Richtung eingeschlagen. Habe nach dem Abitur eine Lehre als Uhrma- cherin gemacht und drei Jahre in diesem Beruf gearbeitet.

Dann nach längerer Suche nach der ‚richtigen' Ordensgemeinschaft bin ich bei den Dillinger Franziskanerinnen eingetreten. Hier habe ich gespürt, ich bin am richtigen Ort, am richtigen Platz, um die zu werden, wie Gott mich haben will. Nach meinem Noviziat wurde mir ermöglicht, katholische Theologie an der Otto-Friedrich-Universität Bamberg zu studieren. Eine ganz neue Welt tat sich für mich auf. Unser Kurs war relativ groß, und es waren mehr Frauen als Männer. Es gab nichts, was uns eingeschränkt hätte in unserem Tun und Denken. Auch wenn manche Priesteramtskandidaten uns Mitstudentinnen nur als künftige Haushälterinnen gesehen haben. Gerade hier merkte ich, dass Gott ganz anders ist und die Frauen als gleichberechtigt zu den Männern sieht. Ich sah für mich immer mehr eine Diskrepanz in der dogmatischen Frage des Priestertums für Männer und der Herleitung dessen, was ich im Neuen Testament lese. Es macht mich traurig, dass hier die Frage der Macht im Vordergrund steht und nicht die Frage der Liebe zu den Menschen und zu Gott.

Nach dem Abschluss meines Diplom-Studiengangs habe ich die Ausbildung zur Pastoralreferentin im Erzbistum Bamberg gemacht. In meiner damaligen Ausbildungspfarrei habe ich erleben können, dass der Priester, der Pastoralreferent und ich gleichberechtigt nebeneinander die Seelsorge an den Menschen tun. Es stand kein oben und unten, kein mehr und weniger, kein geweiht und nicht geweiht im Vordergrund. Hier habe ich wieder gespürt, wie groß und wichtig mir das seelsorgliche Anliegen ist, mit Menschen und mit Gott unterwegs zu sein. In meiner weiteren beruflichen Tätigkeit als Pastoralreferentin sind mir natürlich auch andere Pfarrer begegnet, die mal mehr oder weniger auf ihre Macht als Pfarrer gepocht haben. Seit 2015 arbeite ich, neben meiner Tätigkeit in der Ordensleitung, als seelsorgliche Beauftragte in Regens Wagner Glött, einer Einrichtung für Menschen mit Behinderung. Dort erlebe ich, wie ‚einfach‘ es ist, Menschen mit und ohne Behinderung seelsorglich zu begleiten, gerade als Frau, Ordensfrau und Pastoralreferentin in den verschiedenen Gottesdiensten. Daher wäre es für mich ein logischer Schritt, wenn es zumindest uns Ordensfrauen ermöglicht würde, Eucharistie zu feiern. Gerade jetzt in der Zeit der Corona-Pandemie habe ich es als sehr schmerzlich empfunden, dass wir nur die geistliche Kommunion empfangen dürfen, Ordensmänner dagegen die Eucharistie weiter feiern können.

Sr. M. Friederike Müller OSF

89. „Ich durfte erfahren, dass ich Gottes geliebte Tochter bin"

„Lern doch was Gescheites mit deinem Abi, studiere Medizin statt Theologie!" „Wenn du was in der Kirche bewegen willst, dann musst du da hineingehen." „Dein Ziel darf nicht sein, Priesterin zu werden. Das wird sich leider nicht so schnell verwirklichen. Sonst bist du nur frustriert." Das waren Sätze, die ich vor mehr als 20 Jahren gehört habe. Den ersten in meiner Pfarrei, den zweiten von meinem Mathelehrer in der 13. Klasse und den dritten von einem pensionierten Pfarrer in unserer Pfarrei. Ich hatte viele gute Erfahrungen in unserer Pfarrei machen dürfen: in der Gemeinschaft der Messdiener*innen und im Pfarrgemeinderat. Gespräche mit Praktikantinnen in unserer Pfarrei haben mich neugierig gemacht. Es gab für mich viel Freiheit und Gestaltungsmöglichkeiten als Ehrenamtliche, keine Einschränkung, weil ich eine Frau bin. Ich konnte meine Fähigkeiten und Talente entdecken und entwickeln. Schon in der Oberstufenzeit stellte ich mir immer wieder die Frage nach der theologischen Argumentation gegen die Frauenordination. Auf einer kirchlichen Schule hatte ich eine promovierte Theologin und Ordensschwester als Religionslehrerin. Wir lasen damals das Dokument *Ordinatio sacerdotalis*. Aber es galt nur die kirchliche Lehrmeinung. Das war für mich ein Grund, Theologie zu studieren, um andere Argumentationen kennenzulernen. Ich wollte nach meinem Abitur in Freiburg Theologie studieren und schauen, welche Wege sich ergeben. Es musste nicht Pastoralreferentin sein. Die Alternative wäre Medizin gewesen.

Da war aber noch mehr als dieser Wissendurst und der kognitive Bereich. Da gab es Erlebnisse, die mich im Herzen berührt haben: Gebetsstunden am Abend in einer Kapelle, die Beerdigung eines kleinen Kindes von Freunden, die Gebetsnacht beim Weltjugendtag in Paris 1998, der Karfreitag in der Katholischen Hochschulgemeinde (KHG), der zu meinem „Lieblingsgottesdienst" wurde, Menschen, die genauso „verrückt" bzw. „normal" waren wie ich und Theologie studierten, nächtelange Gespräche im Flur des Wohnheimes, die gemeinsame Schweigemeditation in der KHG, die Arbeit mit Kindern in einem Flüchtlingsheim ... Da waren Gottesbegegnungen, da war Gottes Nähe für mich spürbar. Da war einer, der mich zu sich zog. Ich durfte erfahren, dass Gott es gut mit mir meint, dass sich in meinem Leben so viel gut gefügt hat, dass da einer seine Hand im Spiel hatte, dass ich Gottes geliebte Tochter bin.

Ich habe in einer Zeit angefangen Theologie zu studieren, da war es verboten, über das Frauenpriestertum zu diskutieren. An der Uni war es kein Thema. Erst in feministischen Seminaren in meinem Auslandsjahr in Innsbruck wurde das Thema wieder wach. Ich durfte bei einer altkatholischen Priesterinnenweihe einer ehemaligen Kommilitonin dabei sein, die mich sehr beeindruckt hat. Für mich stellt sich immer wieder die Frage, wo ich meine Berufung leben kann. Aber noch ist die evangelische Kirche keine Alternative für mich. Pastoralreferentin in einer Pfarrei ist mein Traumjob, ich kann Seelsorgerin sein und ich habe eine Ausbildung zur geistlichen Begleiterin gemacht. Ich kann den Menschen nahe sein, sie begleiten, sie beerdigen, aber ich darf sie nicht taufen ... Ich leide darunter, dass mir als Frau immer wieder Grenzen in dieser Kirche gesetzt werden. Ausschließlich ein Mann darf eine Gemeinde leiten. Da gibt es Momente, die so schmerzen, dass mir die Tränen vor lauter Ohnmacht und Wut kommen. Andererseits: dadurch, dass ich nicht als Pfarrerin die „Grundversorgung" sichern muss, habe ich mehr Freiheiten, neue Dinge wie *fresh x*, andere Formen von Gottesdienst, oder Alpha-Glaubenskurse auszuprobieren.

Ich habe ein privates Frauennetzwerk, in dem mir meine Berufung in den letzten Jahren nochmal deutlich geworden ist: Wir lesen feministische Literatur und bestärken uns gegenseitig seit über acht Jahren alle sechs Wochen regelmäßig. Vor fast genau einem Jahr hat mich die Bewegung Maria 2.0 ermutigt. In meiner vorherigen Pfarrei haben wir uns mit Gottesdiensten und einem Montagsgebet (wie dem Donnerstagsgebet in der Schweiz) angeschlossen. Die Solidarität mit den ehrenamtlichen Frauen hat mich sehr ermutigt. Als Hauptamtliche habe ich mich zu Beginn erst nicht getraut, öffentlich dafür einzutreten. Auch die Osnabrücker Thesen (besonders die 3. These „Nicht der Zugang von Frauen zu den kirchlichen Diensten und Ämtern ist begründungspflichtig, sondern deren Ausschluss") und die Professorin Margit Eckholt haben mich bei einer Veranstaltung der kfd und des KDFB sehr begeistert. Meine Berufung ist mir letztlich durch eine geistliche Begleiterin klargeworden, die mir vor einem halben Jahr gesagt hat: „Du bist es vor IHM. Du bist Priesterin vor Gott!" So versuche ich mich unabhängig zu machen von äußeren Bestätigungen und priesterlich zu handeln. Wenn wir in der Coronazeit zu Hause miteinander Gottesdienst feiern und Brot teilen, ist Jesus mitten unter uns.

Anon.

90. „Die Berufung ging verloren, weil ich sie nicht leben durfte" Des Öfteren habe ich mir schon gedacht, wie es die Kirche als Institution verantworten kann, die Charismen, die Berufungen von Frauen als Priesterinnen zu ignorieren. Für mich ist das eine Sünde gegen das Wirken Gottes, wider den Heiligen Geist.

Kirchlich sozialisiert, Studium der Theologie, kritisch, bereit und, wie ich glaube, auch geeignet, mit Menschen in den Spuren Jesu zu gehen und sie zu begleiten, wäre Seel- und Menschensorge als Priesterin meines gewesen. Immer wieder kommt mir das auch in den Sinn (bin jetzt 60): Wie es gewesen wäre, wenn! Eine mögliche Alternative wäre damals für mich Pastoralassistentin gewesen. 1984 fragte ich in der Diözese deswegen an. Die Antwort war, dass niemand in dieser Funktion gesucht werde. Jahre später erfuhr ich, dass sehr wohl Priester solche gesucht hätten, es aber ihnen gegenüber geheißen hat, es gebe niemanden, der sich dafür interessiere. Das war, als ich schon einige Jahre in der Schule war. Enttäuschend!

Unterrichten allgemein und Religionsunterricht im Besonderen, die Begleitung junger Menschen in ihrem Erwachsenwerden in der Schule wurden zu meiner Lebensaufgabe und Berufung. Ich unterrichte Geschichte/Sozialkunde/Politische Bildung, seit mittlerweile knapp sechs Jahren bin ich Schulleiterin eines Oberstufenrealgymnasiums. Dort kann ich pastoral arbeiten, weit weniger gegängelt als im engen kirchlichen Korsett. Dort ist meine Kreativität gefragt, meine Beziehungsfähigkeit, ich als Person und Mensch. Und ich bin glücklich. Ich gehe nach wie vor jeden Tag gerne in die Schule und könnte mir nichts Schöneres vorstellen. Würden Sie mich jetzt fragen, dann würde ich mich gegen das Priester-Sein entscheiden. Die Berufung ging verloren, weil ich sie nicht leben durfte. Ich möchte dieses Amt in der heutigen Institution Kirche nicht mehr, weil ich über Denkweise, geistige Unbeweglichkeit, Unprofessionalität und Beziehungsunfähigkeit vieler „Geweihter" nur mehr den Kopf schütteln kann und mir denke: Wo lebt ihr? Auf dem Mond?

Dr. Helga Noflatscher-Posch

91. „Trauen wir Gott denn wirklich nicht zu, dass er auch Frauen beruft?" Ich
bin 1964 in Hamburg geboren und in einer liberal-katholischen Familie aufgewachsen. Mit meinem Vater habe ich sehr viel über den christlichen Glauben gesprochen und in der Schule viel mit meinen Mitschüler*innen darüber diskutiert. Ich war eine der wenigen, die auf dem staatlichen Gymnasium Religion als Prüfungsfach für das Abitur wählten, und fühlte mich in meiner Rolle als „Verteidigerin des katholischen Glaubens" immer sehr wohl. Damals wäre ich gerne Priesterin geworden, weil ich Feuer und Flamme für unseren Glauben war. Ich fühlte mich dazu berufen, mit Menschen zusammen nach den Spuren Gottes in unserem Leben zu suchen. Ich hätte gerne Sakramente gespendet und eine Gemeinde geleitet. Ich hatte sogar kurzzeitig überlegt zu konvertieren, um diesem Berufswunsch nachgehen zu können. Ich merkte aber sehr schnell, dass ich dann meine religiöse Heimat hätte verlassen müssen, und das hätte mir das Herz gebrochen. Also ließ ich diesen Berufswunsch schweren Herzens fallen und machte eine Ausbildung bei einem gesetzlichen Sozialversicherungsträger. Dort lernte ich meinen Mann kennen, der ebenfalls katholisch und sehr engagiert in Kirche war (und ist). Als nach und nach unsere drei Kinder geboren wurden und ich für einige Zeit nicht berufstätig, sondern für die Kinder da sein wollte, kam wieder der Wunsch auf, mein kirchliches Engagement nicht nur ehrenamtlich, sondern beruflich auszuüben. Ich absolvierte den Würzburger Fernkurs und wurde über diesen zweiten

173

Bildungsweg Gemeindereferentin. Während dieses Fernstudiums begann mein Mann die Ausbildung zum ständigen Diakon; dieser Ausbildungsweg deckte sich zum Teil mit meinem Fernstudium. Wir haben viel darüber diskutiert, weshalb meinem Mann in der katholischen Kirche ein Weiheamt offensteht, mir als Frau aber nicht. Mein Mann darf heute taufen, beerdigen, bei Trauungen und bei der Eucharistiefeier assistieren und gehört als geweihte Person zum Klerus, wodurch er von den Gemeindemitgliedern vom Tag seiner Weihe an ganz anders wahrgenommen wird als vorher, als er „nur" ehrenamtlich tätig war. Dass ich all diese Tätigkeiten nicht ausüben darf, nur weil ich eine Frau bin und Männer über mein Berufensein oder Nicht-Berufensein urteilen, macht mich traurig. Dennoch bin ich in meinem jetzigen Beruf als Gemeindereferentin sehr glücklich, weil ich merke, dass dies tatsächlich mein Traumberuf ist, und weil ich glaube, dass Gott mich hier haben möchte.

Unsere drei Kinder – zwei Söhne, eine Tochter – haben wir alle gleich und im christlichen Glauben erzogen. Alle drei sind in der katholischen Kirche in der Jugendarbeit und im musikalischen Bereich ehrenamtlich engagiert. Wenn unsere Tochter nach dem Abitur geäußert hätte, ihr Berufswunsch sei (wie bei mir damals) Priesterin oder, wie Papa, Diakonin zu werden, hätten wir ihr antworten müssen: „Tut uns leid, das können nur deine Brüder werden, du leider nicht – einzig und allein aus dem Grund, weil du ein Mädchen bist." Ich hätte mich wieder einmal für meine Kirche geschämt. Und meine Tochter hätte genauso gelitten wie ich. Zum Glück möchte sie nicht in Kirche arbeiten. Ich stelle immer wieder die Frage: Trauen wir Gott denn wirklich nicht zu, dass er auch Frauen beruft?! Birgit Nowak

92. „Es wäre besser, Weihe und Sendung neu zu definieren und zu bewerten" Was den Weg meiner Berufung angeht, hatte ich von Anfang an sehr viel Glück:

- fromme, katholische, aber sehr lebenszugewandte und gar nicht rigorose Eltern;
- gute, engagierte Religionslehrerinnen und -lehrer, die mir beigebracht haben, die Dinge zu hinterfragen;
- Priester, die beseelt waren vom Aufbruch nach dem Vaticanum II;
- Jugendgruppenleiterinnen, für die Glaube und Kritik an der Kirche kein Widerspruch waren.

Etwas später haben die intensiven Begegnungen in KAB-Familienseminaren, Schulungen und Verbandstagen mir gezeigt, dass Glaube immer politisch und parteiisch sein muss mit einer Option für Schwache und Arme, wenn er sich an Jesus orientiert. Dort habe ich auch eine große

Freiheit in der Gestaltung von Liturgie erfahren. Und immer das große Thema Gerechtigkeit.

Da stößt man sich unweigerlich an den offensichtlichen und versteckten Ungerechtigkeiten in der Kirche, die man schon als Mädchen und dann als Frau und Mutter andauernd erfahren hat und weiter erfährt.

Ich habe zunächst den Beruf der MTR gelernt. Im Praktikum in einer Strahlenklinik wurden wir Schülerinnen an die Betten der sterbenden Krebspatienten gesetzt, damit die nicht alleine waren, die Schwestern hatten auch damals schon wenig Zeit. Meine Kommilitoninnen fanden es schrecklich, ich nicht. Ich erlebte eine ganz tiefe Dankbarkeit der Patientinnen und ich konnte es gut aushalten. Einige wollten auch gerne, dass ich bete. Eine erste Erfahrung des Andersseins als andere. Viele Jahre später klärte sich für mich mein Weg durch Studium und Ausbildung und meine geistliche Begleitung.

Ich habe viele weitere Erfahrungen gemacht, dass ich mich dort ganz wohl fühlte, wo andere nicht so gerne waren, z. B.:

• im offenen Treff mit den Jungs von den Parkbänken;
• als Religionslehrerin an einer Hauptschule in einem Problembezirk;
• im Umgang mit Drogenabhängigen;
• im Krankenhaus auf der Palliativstation.

Alles Bereiche, wo ich als Person aber auch mit meinem Glauben sehr angefragt werde. Aber ich denke, das sind genau die Stellen, wo Jesus heute wäre. Wenn ich in seiner Spur gehen will, bin ich dort genau richtig und muss mich dem stellen.

Vor allem scheine ich eine Begabung für Liturgie zu haben. Ein Feld, wo ich mit vielen Ideen und einem weiten Gewissen, was die unendlich vielen Regeln angeht, immer versuche, den Menschen, die zu mir kommen, eine ganz dichte, stärkenden Jesuserfahrung zu ermöglichen.

Und das Feld, wo ich die meisten Kränkungen erlebt habe:

In der Gemeinde bereitete ich mit Jugendlichen einen Jugendgottesdienst vor und veränderte geringfügig und mit guter Begründung den Evangelientext. Der junge Kaplan, dem ich den Gottesdienstentwurf vorlegen musste, weigerte sich, diese Änderung zuzulassen, und erklärte mir, wer das Sagen hatte. Die Jugendlichen haben kein zweites Mal mitgemacht.

Als geistliche Leitung einer kfd-Gruppe war es mir nur mit Mühe möglich, ein kurzes Statement in der Heiligen Messe zu geben. Der Priester bestand auf der Predigt, obwohl er weder die Gruppe noch deren Anliegen kannte.

Im Klinikgottesdienst sitzt ein junger Priester, er ist als Begleitung einer Patientin mitgekommen. Nach meinem Gottesdienst werde ich von der Patientin (nicht von dem Priester) gemaßregelt, wenn ich schon nicht zugelassen hätte, dass der Priester die Eucharistie feiert, hätte ich ihn wenigsten den Segen erteilen lassen müssen, damit die Leute mal richtig gesegnet würden.

Ich könnte etliche weitere Beispiele aufzählen. Aber gerade dort gibt es auch die andere Seite:

Seit 18 Jahren feiere ich 3–4 Gottesdienste pro Woche in verschiedenen Kliniken, in denen zum Teil Patient(inn)en aus ganz Deutschland sind. Ich kann eigene Osternachtsgottesdienste und Weihnachtsgottesdienste gestalten. Aber nur, weil es keine Priester oder Diakone dort gibt.

Und noch immer gibt es fast jede Woche Kommentare wie:

- So etwas habe ich noch nie erlebt, das muss ich sofort meiner Frau erzählen.
- Gibt es jetzt doch Priesterinnen in der katholischen Kirche? Das wäre toll.
- Ich wollte schon aus der Kirche austreten, aber nach diesem Erlebnis bleibe ich, es scheint sich doch etwas zu tun.
- Ich habe ja immer gesagt, Frauen können das genauso gut wie Männer.
- Ich habe dieses Evangelium schon so oft gehört, aber solche Gedanken dazu noch niemals …

Es ist so wunderbar, dass ich den Menschen an dieser Stelle eine Idee davon geben kann, wie es ein könnte und was sie bisher vermisst und verpasst haben. Ich bin mir nur nicht so sicher, dass das Streben nach den Ämtern der richtige Weg ist. Besser wäre meiner Meinung nach, Weihe, Sendung und so weiter neu zu definieren und zu bewerten. Die meiner Meinung nach höchste und einzig wichtige „Weihe" im Christentum ist die Taufe, und die habe ich schon. Ich habe eine bischöfliche Sendung, für mich eine sakramentale Handlung, für mich viel näher an Jesus und seinem Auftrag als das, was Menschen gemeinhin ‚Weihe‘ nennen. Schließlich hat er seine Freundinnen und Freunde ausgesandt. Nur die Wertung im Kirchenrecht und im Ansehen der Gläubigen ist leider anders. Ich stelle das jetzige System grundsätzlich infrage. Z. B. halte ich das Streben der Frauen zum Diakonat für falsch. Diakon heißt ja Dienen. Dienen tun Frauen in der Kirche schon genug. Dafür brauchen sie nicht noch eine amtliche Bestätigung, dass sie das können und dürfen. Um dann dauernd zu hören zu bekommen, dass sie von dem Wohlwollen des Priesters abhängig sind, dem sie zugeordnet werden.

Früher habe ich für den Diakonat für Frauen gekämpft, schon in den

siebziger und achtziger Jahren des vorigen Jahrhunderts. Ich wäre gerne Diakonin oder auch Priesterin geworden und ich glaube, eine gute. Aber inzwischen denke ich, dass es nicht der beste Weg für uns Frauen ist, wenn wir versuchen, dahin zu kommen, wo die Männer in der Kirche sind. Dieses System ist, so wie es heute ist, meiner Meinung nach falsch.

Ein großes Problem ist für mich das Verständnis und das unterschiedliche Ansehen von Weihe und Sendung und die Einteilung der Menschen in Kleriker und „Laien", mit den Ordensleuten als „Zwitter" dazwischen. Dieses Denken in Ständen ist so ausgrenzend und unbedingt zu überwinden. Es müsste eine ganz andere Art von Priesteramt und Diakonat und vielleicht noch etwas ganz Anderes geben. Leider sind das Kirchenrecht und auch das Verständnis der Gläubigen (in Jahrhunderten geprägt) oft anders.

Aber Traditionen sind nicht deshalb gut, weil es sie so lange gibt. Es gibt schlechte und falsche Traditionen. Und wir Frauen sollten nicht darum kämpfen, so etwas weiterzuführen, sondern uns wirklich fragen, hätte Jesus das so gewollt? Ich hoffe, dass Machtstrukturen, Amtsverständnis und Kirchenrecht sich bald wirklich verändern, näher an der Botschaft Jesu, damit alle Charismen und Geistesgaben gelebt werden dürfen, nicht nur die eine Hälfte, zum Wohle aller Menschen und damit Kirche ihrem wahren Auftrag besser gerecht wird.

Wie gesagt, ich bin glücklich, dass ich in der Kirche einen Ort gefunden habe, wo ich meine Berufung leben kann, und dass ich mit der Unterstützung ganz vieler Menschen diesen Weg gehen konnte. Aber ich sehe, dass sich in naher Zukunft ganz viel ändern muss, damit wir Frauen wirklich gleichberechtigt teilhaben an der Sendung Jesu. Und das ist weit mehr als die Ämter, wie sie heute sind.   Margret Obermeyer

93. „In der Zuwendung zu den Bedürftigen Gottes Liebe erfahrbar werden lassen"

Ich wurde 1957 geboren, bin verheiratet und Mutter von zwei erwachsenen Kindern. Ich arbeite als Pastoralreferentin im Sachbereich Exerzitien und in der Altenheimseelsorge. Nebenberuflich bin ich als Autorin tätig.

Schon als Jugendliche suchte ich nach einem Weg, das Soziale und das pastorale Wirken zu verbinden. Aufgewachsen in einer lebendigen Diasporagemeinde, hatte ich eine Ordensschwester als Vorbild, die sowohl Religionsunterricht gab als auch die Kranken in der Pfarrei betreute. Ein Weg in den Orden war nicht meiner. In der Berufsfindungsphase suchte ich vergeblich nach einer Möglichkeit, diakonisches Handeln und Pastoral zu verbinden. Ich studierte zunächst Sozialpädagogik und arbeitete danach in verschiedenen Feldern der Sozialarbeit (Randgruppenarbeit). Im Anschluss leitete ich mit meinem Mann ein Exerzitienhaus und wurde Geistliche Begleiterin. Nebenberuflich betreute ich obdachlose Menschen.

1999 absolvierte ich die Ausbildung zur Pastoralreferentin. Ich arbeitete zunächst in der Pfarrei, sowohl in der Verkündigung als auch in der Diakonie (Trauerbesuche, Begleitung von Familien in Not usw.). Im Kontakt mit den Menschen in Not erfuhr ich die Kraft des Zuspruchs aus der Heiligen Schrift, des Betens für die Menschen, des Handelns aus der Gottesbeziehung. Es war viel umfassender als die Sozialarbeit. Eine andere Dimension war hier mit im Spiel. Diese Verbindung hatte ich von Anfang an gesucht – in der Zuwendung zu den Bedürftigen Gottes Liebe erfahrbar werden zu lassen. Trotzdem erlebte ich immer wieder auch Grenzen, z. B. dass Predigt nur als *Statio* vor dem Evangelium möglich war. Es widerstrebte mir, über einen Schrifttext zu sprechen, der noch nicht zu Gehör gebracht war. Meine Tätigkeit als Lyrikerin, verbunden mit öffentlichen Lesungen, erwies sich gottlob als ein fruchtbringender Umweg, das Charisma der Verkündigung in ganz anderen Kontexten zu entfalten.

Nach dem Wechsel in den Sachbereich Exerzitien im Bischöflich Münsterschen Offizialat Vechta arbeitete ich in der Ausbildung von Geistlichen Begleiter*innen. Das machte mir viel Freude, doch fehlte mir zunehmend die diakonische Dimension in meiner Arbeit. Nach sieben Jahren bat ich um eine Veränderung. Seitdem arbeite ich mit reduziertem Umfang weiter in der Exerzitien-Arbeit und zusätzlich in der Altenheimseelsorge. Die Balance von beiden Feldern erlebe ich als befruchtend. Parallel bildete ich mich fort in „Heilung durch Handauflegen im Gebet". In Segensgottesdiensten im Heim ist ein großer Durst nach persönlichem Zuspruch und Segen. Diakonin zu sein, würde dem eine andere Vollmacht eröffnen. In Exerzitien-Begleitungen werde ich regelmäßig darum gebeten, Exerzitanten die Beichte abzunehmen. Nach intensivem Prozess in Vertrauen und Annahme liegt dies für die Begleitenden oft nahe. Wenn ich auf den Priester verweise, der am Ort wohnt, verzichten die Fragenden. Auch wenn Sündenvergebung eine priesterliche Aufgabe ist, fragen und bitten die Menschen darum. Sollte nicht verstärkt Maßstab sein, was Menschen suchen und brauchen? Ich bin überzeugt, dass dem Amt der Diakonin durch die Teilhabe von Frauen ein neues Gesicht verliehen würde, und dass das Amt auch modifiziert und vielfältiger würde als bisher. Auch spüre ich bei mir und anderen Frauen, wie viel Energie verschwendet wurde durch die Verweigerung des Zugangs zum Amt der Diakonin. Ich bete und hoffe, dass diese Energie und die geistgewirkten Charismen den nötigen Rahmen erhalten werden, um fruchtbar für die Menschen und die Kirche zu werden.

Lisa Oesterheld

94. „Ich hänge an meiner Kirche, aber sie bereitet mir große Schmerzen" „Die katholische Kirche liegt mir am Herzen – ich frage mich jedoch, ob ich ihr am Herzen liege!?" Diesen Satz habe ich im letzten Jahr sehr oft gesagt. Da meine Mutter katholische Religionslehrerin ist, wurde ich katholisch getauft, auch wenn mein Vater evangelisch ist (mit drei Pfarrern in der Verwandtschaft).

Ich hatte immer großes Interesse an der Kirche, habe viele Fragen gestellt und war immer auf der Suche nach Gott. Da war diese permanente Sehnsucht, die mich umgetrieben hat. Meine Schulzeit auf dem Franziskanergymnasium Kreuzburg, die Firmung, Besuche in Taizé und meine Aufenthalte in verschiedenen Klöstern haben mich sehr auf meinem Lebensweg geprägt. So kam in mir nach und nach ein Gefühl von Berufung auf. Ich habe begonnen Briefe an Bischöfe zu schreiben, mich mit anderen Frauen auszutauschen und besonders die Begegnungen mit anglikanischen und evangelischen Pfarrerinnen haben mich immer sehr emotional berührt. Gleichzeitig ist aber auch mein Schmerz gewachsen, weil mir bewusst wurde, dass ich meine Berufung in meiner Kirche (noch) nicht leben kann. Nächtelang lag ich wach und hatte häufig Tagträume, so dass ich mal voller Euphorie, mal erschüttert war, wenn ich wieder auf den Boden der Tatsachen zurückkam. Nachdem ich mein Abitur gemacht habe, wurde meine Sehnsucht größer. Ich habe dann ein Jahr für die Universitätskirche in Cambridge (anglikanische Kirche) gearbeitet, weil ich ernsthaft hoffte, mich in diese Kirche verlieben zu können und dann zu konvertieren. Ich werde nie vergessen, wie es sich angefühlt hat, als ich zum ersten Mal mit zitternden Knien auf die Kanzel stieg und predigte, ich war glückselig. Diese Erfahrung und viele weitere, haben mir gezeigt, dass ich das Wort Gottes verkünden und mit Menschen in den Austausch kommen möchte, dass die Nachfolge Christi ein gelebter Mittelpunkt in meinem Leben werden soll. Aber auch die Hausbesuche bei älteren Menschen, die ich eine Zeit lang begleitet habe, haben mir vor Augen geführt, dass ich unglaublich gerne mit ihnen Eucharistie feiern oder ihnen das Sakrament der Krankensalbung spenden würde.

Besonders geprägt hat mich jedoch der Tag, an dem eine Kollegin zur Diakonin geweiht wurde. Ich erinnere mich, wie sie strahlend vor der Gemeinde stand und in mir diese Angst aufkam, dass ich solch einen Moment wahrscheinlich niemals in meiner Kirche erleben würde. An diesem Tag habe ich laut in der Kirche geschluchzt und um mich und die vielen Frauen geweint, von denen ich weiß, dass sie eine Berufung spüren. Und dieses Weinen war wirklich aus tiefem Herzen, aus meiner Sehnsucht heraus. Aber dennoch habe ich bis heute das Gefühl, dass ich die katholische Kirche nicht verlassen soll. „Wenn mein eigenes Haus brennt, dann gehe ich doch nicht einfach zu den Nachbarn und mache es mir dort bequem" (frei nach Lisa Kötter, Maria 2.0 Initiatorin).

Da ich erst 20 Jahre jung bin, denke ich mir immer, dass ich noch Ausdauer habe. Wenn ich in die Augen von älteren Frauen (und Männern) sehe, wie sie langsam in ihrem Einsatz für eine geschlechtergerechte Kirche resignieren, dann versichere ich ihnen oft, dass ich dranbleibe und dort weitermache, wo sie bereits Vorarbeit geleistet haben. Aber wie viel Ausdauer habe ich wirklich noch? Ein anderer großer Teil sind die „wahren" Katholiken/innen, die sich bei mir melden und mich zur Vernunft bringen wollen. Vor einer Woche z. B. schrieb mir ein junger Mann: „Gott erzeugt keinen logischen Widerspruch. Wenn du meinst, dass Gott alles möglich macht, dann steh doch morgen früh einfach auf und rede dir ein, du wärst schon geweiht."

Mit einem Schmunzeln, aber auch dem Hall dieser Worte in meinen Ohren gehe ich nun also weiter. Besonders in diesen Tagen, in denen ich mein Studium organisiere, hat die Ungerechtigkeit unserer Kirche nochmal eine ganz andere Relevanz in meinem Leben. Ich werde im Oktober beginnen, katholische Theologie zu studieren, in dem Wissen, dass ich damit keine Priesterin werde. Bereits jetzt frage ich mich, wie ich damit umgehen werde, es macht mich wirklich verrückt und lässt viele Fragen offen. Für meinen Vater ist es unverständlich, dass ich nicht endlich evangelisch werde und das lebe, wonach ich mich so sehne. Aber ich hänge an meiner Kirche, sie bereitet mir große Schmerzen, aber liegt mir eben auch sehr am Herzen.

P. S.: Zwischen der Abgabe meines Lebenszeugnisses und der Drucklegung dieses Buches sind einige Monate vergangen. Inzwischen bin ich doch zu dem Entschluss gekommen, evangelische Theologie zu studieren. Dieses Gefühl der Einengung, welches ich in unserer Kirche empfinde, kann ich nicht länger ignorieren, denn es trifft mich ganz persönlich! Noch bin ich Katholikin und es schmerzt mich, dass ich diese Umwege gehen muss. Aber ich vertraue darauf, dass Gott mir Wege zeigen wird.

Antonia Maria Papenfuhs

95. „Meine Wut auf die Kirche und die Liebe zur Kirche blieben immer gleichermaßen präsent" Kindheit – Als Neunjährige habe ich in einem Schulaufsatz über meinen Berufswunsch geschrieben: „Am liebsten würde ich eine Heilige werden. Aber das darf man sich ja natürlich nicht wünschen!" Von klein auf liebte ich Gott, die biblischen Geschichten, Gottesdienste, Kirchenmusik, Kirchenräume.

Jugend – Das Konzil hat passgenau meinen religiösen Ablösungsprozess aus dem strengen Milieu von katholischer Familie sowie katholischer Kleinstadt in mehr Offenheit hinein gefördert. Kirchliche Jugendarbeit wurde meine Heimat. Religionslehrer und Heimatpfarrer haben ausgestrahlt, wovon sie sprachen. Sie halfen mir, den Glauben als heilende Kraft, auch als politische Kraft zu mehr Gerechtigkeit zu entdecken. Und ich wollte unbedingt mitarbeiten am Reich Gottes – heilend und für Gerechtigkeit kämpfend, und zwar ganz und gar.

Studium – Die Sehnsucht, Priesterin zu werden, hat mich seit den Jugendjahren über Jahrzehnte nicht losgelassen. Sie war und blieb lange eine schmerzhafte Wunde. Einerseits hat sie mein Studium begründet und mich motiviert. Viele Demütigungen folgten, nicht wenige durch die gleichaltrigen Priesteramtskandidaten: „Die will ja nur da vorne stehen" – „Wieso geht die zum Mittagsgebet mit?" Manchmal habe ich ihnen gegenüber versucht zu beschreiben, wie sehr dieser Wunsch in mir brennt und sich nicht auslöschen lässt. Zwecklos! Meine Wut auf Kirche und die Liebe zur Kirche blieben immer irgendwie gleichermaßen präsent.

Als junge Pastoralassistentin – Nein, mein Chef hielt (und hält bis heute) viel von mir, meinem Einsatz und meinem Können („Sie haben den richtigen Beruf gewählt") und wenig vom damaligen Kaplan. Dennoch stand der am Altar und wurde von denselben Frauen der Gemeinde vergöttert, die sich über mein braves hellblaues Sonntagskleid aufregten. Der Gipfel der „zweiten Reihe" war allerdings die Primiz eines jungen Mannes aus der Gemeinde. Am Altar standen 17 (!) Priester, für die extra einheitliche Gewänder hergestellt worden waren, in die ich ihnen hineinzuhelfen hatte. Ich „durfte" in der Messe die Lesung lesen und die Kommunionkinder betreuen, die zum Schmuck des jungen Priesters in ihren Festkleidchen erschienen waren. Spätestens an diesem Tag war für mich klar: Ich werde nicht als Pastoralreferentin in einer Gemeinde bleiben. Das halte ich nicht auf Dauer aus.

Kein Ausweg – Nie habe ich eine Ordensberufung empfunden, wie sie mir manchmal nahegelegt wurde. Und auch der vielleicht mögliche Ausweg in die evangelische Kirche hat sich mir nicht eröffnet. Dafür bin ich zu gerne katholisch.

Meine Berufung Teil 1 – In einer Krisenberatungsstelle konnte ich 28 Jahre lang meine Berufung leben: begleiten, zuhören, begegnen, trösten, segnen, von anderen lernen, mit anderen auf die Suche gehen, Gott in allen Dingen suchen, einfach da sein. Immer mehr spürte ich, wie sehr sich in mir die Frage nach Entwicklung und Förderung von Lebensmöglichkeiten mit der Frage nach den geistlichen Quellen in mir/in uns verbindet. Mein Mann sagte einmal: „Du bist längst priesterlich tätig."

Meine Berufung Teil 2 – Die Suche nach den Quellen des Glaubens und nach Gott wurde immer stärker. Kam weg vom Wunsch nach dem

Priesteramt hin zur Frage: Wie kann ich als Frau und Laiin priesterlich tätig werden? Seit vielen Jahren erfüllt mich Exerzitienbegleitung und Glaubensvertiefung.

Wandlung – Priesterin möchte ich nicht mehr werden. In den Begleitgesprächen erlebe ich Priester als sehr häufig überanstrengt durch viele Themen – und je nach Typ auch als frustriert, eigenbrötlerisch und/oder oft schwierig. Selten begegnen mir Priester, die einfach nur gerne Priester sind.

Nach wie vor macht es mir etwas aus, als hervorragend ausgebildete und immer noch für Gott und Jesus Christus brennende Frau intensiv und auf hohem Niveau ohne explizite priesterliche Beauftragung aktiv zu sein.

„Vorne stehen" ist nicht meine Absicht, das kann ich oft genug in anderen Kontexten. Heute noch weine ich manchmal darüber, dass ich keine Krankensalbung spenden darf, und keine Lossprechungsformel, obwohl seit Jahrzehnten die Leute bei mir „beichten". Ich suche eigene Formen, den heilenden Gott erfahrbar werden zu lassen. Aber ich leide immer noch, wenn auch abgeschwächt, unter der Missachtung durch die Männer, die darüber entscheiden, wie Frauen zu sein haben.

Martina Patenge

96. „Mein Herz sagt es mir schon lange" Aufgewachsen bin ich im katholischen Emsland mit vier Geschwistern. Schon als Kind habe ich mich in der Kirche sehr wohl gefühlt, warum, kann ich gar nicht genau beschreiben. Meine Erinnerung setzt ein mit meiner Firmung, auf die ich in einer Firmgruppe von einer Frau vorbereitet wurde. Ich kann mich daran erinnern, wie wir uns von einer Schallplatte die Melodie und die Begleitakkorde von „Die Sache Jesu braucht Begeisterte" abgehört haben, um es im Gottesdienst zu singen. Seitdem prägt Kirche mein Leben – insbesondere geistliche Musik und die Gestaltung von Gottesdiensten bereiteten mir große Freude. Begleitet wurden wir Jugendliche durch unsere Kapläne und Schwester Amata – sie war wie ihr Name: herzlich und mit einer ansteckenden Fröhlichkeit.

Und dann passierte es. An einem Gründonnerstag hatten wir Jugendliche uns vorgenommen, die Nacht durchzuwachen. Ich saß in der Kirche und schaute auf das Hungertuch mit dem Jesusgesicht in der Mitte und da durchschoss es mich: ER braucht dich, ER will dich, ER hat etwas mit dir vor.

Das änderte mein Leben, denn seitdem weiß ich mich in der Liebe Gottes geborgen und geführt. Am nächsten Morgen habe ich meinen Pfarrer direkt gefragt, ob ich mein anstehendes Schulpraktikum bei ihm machen dürfte – ich hatte eigentlich schon einen Platz bei der Polizei, denn ich hatte viele Krimis von Agatha Christi gelesen und wollte zur weiblichen Kriminalpolizei. Die Erinnerung an dieses Praktikum erfüllt mich heute noch mit Freude, weil ich mich so wohl gefühlt habe. Ich durfte Messen inhaltlich mitgestalten und dem Küster bei der Vorbereitung helfen. Ich habe im Pfarrbüro die Menschen empfangen und den Pfarrbrief mitgestaltet. Das Highlight jedes Tages fand um zwölf Uhr statt: Wir versammelten uns im Wohnzimmer des Pfarrers vor der Maria und beteten gemeinsam den Engel des Herrn. Diese Zeit war für mich so prägend, dass ich unbedingt Gemeindereferentin werden wollte. Damals kam mir die Möglichkeit, selbst Priesterin zu werden, überhaupt nicht in den Sinn, denn es war ja klar, dass das nicht möglich war. Als ich meinen Eltern von meinem Wunsch erzählte, hat mein Vater, der selber hätte Priester werden wollen, davon abgeraten, in den Dienst der Kirche zu treten. Ich weiß gar nicht mehr genau, wie seine Argumentation war, nur dass ich mein Engagement in der Kirche doch auch ehrenamtlich leben könnte und einen Beruf ausüben sollte, der mir mehr Freiräume gibt als die Arbeitsbedingungen der katholischen Kirche.

Als Tochter habe ich auf ihn gehört und Maschinenbau studiert. Sehr viel später, als er bei meiner ersten Wort-Gottes-Feier dabei war, stand er weinend vor mir und hat seinen damaligen Rat stark in Zweifel gezogen. Rückblickend weiß ich, dass Gott nicht locker lässt, wenn er jemanden beruft, denn nach den Phasen von Studium, Berufsstart und Familiengründung – ich bin mit einem Kirchenmusiker verheiratet und habe zwei erwachsene Söhne –, in denen ich viel zu beschäftigt war, um tiefer auf Ihn zu hören, ereilte mich wiederum sein Ruf. Dieses Mal noch eindringlicher. Mittlerweile war ich zu einer selbstbewussten und kritischen Christin herangewachsen und beschloss, dass ich all das, was eine Frau insbesondere an priesterlichen Aufgaben übernehmen kann, auch machen will: Katechetin, Vorbereitung von Familien- und Frauengottesdiensten, Kommunionhelferin und Leiterin von Wort-Gottes-Feiern. Die Gremienarbeit interessierte mich weniger, denn ich war beruflich häufig unterwegs. Meine Leidenschaft gilt bis heute der Glaubensverkündigung und Liturgie. Als Katechumenatsbeauftragte der Pfarrei wächst bei mir auch der Wunsch, meine Katechumenen nicht nur auf dem Weg zu begleiten, sondern ihnen dann auch die Sakramente zu spenden. Ebenso glaube ich, dass eine Frau und Mutter als Gesprächspartnerin und „Beichtmutter" insbesondere den Frauen sehr gut beistehen könnte.

Meine Gefühle schwanken zwischen Hass auf die Institution Kirche, Verzweiflung und Resignation, weil ich meine Berufung als Priesterin nicht leben darf. Der schönste Tag in meinem Leben wäre es, wenn ich zur Priesterin geweiht würde. Ich weiß nicht, ob Gott genau das mit mir vorhat, aber es deutet alles darauf hin, und mein Herz sagt es mir schon sehr lange. Uta Maria Pfeiffer

97. „Ich bin sicher, dass Gott größer ist als die Kirche, und dass er über jedem Kirchenrecht steht" Wo anfangen? Damit, dass ich schon als Kind gespürt habe, dass Gott ganz besonders ist und für uns Menschen da? Zumindest damit, dass ich als Jugendliche begonnen habe, intensiv die Bibel zu lesen, und immer gern in den Gottesdienst gegangen bin. Gern wäre ich Ministrantin geworden, aber das war damals, in den 70er Jahren für Mädchen noch nicht möglich. Ich engagierte mich in der Jugendarbeit und wurde durch eine Frau, die dort mitarbeitete, auf die Idee gebracht, Theologie zu studieren.

Seit 26 Jahren arbeite ich nun als Pastoralreferentin. Und ich musste in dieser Zeit Erfahrungen machen, die mich leiden ließen. Viele Gläubige bevorzugen die Priester, obwohl diese manchmal keine gute Arbeit machen, eine Messe „herunterlesen", bei einer Trauerfeier kein Interesse an dem Leben des/der Verstorbenen zeigen oder nur unwillig zu einer Krankensalbung kommen. Zwölf Jahre arbeitete ich als Klinikseelsorgerin. Ich begleitete Menschen in Krankheit und im Sterben, aber wenn es um die Krankensalbung ging, musste ich einen Priester von außerhalb holen. Und ich spürte, dass das, was den kranken, sterbenden Menschen und mich verband, eigentlich hätte Ausdruck finden müssen im Sakrament der Krankensalbung. Ich salbte Tote. Nach biblischem Vorbild. Ich lud Angehörige und Freunde ein, ihre Toten ebenfalls zu salben, und habe dabei viele berührende Erfahrungen machen dürfen.

Ich erlitt fünf Fehlgeburten und hätte so gern die Salbung meines Leibes gehabt. Aber niemals durch einen männlichen Priester. Ich würde so gern Frauen salben, die ähnliches erlebt haben.

Die Corona-Krise kam und damit die Unmöglichkeit, an einer Eucharistiefeier teilzunehmen. So feierten mein Mann und ich im Sinne der Urkirche Eucharistie für uns zu Hause. Wir sprachen die Wandlungsworte über Brot und Wein und empfingen Leib und Blut Christi. Ich bin mir sicher, dass sich die Wandlung vollzogen hat. Weil ich mir sicher bin, dass Gott größer ist als unsere Kirche und über jedem Kirchenrecht steht.

Ich bin mittlerweile knapp 57 Jahre alt und denke: Ja, ich wäre gern Priesterin. Ich würde gern den Menschen die wirksamen Zeichen des lebendigen Gottes spenden. Aber ich glaube, ich wäre nicht gern Priesterin in dieser Kirche, die meint, Gott und den Glauben an ihn in enge Vorschriften und Kategorien fassen zu können. Mechthild Prause

98. „Gestaltungsmacht" Ich glaube, ich habe keine Berufung zum Priesterinnen- oder Diakoninnenamt verspürt, denn als ich Jugendliche war und es um die „Berufsorientierung" ging, war es völlig klar, dass Priesterin/Diakonin in der Kirche nicht möglich war – es gab ja in meinem Heimatort damals nicht einmal Ministrantinnen. Also war es als Thema gar nicht da, und ich habe mich gar nicht in diese Richtung weiter orientiert. Ich habe mich aber über die Ungerechtigkeit und die enge Definition bezüglich der Rolle der Frau sehr geärgert.

Die Berufung zu einem Ordensleben in einem Frauenorden habe ich klar *nicht* verspürt. Lektorin zu sein, sagt mir hingegen sehr zu. Wenn ich etwas von Berufung spüre, dann am ehesten die, in der Kirche auch eine „Gestaltungsmacht" zu haben, also etwas zu leiten, mich mit meinen Gaben einzubringen – so wie ich das in meiner jetzigen beruflichen Tätigkeit außerhalb der Kirche als sinnvoll und auch von Gott geführt empfinde. Anon.

99. „In Gottes Namen – Amen"

Frühmorgens auf dem Jakobsweg
unterwegs, erste Sonnenstrahlen
erstes Frühstück etwas Wasser
ich gehe in den neuen Tag
langsam werde ich aufgewärmt
um mich glitzern Halme, Blätter,
ganze Sträucher Brombeeren
Tautropfen wandeln sie in Diamanten
Ich nehme und esse
Ich esse Gott
Ich bin Priesterin
Amen
In GOTTES Namen – Amen
Ich weihe nicht
Ich bin geweiht
Nicht die katholische Kirche weihte mich
GOTT selbst weiht mich
Menschen weihen mich
Die mit mir Gottesdienste feiern
Ich musste mich erst weihen, Ja sagen,
dass ich Geweihte bin
ich kann nicht nicht kommunizieren
ich esse Worte
ich esse Luft
ich esse jede Begegnung mit Menschen,

ich esse Brot und trinke Wein
ich esse Brombeeren und trinke Tau,
ich esse Welt
so werde ich genährt
mich nährt vieles;
was mich nicht nährt, ist,
wenn ich scheide:
GOTT gegenwärtig – GOTT nicht
gegenwärtig
Ein hartes Brot:
Manche Scheibe Brot wird
Nach langem Kauen schlussendlich doch
verdaulich;
Anderes bleibt für mich unverdaulich.
Und doch:
Nur weil für mich etwas unverdaulich ist:
GOTT lässt sich nicht
scheiden
Auch mich – uns!
Nicht
GOTT Macht-los
wartet nicht darauf
In Brot, in Wein gebannt zu werden.
Denn
GÖTTLICH – GEGENWÄRTIG

IST!
AMEN
Dafür bin ich Zeugin sind wir
Christen Zeugen
Priester – PriesterIn ist
Wer die GÖTTLICHE GEGENWART
Sichtbar
Spürbar
Erfahrbar
Hörbar
Essbar und trinkbar ahnbar
Ertastbar

auch frag-würdig macht
Und andere ermutigt
Sich für die GÖTTLICHE GEGEN-
WART zu öffnen
und ein staunendes
„es könnte sein"
„es könnte nicht sein"
Ermöglicht
Allen aus
GÖTTLICHER RUACH
Geborenen
Und wer ist das nicht!

Renate Put

100. „Wanderin zwischen zwei Welten" In einem katholischen Elternhaus einer ländlichen Gemeinde wuchs ich auf. Im Unterschied zu den meisten, sehr traditionsgebundenen Familien im Dorf war mein Elternhaus nicht von so großer geistiger Enge geprägt, wie sie oftmals charakteristisch war oder noch ist für eine rein katholische Bevölkerung auf dem Lande. Meine Eltern waren zwar religiös, aber nicht übermäßig kirchlich gebunden; dennoch wirkte sich die kirchliche Lehre, z. B. in Bezug auf die Vorherrschaft des Mannes in der Familie und die Sexualmoral (Verbot der Geburtenplanung) besonders für meine Mutter sehr belastend aus.

Ich sollte eigentlich ein Junge werden, sicher hatte meine Mutter sehr darum gebetet, zumal vier Schwestern vorausgegangen waren. Aber es kam anders; dennoch sahen mich meine Eltern als Gottesgeschenk an.

Ich erinnere mich, dass ich früh eine Sensibilität für die religiöse „Welt" entwickelte. Als ich noch zu klein war, um zur Schule zu gehen und den Gottesdienst regelmäßig zu besuchen, betete meine Oma sonntags vormittags mit mir. Nach ein paar Jahren durfte ich mit meinen Schwestern zur Kirche gehen. Was ich dort am Altar sah und miterlebte, die Eucharistiefeier, spielte ich später im Wald, zusammen mit meinen Schwestern oder Nachbarskindern.

Der Religionsunterricht, der sowohl in der Schule als auch in der Kirche erteilt wurde, hatte eine besondere Bedeutung für mich. Ich war sehr aufmerksam dabei und erinnere mich, dass meine Lehrerin in der Grundschule den Kreuzweg Jesu so lebendig und anrührend schildern konnte, dass ich tiefes Mitgefühl empfand und nachhaltig davon beeindruckt war.

Durch die Vorbereitung auf die Erstkommunionfeier wurde eine erste Beziehung zu Jesus in mir grundgelegt, zwar noch in traditioneller Weise, aber doch von nachhaltiger religiöser Wirkung. Für die Gestaltung dieser großen Feier wurde vorher in der Kirche geübt. Ich erinnere mich an Gefühle der Erhabenheit und Feierlichkeit, wenn wir Kinder alle im Chorraum stehen durften, in der Nähe des Altares, was damals Mädchen noch nicht gestattet war.

Nach dem Abitur stand für mich fest, dass ich Theologie studieren wollte, damals für Frauen noch eine große Ausnahme. Mein Religionslehrer, ein Franziskanerpater, sah in meinem Entschluss anscheinend ein Anzeichen für einen Ordensberuf. Er fragte mich, ob ich nicht in den Orden der Franziskanerinnen, die die Schule leiteten, eintreten wolle. Ich lehnte das ab, da ich die Enge des damals in den Frauenorden verkörperten und propagierten Frauenbildes (z. B. die Verschleierung, die Vorstellungen vom Wesen und der Rolle der Frau) intuitiv fühlte. Solche Enge widerstrebte mir, weil ich sehr freiheitsliebend war. Dennoch stand ich fest zu meinem Entschluss, Theologie studieren zu wollen, und begründete das gegenüber dem Religionslehrer mit den Worten: „Religion ist das Wichtigste im Leben."

Als schwere innere Last empfand ich es während des Studiums, dass ich keinen geistlichen bzw. beruflichen Ort für mich fand. Ein Ordensberuf im herkömmlichen Sinne kam aus den bereits erwähnten Gründen nicht für mich infrage. Ich litt sehr unter dieser geistlichen Ortlosigkeit. Im Studium erhielten wir als Theologinnen, deren Zahl in der Zeit vor dem Zweiten Vatikanischen Konzil noch sehr gering war, keinerlei Anregungen, die Stellung der Frauen in der Kirche kritisch zu hinterfragen. Im Gegenteil, das traditionelle Rollenbild der Frau wurde propagiert und verteidigt. Der Dogmatik-Professor Hermann Volk, späterer Bischof von Mainz, machte klar, dass Männer die Möglichkeit hätten, zwischen Ehe, Priesteramt und Ordensstand zu entscheiden, für Frauen blieb nur die erste und dritte Möglichkeit – Ehe und gottgeweihte Jungfräulichkeit – übrig. Wiederum wurde mir die Einengung der beruflichen Möglichkeiten für Frauen in der Kirche bedrückend deutlich, aber ich sah sie noch als (unabänderliches) Verhängnis an.

Die Teilnahme an der Priesterweihe eines Studienkollegen löste große Betroffenheit und Erregung in mir aus. Ich fühlte: Dies war auch mein Weg. Warum war er für mich verschlossen? Ich litt unter der Unmöglichkeit, mich nicht zwischen Priester- und Lehrerberuf frei entscheiden zu können – wie es die Männer konnten, die mit mir zusammen studierten. Dennoch war ich überzeugt: Als Frau bin ich genauso viel wert wie ein Mann. Aber die Einschränkung der Entscheidungsfreiheit und die berufliche Ortlosigkeit blieben als schwere Belastung bestehen.

Beides belastet mich auch heute noch, nachdem ich das Studium der Theologie längst abgeschlossen habe und auch meine berufliche Tätigkeit als Theologin nun hinter mir liegt. In dieser Situation ist die Thematik meiner Dissertation, die ich über die Stellung und Wertung der Frau in der katholischen Kirche, unter besonderer Berücksichtigung ihres Ausschlusses vom Priesteramt, schrieb (veröffentlicht: 1973), für mein Leben richtungweisend geworden. Durch diese wissenschaftliche Arbeit gewann ich einen tiefen Einblick in die lange Geschichte der Frauendiskriminierung in der christlichen Tradition. Anhand von zahlreichen Quellenbelegen aus der frühen Kirche und aus dem Mittelalter konnte ich nachweisen, dass der Ausschluss der Frau vom Priesteramt auf der Vorstellung vom seinsmäßigen und ethischen Minderwert der Frau basiert und dass bestimmte Bibelstellen (z. B. Gen 2 und 3: Erschaffung der Frau aus der „Rippe" des Mannes und ihre angebliche Erstsünde) sowie deren Rezeptions- und Wirkungsgeschichte durch Jahrhunderte hindurch dafür die Grundlage boten.

Ich sah und sehe meine geistliche Berufung weiterhin darin, für den Zugang von Frauen zum Priesteramt einzutreten. Dieser öffentliche Einsatz blieb und bleibt jedoch nicht ohne schwere existentielle Folgen und Belastungen für mich: nämlich ein totales Berufsverbot im kirchlichen Bereich, keinerlei Aussicht auf Fortsetzung meiner wissenschaftlichen Laufbahn in Deutschland (nur durch Auswanderung, z. B. in die USA, hätte dazu eine Chance bestanden), ferner Diffamierungen meiner Person in kirchlichen Kreisen.

Dennoch meinte ich diesen Weg gehen zu müssen, da ich eine opportunistische Anpassung um des eigenen Vorteils willen, die mir das freie Wort verwehrt hätte, zutiefst ablehnte. Trotz vieler negativer Erfahrungen als Theologin gehöre ich heute noch immer der römisch-katholischen Kirche an. Ihre ausgeprägt hierarchische und zentralistische Struktur sehe ich mit einem sehr kritischen Blick. Entscheidungen und Beschlüsse werden oben (d. h. vom Papst und von hohen kurialen Amtsträgern) gefasst und nach unten weitergeleitet: zu den Bischöfen, dann weiter zu den Priestern, schließlich zu den Laien. Frauen stehen ganz zuunterst – am Fuß der Pyramide. Sie werden von Männern der Kirche beherrscht. Diese verordnen Gesetze, die Frauen an Leib und Seele betreffen, auf sexualethischem Gebiet (Verbot künstlicher Geburtenkontrolle, Verbot der Abtreibung – selbst nach Vergewaltigung) und darüber hinaus auf geistlichem Gebiet durch Ausschluss von Frauen von allen Weiheämtern (Diakonat, Presbyterat, Episkopat).

Diese Kirchenstruktur steht in krassem Gegensatz zur Struktur demokratischer Staaten, die sich den Menschenrechten (wenigstens grundsätzlich) verpflichtet haben. Weil ich in beiden Institutionen lebe – in der

Kirche und zugleich in einem demokratischen Rechtsstaat –, fühle ich mich als „Wanderin zwischen zwei Welten". In der Kirche dominiert die männliche Macht, im weltlichen Bereich ist wenigstens formal und annähernd auch praktisch Gleichberechtigung realisiert.

Warum bleibe ich in der Kirche, die aus der Perspektive eines modernen demokratischen Staates hoffnungslos rückständig ist? Weil ich die Hoffnung noch nicht aufgegeben habe, dass sich die katholische Kirche einer Demokratisierung auf Dauer nicht verweigern kann. Die Welt, die sie umgibt, personifiziert in den Menschen, die zugleich Staatsbürger(innen) sind, übt ständig neu Einfluss auf sie aus, drängt sie zu Reformen. Die Kirche wird dauernd mit Maßstäben konfrontiert, die sich aufgrund der Aufklärung und der Deklaration der Menschenrechte entwickelten.

Für eine Reform der Kirche – im Geiste Jesu – ist die uneingeschränkte Gleichberechtigung der Frau von fundamentaler Bedeutung. Die biblische Grundlage dafür ist die Aussage in Gal 3,27f: „Ihr alle, die ihr auf Christus getauft seid, habt Christus angezogen. Da gibt es nicht mehr Juden und Griechen (Heiden), nicht Sklaven und Freie, nicht männlich und weiblich; denn ihr alle seid ‚einer' in Christus Jesus." Noch wollen die höchsten Amtsträger der Kirche diese Aussage über die Gleichstellung von Mann und Frau in Christus nur für das Jenseits gelten lassen. Sie verhindern, dass diese Verheißung in den Strukturen der gesamten Kirche zum Durchbruch kommt, so dass Frauen und Männer gleichberechtigte, freie, mündige Glieder der Kirche werden und Frauen nicht länger von den geistlichen Ämtern in der Kirche ausgeschlossen sind. Denn dieser Ausschluss bedeutet eine Degradierung und schwerwiegende Einschränkung ihrer religiösen Freiheit, die es in der heutigen Welt nirgendwo mehr geben dürfte. Die Kirche bringt sich dadurch selbst um den Reichtum an Gaben, die Frauen in die Kirche einbringen könnten.

Ich sehe meine Lebensaufgabe daher darin, diese Entwürdigung und Diskriminierung der Frau weiterhin zu bekämpfen. *Deshalb sage ich auch Ja zu der Frauenordination, die am 29. Juni 2002 gegen das bestehende Kirchengesetz (Can. 1024 des Codex Iuris Canonici) in Österreich auf einem Donauschiff erteilt wurde.* Das kirchliche Gesetz, das Frauen wegen ihres Geschlechts vom Priesteramt ausschließt, hat keinen Anspruch auf Geltung und müsste weltweit bekämpft werden.

So ist mein Leben von dieser wichtigen Aufgabe erfüllt, aber auch belastet. Dennoch gewinne ich einen wirklichen Lebenssinn darin, dazu beizutragen, dass die katholische Kirche für Frauen einen wirklichen geistlichen Ort bietet, so dass sie nicht länger übergangen und zurückgewiesen werden. Nur dann kann die Kirche wieder ein glaubwürdiges Zeugnis für die Welt und in der Welt geben. Nur dann kann sie auch in ihren Strukturen von einem Gott künden, der/die niemanden aufgrund seines Geschlechts oder seiner Rasse zurückweist und ausgrenzt, sondern alle Menschen in Güte umfangen will, ihnen Geborgenheit, letzte Heimat geben und Sinn und Ziel ihres Lebens sein will. Eine Kirche, gebildet aus freien, vor Gott verantwortlich lebenden Menschen, kann ein Zeichen Gottes in dieser Welt sein, Ankündigung des Reiches Gottes, Vermittlerin der Botschaft Jesu – zum Heil der Menschen. Sie ist darum not-wendig und unverzichtbar. Dr. Ida Raming (verfasst 2002)

101. „Liebt Jesus etwa diese Männer mehr als mich?"

Seit meiner Entscheidung für einen pastoralen Beruf habe ich damit gerungen, nicht Pfarrerin werden zu dürfen. Bis heute liebe ich es, Seelsorgerin in einer Gemeinde zu sein – und bis heute schmerzt es, dabei ‚nur' Pastoralreferentin sein zu dürfen, nur eingeschränkt zuständig sein zu dürfen, auf den guten Willen der Geweihten angewiesen zu sein. Oft schon musste ich erleben, dass Pfarrer damit nicht umgehen konnten, dass ich sehr gerne sehr viel übernehme, dass ich promoviert bin. Man wollte mich allein deswegen nicht bei sich arbeiten lassen. Am allermeisten habe ich in meiner Studien- und Pastoralkurszeit damit gerungen, nicht Pfarrerin werden zu dürfen. So denke ich z. B. an die Zeit rund um die Priesterweihe meiner Kurskollegen im Jahr 2000. Ich fragte mich: Ja, liebt Jesus etwa diese Männer mehr als mich? Oder warum gibt er mir sonst den Wunsch ins Herz, ganz zu ihm zu gehören, auch ganz in der Dichte, die es bedeutet, selbst als Zelebrantin die Eucharistie zu feiern und ihm so auf unüberbietbare Weise nahe zu sein, aber gibt mir gleichzeitig keine Möglichkeit der Erfüllung dieser Sehnsucht? Oder wer sonst gibt mir diesen Wunsch ins Herz? Diese Fragen waren massiv. Und so sehr ich mich mit meinen Kollegen und für sie gefreut habe, so hart war dieser Tag gleichzeitig für mich.

Zu meinem Pastoralkurs gehörte ein Priesteramtskandidat namens Erik. Er brach zu Beginn des Weihegottesdienstes zusammen. Wäre ich ein Junge geworden, hätten meine Eltern mich Erik genannt. Bei der Weihe unseres Pastoralkurses blieb Eriks Stuhl leer ... Sein Stuhl (er wurde später noch geweiht)? Oder mein Stuhl?

Schon lange hatte ich diese Sehnsucht in mir, eigentlich nicht Pastoralreferentin, sondern Pfarrerin werden zu wollen. Doch lange habe ich mir diese Gedanken nicht zugestanden: Es durfte doch nicht sein, was nicht sein konnte. Lange hatte ich daher gar Angst, öffentlich oder auch nur im kleinen Rahmen zu äußern, dass ich eigentlich gerne Pfarrerin wäre. Damit kam ich ja gleich in eine gewisse Schublade. Und ich hatte ein schlechtes Gewissen wegen meines Wunsches: Ja, strebe ich denn nach Macht? Erst im Laufe der Zeit habe ich mir zugestanden, dass es doch absurd ist, diese Frage zu stellen, nur weil ich eine Frau bin. Wieso sollte es bei einer Frau eine Machtfrage sein, bei einem Mann aber nicht? Dennoch fragte ich mich lange, ob ich irgendwie „falsch" bin, weil ich etwas möchte, was nicht sein darf. Ich hatte ein schlechtes Gewissen wegen meiner Gedanken. Mein Selbstwertgefühl war dadurch lange sehr gering, weil ich immer wieder gegen diese Wand lief, einen Traum hatte, den ich nicht leben durfte.

Ich gehörte als Kind und Jugendliche zu einer Gemeinde, in der wir Mädchen nicht mal Ministrantin sein durften. Das habe ich dafür alle paar Wochen im Schulgottesdienst der Marienschule, wenn unsere Klasse mit der Vorbereitung dran war, umso mehr genossen.

Ich wusste also, dass ich es mit einem Theologiestudium nicht weit bringen würde – und doch habe ich mich, obwohl mir mein 1,0er-Abitur alle Möglichkeiten eröffnet hätte, für dieses Studium entschieden – und könnte mir bis heute kein besseres und auch keinen besseren Beruf als einen pastoralen vorstellen.

Und doch oder gerade deswegen verstärkte sich im Laufe meiner Studien- und Pastoralkurszeit der Wunsch, Pfarrerin zu werden. In meiner Studienzeit an der Dormitio in Jerusalem habe ich den Dienst am Altar als Ministrantin nochmals in ganz neuer Dichte für mich erlebt. Habe ich bis dahin immer wieder versucht, die Tatsache, nicht Pfarrerin werden zu dürfen, mit der Weltkirchlichkeit zu begründen und deshalb zu akzeptieren, so hat dort eine Begegnung dafür gesorgt, dass ich diesen Wunsch nicht länger verdrängen wollte: Gemeinsam mit einem deutschen Priester besuchte ich zwei Frauen in Nazareth. Diese Frauen legten sich sehr bald mit dem Pfarrer an, er müsse doch endlich einsehen, dass die Frau viel weniger wert sei als der Mann, dass dies so Gottes Wort und Wille sei. Dass für diese zwei Frauen die Frage nach dem Priestertum der Frau keine Frage wäre und dass diese beiden nach außen hin daher vielleicht „papsttreuer" wirkten als ich, wenn ich meine Sehnsucht zulasse, das wurde mir da klar; doch wurde mir gleichzeitig auch bewusst, dass sie das ja überhaupt nicht waren. Denn zumindest das Apostolische Schreiben *Mulieris dignitatem* ist an ihnen wohl zunächst einmal spurlos vorübergegangen ...

Als dann nach meinem Studium meine Zeit als Pastoralassistentin in einer Gemeinde begann, wurde mir deutlicher als je zuvor: Das ist genau der Platz, an dem ich mich – bis heute – am wohlsten fühle. Gleichzeitig wurde mir aber auch immer deutlicher, dass da immer diese Lücke bleiben würde, ich nicht das tun darf, was ich eigentlich gerne tun möchte. Dennoch habe ich in der Gemeinde ein Mehr an Möglichkeiten als in den doch jeweils einseitigen kategorialen Feldern, in denen wir als Pastoralreferentinnen im Bistum meist eingesetzt werden. (Davon hatte ich schon so einige inne: Sie alle erfüllen mich leider nicht, weil immer viele Bereiche fehlen …) Die Fülle an Begegnungen mit jungen und alten Menschen in der Kirche und in deren Zuhause, die Vielfalt der Themen, all das lässt mich aufblühen. Teils habe ich mich – schon durch die inzwischen veränderte Lebensform – damit arrangiert, „nur" Pastoralreferentin sein zu dürfen. Denn – ganz ehrlich: Ehe und vor allem Kinder stellen in meinen Augen eher einen Grund dar, nicht völlig offen zu sein für die Aufgaben als Pfarrerin bzw. ja vor allem der Kinder zuliebe nicht so flexibel zu sein, nicht in jede Gemeinde einfach so wechseln zu können …, als die Tatsache, Frau zu sein, jemals ein Grund dafür sein dürfte, von der Weihe ausgeschlossen zu sein.

Am meisten verdichtet sich mein Wunsch, Pfarrerin zu sein, weniger in Fragen von Leitung (auch wenn ich mir immer wünschte, der- oder diejenige mit der größten Kompetenz bekäme die Leitung und nicht der, der zufällig geweiht sein darf …), sondern in der Feier von Eucharistie und Sakramenten. Ich liebe die Liturgie. Im Feiern und Gestalten von Liturgie blühe ich auf, bekomme das auch bis heute immer wieder von Menschen rückgemeldet. Hier liegen meine besonderen Vorlieben und Fähigkeiten; die Sakramente bedeuten mir viel. Ja, ich bin froh und dankbar, dass ich jetzt aktuell an einer Stelle bin, an der ich relativ großen Gestaltungsspielraum habe. Aber es bleibt eben immer die Leerstelle, keine Eucharistiefeier leiten zu dürfen, keine Taufe spenden, keiner Eheschließung assistieren zu dürfen. Immerhin „darf" ich inzwischen auch Beerdigungen leiten: Hier Lebensgeschichte als Weg Gottes mit einem Menschen in der Liturgie und Predigt zu verdichten, bedeutet mir sehr viel. Ich bin dafür dankbar – es ist ein Geschenk. Jede dieser Aufgaben ist ein Geschenk. Aber es fühlt sich nach wie vor „falsch" an, dafür dankbarer sein zu müssen als ein Mann, der ganz selbstverständlich geweiht werden könnte …

So bin ich froh und dankbar, jetzt seit einem halben Jahr immerhin mit der Hälfte meiner Stelle wieder in einer Gemeinde arbeiten zu dürfen, und blühe darin auf. Wie oft habe ich jetzt in den Corona-Monaten von Gemeindemitgliedern signalisiert bekommen, wie gut es ist, dass ich für die Gemeinde da bin: Mit Ehrenamtlichen haben wir eine Form von Liturgie entwickelt, bei der viele beteiligt sind (in digitalen Hör- und Lesegottesdiensten) und in der wir alle einladen, in ihren Wohnungen miteinander wie die Urgemeinde Brot zu brechen und Wein oder Saft zu trinken. Priesterliches Tun? Ja, es geht auch nichtgeweiht. Aber vieles wäre viel, viel einfacher, wenn die Weihe möglich wäre. Bzw. vielleicht „passt" die Weihe auch für alle nicht mehr, weil wir hier an einer überhaupt nicht mehr passenden Form festhalten. Vielleicht finden wir eine Form von Ordination – Sendung, die allen gemein ist und nicht die einen über die anderen erhebt, keine exklusiven Männer- oder Frauenrechte mit sich bringt, sondern stattdessen allen ermöglicht, ihrer jeweiligen Berufung – also den von Gott geschenkten Talenten – gemäß den Dienst an und mit der Gemeinde zu tun.

Ich wünsche mir so sehr, dass meine Töchter (bzw. Frauen ihrer Generation) die Möglichkeit haben werden, so sie auch diesen Beruf ergreifen wollen ... und dass ich es vor meinem Tod noch erlebe, möglichst selbst noch Pfarrerin sein zu dürfen, auch wenn dies nicht mehr in meinem aktiven Berufsleben sein sollte. Dr. Kerstin Rehberg-Schroth

102. „Andere Wege" Aufgewachsen in einer engagierten katholischen Familie, meine Eltern hatten immer soziale Engagements und waren in der Kirche aktiv, wurde ich als Jugendliche vom Pfarrer und einer Ordensschwester angesprochen, ob ich nicht Lektorin sein mochte. Das habe ich sehr gerne gemacht, war dann bei den MinistrantInnen aktiv und später auch in der Jugendarbeit. Im Gymnasium hatte ich die Chance, in einer Gruppe mitzuarbeiten, in der Christinnen und Christen auch kritisch über Kirche diskutiert haben. Das hat mir eine andere Welt eröffnet. All diese Engagements haben mein Leben geprägt und vertieft. Langsam ist in mir der Wunsch gereift, aus meinen Engagements meinen Beruf zu machen. Frauen in der Pfarrseelsorge gab es Ende der 70er Jahre in Luxemburg noch nicht. Aber ich war mir sicher, dass dies meine Berufung ist, und so bin ich zum damaligen Generalvikar gegangen und habe ihm von meinem Wunsch erzählt. Seine Antwort: Studiere Theologie, ich verspreche dir, du kriegst eine Anstellung.

Während des Studiums an der Uni in Louvain-la-Neuve (Belgien) hatte ich dann auch Kurse mit Priesteramtskandidaten. Und langsam stellte ich mir die Frage: Warum kannst du eigentlich nicht Priesterin werden? (In Luxemburg hat sich das Amt des Diakons anfangs sehr zögerlich entwickelt, so dass ich dieses Amt nicht gekannt habe.) Und mein Herzenswunsch, in der Seelsorge zu arbeiten, hat sich weiterentwickelt: Es war ein Schmerz und Leiden, dass die Kirche die Berufung der Frauen zum Priestertum nicht wahrnimmt und nicht ermöglicht. Die Frauenfrage wurde so zu meinem Herzensanliegen.

Während fast 30 Jahren war ich an verschiedenen Orten in der Pfarrseelsorge tätig. Mein Beruf hat mich erfüllt, und ich durfte mit vielen Menschen den Glauben teilen und erleben. Aber es gab auch diese Grenzsituationen, wo ich in der Begleitung von Menschen nach der Spendung der Sakramente gefragt wurde und dies nicht tun konnte.

Diese unerfüllte Berufung hat mich dazu getrieben, mich für Frauen in der Kirche einzusetzen. In den 90er Jahren haben wir uns zu einer

Gruppe Frauen für die Schaffung einer diözesanen Kommission „Fra an der Kierch" eingesetzt. Diese Kommission gibt es bis heute. Wir haben es geschafft, Frauenbegegnungstage zu organisieren, Liturgien für Frauen, und in meiner Funktion als Frauenbeauftragte wurde ich bei mehreren Konflikten zwischen Frauen und Priestern als Mediatorin hinzugezogen. Eine spannende Zeit, die aber auch immer wieder aufgezeigt hat: Frauen haben weniger Rechte als geweihte Männer.

Seit neun Jahren bin ich jetzt Mitglied im Bischofsrat und bischöfliche Delegierte für die sozialen Institutionen. Gemeinsam mit anderen Frauen und Männern durfte ich Neues in der Kirche in Luxemburg anregen und begleiten. Der ‚Stachel' der Berufung zur Priesterin hat mich immer wieder in die Gänge gebracht. Und Widerstand hat mich stark und leider auch manchmal hart gemacht. Heute bin ich des Kämpfens müde. Aufgeben werde ich nicht, aber es ist an der Zeit, andere Wege zu gehen. Diese anderen Wege bin ich dabei zu erbeten und mit anderen Frauen zu suchen. Der Synodale Weg in Deutschland ist für mich dabei ein Hoffnungszeichen. Bleiben Sie bitte dran. Marie-Christine Ries

103. „Ich werde wohl mein Leben lang auf der Suche sein" Als Gemeindereferentin arbeite ich seit 2017 in Weimar. Ich habe katholische Theologie mit dem Schwerpunkt Alte Kirchengeschichte/Patristik in Erfurt und Lille (Nordfrankreich) studiert und anschließend Religionswissenschaft mit dem Schwerpunkt Spätantike.

Schon als Kind wollte ich unbedingt Priesterin werden. Der Glaube, die Kirche, das alles hat mich schon früh in meinem Leben tief bewegt und stark geprägt. Ich wuchs in Ostthüringen auf, wo ich auch selbstverständlich mit evangelischen Pfarrerinnen in Kontakt kam, die mich beeindruckten. Das Berufsbild von katholischen und evangelischen Geistlichen faszinierte mich: ihr Auftreten, die Verkündigung, die Seelsorge und das Umfassende In-Berührung-sein mit den Menschen, von der Taufe bis zur Beerdigung, die Begleitung mit Sakramenten und der Beistand durch alle Lebensphasen, Bibelwochen, Aktivitäten mit Jugendlichen und Kindern …

Auch das Leben der Heiligen faszinierte mich sowie Klöster als Orte einer besonderen, oft schwer greifbaren Lebenserfahrung. Als Kind war ich gemeinsam mit meiner Schwester die erste Ministrantin in unserer Gemeinde. Meine Lebenserfahrung war: Kirche ist ein dynamischer Ort, an dem Vieles möglich ist. Ich erlebte ganz unterschiedliche Priester und fühlte mich auf meinem Weg immer begleitet. Als Jugendliche engagierte ich mich in der Dekanatsjugend als Sprecherin meiner Pfarrei. Ich fuhr nach Taizé und erlebte viele verschiedene Glaubensorte, auch Klöster (Kloster

Wechselburg, Kloster Marienstern) und Ordensleute, die mich prägten und für mich die Frage nach meiner Berufung aufwarfen.

Schließlich entschied ich mich nach dem Abitur, katholische Theologie in Erfurt zu studieren – gleich in der Einführungswoche ‚outete‘ ich mich: dass meine Berufung zur Priesterin ja leider immer noch nicht möglich sei, ein solches Studium aber schon – also immerhin ein Anfang. Vielleicht war damals 2003 ein Augenzwinkern dabei. Während meines Studiums merkte ich jedoch, dass es mir mit diesem Wunsch ernst war. Ich lernte im Laufe des Studiums, dass die theologische Begründung für das „Männerpriestertum" mehr als wackelig ist. Inzwischen habe ich so viele Argumente gehört, die für mich auch theologisch kaum stichhaltig sind. Ehrlicher ist für mich die orthodoxe Theologie, die sich auf die Tradition und Rezeption der Kirche in ihrer Geschichte beruft. Für mich ist die Frauenfrage eine Machtfrage, allerdings nicht der Frauen, sondern der Männer. Es ist eine Männer-Macht-Kirche und diese wird von vielen Frauen gestützt, denn es ist auch anstrengend, Verantwortung zu übernehmen. Auch in kirchlichen Gremien sind Frauen oft in der Minderheit, alte Rollenmuster tragen sich durch.

Meine Diplomarbeit (Theologie) habe ich über die heiligen Frauen Makrina und Melania geschrieben. In der Kirchengeschichte und in den Anfängen der Kirche stieß ich auf viele bemerkenswerte Frauen, die heute kaum noch jemand kennt, gerade die Frauen des „Ostens": Nino von Georgien, Thekla, Olympias von Konstantinopel, die als Hauptdiakonisse dem redegewandten Johannes Chrysostomos zur Seite stand und reichlich Macht hatte. Leider sind selbst in Theologenkreisen viele dieser Frauen nahezu unbekannt.

Für mich ist gerade die Kirchengeschichte, sind vor allem die ersten Jahrhunderte so ein Schatz für die Theologie, die spirituelle Tiefe und die Weitsicht. Es gab wichtige, prägende Frauengestalten, die Männer inspirierten, gemeinsam für die Frohe Botschaft eintraten und Menschen begeisterten. Sie waren Säulen und Stützen der Gemeinden. Leider sind gerade im Bewusstsein der westlichen Kirche, die meiner Meinung nach viele römische Verwaltungs-, Rechts- und Machtstrukturen in unsere Welt durchträgt, viele wichtige Identifikationsfiguren der ersten Jahrhunderte für Frauen verloren gegangen. Die westliche Kirchengeschichte ist strukturell stark vom Kirchenrecht geprägt und von mächtigen Männern. Es gab und gibt aber auch wichtige Frauen in der westlichen Kirche wie Hildegard von Bingen, Katharina von Siena, Birgitta von Schweden oder Klara von Assisi, und viele andere. Sie gelten vielleicht als fromme Frauen, aber nicht als die großen Autoritäten, die sie waren und als die man sie sehen sollte, selbst wenn sie mit schönen Titeln geschmückt wurden.

Ich habe mich entschlossen, mein Wissen, meine Begeisterung für den Glauben und meine Erkenntnisse im kirchlichen Rahmen als Gemeindereferentin im Verkündigungsdienst weiterzugeben. Ich werde vermutlich immer Männer/Priester über mir haben (wie in vielen Berufen) und in schwierigen Strukturen arbeiten (müssen), aber andererseits wandelt sich gerade Einiges, es eröffnen sich neue Möglichkeiten. Ich möchte mit Menschen arbeiten, unterrichten, begeistern, die Frohe Botschaft in die Welt tragen; ich möchte auch mithelfen und das Gesicht einer Kirche von heute prägen, gemeinsam mit konservativen, progressiven und liberalen Christen, die bereit sind, die Frohe Botschaft in die Jetztzeit zu übersetzen. Das möchte ich nicht nur den anderen überlassen. Ich möchte mit Kollegen und Kolleginnen am Reich Gottes bauen, an einer besseren Welt.

Ob ich mein Leben lang glücklich als Gemeindereferentin sein werde, weiß ich nicht. Es tut schon manchmal weh, dass andere diesen Weg als Priester und Diakon gehen dürfen, einfach weil sie Männer sind, weil die Apostel Männer waren (was ist mit Junia?), weil das römische Reich und das Judentum zur Zeit Jesu patriarchalisch geprägt waren, obwohl Jesus Frauen auf Augenhöhe gesehen hat und sich von ihnen belehren und inspirieren ließ … Jesus hat nie gesagt: Weiht nur Männer zu Priestern!, sondern: Geht hinaus in die Welt und bringt den Menschen die Frohe Botschaft!

Will ich immer noch Priesterin werden? Ich weiß es nicht, es ist kein einfacher Weg, aber ich würde gern predigen, Sakramente spenden, mehr Einflussmöglichkeiten haben. Diakonin zu sein, könnte ich mir gut vorstellen, Menschen auf dem Weg in die Ehe zu begleiten, zu taufen und auch zu beerdigen, das wäre schon ein großer Schritt. In der heiligen Messe das Evangelium zu verkünden und zu den Menschen zu sprechen, wie ich als Frau, Mutter und Familienmensch die Frohe Botschaft verstehe.

Mein Herz würde auch gern das Sakrament der Sakramente – die Eucharistie – erleben. Wie ist das, der Eucharistie vorzustehen, mit ganzer Seele und ganzem Sein das Geheimnis der Verwandlung zu erleben, zu vermitteln? Es ist und bleibt für mich eine große Lebensfrage.

Die Missbrauchsfälle in ihrem Ausmaß haben mich erschüttert und vor wichtige Fragen gestellt: Kann es richtig sein, dass ein Priester, der zu solchen Taten fähig ist, alle Sakramente gültig spendet, er versetzt wird, brüderlich ermahnt wird, während berufene Frauen aufgrund ihres Frauseins *per se* von wichtigen Funktionen und Ämtern innerhalb der kirchlichen Hierarchie ausgeschlossen sind? Kann das Gottes Wille sein?

GemeindereferentInnen bewegen sich oft in Grauzonen. Diese Berufe sind ekklesiologisch nicht geklärt, kirchengeschichtlich nicht fundiert und in Bezug auf die Tradition der Kirche relativ ‚neu'. Das Berufsbild ist schwammig und oft genug schwierig, weil viele Gegebenheiten sehr vom Kontext, vom Team und vom Wohlwollen des Pfarrers abhängen. Da gibt es kaum kirchenrechtliche Klärungen, was immer wieder zu Problemen führt. Da sollten endlich gesamtkirchliche Klärungsprozesse stattfinden. Was ist die Rolle der Frau, des verheirateten, berufenen Mannes in der Kirche? Welche Zugangskriterien sind theologisch, jesuanisch begründbar und tragfähig?

Die Idee einer kultischen Unreinheit der Frau ist nicht mehr tragfähig, das Argument heidnischer Priester und Priesterinnen ist es nicht; denn dann dürfte es gar kein christliches Priestertum geben. Auch die *persona Christi*-Theologie kommt für mich schon bei der Konzelebration an ihre Grenzen. War Jesus nur ein Mann? War er nicht vielmehr Lehrer, Bruder? Seine Leiblichkeit allein kann für mich kein Argument sein, sonst müsste man auch über Beschneidung reden. Die Apostel stehen für die Stämme Israels, in einer sich immer wieder wandelnden Kirche kann das auch kein Ewigkeitsargument sein. Jünger und Jüngerinnen gab es fraglos an der Seite Jesu und wichtige Frauen gab es zu jeder Zeit in der Geschichte der Kirche. Was also spricht am Ende endgültig für das reine „Männerpriestertum", denn so müssen wir es ja nennen? Die Kirchengeschichte und die Theologie weisen zahlreiche Wege. Sind wir mutig und entschlossen genug, sie zu gehen?

Bin ich „berufen"? Ich fühle mich Gott nah, seit ich denken kann, in meinem Ringen mit Gott frage ich ihn immer wieder: Was soll ich tun? Was willst du, dass ich tue? Ich habe die Ikonenmalerei für mich entdeckt, es gibt viele Wege der Verkündigung. Ein älterer Priester sagte mir vor langer Zeit, ich solle die Hoffnung nicht aufgeben. Er war sehr nachdenklich und die Antwort war berührend, auch unerwartet. Ich sehe mich als Schwester aller Priester, Kollegen und Christen, gerade auch weltweit und in den verschiedenen Kirchen. Wir sollten eine Gemeinschaft auf Augenhöhe sein! Ich bin seit mehreren Jahren aktiv in der Arbeitsgemeinschaft Ökumenische Forschung. Dort habe ich wundervolle Theologenkollegen und andere aktive Denker ganz verschiedener Konfessionen kennenlernen dürfen. Wir sind eine Familie, alle Christen und darüber hinaus alle Menschenkinder. Ich werde wohl mein Leben lang auf der Suche sein. Aber das sind wir wohl alle auf die eine oder andere Weise.

Claudia Rimestad

104. „Immer öfter war mir, als würde Jesus neben mir gehen" Mit 18 Jahren beschloss ich, katholisch zu bleiben. Ich heiratete und bekam drei Kinder. Als die Kinder noch klein waren, brauchte ich ab und zu Erholung von der Familienarbeit. Ich fand sie im nahen Wald, wo ich regelmäßig Entspannungsübungen machte. Durch diese Übungen veränderte sich mein Bewusstsein. Die Natur schien mir plötzlich so lebendig. Durch Bücher lernte ich, dass diese veränderte Wahrnehmung am besten mit dem Begriff des Animismus beschrieben werden konnte. Eines Tages hatte ich das Gefühl, dass die Gräser sich vor mir verneigten. Ich dachte: „Die verneigen sich nicht vor mir." Da wurde mir bewusst, dass sie sich vor Jesus verneigten, der neben mir ging. Immer öfter war mir, als würde Jesus neben mir gehen. Und so wandte ich mich an den Pfarrer. Er half mir, das zu verstehen. Der Pfarrer hatte aber nicht so viel Zeit für mich. Ich beschloss, Theologie im Fernkurs zu studieren. Durch dieses Theologiestudium konnte ich meine spirituellen Erfahrungen dann gut einordnen.

Eines Tages, während ich bügelte, wurde mir plötzlich klar, dass Jesus für mich gestorben war. Das erschütterte mich sehr. Ich versprach Jesus, ihm beim Tragen des Kreuzes zu helfen, und dachte an Nachbarschaftshilfe. Während ich noch darüber nachdachte, spürte ich auf einmal, dass Jesus mich rief. Ich setzte mich auf das Sofa im Wohnzimmer und verbrachte in den folgenden Wochen viel Zeit damit, einfach da zu sitzen und bei Jesus zu sein. Eines Tages sagte Jesus zu mir: „Darf ich dich näher an mich heranziehen?" Ich sagte: „Näher geht doch gar nicht."

Während des Gottesdienstes, in den ich inzwischen regelmäßig ging, spürte ich eines Tages die Sehnsucht, vorne am Altar zu stehen, so wie der Pfarrer. Ich schimpfte mit mir: „Du willst dich doch nur wichtigmachen." Doch in den nächsten Wochen spürte ich das immer öfter. Was kann eine katholische verheiratete Frau da machen? Ich beschloss, Gemeindereferentin zu werden.

Im pastoraltheologischen Kurs kam ich dann mit einigen theologischen Aussagen, die ich gerade lernte, nicht zurecht. Sie passten nicht zusammen. Als ich in der Nacht aufwachte, passte es plötzlich zusammen. Aber nur, wenn der Priester nicht „Persona Christi" ist, sondern immer ein Jünger bleibt, mit einer Beauftragung. Jesus Christus ist – siehe die Emmausgeschichte – immer als selbstständige Person bei den Jüngern. Die Jünger mutieren da keine Sekunde zu Jesus. Sie bleiben Jünger während der Feier. In den folgenden Wochen war ich sehr unsicher, weil diese neuen Gedanken nicht katholisch zu sein schienen. Aber sie waren biblisch.

Als Gemeindereferentin konnte ich dann nicht anders, als mich in einer katholischen Reformgruppe zu engagieren. Hier fühle ich mich wohl, hier gibt es Menschen, die so denken und fühlen wie ich. Am liebsten feiere ich Wortgottesdienste mit Kommunionfeier. Hier spüre ich, dass Jesus Christus an meiner Seite ist und sich im Brot (leider nicht im Wein) an uns verschenkt/hingibt. Das Lied „Beim letzten Abendmahle" ist in diesen Gottesdiensten für mich ein Muss. Während dieses Liedes wird mir immer bewusst, dass ich dies tue zu seinem Gedächtnis. Nicht beauftragt zu sein, die Eucharistie zu feiern, empfinde ich als einen dauerhaften, starken seelischen Schmerz. Marion Ringler

105. „Papa, können Männer auch Priesterinnen werden?" *Was begeistert mich an meiner Arbeit als Priesterin?* – Ich mag es, Menschen zusammenzubringen und in wichtigen Lebensphasen zu begleiten. So bringen wir den Glauben ins Leben und versuchen stellvertretend in Worte und Rituale zu fassen, was uns gerade bewegt.

Was ist mein Herzensanliegen als Geistliche? – Ich möchte Gottes Liebe spürbar machen, Vertrauen, Zuversicht und Gottesbeziehung aufbauen und pflegen helfen, und einen Raum öffnen für Glaubenserfahrungen und geistliche Weggemeinschaft.

Was wünsche ich mir? – Ich wünsche mir, dass es nichts Außergewöhnliches mehr ist, Priesterin oder Pfarrerin zu sein und die Menschen sich nicht mehr ständig dafür oder dagegen positionieren. Dass Menschen nicht mehr nach speziell „weiblichen Aspekten" suchen, dass nicht typisch diskriminierende Aussagen über „Belastbarkeit" oder „Durchsetzungsstärke" oder Aussehen gemacht werden. Ich wünsche mir auch, überspitzt gesagt, mehr repräsentative Vielfalt unter den Geistlichen, abseits von klassischen Biografien, und hoffe, dass der Klerikalismus auch in unserer Kirche weiter abnimmt. Ich wünsche mir, dass wir in der Ausbildung sensibel dafür werden, dass Frauen anderen Anfragen ausgesetzt sind als Männer. Vielleicht liegt das an klassischen Rollenvorstellungen und Verhaltensmustern. Vielleicht liegt es daran, dass die „Eignungsfrage" stärker als bei Männern im Vordergrund steht. Und ich wünsche mir, dass die Ausbildung der Geistlichen weiter reflektiert und verbessert wird.

Was möchte ich euch gerne noch mitteilen? – „Papa, können Männer auch Priesterinnen werden?", soll ein Kind in der Augsburger [alt-katholischen] Gemeinde gefragt haben. Das ist sicher die Ausnahme, unsere Reaktion darauf zeigt jedoch, wie uns das, was wir sehen, prägt. Deshalb finde ich es wichtig, dass in den Schriftlesungen auch die Jüngerinnen als Identifikationsfiguren genannt werden. Das gilt auch für die Bischöfinnen oder Apostelinnen in den Eucharistiegebeten oder die Jüngerinnen bei den Einsetzungsworten. Denn Sprache erzeugt innere Bilder, Sprache prägt unsere Vorstellungen und unser Miteinander. Klara Robbers

106. „Nichts kann mich tiefer kränken als ein In-Abrede-Stellen meiner Berufung" Würde man meine Familie, Freund*innen oder Menschen aus den Gemeinden, in denen ich gearbeitet habe, fragen, was ihnen zu mir einfällt, wäre die Frauenfrage in der Kirche bestimmt eines der ersten Themen, das genannt wird. Wahrscheinlich wäre das sogar bei den Verantwortlichen der Bistumsleitung so. Und es stimmt, diese Frage treibt mich um. Sie berührt mich existentiell. Ich spüre in diesem Thema, meiner Berufung, eine sehr tiefe Kraftquelle und große Stärke und weiß zudem, dass es der Ort meiner größten und tiefsten Kränkung ist. Diese Berufung lässt mich immer wieder spüren, dass ich mit meinem Tun als pastorale Mitarbeiterin in der Kirche am rechten Ort bin. Dass dies genau das ist, was ich kann und tun möchte. Dieses Tun erfüllt mich mit großer Freude, Sinnhaftigkeit und Dankbarkeit. Andererseits ist diese Gewissheit zugleich meine größte Schwachstelle. Nichts kann mich tiefer kränken und existentiell ins Wanken bringen als ein Absprechen, ein In-Abrede-Stellen meiner Berufung. In über 25 Jahren meiner beruflichen Tätigkeit als Gemeindereferentin habe ich beide Facetten immer wieder erleben dürfen und müssen. So durfte ich immer wieder erfahren, wie ich genau da hinpass(t)e, wo ich war/bin, und tun durfte, was ich kann und wovon ich aus meinem Glauben zutiefst überzeugt bin. Und das kann/darf ich mit großer Begeisterung, Leidenschaft und Authentizität tun, vertrauensvoll getragen durch eine tiefe Gläubigkeit. Aber leider musste ich immer wieder auch erleben, dass aufgrund meines Frauseins meine Berufung infrage gestellt oder ins Lächerliche gezogen wurde – weil nicht sein kann, was nicht sein darf. Ehrlicherweise kamen diese Anfragen selten von den Menschen aus den Kirchengemeinden. In der Regel waren/sind es Priester oder auch Ordensschwestern. Nun bin ich ein Mensch, der in solchen Situationen die Diskussion nicht scheut. Ich weiß, was ich spüre, was ich kann und wozu ich berufen bin. Dieses Gefühl/diese Gewissheit ist groß und stark. Es/sie ist die Quelle meines Tuns. Ein Leben und Arbeiten außerhalb der Kirche mag ich mir nicht vorstellen. Obwohl, auch ich frage mich ehrlicherweise immer wieder – und in letzter Zeit sogar öfter –, wie lange ich das noch aushalte. Wie lange ich das noch mit mir machen lasse und ob es nicht besser wäre, zu gehen und dieses kranke Unrechtssystem nicht länger zu stützen. In Diskussionen, wenn das Gegenüber denn überhaupt bereit ist, sie zu führen und ehrlich zu formulieren, dass er/sie Probleme mit Frauen in Leitungsaufgaben und erst recht im Weiheamt hat, habe ich immer wieder das Gefühl, es geht nicht um die Frage der Berufung. Es geht vielmehr um Macht, um Angst vor Macht- und Rollenverlust, um Sorge vor Veränderungen, um die Erkenntnis, jemand könne etwas genauso gut oder besser, um das

Festhalten an alten Vorgaben/Aussagen oder die eigene Berufungsfrage (denn ich bin eine verheiratete Frau und Mutter von drei Kindern – also weder zölibatär noch im Orden lebend).

Es ermutigt und erschreckt mich zugleich, dass schon vor 500 Jahren die heilige Teresa von Ávila formulierte: „Ich werfe unserer Zeit vor, dass sie starke und zu allem Guten begabte Geister zurückstößt, nur weil es sich um Frauen handelt."

So hege ich immer noch die Hoffnung, dass die Zeit kommt, in der wir Frauen unsere unterschiedlichen Berufungen leben können, in der nicht das Geschlecht darüber entscheidet, wie ich meinen Glauben und meine von Gott gegebene Berufung leben darf. Mir gefällt der Gedanke nicht, dass eine Auseinandersetzung mit diesem Thema aus dem aktuellen Priestermangel erwächst. Aber wenn es nicht anders geht, dann müssen wir Frauen diese Chance nutzen. So bete und hoffe ich weiter, dass Gottes lebendiger Geist Einsicht, Entschiedenheit und Mut in die Herzen der Entscheidungsträger weht.   Alwine Röckener

107. „Geburtsfehler: weiblich" Ich wurde im Juni 1952 geboren. Mein Geburtstag spielt für mich seit vielen Jahre eine besondere Rolle. Meine Geburt, eine Hausgeburt, war am Fronleichnamsfest 1952. Am Morgen des Tages kam ich gesund zur Welt. Mein Vater ging gegen Mittag zur Kirche und traf den Pfarrer, der meinen Vater, der oft die Orgel spielte, wenn es an Organisten mangelte, zur Orgel schickte und sagte: „Spiele als Dank für die gute Geburt ‚Großer Gott, wir loben dich'."

Im Erwachsenenalter wurde mir diese Geburtsgeschichte immer wichtiger und ich sagte oft: „Ein Beruf in der Kirche war damit vorgegeben." Ich wuchs in einer gut katholischen Familie auf. Für meine Eltern war der sonntägliche Kirchgang selbstverständlich und ich ging schon recht früh mit. Im April 1961 war meine Erstkommunion. In den Jahren danach wurde ich immer trauriger, weil ich kein Messdiener (das Wort Messdienerin gab es noch nicht) werden durfte. Ich verstand es nicht, dass ich als Mädchen nicht zugelassen wurde. Meine Treue zur Kirche blieb aber. Ich engagierte mich im Kirchenchor, im Pfarrgemeinderat und ich arbeitete in den Zeltlagern in der Leitung mit. Mehr Möglichkeiten gab es in meiner Heimatgemeinde nicht.

Nach meinem Sozialpädagogikstudium habe ich mich für die Kirche als Arbeitgeberin entschieden. Ich wurde Dekanatsjugendpflegerin. Meine Aufgaben waren: Jugendarbeit im Dekanat zu koordinieren, Gruppenleiter auszubilden, Verbandsarbeit zu fördern, Kontakte zur Stadt zu halten und noch vieles mehr. In dieser Zeit arbeitete ich ehrenamtlich in einer Gemeinde in der Kolpingjugend. In dieser Gemeinde arbeiteten ein sehr aufgeschlossener Pfarrer und der ebenfalls aufgeschlossene Dekanatsjugendseelsorger. Mädchen und junge Frauen durften hier Messdienerin werden. Ich lebte nun endlich meinen Wunsch. In vielen Messen war nicht nur ich, sondern auch junge Frauen aus der Jugendarbeit dabei. Wir hatten viel nachzuholen. Diese Begeisterung und diese Freude spürten auch die Priester.

Während der Zeit als Dekanatsjugendpflegerin studierte ich im Fernkurs, an der Domschule in Würzburg, Theologie. Es waren sehr anstrengende 4 Jahre, die mir aber sehr wichtig waren. Als ich zum Abschluss meine Missio vom Bischof überreicht bekam, war ich sehr glücklich. Nun konnte ich meinen Beruf wechseln. Ich wurde Gemeindereferentin, zunächst im Probejahr und dann mit einer festen Stelle. Ich wurde vom Bischof in eine Gemeinde geschickt, die einen sehr konservativen Pfarrer hatte. Keine Messdienerinnen, keine Lektorinnen, alles durften die Jungen tun. Hier fing ich nun an zu kämpfen, der Vikar stand mir zur Seite. Nach einem Jahr waren dann Frauen als Lektorinnen erlaubt. Es war ein erster großer Erfolg. Messdienerinnen durften aber immer noch nicht am Altar stehen. Inzwischen wurden ich und einige andere Gemeindemitglieder als Kommunionhelferin beauftragt. Meine Frage an den Pfarrer: wie er das Ungleichgewicht erklären könne, dass ich die konsekrierte Hostie zwar austeilen, aber die nichtkonsekrierte nicht mal zum Altar bringen dürfte. Die Antwort: Der Papst erlaubt keine Messdienerinnen. Als die Erlaubnis aus Rom kam, kamen auch die Messdienerinnen. In dieser Zeit bereitete sich nun ein Mann aus der Gemeinde auf den ständigen Diakonat vor. Ich musste ihn vor Ort mitausbilden: Ich bereitete z. B. eine Krippenfeier vor und der Diakon in spe hielt sie. Nach seiner Weihe war ich dann noch weiter herabgestuft. Der neue Diakon ließ mich dies auch immer wieder spüren.

Beim Wechsel des Pfarrers lernte ich meinen Beruf neu kennen. Ich durfte nun eigenständig Gottesdienste halten und fand viele Aufgaben im liturgischen Bereich. Ich durfte bei großen Festmessen in meinem Gewand im Altarraum mitwirken. Diese Aufgaben bereicherten mein Leben. Als ein neuer Pfarrer kam, konnte ich diese Aufgaben weiterführen. 2011 wurde ich zum Beerdigungsdienst beauftragt. Diese Aufgabe erfüllte ich sehr gerne und bekam auch gute Rückmeldungen.

Nun bin ich seit zwei Jahren in Rente. Nach einer Pause von sechs Monaten habe ich mich angeboten, einige Aufgaben zu übernehmen. Es sollten Aufgaben sein, die den Hauptamtlichen helfen. Ich wollte meiner Nachfolgerin keine Arbeit wegnehmen. Mit dem Pfarrer zusammen hatte ich einige Aufgabenbereiche übernommen: Krankenkommunionen, Wort-Gottes-Feiern in einem Altenheim, Beerdigungen, Leitung des

Hauskreises (diesen leitete ich schon fünf Jahre), Exerzitien im Alltag. Diese Absprache lief in den ersten Monaten auch sehr gut, doch seit einem Jahr lässt es von Seiten der Hauptamtlichen nach. Ich werde kaum noch gefragt und miteinbezogen. Mit dem Rentenbeginn hört wohl die Berufung auf, im Gegensatz zu den Priestern. Als Frau in der Kirche ist ‚frau' immer abhängig von den Priestern; sie sagen, was zu tun ist. Und bestimmen auch, was Berufung sein kann. Als Hauptamtliche ist die Abhängigkeit noch größer. Am Anfang meiner Berufstätigkeit war nie der Wunsch da, Diakonin oder Priesterin zu werden, aber heute spüre ich schon den Wunsch, zumindest Diakonin zu werden. Ich habe oft erfahren, dass Menschen, besonders Frauen, das Gespräch suchten, die Gottesdienste sehr gerne mitfeierten.

Als Überschrift zu meinem Leben kann ich die Theologin Elisabeth Gössmann (1928–2019) zitieren: „Geburtsfehler: weiblich".

Barbara Rofalski

108. „Es geht doch nicht um Macht" Ich bin Missions-Benediktinerin von Tutzing und 46 Jahre alt; seit 2007 bin ich in der Gemeinschaft, habe 2009 meine erste und 2012 meine Ewige Profess abgelegt. Ich stamme aus dem Sauerland, wo ich nach dem Abitur eine kaufmännische Ausbildung gemacht und danach Volkswirtschaftslehre in Konstanz und Montréal studiert habe. Fünfeinhalb Jahre arbeitete ich dann bei einer großen deutschen Bank im Firmenkundengeschäft, bevor ich den Weg nach Tutzing fand.

In der Heimat wuchsen wir katholisch auf, meine Eltern lebten uns den Glauben vor, und wir waren in die Pfarrgemeinde integriert. Ich erinnere mich noch sehr lebhaft, dass ich nach meiner Erstkommunion sehr gerne Messdienerin geworden wäre. Unser damaliger Pfarrer ließ aber in den 1980ern noch keine Mädchen zu. Ich habe bis nach meiner Firmung immer wieder nachgehakt, gebetet, gefragt: „Warum denn nicht?", bis ich schließlich doch Ende der 80er Jahre endlich Messdienerin werden konnte. Schon damals hat mich vor allem der Gerechtigkeitsaspekt umgetrieben – und die Frage, warum Jungen/Männer den Vorrang haben sollten am Altar.

In der Pfarrei war ich zudem als Lektorin, Kommunionhelferin und im Pfarrgemeinderat engagiert und durfte in unserem Seniorenheim samstags Wortgottesdienste mit Kommunionspendung halten. Diese Stunden habe ich als sehr schön und erfüllend in Erinnerung, ohne da schon von einer Berufung zu sprechen. Aber es hat mir Freude gemacht, mit den Menschen Gottesdienst zu feiern. Während des Studiums und der Arbeit in der Bank traten Gott und der praktizierte Glaube etwas in den Hintergrund, die

Frage nach der Gerechtigkeit in der Kirche und die „Frauenfrage" waren für mich aber immer sehr wichtig. Vielleicht auch unbewusst ein Grund, mich in der Zeit etwas von der Kirche abzuwenden?

Meine Entscheidung, bei den Missions-Benediktinerinnen einzutreten, hat primär nichts mit der Frage nach der Frauenordination zu tun. Allerdings habe ich vom ersten Tag an in der Kongregation Beispiele von Schwestern erlebt, die ihre Sendung und Berufung wahrhaftig lebten, die auch unkonventionelle Wege gingen. Mir selbst war weiterhin die Frage nach der Geschlechtergerechtigkeit sehr wichtig. Am Anfang fühlte ich mich in meiner Einstellung etwas allein, aber in den letzten zwei, drei Jahren sind immer mehr Schwestern auf einem ähnlichen Weg.

Zwei sehr einschneidende Erlebnisse haben mich in den letzten Jahren geprägt: Während eines dreimonatigen Kurses im Recollectio-Haus in Münsterschwarzach spürte ich während einer Vesper ganz deutlich „Du sollst Priesterin werden". Ich wusste dann zwar nicht, wie das jemals wahr werden sollte, aber diese Bestätigung im Innersten hat mich seitdem sehr umgetrieben. Über „Theologie im Fernkurs" habe ich den Grund- und Aufbaukurs absolviert, bin seit einigen Jahren im Pfarrgemeinderat der Pfarrei, bei Exerzitien im Alltag und Glaubenskursen dabei, darf in unserer Gemeinschaft die Krankenkommunion auf der Infirmerie [= Krankenstation] spenden u. a. Bei all dem merke ich: Beim Vortragen und Vorbeten, beim Spenden der Krankenkommunion, beim Segnen, beim Predigen in der Gemeinschaft oder bei Impulsen: Nicht ich rede oder wirke – Gott will durch mich sprechen!

In all dem ist eine tiefe Sehnsucht, Gott durch mich durchfließen zu lassen hin zu anderen, und das verändert auch mich. Eine intensive Erfahrung durfte ich 2018 in Exerzitien machen: Jesus selbst legte mir die Hände auf den Kopf, die Schultern – Gott hat mich schon längst geweiht. Mir stellt sich nun immer wieder die Frage: Wem muss man mehr gehorchen, Gott oder den Menschen?

Mit Interesse und auch Freude habe ich seitdem die verschiedenen Diskussionen, Aktivitäten, Stellungnahmen verfolgt, die mir ein Stück Hoffnung geben, v. a. für den Synodalen Weg. Durch unsere Beteiligung im Netzwerk „Ordensfrauen für Menschenwürde" und die Aufgeschlossenheit und das Engagement unserer Priorin, Sr. Ruth, fühle ich mich in meiner Sehnsucht, meiner Hoffnung nicht allein. Nach und nach setzen wir in unserer Gemeinschaft Zeichen: z. B. durch Predigten von Mitschwestern in Gottesdiensten, durch die Gestaltung besonderer Gottesdienstelemente, Studientage zu liturgischer Sprache und anderes. Hier freue ich mich, Gottes Geist sehr lebendig in unserer Gemeinschaft zu spüren!

Enttäuschend sind für mich die vielen verbohrten Ansichten und Äußerungen vieler Amtsträger – so z. B. Erlebnisse von Studientagen, die von Frauen vorbereitet und geleitet wurden, aber am Ende spricht wie selbstverständlich der zum Abschluss dazugekommene Pfarrer den Segen. Oder auch die jahrhundertelange Zentrierung/Überhöhung der Priester, die immer noch bei manchen Schwestern zutage tritt („der Herr Pater …", „aber der Herr Bischof hat doch gesagt …", „das kann doch nur Hochwürden tun …"). Auch die Erfahrungen anderer Frauen, wie sie ihr Engagement in ihren Pfarreien erleben und wie viele Steine ihnen in den Weg gelegt werden oder wie viel Missachtung ihnen entgegengebracht wird, frustrieren mich manchmal. Ein ernüchterndes Erlebnis hatte ich auf dem Katholikentag in Münster. Bei einer Veranstaltung zum Thema „Priestertum aller Getauften", bei der es um das Ur-Sakrament der Taufe ging (bzw. Jesus und die Kirche als Ur-Sakrament), stellte ich an das Podium die (sinngemäße) Frage: „Wenn alle Getauften den Auftrag haben, aus dem Ur-Sakrament die Gaben Gottes/die Sakramente weiterzugeben, warum werden dann 50 % der Christen von der Sakramentenspendung ausgeschlossen?" Die Antwort von Bischof Kohlgraf darauf lautete sinngemäß: „Ach, da sind wir wieder beim Thema Frauenordination. Darum geht es jetzt nicht, die Frauen möchten doch nur mehr Macht in der Kirche haben." Da war ich sprachlos und erschüttert: War für ein Priesterbild liegt dem zugrunde? Es geht doch nicht um Macht! Leitung und Entscheidungen in der Kirche sollten diejenigen wahrnehmen, die dazu fähig sind – egal ob sie weiblich oder männlich, geweiht oder nichtgeweiht sind. Priesteramt bedeutet für mich – unter anderem –, Jesu Geschenke der Stärkung (Sakramente) weiterzuschenken. Es ist traurig, dass durch die jahrhundertelange Klerikalisierung von Amtsträgern (und Gläubigen) sich die Bedeutung des priesterlichen Dienstes so verschoben hat.

Ich bin mir im Klaren, dass es (für die Kirchenoberen) nicht einfach ist, einen Fehler zuzugeben – aber ein Fehler wird nicht dadurch besser oder ungeschehen, dass man ihn Jahrhunderte oder Jahrtausende immer wieder macht. Und: Ich finde es etwas seltsam, dass immer wieder für „geistliche Berufe/Priesterberufe" gebetet wird – und dem Heiligen Geist implizit dabei vorgegeben wird, durch welche Hälfte der Menschheit (nämlich die männliche) er wirken soll.

Zum Abschluss noch zwei Visionen/Träume: Ich könnte mir vorstellen, für eine bestimmte Zeit in einer Gemeinschaft verschiedener (Ordens-)Frauen zu leben, die sich theologisch, spirituell und pastoral auf (neue) kirchliche Ämter vorbereiten.

Mein Traum von Kirche, wie ich ihn auch in *overcoming silence* beschrieben habe: Ich träume von einer Kirche,

- in der jede Stimme gleichwertig ist;
- die danach fragt, was JESUS sagen würde und nicht, was das Kirchenrecht sagt;
- die Frauen und Männer in die Apostelnachfolge sendet und in allen Ämtern willkommen heißt;
- in der das Charisma und die spirituelle und fachliche Eignung Kriterien sind für das Priesteramt und nicht das Geschlecht;
- die von den Menschen mit einem Brennen für Gott verbunden wird und nicht mit Strukturen und Macht.   Sr. Katharina Rohrmann OSB

109. „Bis heute werde ich als Diakonin betrachtet und angesprochen" Am 7.11.1940 wurde ich in einer Bombennacht in Erkelenz/Rheinland geboren. Meine Mutter hat mich sofort notgetauft, denn es bestand die akute Gefahr, dass Mutter und Kind von einer Bombe getroffen würden. Aber meine spätere Taufurkunde wurde durch den ganzen Krieg gerettet. Da steht ausführlich: „Sie hat Recht und Anspruch auf alle Segnungen und Weihen der Kirche." War das ernst gemeint?

Nach dem Krieg zog meine Familie 1950 nach Münster. Aus der Nachkriegszeit erinnere ich mich vor allem an den Hunger und daran, dass der Hunger des anderen oft wichtiger war als mein Hunger. Mutter war darin mein Vorbild. Wir wuchsen in der Nähe eines Klosters auf. Vor der Schule ging ich fast jeden Tag alleine, ohne Wissen der Eltern, in die Messe. Ich fühlte mich trotz der lateinischen Liturgie sehr geborgen.

Mit zehn Jahren schrieb ich Papst Pius XII. einen Brief. Es war ein Marianisches Jahr. Ich bat ihn, mich in diesem Jahr als Messdienerin zuzulassen. Leider erhielt ich keine Antwort. Später habe ich wenigstens noch viermal einem Papst geschrieben. Ich erhielt manchmal eine Antwort, die aber nur einen Dank, einen Segen und ein Bild enthielt, auf mein Anliegen wurde nicht eingegangen. Von Papst Benedikt XVI. hatte ich wirklich eine Antwort erwartet. Es kam keine Antwort. Mein Anliegen war das Beichten bei Männern. Es ging um eine junge Frau, die nachdem sie auf der Straße mit Drogen gelebt hatte, in einer christlichen Anstalt ihr Leben ändern wollte. Nach einer längeren Zeit wurde ihr eine Lebensbeichte empfohlen, um ein neues Leben zu beginnen. Als ihr klar wurde, dass ein Mann die Beichte abnehmen würde, war sie dazu nicht in der Lage. Zu viel hatte sie auf der Straße mit Männern erlebt. Damals wurde mir so richtig bewusst, was uns Frauen da zugemutet wurde und immer noch wird.

An Papst Johannes Paul II. habe ich geschrieben mit der Bitte, Eheleute ins Hochgebet aufzunehmen, nach der Bitte für die Priester. Ich hoffte, dass durch diese Bitte den Eheleuten besondere Kraft des Heiligen Geistes zuteilwürde. So würde auch den Gläubigen in der Messe bewusst, dass die Ehe ein Sakrament ist, wie das Priesteramt. Hier erhielt ich eine Antwort: „Man würde das überdenken." Im Februar 2020 habe ich Papst Franziskus geschrieben, warum die Kirche die Diakonin braucht. Vielleicht antwortet er.

1963 hatte ich mein Studium für das Lehramt an Volksschulen beendet, fand sofort eine Stelle und heiratete Bernhard Rüttenauer, der noch an seiner Doktorarbeit arbeitete. Meine eigene Doktorarbeit wurde nie fertig, denn 1965 und 1967 kamen zwei Söhne auf die Welt, Anselm und Alban. 1970 hatte mein Mann endlich seine Doktorarbeit geschafft und eine Arbeitsstelle als Kernphysiker angenommen. Wir zogen nach Bensberg.

1972 adoptierten wir unsere neugeborene Tochter Irene, das gewünschte Mädchen. Anselm wurde Tierarzt, Alban Pallottinerpater, Professor für Altes Testament, und Irene Sozialarbeiterin. So haben unsere Kinder Berufe gewählt, die sich der nichtmenschlichen und der menschlichen Geschöpfe in Liebe annehmen.

Als Grundschullehrerin in Bergisch Gladbach-Gronau in den Jahren 1973–1995 kümmerte ich mich vor allem um die Integration ausländischer Schüler, aber auch um die Belange verarmter Familien in unserem Schulbezirk. Mit dem Kaplan konnte ich neue Wege gehen, neue Lieder einüben und Darstellungen von Gleichnissen als Predigt wagen.

1995 wurde ich von Kardinal Meisner als Fachleiterin für das Fach Religion/Primarstufe für den Raum Köln ernannt und blieb dies bis zu meiner Pensionierung im Jahr 2000. Hier sorgte ich mich besonders um das theologische Fundament meiner Lehramtsanwärterinnen. Ich versuchte vor allem, ihnen zu zeigen, dass nicht nur der Religionsunterricht, sondern ihre ganze Arbeit als Lehrerin Verkündigung sein sollte. Damals verstand ich mich gut mit dem Kardinal. Nach meiner Ausbildung zur Diakonin hat er sich geweigert, mit mir ein Gespräch zu führen.

In der Kirchengemeinde St. Nikolaus/Bensberg habe ich jahrelang in der Kommunion- und Firmkatechese mitgewirkt. 20 Jahren lang war ich als „Grüne Dame" (Krankenbesuchsdienst) im Vinzenz-Pallotti-Hospital. Dort lernte ich meine Angst vor dem Tod mithilfe einer Ordensschwester zu überwinden und konnte später im Hospiz Sterbende begleiten.

Als unsere Kinder selbstständig wurden, suchte ich oft in den Oktoberferien Klöster auf. Als ich die Abtei vom Heiligen Kreuz bei Beverungen für mich entdeckte und eine spirituelle Begleiterin fand, fuhr ich etwas häufiger dorthin. Sr. Novella Stenner gelang es mit viel Geduld, eine tiefe Krise bei mir aufzufangen. Ich wollte damals meine Familie aufgeben, um in ein Kloster zu gehen. Mein bisheriges Leben schien mir verfehlt. Im Kloster sah ich einen Platz für Frauen. Hier wurde die Frau ernst genommen. Warum hatte ich diesen Weg so spät, für mich zu spät entdeckt? Warum hatte ich Bernhard geheiratet? Ich wusste, dass ihm die Kirche nichts bedeutete. Er bezeichnete sich als einen Atheisten. Wir heirateten aber in einer Kirche, die Kinder wurden getauft, er ging einmal im Jahr in die Kirche. Das war jedes Mal an Karfreitag. Er war sehr geduldig, konnte tagelang schweigen, war ein guter Vater für seine Kinder, vor allem für seine Tochter. Für Arme hatte er ein offenes Herz und hat es noch heute. Hier finden wir uns.

Als unsere Kinder begannen, ihre eigenen Wege zu suchen, habe ich unter unserer Kirche gelitten. Im Asyl-Arbeitskreis der Pfarrgemeinde war ich intensiv tätig. Besonders diese Kinder wuchsen mir schnell ans Herz. Ich entwarf jedes Jahr einen Friedensgottesdienst mit den verschiedenen Religionen der Flüchtlinge und auf ökumenischer Basis. Noch heute habe ich Kontakt mit Familien aus Sri Lanka, Togo, Eritrea und Afghanistan. Da habe ich mich besonders intensiv um die Kinder gekümmert. Trotz drei eigener Kinder haben wir keine Enkelkinder. Und doch hat mir Gott 11 Enkelkinder aus vier verschiedenen Ländern geschenkt.

Ich war Jahrzehnte lang Lektorin, Küsterin, Kommunionhelferin und bereite den monatlichen Frauengottesdienst der kfd in unserer Gemeinde vor. Unser Pfarrer ließ mich das Evangelium an den Werktagen anstelle seiner Predigt auslegen. Zeit meines Lebens habe ich mich mit der Rolle der Frau in der Kirche auseinandergesetzt. Mir gelang es mit viel Geduld, meinen Pfarrer zu bewegen, langsam die weibliche Formulierung mit in die Texte der Messe einzubeziehen. Heute ist das selbstverständlich. Zehn Jahre lang habe ich das Amt der geistlichen Begleiterin der kfd im Dekanat Bergisch Gladbach ausgeübt. Ich erlebte die kfd als einen Verband, der sich mutig für die Belange der Frau einsetzte. Ich habe Gottesdienste entworfen – möglichst mit Texten neuer Frauengestalten wie Hildegard Burjan und Madeleine Delbrêl.

2004–2007 habe ich am zweiten Ausbildungskurs zur Diakonin beim Netzwerk Diakonat der Frau teilgenommen. Jedes Jahr stand unter einem besonderen Thema: 1. *Liturgia*: den Glauben feiern; 2. *Diakonia*: im Glauben handeln; 3. *Martyria*: den Glauben weitergeben. Hier lernte ich die besonderen Aufgaben einer Diakonin kennen. Zu Beginn wurden wir auf die Straße geschickt, um ein soziales Projekt in unserer Gemeinde zu finden. Für mein diakonisches Projekt (Wohnblock von 32 Wohnungen für ältere ärmere Menschen) arbeite ich heute noch. Nach dem Abschluss dieser Ausbildung feierte der Pfarrer eine feierliche Messe, in der er mich der Gemeinde als Diakonin vorstellte. Bis heute werde ich als solche betrachtet und angesprochen. Leider hat der neue Pfarrer das nicht akzeptiert. Da ich alt geworden bin, wird die Gemeinde das vergessen. Das tut weh. Wenn ich auf mein Leben zurücksehe, war ich zur Diakonin berufen. Ich wurde sogar von Priestern angesprochen, ob ich nicht Priesterin werden wollte. Das habe ich immer verneint. Dazu war und bin ich nicht berufen.   Walburga Rüttenauer-Rest

110. „Was mein Weg hätte sein können, wenn er denn möglich gewesen wäre" Ich bin 62 Jahre alt, Diplom-Theologin, nicht im kirchlichen Dienst tätig und ja, ich fühle mich zum priesterlichen Dienst berufen. Nicht von Kindesbeinen an. Im Grunde wurde ich meiner Berufung erst im mittleren Alter während der krisenbehafteten Zeit in den Wechseljahren bewusst. Im Rückblick weiß ich, es gab immer wieder „Rufe", aber ich wollte sie wohl nicht hören. Wie wohl die meisten jungen Mädchen/ Frauen träumte ich von der großen Liebe, von der Traumhochzeit, von einer glücklichen Familie mit zwei bis drei Kindern. So wollte es schließlich die Gesellschaft. Jedoch: Die große Liebe wurde Priester, zwei Kinder kamen unehelich, die Hochzeit erst im Alter von 42 Jahren. Und die nicht mal mit dem Vater der Kinder. Glückliche Familie ist nur bedingt.

Dabei hätte ich die diversen Rufe doch wahrnehmen können, wenn ich nicht so halsstarrig gewesen wäre. Denn es zog mich bereits im Kindergartenalter in unsere Dorfkirche, auch wenn Vorschulkinder Anfang der 1960er Jahre dort noch nicht wirklich erwünscht waren. Ich hatte Glück. Mein Vater war Vorstand des Kirchenchors. Er hatte seinen Stammplatz auf der Empore. Dorthin nahm er mich immer wieder mal mit. Das war wie im Himmel für mich. Auch als Schulkind und Jugendliche ließ ich keine Gelegenheit aus, in die Kirche zu rennen, wie es abschätzig von anderen kommentiert wurde. Ich fühlte mich absolut wohl und geborgen in diesem heiligen Raum und absorbierte förmlich die Texte von Lesung und Evangelium, von Rosenkranz und Andachten, aber auch die der Predigten unseres Pfarrers und versuchte, sie zu verinnerlichen. Bedauerlicherweise gab es weder Kinder- noch Jugendgruppen in meiner Pfarrgemeinde. Den hochwürdigsten Herrn Dekan in seinem Pfarrhaus zu besuchen, um all meine Fragen, die mich bedrängten, mit ihm zu besprechen, wäre mir nie in den Sinn gekommen. Seine Schwester und gestrenge Haushälterin versperrte den Eingang wie ein Bollwerk. Mir blieben nur die Mithilfe in der Pfarrbibliothek, das Austragen des Pfarrbriefs und der Kirchenchor.

In Folge des Zweiten Vatikanums ließ unser Pfarrer die Dorfkirche aufwendig renovieren. Während dieser Zeit fanden die Gottesdienste in unserer Festhalle statt. Irgendwie hatte es sich eingespielt, dass mein jüngerer Bruder, eine meiner Klassenkameradinnen und ich dem Pfarrer helfen durften, nach der Messfeier die liturgischen Geräte zurück in die Sakristei zu verbringen. Mein Bruder durfte den Kelch stets in den Kelchkoffer stellen. Meiner Klassenkameradin und mir wurde das strengstens untersagt, weil – ihr denkt es euch sicher schon – wir Mädchen waren und somit nicht „rein" genug, um die liturgischen Geräte in der Hand halten zu dürfen. Ich meine, heute noch zu wissen, welche Ahnung diese Ungerechtigkeit in dem Kind, das ich damals war, verursacht hat. Neid auf meinen Bruder war es nicht. Ich fühlte mich schlichtweg kaltherzig und halbwertig behandelt, so gar nicht christlich oder im Sinne Jesu. Als Belohnung für unsere Arbeit durften wir zwar nach der Wiedereröffnung der Kirche mit dem Pfarrer auf den Kirchturm steigen. Sein ausdrücklicher Hinweis lautete jedoch: „Eine absolute Ausnahme. Da dürfen außer mir und dem Mesner nur die Ministranten rauf." Ach ja, Ministrantinnen gab es zu meiner Zeit natürlich auch noch nicht.

Ein einschneidendes Erlebnis war der Wechsel aufs Gymnasium. Unser Religionslehrer, Pater der Steyler Missionare, sorgte dafür, dass wir alle eine eigene Bibel bekamen. Als ich sie in Empfang nahm, hielt ich sie wie ein Juwel in meinen Händen. Eine eigene Bibel! Nur für mich! Einfach göttlich. Wirklich aufmüpfig war ich während meiner Pubertät nicht. Ich fand jedoch schnell heraus, womit ich meine Mutter auf die Palme bringen konnte. Für sie war es wie eine Drohung, wenn ich die Überlegung ins Spiel brachte, in ein Kloster eintreten zu wollen. Dieser Gedanke bewegte mich tatsächlich immer wieder, auch wenn ich Nonnen nur vom Sehen von ihren Heimatbesuchen kannte und nie mit einer gesprochen hatte. Doch mir war klar, dass ich keinesfalls einem bedingungslosen Gehorsam hätte Folge leisten können. Dass die Ablehnung meiner Mutter einen rein finanziellen Hintergrund hatte, habe ich erst viele Jahre später erfahren. Sie wusste, dass man mir bei Eintritt ins Kloster meinen Erbteil hätte auszahlen müssen. Bloß woher nehmen und nicht stehlen?

1977, das Abitur stand vor der Tür. Was sollte nur aus mir werden, wenn ich schon nicht ins Kloster gehen durfte? Meine Eltern waren einfache, ehrbare Leute ohne Abitur und Studium. Eine Beamtenlaufbahn in der Verwaltung wäre meiner Mutter zupassgekommen. Ich hatte meinen eigenen Kopf. Ich wollte unbedingt an die Uni. Zu meiner Zeit gab es weder Praktika noch bekam ich sonst irgendwo brauchbare Unterstützung, auch nicht von Lehrerseite. Ich war auch viel zu scheu und gehemmt, um einfach mal nachzufragen. PCs mit Internetzugang, über die ich mich hätte informieren können, gab es noch lange nicht. Ich ging gerne zur Schule. Warum also nicht Lehrerin werden? Und so schrieb ich mich für die Fächer Romanistik und Theologie ein.

Was für ein Erwachen! Vom Beruf der Pastoralreferentin bzw. vom Studiengang Diplom-Theologie habe ich erst an der Uni erfahren. Das stelle man sich mal vor! Und plötzlich traf ich auf ganz viele junge Frauen und Männer, die die gleichen Fragen stellten wie ich, die gleich mir an Gott, dem Glauben, der Kirche interessiert waren, die mich nicht als Frömmlerin oder Kirchen-Rennerin ablehnten. Ich war wie befreit – und wechselte zum dritten Semester ins Fach Diplom-Theologie. Was mir noch lange blieb, war mein mangelnder Mut, mich auf die Hinterbeine zu stellen und für mich selber einzutreten. Die Landei-Schüchternheit wurde ich nicht so schnell los, und so habe ich es z. B. auch nicht geschafft, mich nach dem Studium in der Flut der Bewerber*innen für den pastoralen Dienst durchzusetzen.

Mein Leben nahm schließlich einen Lauf, wie ich ihn doch gar nicht haben wollte. Warum habe ich nicht auf mein Bauchgefühl gehört? Es gab so viele Situationen, in denen es wie Blitzlichter in mir aufleuchtete. Doch ich war wohl ziemlich verblendet. Irgendwann zwischen dreißig und vierzig lernte ich, dass diese Bauchgefühle wie innere Rufe sind, die mir gute Wege weisen. Bis heute täuschen sie mich nur ganz selten. Aber da hatte ich bereits meine beiden Kinder. Ein Leben im Kloster war verwirkt. Heute weiß ich, dass dies auch nicht mein Weg gewesen wäre. Mich zog es im Grunde immer „an den Altar", in die mit dem priesterlichen Dienst verbundenen seelsorgerlichen Tätigkeiten. Und vor allem in die im Priesteramt verwurzelte besondere Spiritualität. Dies alles wurde mir tatsächlich erst während meiner Wechseljahre, gewissermaßen meiner zweiten Pubertät, bewusst. Die Berufung selber erfuhr ich während Exerzitien im Alltag, die ich damals machte. Plötzlich stand sie mir ganz klar vor Augen. In welche inneren Zerrissenheiten ich im Verlauf dieser Exerzitien geriet, lässt sich in diesem kurzen Bericht nicht ausführen. Nur so viel: Das Thema Ehelosigkeit spielte hierbei eine wichtige Rolle, und zwar dahingehend, dass ich mich fragte, ob ich, dürfte ich das Priesteramt innehaben, überhaupt eine Ehe führen könnte/möchte …

Unterm Strich wurde mir jedenfalls bewusst, was mein Weg hätte sein können, wenn er denn möglich gewesen wäre. Viel zu spät packte mich eine ungeheure Wut. Ach, hätte ich *die* doch in jungen Jahren schon gehabt! Aber um es möglichst allen recht zu machen, stellte ich meine eigenen Wünsche und Bedürfnisse hintan. Zwar schickte ich mich nicht ganz brav in das Frauenbild der Gesellschaft. Immerhin lebte ich neun Jahre ohne Trauschein mit einem geschiedenen Mann zusammen und zeugte mit ihm zwei Kinder, was mir eine Stelle im kirchlichen Dienst verbaute. Ganz unglücklich bin ich darüber nicht. Im Nachhinein schäme ich mich für meinen Trotzkopf in einem Alter, in welchem ich längst hätte erwachsen sein sollen. Es tut mir noch heute in der Seele weh, dass ich lange Zeit vor allem auch gegenüber Gott dichtgemacht hatte. Ich weiß, ich hätte die Kraft aufbringen können, zu kämpfen gegen die ungerechte, ungleiche Behandlung von Mädchen und Frauen in der Kirche, mich einzusetzen für meine eigene Berufung, so ich sie denn erkannt hätte, aber auch für andere Frauen mit dem gleichen Charisma. Vielleicht ist es ja noch nicht zu spät!

Christa Rita Sahner

111. „Die Kirche liegt mir am Herzen, aber ich glaube nicht, dass ich ihr am Herzen liege" Seit ich denken kann, spielt die Kirche in meinem Leben eine große Rolle. Mein Vater war sehr gläubig und hat streng darauf geachtet, dass wir jeden Sonntag zum Gottesdienst gegangen sind. Das Highlight war für mich immer, zum Vaterunser in den Chorraum, ganz nah zum Altar zu treten. Mit der Erstkommunion wurde ich Ministrantin – die anderen ja schließlich auch. Wir waren ein starker Jahrgang, sodass es ganz natürlich war, zu den Ministranten zu gehen. Zwischendurch habe ich meinen Dienst an den Nagel gehängt. Ich stand damals nicht gerne im Mittelpunkt und hatte das Gefühl, „alle schauen mich an", wenn ich vorne neben dem Altar stand oder neben dem Priester saß. Da aber an unserer Firmung alle meine Freunde ministrierten, wollte ich auch wieder dazugehören und bin wieder Ministrantin geworden. Noch nie habe ich gesehen, dass sich unsere Pastoralreferentin, die für die Jugendarbeit zuständig ist, über etwas so gefreut hat wie über meine „Rückkehr". Das hat mich sehr bestärkt. Irgendwann kamen wieder Zweifel auf. Warum mache ich das hier eigentlich? Den da oben gibt es doch eh nicht, sonst würde er sich doch mal melden. Oder gibt's ihn doch? Diese Gedanken blieben, bis wir das erste Mal als Ministranten nach Taizé gefahren sind. Die Nähe zu Gott, die Geborgenheit, die Liebe, die ich dort gefühlt habe, hat mich umgehauen. Überall konnte man Gottes Anwesenheit fühlen. Die Gebete waren nicht mehr nur leere Worthülsen, sondern wurden zu Überzeugungen, ich verbrachte mehr Zeit in der Kirche als mit meinen Freunden und war richtig ... glücklich. Die ersten Jahre hatte ich diese Emotionen und das Gefühl der Nähe nur in jenem kleinen Dorf auf dem Hügel. Seit zwei Jahren etwa kann ich Gott auch hier fühlen. Er ist immer da, geht jeden Schritt mit, egal ob es ein leichter oder ein schwerer ist. Seitdem ist auch der Wunsch da, mein Leben nach dem Glauben auszurichten. Vor einem halben Jahr habe ich meinen Dienst bei den Ministranten (inzwischen als Oberministrantin) beendet, mit blutendem Herzen. Ich habe mich so wohl gefühlt, aktiv am Gottesdienst teilzunehmen, ganz nah beim Altar zu stehen und etwas Gutes an Gott und den Menschen zu tun. Es hat sich richtig angefühlt, dort zu stehen. Ich liebe es (auch heute noch), nach der Messe mit anderen Kirchenbesuchern zu spre-

chen, die oft alt und voller Sorge sind. Ich habe die Aktionen geliebt, die wir ehrenamtlich für andere getan haben. Lebensmittel sammeln für die Tafel, 72-Stunden-Aktionen für Kindergärten, Besuche in Alten- und Pflegeheimen. Das alles ist für mich mehr Gottes-Dienst als nur die reine Eucharistiefeier. Als ich unserem Pfarrer von dem Gefühl erzählt habe, berufen zu sein, lachte er mich aus. Als ich dasselbe, nur mit dem Zusatz, dass ich mir nicht sicher bin, ob ich wirklich berufen bin, einer Ordensschwester erzählt habe, meinte sie: „Wenn du diesen Wunsch in dir spürst, Andrea, hat Gott dich zu sich gerufen. Und so wie du sprichst, wie du mir von diesem Wunsch erzählst, habe ich keinen Zweifel daran, dass Gott sein Feuer in dir entfacht hat." Mir wurde klar: Ich brauche weder das Okay eines Pfarrers noch eine Gotteserscheinung, um berufen zu sein. Tief in mir spüre ich, dass Gott von mir möchte, dass ich diesen Weg gehe, dass ich seinem Ruf folge. Ich bilde mir nicht ein zu wissen, was Gott mit mir vorhat, aber ich habe das Gefühl, dass er mich lenkt, in mir etwas entzündet und mir damit vor allem ein Geschenk gemacht hat. Heute studiere ich im ersten Semester katholische Theologie mit dem Ziel, in die Seelsorge zu gehen. Der Wunsch, mein Leben auf Gott auszurichten, wird mit jedem Tag stärker. Was nicht heißt, dass ich nicht mit ihm kämpfe; das mache ich ebenfalls jeden Tag. Noch mehr kämpfe ich mit seiner Kirche, die mir vorschreibt, wie ich diesen Wunsch ausleben darf, und mir meinen Platz als Frau in ihr deutlich zeigt. Aber dieser zugewiesene Platz fühlt sich nicht stimmig, nicht richtig an. In mir brennt eine Sehnsucht, die ich lange Zeit nicht einordnen konnte. Es ist eine Sehnsucht nach einer Kirche, in der jede*r angenommen wird, ganz egal welches Geschlecht, welche Sexualität, welchen Familienstand er oder sie hat. Eine Kirche, in der Männer wie Frauen (wie non-binäre Menschen) die gleichen Möglichkeiten haben, ihrer Berufung nachzugehen. Einer Kirche, in der sorgfältiger nach Intention und Fähigkeit, weniger nach Geschlecht ausgewählt und geweiht wird. Ich kämpfe oft mit der katholischen Kirche. Wie einfach wäre es, einfach auszutreten, aber das will und kann ich nicht. Ich bleibe und setze mich für meine Sehnsucht ein. Eine Freundin sagte mal den wunderbaren Satz: „Die katholische Kirche liegt mir am Herzen. Aber ich glaube nicht, dass ich ihr am Herzen liege." Ich bin berufen. Wo mein Weg hinführen wird, weiß ich noch nicht. Ob ich tatsächlich irgendwann am Altar stehen darf, weiß ich nicht. Ob ich nicht doch irgendwann am System „Kirche" zerbrechen werde, weiß ich nicht. Aber ich weiß, dass Gott immer da sein und mich begleiten wird, egal wie es für mich weitergeht. Ihm liege ich am Herzen.

Andrea Scherer   213

112. „Seit den 90er Jahren erlebte ich eine stete Beschneidung meiner Kompetenzen" Ich habe Ende der 70er Jahre Theologie studiert, voller Elan und Begeisterung. Nach dem Einstellungsgespräch mit dem damaligen Generalvikar der Diözese Passau war ich mir sicher, dass gerade von den Pastoralreferentinnen die Gestaltung einer partnerschaftlichen Kirche erwartet wird. Ich durfte am Sonntag predigen, Gottesdienste und Sakramente vorbereiten, auch deren Feier verantwortlich gestalten und begleiten. Die Christen der Pfarreien versicherten mir über viele Jahre, wie bereichernd es sei, dass nun das Wort der Schrift und die gemeinschaftliche Feier des Glaubens erkennbar von Mann (Priester) und Frau (Pastoralreferentin) ausgelegt werde.

Mir fehlte es an nichts, auch nicht an der Weihe, weil mein dienstvorgesetzter Pfarrer mich tatsächlich und jederzeit als gleichberechtigt ernst nahm, wir gemeinsam um die Verheutigung des Glaubens und seiner Feiern rangen – schlicht einander groß sein ließen, jeweils im eigenen Verantwortungsbereich und mit den eigenen Stärken.

Heute sage ich, eine Weihe – damals oder heute – würde nur sichtbar machen, was faktisch längst gelebt wurde. Sie wäre Anerkennung der Realität. Etwa so, wie ich früher einmal von der Begierdetaufe gelernt hatte, die kirchenrechtlich allein durch den Wunsch nach ihr schon wirksam sei, ohne dass sie in den Zeichen tatsächlich gespendet worden sei, aus welch widrigen Gründen auch immer.

Dann aber, seit den 90ern, erlebte ich eine stete Beschneidung meiner Kompetenzen: Wortgottesdienste mit Kommunionausteilung wurden verboten, ebenso die Predigt in der Eucharistiefeier. Junge, neue Priester verlangten von mir plötzlich das laute Vorlesen der Lesung, weil doch die alttestamentlichen Namen darin so schwer aussprechbar wären. Oder sie wollten die bereits geweihten Hostien selber aus dem Tabernakel holen, weil sie schließlich geweiht seien (sie und ihre priesterlichen Hände). Es lässt sich eine schier endlose Litanei daraus formulieren, was ich heute als Amtsmissbrauch im geistlichen Sinne sehe, begründet mit den absonderlichsten Argumenten aus der Tradition, der Dogmatik, der kirchlichen Lehre, was immer man damit gerade meinen wollte. Sei's drum. Die Theologie wird zur *ancilla ecclesiae* [= Magd der Kirche], was beiden nicht guttut.

Seit nunmehr zehn Jahren bin ich nur noch im Schuldienst, an einer Berufsschule; ausnahmslos hochinteressante junge Leute, Mädchen und Kerle an der Schwelle zum eigenen Leben. Sie stellen sehr wohl heftige Fragen an mich als Glaubende und die Kirche als Institution, die ihnen immer fremder wird, deren geweihten Vertretern sie kaum noch begegnen, geschweige denn ihnen persönliche Fragen stellen könnten. Also versuche ich, so gut es geht, das Meine zu tun, sie in Gott Ankergrund und Hoffnung sehen zu lassen und Gottes Wort in der Bibel auf heute hin zu hören. Dazu brauche ich keine Weihe, das ist wahr. Aber mit der einen oder anderen Klasse eine Messe als Zeichen unserer gemeinsamen Glaubensdeutung feiern zu können, wäre ein starkes Zeichen. Früher hatte ich dann immer noch einen Priester gekannt, der diese Übersetzungsarbeit beherrschte und der sich auf die Lebenswelt meiner Schüler noch verstand. Heute finde ich dafür keinen Priester mehr, sei es aus Priestermangel/Zeitnot, sei es aus sprachlichem Unvermögen (Auslandspriester), sei es aus dem ganz simplen Grund, dass keiner mehr mit Berufsschülern „etwas anfangen" kann oder will. Also lebe ich meine eigene Berufung. Diese Kirche ist auch meine Kirche, von ihr lasse ich nicht. Durch ihre Verweigerung der Weihe von Frauen aber dokumentiert sie nachdrücklich die Pejorisierung meines Geschlechtes. Promotion hin oder her, gefragt ist der männliche Mensch. Und das verletzt, zutiefst, mich und die Schülerinnen. Ich bin skeptisch, ob ein 24 Stunden dauerndes Gebet um kirchliche/geistliche Berufungen, auch wenn es jedes Jahr wieder stattfindet, auffangen kann, was Tag für Tag an der (größeren) Hälfte der Getauften an Exempel statuiert wird. Geweiht werden kann nur ein getaufter Mann.

Dr. Elfriede Schießleder

113. „Es ist lebbar, Seelsorgerin zu sein und gleichzeitig Ehefrau und Mutter"

Wir schreiben das Jahr 1968. Ich bin gerade zehn Jahre alt und ein Jahr zuvor in meiner Heimatgemeinde St. Katharina in Köln-Godorf zur Erstkommunion gegangen, als unser junger Pfarrer mich fragte, ob ich bereit wäre, als Messdienerin den Dienst am Altar zu übernehmen. Viele Jahre übte ich diesen Dienst sehr gerne aus, als Jugendliche kam dann der liturgische Dienst der Lektorin hinzu. In Ausübung des neuen Dienstes trug ich selbstverständlich auch die graue Mantelalbe, die mein Heimatpfarrer für alle Frauen und Männer eingeführt hatte, die den Dienst des Lektors oder der Kommunionhelferin übernahmen, und freute mich jedes Mal, wenn ich der Gemeinde eine Lesung aus der Heiligen Schrift vortragen durfte. Welche besondere Chance mir in jenen Kinder- und Jugendjahren eröffnet worden war, von der die allermeisten meiner Geschlechtsgenossinnen allenfalls träumen konnten, war mir damals kaum bewusst. Doch heute weiß ich: Diese positive Erfahrung, dass ich als Mädchen in der Kirche und sogar in der Liturgie der Kirche wichtige Aufgaben ausfüllen konnte, hat mich für eine lange Zeit meines Lebens auf dem steinigen Weg, den ich als Frau in der Kirche Jesu Christi zu gehen hatte, sehr genährt und gestärkt.

Als ich Ende 1977, kurz nachdem ich schon ein Lehramtsstudium der katholischen Theologie begonnen hatte, durch eine Freundin von dem neuen Beruf der Pastoralreferentin Kenntnis bekam, hatte ich meinen Traumberuf gefunden, in dem ich mein Hobby zum Beruf machen konnte. Ich lebte in einer engen Christusbeziehung und erkannte: Ja, genau das ist meine Berufung! Als Pastoralreferentin in der Gemeindeseelsorge zu arbeiten, dazu ruft der HERR mich, und ich sage aus ganzem Herzen „Ja" dazu.

Als ich meinen späteren Mann kennenlernte, erlebte ich über einige Monate hinweg eine starke innere Spannung. Mich bewegte die für mich existentielle Frage: Schloss die Anziehung durch Gott die Anziehung durch einen Mann aus? Ich verbrachte einige Tage in der Abtei St. Hildegard in Rüdesheim-Eibingen, wurde dort einfühlsam begleitet und kam zu einer Klärung. Meine Berufung war es ja nicht, im Kloster zu leben, sondern als Pastoralreferentin nah bei den Menschen und mit den Menschen lebendige Gemeinde Jesu Christi zu gestalten. Das sollte und könnte doch wohl in einer ehelichen Partnerschaft und später mit einer Familie lebend möglich sein.

Ja, es ist lebbar, Seelsorgerin zu sein und gleichzeitig Ehefrau und Mutter. Das kann ich wohl heute sagen im 38. Jahr unserer Ehe und im 38. Berufsjahr als Pastoralreferentin, denn Liebe wird im Teilen nicht weniger, sondern mehr, und ich bin eine von Gottes Liebe reich beschenkte Frau. In all den Berufsjahren habe ich oft schmerzhaft die Marginalisierung der Frau in der katholischen Kirche am eigenen Leib erfahren. Aber gleichzeitig habe ich auch unendlich viel Schönes erlebt als Seelsorgerin, als Hirtin und, ja, auch als Liturgin. Ich habe kostbare fünfzehn Jahre lang tatsächlich offen und ohne Angst all das leben können, wozu Gott mich berufen hat, weil ein Priester als mein Dienstvorgesetzter so frei war, mir diesen Freiraum zu ermöglichen.

Im Sommer 2019 wurde mir an meiner Dienststelle der äußere Arbeitsraum genommen, dadurch auch mein innerer Raum, meine Würde verletzt. Ich fühlte mich als Opfer klerikalen Machtmissbrauchs, wollte aber nicht in der Opferrolle verharren. Mit der ganzen Kraft meines Glaubens leistete ich Widerstand und konnte mich deshalb mit geradem Rücken und erhobenem Kopf aus meinem Tätigkeitsfeld im Stadtdekanat Bonn verabschieden. Doch ab dem frühen Herbst zeigten sich immer deutlicher die Folgen der für mich traumatischen Ereignisse und der massiven Kränkung, die ich erlitten hatte. Meine Kraft war erschöpft, ich geriet in eine tiefe gesundheitliche Krise und damit begann eine neue Erfahrung für mich. Über viele Berufsjahre als Pastoralreferentin war ich sehr umtriebig gewesen, viel unterwegs in Kirchen, Gemeinden, Kitas und an anderen kirchlichen Orten. Es hatte sich für mich in der Spur des Wanderpredigers Jesus von Nazareth immer richtig angefühlt. Nun bin ich seit Monaten eigentlich nur noch zu Hause, im früheren Kinderzimmer unseres Sohnes habe ich mir meinen lebensnotwendigen Raum der Stille und des Gebets eingerichtet. Mein altes Leben ist vorbei, und ich kann nicht mehr in meinen geliebten Beruf zurückkehren. Viele Tränen weinend, habe ich es verstanden. Doch nach und nach erkenne ich auch: Pastoralreferentin, das war ‚nur‘ die einzig für mich mögliche Berufsbezeichnung in der katholischen Kirche. Gott hatte von Anfang an in Wahrheit einen anderen Plan für mich; es gab da Hindernisse, die nicht bei mir lagen, sondern bei den Männern der Kirche. Doch nun führt Gott mich Schritt für Schritt in die volle Tiefe und Größe meiner priesterlichen Berufung.

In meinem Herzen hat Gott schon früh Wohnung genommen, so dass ich Seine Stimme gut hören kann, wann immer sie mich ruft, und nun ruft Gott mir immer drängender zu: „Lebe, sei ganz die, die du bist!" Und ich, eine Frau der Kirche, werde – wie immer in meinem Leben – Seinem Ruf mit Freude folgen. Brigitte Schmidt

114. „Ich bin überzeugt, dass die Gleichberechtigung uns von Gott her zusteht." Ich bin eine „ganz normale" Pastoralreferentin. Über die kirchliche Jugendarbeit, die für mich wichtig und erfüllend war, bin ich zum Theologiestudium gelangt. Von 1991–96 habe ich in Tübingen und Innsbruck studiert. Es war ganz klar, dass ich Pastoralreferentin werden will. Eine andere Möglichkeit gab es ja nicht.

Dafür kann ich gar kein besonderes Berufungserlebnis aufweisen. Aber ich erinnere mich an die inneren Schritte, mich für das Studium zu entscheiden. Mir war mein Glaube Lebenselixier. Ich war auf der Suche nach meinem eigenen Weg und fand dabei Heimat im Zusammensein mit Gleichgesinnten, mit denen ich den Glauben erkunden konnte. Wir feierten Jugendgottesdienste und liturgische Nächte, und es war wunderbar, das zu teilen. Im Studium merkte ich, dass die innere Verbindung von Glaube und Vernunft mich faszinierte. Redlich Rechenschaft geben zu können über das, was ich glaube, denke, woran ich zweifle, worauf ich hoffe – das war mir ein Grundbedürfnis.

Während meines Studiums und auch meiner späteren Tätigkeit als Pastoralreferentin schlug mein Herz immer für die Liturgie, für die ansprechende Gestaltung von Gottesdiensten, in denen Gottes Wort zur Sprache kommt und in unser Leben hineinklingt. Ich war in der glücklichen Lage, dass ich in allen Jahren meiner pastoralen Tätigkeit liturgisch mitwirken durfte, auch in der Verkündigung. Mir ist es ein Anliegen, Gottes Versprechen für unser Leben in gute Worte zu fassen und andere damit zu berühren. Mit vielen verschiedenen Bezugsgruppen habe ich Gottesdienste gestaltet, habe viele Trauerfeiern gehalten, Menschen in Krisen und auch Sterbende begleitet, bin in die Seelsorge hineingewachsen. Eine Ausbildung zur Geistlichen Begleiterin hat diese Dimension vertieft und lässt mich bis heute mit Menschen einen geistlichen Weg gehen, nicht als Wissende, sondern als Mit-suchende.

Seit 2014 bin ich als hauptamtliche Geistliche Beirätin des KDFB tätig. Ich bin „die Geistliche" unseres Diözesanverbands, der 7.500 Frauen umfasst. Wenn ich dies in Anführungszeichen schreibe, dann wird deutlich, dass es sehr schwer ist, sich als Frau diesen Titel zu geben, weil es in unseren Ohren schnell so anmaßend klingt.

Ich trete in unserer Kirche nicht als Frau auf, die direkt sagt: „Ich bin zur Priesterin berufen." Aber tief im Inneren weiß ich, dass es so ist. Jedenfalls wenn wir das priesterliche Amt so definieren, dass es Menschen den Rücken stärken soll, andere seelsorgerlich zu begleiten, mit ihnen gemeinsam Gott zu suchen, den Glauben zu feiern, mit ihnen zusammen die kirchliche Gemeinschaft zu lenken. Gott hat mir diese Gaben mit auf den Weg gegeben – als Aufgabe. Mir und so vielen anderen Pastoral- und Gemeindereferentinnen.

Ich habe in meinen 24 Jahren Berufserfahrung unendlich viele Kränkungen und Zurückweisungen von Amtsträgern, aber auch Laien erlebt, die meine Berufung infrage stellten oder mein Wirken behinderten und die mir immer neu gezeigt haben, dass ich als Frau in dieser Kirche nur ein Mensch zweiter Klasse bin. Oft habe ich darunter gelitten, nur ein „Notprogramm" zu sein. Wie viele Eucharistiefeiern sind ausgefallen, weil ich „nur" einen Wortgottesdienst anbieten konnte? Wie viele Lebensgespräche, in denen Menschen sich mir anvertraut haben, hätten noch mehr Heilungskraft gewonnen durch die explizite Zusage von Gottes Vergebung und Versöhnung? Wie viel mehr positive Energie hätte ich einbringen können, wenn ich nicht die kirchliche Zurücksetzung hätte kompensieren müssen? Ich weiß es nicht.

Über viele Etappen lief das Thema nur im Hintergrund in mir mit. Das Wichtige ist nicht die kirchliche Einordnung, sondern dass meine Tätigkeit erfüllend ist, und das ist sie. Dennoch kostet mich die unbefriedigende Situation als Frau im kirchlichen Dienst viel Kraft.

Wenn ich beim Frauenbund mit anderen Frauen über diese Themen spreche, dann fließen oft Tränen, weil die Gefühle von Diskriminierung und Ohnmacht uns tief ins Herz eingebrannt sind. Die Geduld ist erschöpft, wir sind so müde vom Kämpfen. Und doch lassen wir nicht locker, für unsere Gleichberechtigung in der Kirche einzutreten. Ich bin
überzeugt, dass sie uns von Gott her zusteht. Claudia Schmidt

115. „Ohne die Furcht, wieder einmal nicht ernst genommen oder gar nicht erst gehört zu werden" Als ich vor gut zwei Wochen eine Mail von unserer Dekanatsjugendreferentin erhielt, welche mir Schwester Philippas Anliegen weiterleitete, war ich sofort wie elektrisiert. Der vorgebrachte Wunsch eröffnete mir endlich die Möglichkeit, meinen ganz persönlichen Beitrag zu einem mir, aber auch für die katholische Kirche im Gesamten, unbeschreiblich wichtigen Thema zu leisten, ohne die Furcht, wieder einmal nicht ernst genommen oder gar nicht erst gehört zu werden.

Ich las mir die Einladung wieder und wieder durch, überlegte, wie ich meine Erfahrungen am besten formulieren, am nachdrücklichsten gestalten könnte – und stolperte bei all diesen Überlegungen immerzu über den Begriff der „Berufungsgeschichte". Für mich ist „Berufung" etwas Tiefgehendes, das Leben Veränderndes und Anhaltendes; eine Erkenntnis, die dir voll Gewissheit sagt: „Dies ist dein Weg. Dort gehörst du hin; dort findest du dein Glück."

Je länger ich darüber nachdachte, desto mehr brachte mich mein Verständnis von „Berufung" jedoch zu der Erkenntnis, dass mein damaliger Wunsch, Priesterin zu werden, keine Berufung gewesen sein konnte – war er doch zu schnell wieder verblasst, hatte er doch keine Leere in mir hinterlassen. Ich fragte mich aus dieser Einsicht heraus, ob ich somit überhaupt noch zu den gesuchten Personen gehöre. Im Verlauf meiner Überlegungen kam ich aber zu dem Schluss, dass vielleicht der weitere Fortgang meiner Vergangenheit als Berufung angesehen werden könnte und ich diesen Bericht durchaus schreiben sollte.

Zu der Zeit, in der ich den Wunsch in mir trug, Priesterin zu werden, wurden mir zum ersten Mal auch die in der katholischen Kirche vorherrschenden Diskrepanzen und Ungerechtigkeiten wirklich bewusst. Die schlichte Unmöglichkeit, als Frau das Priesteramt ausüben zu können, war für mich wohl ein Hauptgrund, mich bald wieder von diesem Wunsch zu distanzieren. Zugleich brachte mich diese Erkenntnis aber auch mit weiteren, mir nach wie vor sehr wichtig erscheinenden Themen in Berührung und führte dazu, dass ich meine Meinung von und meinen Standpunkt zu Kirche und Glauben grundlegend überdachte.

Der von der katholischen Kirche gelehrte Glaube begleitete mich von Geburt an. Ich empfing die Sakramente der Taufe, der Kommunion und der Firmung, wurde Messdienerin und Obermessdienerin. Aus diesem Amt heraus trat ich als Jugendvertreterin dem Pfarrgemeinderat bei, ließ mich anschließend für weitere vier Jahre als normales Mitglied wählen und engagierte mich auf Dekanats- und Bistumsebene in der Jugendarbeit.

Aufgrund meines Interesses am katholischen Glauben und meiner Erfahrungen mit der Institution „Kirche" wählte ich für mein Nebenfach 219 im Studium die „Katholische Theologie". Zu diesem Zeitpunkt zog ich eine berufliche Karriere in der katholischen Kirche jedoch schon lange nicht mehr in Betracht. Die mehr als offensichtliche Diskrepanz zwischen dem, was die Institution „Katholische Kirche" lehrt, und ihrem eigenen Handeln haben mich, wie zuvor schon erwähnt, noch während meiner Schulzeit sehr kritisch werden lassen.

Heute definiere ich mich als liberale Gläubige und bin aus diesem Verständnis heraus davon überzeugt, dass eine Weiterentwicklung der Institution „Katholische Kirche" keinesfalls einen Verrat an den Fundamenten des katholischen Glaubens darstellt. Aus dieser Auffassung heraus liegen mir vor allem die Themen „Frauen in der katholischen Kirche", „Abschaffung des Zölibats", „sexuell anders Orientierte in der katholischen Kirche" und „Jugend als Zukunft des Glaubens und der Kirche" am Herzen, welche wiederum unter die Schlagworte „Glaubwürdigkeit der katholischen Kirche" sowie „Gleichberechtigung aller menschlichen Wesen" zu fassen sind.

Für mich persönlich bin ich zu der Erkenntnis gelangt, dass ich meinen Glauben sowie mein Glaubensverständnis auch ohne die Institution „Katholische Kirche", welche ich durchaus von der Gemeinschaft „Katholische Kirche" unterscheide, leben kann. Durch meine eng verknüpfte Vergangenheit mit der Institution „Katholische Kirche" werde ich mich aber wohl nie ganz von ihr lösen können, weshalb es mir ein Herzensanliegen ist, mein oben dargelegtes Verständnis von Kirche und Glaube nicht zu verschweigen und mit anderen teilen zu können.

Abschließend möchte ich noch auf eine zur Thematik passende Begebenheit aus meiner Studienzeit verweisen: Im schon fortgeschrittenen Verlauf meines Studiums belegte ich ein Seminar, welches sich aus der Sicht der Dogmatik mit den Sakramenten der katholischen Kirche beschäftigte. Ich wusste schnell, dass ich mich in der als Prüfung vorgesehenen Hausarbeit mit der Frage nach der Frau als Diakonin und Priesterin beschäftigen wollte, sprach jedoch vor Abgabe meines Wunschthemas, einem Zufall geschuldet, noch einmal mit einem Priester unserer Gemeinde darüber. Dabei wurde mir auf höchst konservative Weise deutlich gemacht, dass das von mir präferierte Thema längst ausdiskutiert und nicht weiter verhandelbar sei. Ich konnte mich aber nicht davon trennen und schrieb schlussendlich über: „Die katholische Kirche, das Weihesakrament und die Frau. Wieso eine Zulassung der Frau zum Diakonat zu kurz gedacht ist und ein Umdenken beim Verständnis des Weihesakraments ansetzen muss." Während diese Hausarbeit mit 14 Notenpunkten bewertet wurde, gab mir der oben erwähnte Priester deutlich zu verstehen, dass er sie nur im äußersten Notfall läse.

Diese Begebenheit führte mir einmal mehr vor Augen, welche Probleme bei einem Aufeinandertreffen von konservativen und liberalen Denkweisen entstehen, wenn ein Gespräch sowie eine Möglichkeit der Öffnung gegenüber der anderen Anschauung ohne Diskussion oder Kompromiss von mindestens einer Seite von vornherein ausgeschlossen werden. Solange dieser Status quo herrscht, bin ich davon überzeugt, dass Stagnation alle zukunftsorientierten Diskussionen und Debatten beherrschen wird. Daher unterstütze ich solche Vorhaben wie die Sammlung dieser Lebenszeugnisse voll und ganz und lege große Hoffnungen in derartige Zusammenkünfte.   Rebecca Schmidt

116. „Was geschehen soll an Veränderung, geschieht in mir oder es wird nicht geschehen" Zwischen 1983 und 1988 habe ich in Luzern Theologie studiert. Parallel dazu war ich Mitglied der Frauengruppe, die sich mit feministischer Theologie beschäftigte und Fakultätspolitik machte. Ebenso wichtig war meine spirituelle Ausbildung im Katharinawerk, die meinen Blick für die mystische Theologie und für evolutive Gesetzmäßigkeiten öffnete. Seit dem Ende meines Studiums sagte ich, dass ich Priesterin werden würde, wenn dies in der katholischen Kirche möglich wäre. Nach meinem Studium begann ich, feministisches Gedankengut in meine Gemeinschaft einzubringen. Zweifellos hatte ich manchmal eine kämpferische Haltung, die nicht allen meinen Mitschwestern und -brüdern entsprach. Mit meinem priesterlichen Kollegen verband mich in dieser ersten Zeit eine Experimentierfreudigkeit im Entwickeln neuer liturgischer Elemente, die unsere gemeinschaftlichen Gottesdienste zur Freude aller befruchteten. Bald einmal bildete sich ein Liturgieteam, dem einige Frauen und ein Priester angehörten, dessen Leitung mir von der Gemeinschaftsleitung übertragen wurde. Konflikte, insbesondere mit einem priesterlichen Kollegen, blieben nicht aus. Sie spitzten sich zu und brachten mich in eine existentielle Not, die mich fragen ließ, ob meine „Berufung" ins Katharinawerk noch stimmte und ob meine „Berufung zur Priesterin" ein Ego-trip ist oder was eigentlich?

Mit der Zuspitzung des Konfliktes und dieser Frage ging ich in einen Kontemplationskurs in Lucelle. Und da – im stundenlangen Sitzen – wurde mir völlig unerwartet eine tiefe spirituelle Erfahrung geschenkt. Die Botschaft der Erfahrung mündete in den Satz: „Ich bin Priesterin!"

Pia Gyger, meine damalige Gemeinschaftsleiterin, ermutigte mich gemäß dem pädagogischen Grundsatz: „Nicht gegen den Fehler kämpfen, sondern für das Fehlende da sein" zu einem „Projekt zur Partnerschaft zwischen Männern und Frauen in der Kirche". Eine Arbeitsgruppe von Mitschwestern und -brüdern bildete sich, wir tauschten unsere Kirchengeschichten aus, sprachen Konflikte an. Wir reflektierten unsere kirchliche Arbeit und realisierten, dass wir alle die ganze Kirchengeschichte in uns tragen. Wir erkannten, dass in partnerschaftlich ungerechten Strukturen Verletzungen gar nicht ausbleiben können. Wir priesterlichen Frauen fühlten uns missbraucht, weil wir in unseren Ideen und im Mitgestalten zwar gefragt, gleichzeitig aber von der „Gunst" unserer priesterlichen Kollegen abhängig waren. Die Priester fühlten sich missbraucht, weil sie das Gefühl hatten, nur noch zum „Wandeln" gebraucht zu werden.

Die Gemeinschaft wurde zu einem Biotop, in dem wir neue Rituale und unsere priesterliche Berufung entfalten und platzieren konnten. Gerade das ‚Erkanntwerden' als Priesterin durch unsere Mitschwestern und -brüder im Katharinawerk war für das Selbst-bewusst-werden dieser Berufung für uns Frauen enorm wichtig. Zweifellos war das Leiden an unserer katholischen Kirche nicht aufgehoben, aber unsere kämpferische Haltung verlor sich mehr und mehr. Außerdem erlebten wir unsere Situation auch als Chance: Indem wir keine offizielle Macht hatten und nicht eingebunden waren in institutioneller Funktion, konnten wir unserer Kreativität mehr Raum geben und auch mal neue Wege gehen.

Auf diesem Weg ist in mir eine neue Identität gewachsen. „Ich bin Kirche!", natürlich im Kontext von „Wir sind Kirche!" Seit ich das so sagen kann, habe ich das Kämpfen aufgegeben, ist meine Liebe zu den Kirchen und meine Freude an ihnen gewachsen. Dieses Selbstverständnis verbietet mir, die Verantwortung auf „die da oben" zu delegieren, und verpflichtet mich, Verantwortung wahrzunehmen. Ermutigt fühlte ich mich aber auch von bestimmten Texten bzw. Leitbildern:

Den ersten fand ich im Konzilskompendium, im Text über das Apostolat der Laien (*Actuosam apostolitatem,* Nr. 3), in dem es heißt: „Aus dem Empfang dieser Charismen ... erwächst jedem Glaubenden das Recht und die Pflicht, sie in Kirche und Welt zum Wohl der Menschen und zum Aufbau der Kirche zu gebrauchen. Das soll gewiss mit der Freiheit des Heiligen Geistes geschehen, der ‚weht, wo er will'".

Die zweite Ermutigung habe ich immer durch den Text bei Mk 14,3–9 erfahren: Uneingeladen tritt eine Frau ohne Namen in die illustre Gesellschaft von Männern und salbt Jesus das Haupt. Weder Konventionen noch das Gerede der Menschen halten sie zurück. „Sie tut, was sie tun muss!" (Urtext) Jesus versteht sie ohne Worte. Die Unbekannte nimmt in dieser Szene eine priesterliche Handlung wahr, die ausschlie?lich in der Beziehung zu Jesus legitimiert ist.

Die Beschäftigung mit meiner Namenspatronin Hildegard von Bingen bestärkte mich ebenfalls auf meinem Weg. Sie, die erst mit 40 Jahren ihre prophetische Berufung zu verwirklichen begann, wandte sich zuvor an

Bernhard von Clairvaux mit der Frage, ob sie der inneren Stimme trauen könne. Es berührt mich noch heute, wie dieser weise Mann Hildegard ermutigt mit den Worten: „Wir freuen uns mit Dir über die Gnade Gottes, die in dir ist. Und was uns angeht, so ermahnen und beschwören wir dich, dass du sie als Gnade erachtest und ihr mit der ganzen Liebeskraft der Demut und Hingabe entsprichst. Du weißt ja, dass ‚Gott den Stolzen widersteht und den Demütigen hingegen Gnade gibt'. Im Übrigen, was sollen wir noch lehren und ermahnen, wo schon eine innere Unterweisung besteht und eine Salbung über alles belehrt." Diese Worte lasse auch ich mir zusprechen!

Die wesentlichste Motivation fand ich sicher durch Pia Gyger und ihren inspirierten Text „Eins und Alles" (vgl. Pia Gyger, Maria, Tochter der Erde, Königin des Alls, München 2002), zu dem ich in starke Resonanz trat. Dieser Text vermittelt nach meiner Überzeugung eine Spiritualität, die für die Erneuerung unserer Kirchen wichtige Impulse lieferte. Unter anderem schreibt Pia Gyger da: „Erneuert MEINE Kirche im Geiste Marias; Bittet Maria, Euch einzuweihen in die Mysterien des Priestertums der großen Wandlung aller Schöpfung in den Leib-Christi: Ermächtigt durch ihre Weihe, seid Priesterinnen und Priester der kosmischen Wandlung."

Diese Worte schenkten mir einen neuen Rahmen, sie verorteten praktisch meine spezifische Berufung. Seit ich im Jahr 2000 mein Amt als Zentralleiterin des Katharinawerkes abgegeben habe, versuche ich noch konkreter, dieser meiner priesterlichen Berufung Raum zu geben. Besonders glücklich macht mich, dass in unserer Gemeinschaft eine ganze Gruppe, die kirchlich engagiert ist, sich vernetzt im Selbstverständnis, an der Erneuerung der Kirchen mitzuarbeiten.

Wir boten eine dreijährige Fortbildung an im Haus Fernblick mit dem Titel: „Hoffnung braucht neue Wege, Christ und Kirchesein will in einer sich wandelnden Welt neu gelernt werden" als ein Biotop, in dem Menschen miteinander auf dem Weg sind, christliche Glaubensgeheimnisse reflektieren, sie von innen her neu erfahren und Sprache dafür finden.

Wir führten jährliche Exerzitien zum Thema: ‚Seid PriesterIn der kosmischen Wandlung', auf der Basis der Zusage des allgemeinen Priestertums von 1 Petr 2, aus denen heraus sich eine Laborgruppe gebildet hat, in der sich jede und jeder als „Transformationsstation" versteht und zu diesem Thema Instrumente erarbeitet.

Ich arbeite als Kontemplationslehrerin und war zehn Jahre lang Co-Leiterin der *via integralis*, einer Kontemplationsschule, gegründet von der Zen-Meisterin Pia Gyger und dem Zen-Meister Niklaus Brantschen, die zwei Traditionen integriert: die christliche Mystik und das buddhistische Zen. Diese Kontemplationslinie ist ganz bewusst kirchlich verortet und hat einen Initiationsweg in unsere Kirchen hinein entwickelt, so dass Menschen – ähnlich wie in der Zen-Meditation – einen begleiteten Weg nach innen mit koanähnlichen Schlüsselsätzen gehen können. [Koan = ein Rätselwort oder eine knappe Geschichte, die in ihrer Paradoxität nach einer Lösung ruft.] Seit 12 Jahren begleite ich selbst Schülerinnen und Schüler. In meinen Kontemplationsveranstaltungen stehe ich regelmäßig Liturgien vor.

Wir feiern Jahreskreisrituale und die christlichen Jahreskreisfeste, in denen wir auch priesterliche Funktionen wahrnehmen. Wir feiern keine Eucharistie und respektieren damit die vorgegebenen Grenzen, feiern aber schon mal eine kosmische Messe, angelehnt an Teilhard de Chardins kosmische Messe.

Ich lebe meine priesterliche Berufung in der persönlichen Begleitung von Menschen, insbesondere auch von Frauen, indem ich versuche, sie zu ermächtigen. Ich spreche ihnen und auch Männern schon einmal Vergebung zu (ohne dass ich es Beichte nenne). Ich habe vereinzelt Segensgottesdienst mit Paaren durchgeführt, ich feiere mit Menschen Übergangsrituale, ich führe Heilungs- und Versöhnungsgottesdienste durch, in meiner Gemeinschaft feiere ich Segensliturgien für Sterbende und führe Beerdigungen durch für Mitschwestern.

Zusammenfassend: Ich bin Priesterin. Ich bin es in der katholischen Kirche. Diese Berufung ist mir Gewissheit. Ich habe das Kämpfen losgelassen und bin für das Fehlende da. Das schließt nicht aus, dass ich mich über manche offiziellen kirchlichen Äußerungen nicht aufrege. Mich ermutigen folgenden Gesetzmäßigkeiten auf meinem Weg:

Paradigmenwechsel brauchen Generationen, d. h. manchmal müssen erst bestimmte Generationen sterben, bis sich das neue auch strukturell manifestieren kann. Ich persönlich verstehe mein gesamtes Engagement als Beitrag zur Erneuerung von Kirche. Möglicherweise werde ich die Früchte eines Amtspriestertums für Frauen nicht ernten können, aber ich habe meinen Beitrag dazu geleistet.

Seit Jahren begleiten mich folgende spirituelle Gesetzmäßigkeiten:

Unerschütterlicher Glaube, dass das Leben weitergeht; es braucht eine starke Vision aus der Zukunft, die wie ein Magnet wirkt. Das schließt Hinhören und Vertrauen auf Gottes Führung nicht aus. Wir sind auf diesem Weg MitschöpferInnen Gottes.

Es braucht einen Blick für die evolutive Trift, die darauf hinweist, in welche Richtung das Leben weitergehen will. Das Neue entsteht immer durch das Gesetz der differenzierenden Vereinigung. Das gilt auch für die Kirche zwischen Männern und Frauen, ansonsten bleiben wir in einer Sackgasse. Damit das angestrebte Ziel erreicht wird, muss die Temperatur immer höher steigen, d. h. die Synergie muss steigen, das Bewusstsein muss sich verdichten. Das ist möglich, wenn viele Menschen die Vision des Neuen in sich tragen und Entschiedenheit bei allen Beteiligten da ist.

„Früher oder später werden sich die Seelen schliesslich der Religion schenken, die sie menschlich in ihrem Wachstum am stärksten aktiviert. Man hat noch nie eine Kraft oder Idee durch Unterdrückung in Dienst genommen – sondern indem man sich ihrer bemächtigte und sie integrierte." (Teilhard de Chardin)

Das, was geschehen soll an Veränderung, geschieht in mir und wird durch mich geschehen, oder es wird nicht geschehen. In diesem Sinne sind Berufung und Sendung ein schöpferischer Prozess, der weit über mich hinausgeht.

Diese Berufung lebe ich nicht alleine, sondern ich weiß mich auf dem Weg mit Schwestern und Brüder in meiner Gemeinschaft, aber auch außerhalb. Diese Gegebenheit ist für mich wichtig, ich bin nicht allein!

Hildegard Schmittfull

117. „Das alles nicht schmerzfrei" Ich bin Jahrgang 1965, aufgewachsen in einer gemischtkonfessionellen Familie, evangelisch getauft, habe 1984 mein Abitur gemacht. Schon in ganz jungen Jahren habe ich mich gern auch mit Freundinnen mit religiösen Themen auseinandergesetzt. Theologie – das war mein Fach. Die Krankheit und der Tod meines Vaters Mitte der 8oer Jahre haben mich verunsichert, und es schien mir nicht möglich, auf meinem Weg zu bleiben. Ich habe dann eine Schreinerlehre und im selben Betrieb eine kaufmännische Lehre gemacht, um 1988 das Studium der Wirtschaftswissenschaften aufzunehmen. Schon bald merkte ich, dass das nicht meine Welt war. Mit den neo-kapitalistischen Tendenzen, die in dieser Zeit begannen, konnte ich mich nicht identifizieren und darin meine Lebensmitte finden. Ein Impuls, meinen verlorenen Faden wiederzufinden, war, dass ein Schulfreund damals in die Gemeinschaft von Taizé eintrat. Evangelische Theologie zu studieren, schien mir nicht der richtige Weg zu sein, da ich zwar einerseits bestimmte Erkenntnisse der Reformation schätzte, es andererseits aber als Engführung und Verzicht auf den großen Reichtum an Glaubenserfahrungen empfand. Plötzlich wurde mir klar, welchen Weg ich zu gehen hatte. Ich wollte konvertieren und dann das Studium der katholischen Theologie aufnehmen. Das war natürlich ein Wagnis, aber wir haben ja in dieser Zeit erlebt, wie sich in der Politik scheinbar Zementiertes verändern konnte. Ich habe jedes Buch von Michail Gorbatschow gelesen und bin bis heute eine Verehrerin von Nelson Mandela. Im WS 1989/90 habe ich in Tübingen mein Studium begonnen. Sehr schnell habe ich mich zur Exegese hingezogen gefühlt. Ich liebe die Auseinandersetzung mit der Heiligen Schrift. Ich wurde Hilfskraft am Lehrstuhl für Altes Testament. An der Fakultät fand sich auch eine kleine Gruppe von Frauen zusammen, die sich für Gleichberechtigung in Weiheämtern stark machte. Wir versuchten es einmal mit einer Demo bei einer Priesterweihe, was den Bischof aber überaus verärgerte. Auf Intervention von Prof. Walter Groß, der damals Frauenbeauftragter der Fakultät war, wurde uns zugesichert, dass es sich nicht nachteilig auf eventuelle Bewerbungen auswirken würde. Meine Bewerbung zur Pastoralreferentin wurde dennoch abgelehnt. Im Bewerbungsgespräch wurde ich gefragt, ob ich dazu berufen wäre. Das musste ich verneinen, ich sagte, ich bewerbe mich, weil es derzeit die einzige Möglichkeit ist. Das war wohl die falsche Antwort.

Die Zeit danach war sehr schwierig. Ich habe Prof. Groß gebeten, mich als Doktorandin anzunehmen, musste aber, um mich über Wasser zu halten, bei meiner früheren Ausbildungsfirma ein paar Tage pro Woche arbeiten. Ganz überraschend kam dann ein Angebot von Prof. Hilberath, die Assistentenstelle am Ökumenischen Institut für zwei Semester zu vertreten. Jetzt hatte ich zwei Arbeitsplätze plus Studium! Es schlossen sich weitere Vertretungssemester am Lehrstuhl für Altes Testament an. Existenziell war die Lage einigermaßen prekär. 1999 heiratete ich und bekam im Jahr 2000 meine Tochter. Das Arbeiten an meiner Dissertation ging nur mühsam voran. 2003 erkrankte ich an Brustkrebs: Operation, Chemotherapie, Hormontherapie. Ich nahm meine Studien wieder auf, wurde aber gegen jede medizinische Regel 2006 nochmals schwanger und bekam meinen Sohn. Ich habe die Dissertation schweren Herzens abgebrochen und habe mich ehrenamtlich engagiert, sogar wieder in der Kirchengemeinde als Tischmutter, Kirchengemeinderätin und Leiterin von Wort-Gottes-Feiern. Das alles war nicht schmerzfrei, weil mir klar war, dass das im Zentrum meines Lebens stehen sollte. Ich habe Kontakt zu der Bewegung *Roman Catholic Women Priests* und habe die Weihe *contra legem* erwogen. Als Kirchengemeinderätin habe ich mich nicht mehr zur Wiederwahl gestellt. Seit 2016 führe ich eine Buchhandlung in Pliezhausen und habe so die Möglichkeit, für viele Ansprechpartnerin und manchmal auch Seelsorgerin zu sein.

Birgit Anne Schoblocher

118. „Ich bin nicht mehr gewillt zu schweigen oder die Dinge einfach hinzunehmen" Meine „erste Berufung" war die zur Religionslehrerin. Ich war ungefähr 15 Jahre alt und der Gedanke, Religionslehrerin am Gymnasium zu werden, erfüllte mich bis zum Abitur. Somit studierte ich Religionswissenschaften in Belgien.

Irgendwann merkte ich, dass Gott mehr forderte. Meinen Gedanken „Tu mit mir, was Du für richtig hältst" hat er wortwörtlich genommen, und nach und nach wurde mir klar, Er möchte mich mit „Leib und Seele". Ich habe dann 1996 die 30-Tage-Exerzitien in Paris gemacht und während dieser Zeit wurde diese Aufforderung zur Hingabe, zum Zölibat noch einmal bekräftigt.

Eine zentrale Frage tat sich auf: „Wie kann ich dieses Ja, meine Antwort auf Seine Aufforderung leben?" Nach fünf Jahren in einer luxemburgischen Gemeinschaft (mit zwei Priestern, vier zölibatär lebenden Frauen und zwei Ehepaaren mit Kindern) musste ich mir eine neue Orientierung suchen, da die Gemeinschaft sich auflöste. Was nun? Ich suchte verschiedene klösterliche Gemeinschaften auf, aber es passte nicht, denn es war nicht mein Weg.

Im Gespräch mit dem Pfarrer aus meiner Gemeinde, in welchem dieser meinte, mein Leben sei doch so total in Ordnung, nach was ich denn eigentlich suche, wurde mir klar, dass ich eine Zugehörigkeit suchte. So wie er Pfarrer ist und damit ein „Zuhause" hat, so suchte ich auch eine „Gemeinschaft", wo ich mein Ja leben konnte. Nach sehr langem Suchen habe ich endlich „meine" Gemeinschaft gefunden: Ich gehöre nun seit zehn Jahren dem Säkularinstitut „Caritas Christi" an, einer Laiengemeinschaft von Frauen, die ganz im Leben stehen, ohne groß aufzufallen, und ihrem Leben eine kontemplative und apostolische Dimension geben.

Ich habe das Glück, in eine Pfarrei eingebunden zu sein, wo ich „alles darf". Ich kann meine Ideen einbringen (Dekoration, Liturgie, Musik), ich darf eine Einführung halten, eine Predigt machen oder Fürbitten ... Dies gilt natürlich auch für andere Frauen aus der Pfarrei. Einmal hatte der Priester keine Stimme, war sonst aber fit. Alles war für den Sonntagsgottesdienst vorbereitet. So übernahmen wir zu zweit (Frauen) die Leitung des Gottesdienstes und liehen ihm unsere Stimme. Er war ja dabei.

Als Kind und Jugendliche wollte ich Messdienerin werden, aber der damalige Pfarrer ließ mich abblitzen mit den Worten, er hätte genug Jungs ... Die Frage nach dem Priestertum stellte sich mir so nie, weil es ja nie möglich war – und doch bin ich sicher, dass meine ganz persönliche Berufung auch die ist, Menschen zu begleiten, sie in der Suche nach Gemeinschaft zu unterstützen, ihre einzelnen Lebenswege mitzutragen (Sakramente). Erst in den letzten Jahren werde ich mir bewusst, welche

Ungerechtigkeit die katholische Kirche – von ihrer Macht- und Entscheidungsstruktur her – den Frauen aus den eigenen Reihen antut. Und ich bin nicht mehr gewillt zu schweigen oder die Dinge einfach hinzunehmen. Es ist Zeit für eine wesentliche Änderung.   Toiny Schreiner

119. „Die entscheidende Frage ist die der Beziehung und Hinwendung" Ich bin Gemeindereferentin der Diözese Mainz und nun seit zehn Jahren, nach einer langen Zeit in der Gemeindearbeit, als Klinik- und Altenheimseelsorgerin tätig. Habe ich mich zum Diakoninnenamt oder Priesteramt berufen gefühlt? Da sich uns Frauen diese Frage nie stellen durfte, konnte es dazu auch kein Gefühl der Berufung geben. Berufen gefühlt habe ich mich zu Gott und den Menschen, dazu, das Reich Gottes in dieser Welt mitzugestalten. Seit ich in der Kirche hauptberuflich tätig bin, habe ich auch viel gelitten unter der hierarchischen Struktur, unter dem Zurückgestelltsein als Frau. In den letzten Jahren stelle ich vermehrt eine große Ungleichzeitigkeit der Entwicklungen fest. In meiner jetzigen Tätigkeit, vor allem in den Senioreneinrichtungen, bin ich die Pfarrerin, in der Wahrnehmung und im Ausdruck der Menschen. Ich habe es inzwischen eingestellt zu erklären, dass ich Gemeindereferentin bin und was das bedeutet. Den Menschen ist es wichtig, dass die ‚Kirche' an ihrer Seite ist. Und dafür gibt es die Pfarrerin. Wenn ich dann darauf hinweise, dass auch der Pfarrer kommen könnte, sagen sie: „Sie sind doch da."

Ich glaube, dass in der Gesellschaft die Unterschiede zwischen den Berufungen nicht mehr so deutlich wahrgenommen werden und auch die Frage nach Weihe und Ordo nicht mehr die Bedeutung hat. Sondern die entscheidende Frage ist die der Beziehung und Hinwendung. Gleichzeitig hält die Kirche sehr stark an der Hierarchie fest, auch in der Frage, was Laien und Frauen erlaubt und welche Verantwortung ihnen übertragen wird. Ist es also eher eine Frage innerkirchlichen Handelns? Wenn die Kirche in Zukunft Bestand haben soll und einen Platz in der Gesellschaft, kommt sie meiner Meinung nach nicht umhin, Frauen den Zugang zu Ämtern und Leitung und Verantwortung zu ermöglichen.

Monika Schuck-Purpus

120. „Die verhärteten Strukturen verhindern eine wahrhaftige Diskussion und Veränderung" Ausgehend von einem Gedanken von Rüdiger Dahlke möchte ich meine Sichtweise und meine Erfahrungen zur Verfügung stellen: „Jeder Mensch hat seine Berufung! Immer mehr Menschen tun etwas Wertvolles für diese Erde!" Ich empfinde das als richtig und wundervoll und arbeite an der Verwirklichung dieser Berufung, indem ich mit Freude dafür sorge, Menschen ins richtige Licht zu rücken und ihr

Wachstum zu fördern. Beides geht nur, wenn sie ihren inneren Ruf hören und daraus eine Berufung machen, die vielleicht – im Idealfall – auch zum Beruf wird. Rüdiger Dahlke spricht einen Lebensentwurf des Menschen an, der, johanneisch gedacht, jenes „Leben in Fülle" bedeutet, das Jesus Christus einem jeden Menschen zuspricht und als charismatischen Auftrag zur Gestaltung der Schöpfung und kreativen Bewahrung alles Menschlichen im Sinn des Göttlichen schenkt.

So denke ich grundsätzlich und bin frei in der Begleitung vieler „gottsuchender" Männer und Frauen und in der Erfahrung meines Pastoral-Dienstes in unserer Kirche. In den Fragen zum Weiheamt für Frauen und zum Diakonat der Frau geht es einzig um Berufung und um Charismen, die spürbar sind und zu einem Dienst bevollmächtigen. Zur Frage der Macht komme ich später.

Ich selbst lebe meine Charismen, meine Berufung, im umfassenden Sinn mit Getauften und Gefirmten, die Gemeindeleben mitgestalten. Sie leben ihre Charismen, beleben und leiten Gruppierungen, wirken in der Liturgie u. v. m. Somit sind sie „pastorale Mitarbeiter*innen", die selbstverständlich ihr geistliches Leben der Kirche zur Verfügung stellen. Beachtenswert sind die Menschen, die, mittlerweile von der Kirche enttäuscht, ihre Gottverbundenheit nicht aufgeben und wider alle Erfahrungen ihre innere Berufung leben.

Ich verstehe meinen Dienst als „Diakonin", nehme meine Verantwortung, mein Erkennen und die „innere Wahrheit" der Berufung dazu ernst und praktiziere sie in vielfältiger Weise. Dies führt immer wieder zu Diskussionen, Infragestellungen und eifersüchtigen Interventionen der „geweihten Herren", die meine Vorgesetzten sind. Hier heißt es klar zu argumentieren und dranzubleiben!

Ich stütze aus ganzem Herzen den weiteren Weg zur Klärung eines sakramentalen Diakonates der Frau. Wenn unsere Kirche, die für die Menschen da ist und die Botschaft Jesu Christi verkündet, zukunftstragend sein soll, ist diese Öffnung unabdingbar und letztendlich eine Bereicherung, wie Jesus Christus sie selbst mit den Frauen seiner Zeit gelebt hat. Biblisch gesehen braucht es keiner weiteren Begründungen.

Nun ein Blick auf das Thema Macht in Beziehung zur Geschlechtergerechtigkeit mit einigen Gedanken zum Weiheamt. Mit den Jahren meiner Erfahrungen mit der Kirche und meines geistlichen Weges komme ich immer mehr zur Erkenntnis, dass ein sakramentales Weiheamt für Frauen erst möglich und sinnvoll ist, wenn das zurzeit praktizierte Weiheamt, das Männern vorbehalten ist, generell auf einen ehrlichen und offenen Prüfstand kommt. Von den folgenden Ausführungen sind jene Personen ausgenommen, die ihr Weiheamt als Dienst und in Lauterkeit ihrer Berufung ausüben, und das sind wenige. Mittlerweile finde ich klare Worte, die Realitäten benennen, nicht um zu verurteilen, sondern weil die Ohnmacht in einer sich „machtvoll darstellenden Kirche" immer größer wird.

Erst wenn das zurzeit bestehende Weiheamt von negativer und oftmals unreflektierter Machtausübung entlarvt ist; erst wenn Doppelmoral im Blick auf zölibatäres Leben aufgehoben ist; erst wenn die oft überhebliche Haltung, in persona Christi einzig und allein der Eucharistie vorzustehen, eine Entmystifizierung erfährt; erst wenn undurchsichtige mitbrüderliche „Seilschaften" aufgedeckt werden; erst wenn es einen respektvollen Austausch auf Augenhöhe zwischen Amtsträgern und Frauen gibt, ist wirksam an ein Weiheamt für Frauen in unserer Kirche zu denken.

Die bestehenden verhärteten Strukturen, die ich nach wie vor wahrnehme, verhindern vielfach eine wahrhaftige Diskussion und Auseinandersetzung. Jeder und jede, die ein Amt übernimmt, hat Macht. Es ist eine Frage der persönlichen Reife, Männern und/oder Frauen zugesprochen, wie sie in der Vollmacht Jesu Christi gelebt wird. Die Fragen des heiligen Bernhard begleiten mich seit Jahren durch meine Berufungsgeschichte, die Hochzeiten und Talsohlen-Erfahrungen kennt: „Wozu bist du gekommen? – Warum bleibst du?" Ich bin gekommen im Geist der Freiheit und der Verantwortung gegenüber Jesus Christus. Ich bleibe, weil die Macht der Liebe mich gut und weit leben lässt, trotz allem und gerade deswegen. Ich bleibe, weil ER bleibt und seine Kirche nie verlässt.   Anon.

121. „Warum tun wir es nicht einfach?"
Ich stelle es mal gleich an den Anfang: Hätte sich während meiner Jugend die Möglichkeit abgezeichnet, dass ich ins Priesterseminar einziehen und von dort aus Theologie studieren könnte, hätte ich es sicher so gemacht. Ich hatte ein reges theologisches Interesse, große Fragen an das Leben und wollte Gott den Menschen nahebringen. In der Pfarrgemeinde war ich sehr engagiert und hatte das Glück, einen Kaplan zu erleben, der mich zum Denken und Beten, zum Fragen und Lesen, zu Engagement und Freundschaft mit Gott ermutigt hat. Schon als Kind hatte ich eine sehr vertrauensvolle Beziehung zu Gott, dem ich abends von meinen Erlebnissen während des Tages erzählte. Das Vaterunser hatte ich früh gelernt und habe es auch als Jugendliche immer wieder neu in den Kontext meines Lebens gestellt. Die Pfarrgemeinde war für mich ein vielfältiger Lebensraum.

Besonders gern habe ich mich in liturgischen Kontexten bewegt. Das konnten liturgische Nächte von Gründonnerstag auf Karfreitag sein, Frühschichten im Advent oder die Gestaltung von Gottesdiensten mit dem Jugendliturgiekreis. Durch die Feier von Gottesdiensten haben sich meine theologischen Fragen und Ideen entwickelt. Kleine eigene Ansprachen im Jugendgottesdienst waren für mich eine große Motivation, meinen Glauben zu formulieren, z. B. zu dem Satz: „Herr, ich bin nicht würdig, dass du eingehst unter mein Dach." Damals habe ich den biblischen Zusammenhang entdeckt und ihn in Verbindung mit dem ersten Artikel des Grundgesetzes gebracht. Ich brannte darauf, solche Zusammenhänge zu verstehen und mich selbst darin zu verorten. Aus dieser Leidenschaft nährte sich mein Wunsch, katholische Priesterin zu werden. Doch dieser Wunsch war auch getrübt von der voraussichtlichen Unmöglichkeit seiner Erfüllung. Die Auseinandersetzung mit der Benachteiligung von Frauen in der Kirche war ein heftiger und schmerzhafter Prozess für mich. Insbesondere die Hirtenbriefe des Bischofs zum Tag der geistlichen Berufe waren mehr als ein Stein des Anstoßes. Sie ließen mich regelmäßig traurig, unverstanden, wütend und hilflos zurück. Mit 16 Jahren antwortete ich einmal auf einen solchen Hirtenbrief – ein Freund hatte mir dazu geraten. Es war ein wichtiger Schritt für mich. Und es war auch wichtig, dass ich eine freundliche und der Sache angemessene Antwort erhalten habe.

Nach dem Abitur habe ich mich zum Theologiestudium entschlossen, obwohl mir das Priesteramt nicht offenstand und ich für mich den Beruf der Pastoralreferentin ausschloss. Allerdings hatte ich parallel zu den Fragen nach dem Priesteramt schon länger auch die Frage nach dem Ordensleben gestellt. Eine Zeit lang hielt ich die Vorstellung für unerträglich, täglich für die Messe einen Priester „einfliegen" lassen zu müssen. Ich war mir nicht sicher, ob mich das auf Dauer nicht zu sehr frustrieren würde. Dennoch habe ich mich in der Klosterlandschaft umgeschaut und verschiedene Klöster besucht. Die Benediktsregel hat mich schließlich so fasziniert, dass ich eine klare Ausrichtung fand und schließlich auch einen Ort, an dem Gott auf mich zu warten schien. Nach dem Ende meines Studiums bin ich ins Kloster eingetreten.

Es war dieselbe Leidenschaft und Sehnsucht, die mich früher auf das Priestersein hat schauen lassen und die mich schließlich Benediktinerin hat werden lassen. Die Suche nach Gott hat mich angetrieben und sie treibt mich weiter an. Ich bin sehr dankbar für mein Leben, so wie es heute ist. Doch wann immer ich mir bewusst mache, dass wir als Klostergemeinschaft mit der von uns gewählten Äbtissin nicht in der Lage sind, Eucharistie zu feiern, macht mich das ratlos. Und mittlerweile frage ich mich: Warum tun wir es nicht einfach? Haben wir nicht den Auftrag Jesu? Ich bin gern katholisch und möchte es auch bleiben, doch nicht ohne die Freiheit, die uns als Menschen zukommt.   Sr. Lydia Schulte-Sutrum OSB

122. „An einer geschwisterlichen und diakonischen Kirche mit Zuversicht weiterbauen" Meine Berufungsgeschichte sehe ich als den Faden, der sich durch 70 Jahre meines Frauenlebens zieht. Dieser Faden ist nicht makellos, glatt, glänzend, wie er es für empfindliche Luxusware sein muss. Nein, er hat die eine oder andere Verfärbung, hat Verdickungen, an manchen Stellen ist er hauchdünn. Der daraus gewebte Teppich wird ein strapazierfähiger, interessanter, einmaliger, für den täglichen Gebrauch geeigneter Teppich werden. Die Art von Teppich, von denen es viele gibt. So bin ich wie viele in einem konfessionsverschiedenen Elternhaus mit dadurch bedingten Reibereien geboren. Diese Situation machte mich schon früh kritisch, ließ mich vieles hinterfragen und weckte in mir das Bedürfnis, den Dingen auf den Grund zu gehen.

Mit drei Kindern lebe ich in einer konfessionsverbindenden Ehe, bin schon lange in der Ökumene engagiert, war über viele Jahre in der Kommunion- und Firmkatechese tätig. Weitere Stationen waren: Von der Gustav-Heinemann-Schule die Beauftragung zur Schulsprecherin im Kreistag. Meine Angebote als Bildungsbeauftragte waren Referate, Exerzitien in der Fastenzeit, Besinnungsnachmittage im Advent, einen eigenen Psalm schreiben, Exkursionen, usw., günstige, gesponserte Ausflüge für gering verdienende Großeltern, Eltern und Kinder, und vieles mehr. Hinzu kamen die Mitgliedschaft im Pfarrgemeinderat und Dekanatsrat sowie der Grund- und Aufbaukurs in Theologie an der Domschule Würzburg. Dort habe ich 1997 als Zusammenfassung einer Hausarbeit Folgendes geschrieben: „Der christliche Glaube steht in einem geschichtlichen Kontext. Er hat seinen Grundstein auf einem Geschehen der Vergangenheit (Exodus, Bundesschluss im AT und dessen Erfüllung im neutestamentlichen Christus-Geschehen). Sein Ziel liegt in der Zukunft, in der letztendlichen Erfüllung der frohen Botschaft, einer geschwisterlich versöhnten Schöpfung im Reich Gottes. Der Weg dorthin liegt für uns im Dunkeln, im Verborgenen. Uns ist es zur Aufgabe gegeben, diesen Weg im Geiste Gottes, für einen Lidschlag der Zeit zu erhellen, zu bahnen. In der Verkündigung des Evangeliums im Vertrauen darauf, dass Gott sein pilgerndes Volk bis ans Ende der Zeit führt."

Wenn wir jeweils ganz gegenwärtig sind, mit ganzem Herzen bei dem sind, was zur Stunde ansteht, anliegt, geschieht und uns anfordert, im Anruf der Stunde den Willen Gottes erkennen, dann können wir in unserer heutigen vom Corona-Virus bedrohten Welt wieder die Worte Geduld, Fürsorge, Liebe und Rücksicht ganz großschreiben und an einer geschwisterlichen, diakonischen Kirche mit Zuversicht weiterbauen. Mit dieser Zuversicht nahm ich meine Berufung in den vielfältigen Aufgaben an. Die gefühlt letzte Berufung war die Ausbildung zur Diakonin in Waldbreitbach. In meinem Lebenslauf sah ich es für mich immer als Aufgabe an, nah bei den Menschen und ihren Sorgen zu sein. So auch in meiner Zeit bei der Caritas. Dort lag mir die Würde der Menschen, die für einen Euro Stundenlohn bei uns arbeiteten, besonders am Herzen. Krankheitsbedingt, durch Parkinson und Bandscheibenvorfall, kam es zum Ende meiner Berufstätigkeit. Auf vielfach geäußerten Wunsch meiner Exkursionsgruppe hielt ich dieses Angebot, solange ich es verantworten konnte, aufrecht. Dankbar bin ich, dass ich in all diesen Jahren so vielen Menschen ein paar Stunden Glück schenken durfte. Oft wurde ich von Frau zu Frau ins Vertrauen gezogen, ganz gleich ob sie 16 oder 90 Jahre alt waren. Ich bin dankbar und glücklich, als Frau meine Mütterlichkeit einsetzen zu können. Dieses Geschenk der Mütterlichkeit hat das II. Vaticanum nicht angenommen oder übersehen. Es wäre ein Einfaches gewesen, die diakonische Weihe für Männer und Frauen zu öffnen.

Wie könnte die Welt, die Kirche heute aussehen und wie sieht sie aus? Kann es sein, dass in der Corona-Pandemie eine Chance, ein Geschenk für alle enthalten ist? Eine geschenkte Sabbatzeit, Zeit zum Nachdenken, zum Philosophieren? Nehmen wir sie an! Verzichten wir auf die Feier der Eucharistie, die in diesen Zeiten keine Feier sein kann! Nehmen wir die Chance wahr zu erkennen, was wirklich notwendig ist! Setzen wir alles zurück auf null, zurück auf Anfang. Besinnen wir uns unserer eigenen von der *ruach* [= Geist] geschenkten Spiritualität. Wie sind die Geschichten des AT entstanden? Begonnen hat es doch damit, dass die Großmütter und Mütter ihren Kindern von ihren Lebenserfahrungen, Gotteserfahrungen erzählten. Das können wir auch! Wie war das im NT? Sie trafen sich in den Häusern und erinnerten sich an sein Abschiedsgeschenk, „Tut dies zu meinem Gedächtnis". Das können wir auch!

„Wo zwei oder drei in meinem Namen versammelt sind, da bin ich mitten unter ihnen." (Mt 18,20) Wo kann die Kraft Gottes näher bei uns sein als mitten unter uns an unserem Familientisch. Den Kairos spüren – tun wir es! Mutig handelnd im Vertrauen auf Gottes Geisteskraft. Als 2019 der Borkenkäfer siebzehn meiner Fichten zu Fall brachte und ich das als gutes Bild für unsere momentane Kirche verstand, habe ich geschrieben: „Die Kirche steht vor einem Umbruch." Dass dieser so schnell gehen würde, hatte ich nicht gedacht, erwartete ich doch geduldig seit vielen Jahren ein Vorankommen auf vielen Ebenen. Im Februar 2020 entwurzelte ein Sturm in einer Nacht in meinem Garten drei weitere große, stattliche Bäume. In dieser Nacht war ich todmüde, lebensmüde, gesättigt, erschlagen von einem immerwährenden Stillstand auf allen Wegen, bereit zu sterben. Ich kam auf die Intensivstation. Ich fühlte mich so nah am Ziel, am Lebensziel, von dem Ernesto Cardenal sagte: „Der leibliche Tod ist nichts anderes als der Beginn des ewigen Lebens." Viele kämpften für mich, für mein Weiterleben. Enttäuschung machte sich zunächst breit, so nahe am Ziel dann doch weiterleben zu müssen. Die vielen Liebesbeweise, die ich erfuhr, halfen mir zurück ins Leben. Im Nachhinein wurde aus den Erfahrungen dieser Tage für mich ein Auferstehungserlebnis, Berufung, neue Aufgaben, Mut zum Handeln. Und die Kirche wird eine andere sein, und die Welt wird eine andere sein. Christa Schwedler

123. „Wie schwer ist es, immer wieder Priester einfliegen zu müssen" Meine Entscheidung für den Glauben und eine aktive Mitwirkung in der Kirche wurde schon sehr früh in mir wach durch meine Familie, die Erfahrung mit den Sakramenten und eine gute Jugendarbeit. Bereits mit 15 war ich selbst Gruppenleiterin, und es hat mir große Freude gemacht, jungen Leuten dabei zu helfen, sich mit dem Glauben auseinanderzusetzen und einen persönlichen Zugang zu finden.

Nach dem Abitur entschied ich mich, Theologie und Romanistik für das Lehramt zu studieren. Bereits im ersten Semester wurde in mir der Wunsch wach, zur Volltheologie zur wechseln. Ein Gespräch mit einem Bischof machte mir allerdings sehr schnell deutlich, dass ich da wohl nicht erwünscht bin. Seine Antwort auf meine Pläne: „Wollen Sie sich einen jungen Kaplan angeln oder glauben Sie, dass, bis Sie fertig sind, auch Frauen zu Priestern geweiht werden?" Ich fühlte mich damals nicht ernst genommen, zutiefst verletzt und entschied mich, beim Lehramtsstudium zu bleiben.

Allerdings wurde der Wunsch immer wieder neu wach. In zahlreichen Exerzitien habe ich mit dieser Zurücksetzung gerungen. Ich konnte zwar viel einbringen von dem, was mir wichtig war und was ich als meine Berufung in mir spürte: bei Schulgottesdiensten, die wir in einer katholischen Privatschule mit großer Regelmäßigkeit und zahlreich feierten, bei der Verkündigung im Religionsunterricht, bei Besinnungstagen, die wir ebenfalls für jede Jahrgangsstufe jährlich durchführten. Aber gerade da spürte ich auch, wie schwer es für mich war, immer wieder Priester einfliegen zu müssen, wenn wir eine Eucharistiefeier einplanten. Ob die Messfeier dann auch berührte, hing schon sehr davon ab, ob ein Priester sich offen zeigen konnte für das, was in den Gruppen entstanden war, ohne dabei gewesen zu sein.

Da ich sehr von der ignatianischen Spiritualität geprägt bin, war es für mich ein besonderes Geschenk, dass ich an einer mehrjährigen Ausbildung für Exerzitienbegleitung und geistliche Begleitung teilnehmen durfte. Seit ca. 30 Jahren bin ich nun auch in diesem Sinn als Seelsorgerin tätig, zunächst neben meiner Schultätigkeit und jetzt nach meiner Verrentung kann ich meine Zeit noch mehr in diesen Dienst für Einzelpersonen und Gruppen stellen. Aber gerade bei Exerzitien habe ich es als schmerzliche Grenze erlebt, dass ich die Personen, die ich begleite, am Ende für ein Beichtgespräch doch wieder an einen Priester weiterleiten muss, auch wenn der in Anbetracht seiner eigenen Begleitertätigkeit kaum Zeit dafür hat. Ich weiß nicht, wie viele aus eben diesem Grund auf ein Beichtgespräch verzichten.

Das Thema „Gleichberechtigung in der Kirche" ist für mich ein Leben lang schmerzlicher Begleiter gewesen. Wie viele Jahre habe ich mich schon eingesetzt zunächst für Ministrantinnen, dann dafür, dass bei den Lesungen auch die Schwestern angesprochen werden. Ich habe dafür viele Prügel bezogen. In der Zwischenzeit ist das normalerweise kein Diskussionsthema mehr. Es gibt auch Situationen, in denen es mir weiterhin wehtut, meine Berufung nur mit vielen Begrenzungen gelebt haben zu dürfen. Wenn z. B. eingeladen wird, um Berufungen zu beten, halte ich das für heuchlerisch, solange Berufungen nicht zugelassen werden. Niemand hat in meinen Augen das Recht, Gott vorzuschreiben, wen er wozu berufen will. Ebenso wenig kann ich das Gejammer um den Priestermangel nachvollziehen. Die Maßnahmen, die dem entgegenwirken sollen, führen nur zu mehr Anonymität und das, obwohl immer wieder in salbungsvollen Worten davon gepredigt wird, wie wichtig die Gemeinschaft für den Glauben ist. Eine Kirche, die weiterhin ohne biblisches Fundament an der Benachteiligung von Frauen festhält, braucht sich nicht zu wundern, wenn sie diese verliert. Patricia Schweier

124. „Ich wäre gerne Dorfpfarrerin, allerdings nicht unter den gegenwärtigen Bedingungen" Mit großer Dankbarkeit darf ich inzwischen auf 60 Lebensjahre zurückschauen, davon 37 Jahre als Missionarin Christi in unserer Gemeinschaft.

Eine Art Schlüsselerlebnis hatte ich als damals 18-Jährige bei einem Waldspaziergang. Ganz tief in mir habe ich erfahren, dass es Gott gibt, dass ich persönlich gemeint bin und unvorstellbar von ihm geliebt bin. Ich hätte diese Erfahrung damals weder mit einer Berufung zur Ordensfrau und schon gar nicht mit der Berufung zur Priesterin in Zusammenhang gebracht. Aber diese Erfahrung bewegte mich weiter, führte mich auf die Suche nach Gott, nach dem Sinn des Lebens, nach meinem Weg.

Als Erzieherin lernte ich in dem Internat, in dem ich arbeitete, die Gemeinschaft der Missionarinnen Christi kennen. Mich beeindruckte ihre frohe und natürliche Art und vor allem, wie sie mit Hingabe ihr Leben gestalteten. Ich hatte einen Freund und wollte ja eigentlich heiraten und Mutter von fünf Kindern werden. Die Sehnsucht nach Jesus Christus war aber stärker, sie nährte mich tiefer und ließ mich nicht mehr los. Ich wollte ihm mein Leben schenken, ihm allein gehören, ihm ähnlich werden und mich für Menschen und für das Leben einsetzen. So trat ich 1983 bei den Missionarinnen Christi ein.

Nach sechs Jahren Dekanatsjugendseelsorge im Dekanat Benediktbeuern und als pastorale Mitarbeiterin im Pfarrverband überlegte ich mit der damaligen Leitung unserer Gemeinschaft einen weiteren Ausbildungsweg. Vom Personalreferat der Diözese Augsburg wurde mir vorgeschlagen, doch die Ausbildung zur Gemeindereferentin zu machen. Diese Anfrage löste in mir eine spontane Reaktion aus. Ich lehnte damals dankend ab und erschrak selbst über den klaren inneren Impuls: Wenn, dann möchte ich Priesterin werden, aber nicht Gemeindereferentin!

Dieser Wunsch war undenkbar und so überlegte ich erst gar nicht, Theologie zu studieren. Außerdem verlief mein Leben anders. Ich wurde zur Noviziatsleiterin ernannt, als Geistliche Begleiterin und Exerzitienbegleiterin gefragt, machte eine psychotherapeutische Zusatzausbildung und leitete ein Besinnungshaus; aktuell arbeite ich im Generalat und in der Ordensleitung mit.

Ich bin mit Leib und Seele Missionarin Christi und dieses Sein erfüllt mich bis heute mit tiefem Sinn. Dennoch tauchte immer wieder in den verschiedenen Lebensabschnitten und Aufgaben diese leise Sehnsucht auf, Priesterin zu sein. Bestätigt und genährt wurde dieser Wunsch von Aussagen unterschiedlicher Menschen in unterschiedlichen Situationen, z. B.: „Ich könnte dich mir gut als Priesterin vorstellen!" oder „Du wärst eine gute Pfarrerin!" Viele Jahre reagierte ich verlegen auf solche Zusagen. Inzwischen antworte ich: „Ja, das könnte ich mir auch vorstellen und ich wäre gerne Dorfpfarrerin!" Allerdings nicht unter den gegenwärtigen Bedingungen und Strukturen.

Für mich bedeutet Priesterin zu sein unter anderem:
- in allen Widersprüchlichkeiten des Lebens Gott zu suchen und zu vertrauen, dass ich in ihm „daheim" bin, weil er schon längst in mir wohnt;
- Bedingungen zu schaffen, dass Menschen Gott erahnen und erfahren können und spüren dürfen, dass sie angenommen, geliebt sind und berufen sind, ihre kleine und die große Welt lebens- und liebenswürdig mitzugestalten;
- Weggefährtin zu sein, da zu sein, zuzuhören, in existentiellen Lebenseinschnitten mitzugehen, mitauszuhalten, mitzuleiden, sich aber auch mitzufreuen;

- miteinander das Leben und den Glauben zu teilen, aus dem Wort Gottes, dem Evangelium zu leben und das Leben zu feiern, auch in der Eucharistie;
- und durch mein ganzes Sein Gottes Gegenwart zu bezeugen und die einzelnen an das Daheimsein in Gott zu erinnern.

Es ist für mich immer weniger haltbar, dass nur zölibatär lebende Männer zu Priestern geweiht werden können. Mich für eine Veränderung einzusetzen, ja selbst gemeinsam mit anderen Frauen und Männern zu dieser Veränderung zu gehören und sie mitzugestalten, sehe ich als wichtigen Dienst in unserer Kirche.   Sr. Karolina Schweihofer MC

125. „Es gäbe die Kirche ohne die Frauen vielleicht nicht mehr" Als Frau glauben? Mmh ... Glaubt denn ein Mann anders? Würde ich als Mann anders glauben? Und wie wäre es als Transfrau oder Transmann? Hat mein Glaube mit meinem Geschlecht zu tun? Dem biologischen? Dem sozialen? Ich spüre, wie sich da etwas in mir wehrt. Mein Glaube – meine Beziehung zu dem, was ich – weil es ohne Worte nicht geht – nun einmal Gott nenne, aber vor allem als Geheimnis erfahre, und meine Faszination von Jesus, sie sind nicht primär durch mein Geschlecht geprägt.

Ich bin geistlich vor allem in der Kontemplation daheim, also im Gebet der Stille, im schweigenden Sein in der Gegenwart Gottes. Ich erfahre im Austausch darüber und über mein Gottesbild Verbindendes sowohl mit manchen Frauen wie mit manchen Männern, innerhalb und außerhalb meiner Konfession und sogar Religion, genauso wie es Männer *und* Frauen gibt, mit denen ich in dieser Hinsicht überhaupt nichts gemeinsam zu haben scheine, obwohl wir vielleicht sogar der gleichen Kirche angehören. Als Frau glauben – darüber kann ich also nicht wirklich sprechen; sehr wohl aber kann ich davon erzählen, wie es mir *als Frau* ergangen ist mit der Entscheidung, meinen Glauben auch in den Mittelpunkt meines beruflichen Lebens zu stellen. Und das innerhalb der katholischen Kirche, in die ich als Jugendliche durch das Unterwegssein mit authentischen und inspirierenden Christinnen und Christen – es waren keine Pfarrer – hineingewachsen bin. Von ihnen fühlte ich mich in meiner Sehnsucht verstanden, und sie haben mich mit ihrer Freiheit im Denken und mit ihrer Entschiedenheit im Handeln angesteckt und ermutigt, obwohl ich als Frau in meiner Kirche bis heute ausgeschlossen bin von allen kirchlichen Weihen. Es gab und gibt unzählige Frauen in meiner Kirche, ja, es gäbe die katholische Kirche ohne die Frauen vielleicht nicht mehr. Denn wen würden die geweihten Männer dann „beseelsorgen"? Es sind ja zu einem Großteil Frauen, die zu ihnen in die Gottesdienste kommen; schon gar nicht zu reden von denen, die sich freiwillig und ehrenamtlich – oder in unserem Kulturraum auch als angestellte Katechetinnen, Religionspädagoginnen, Sekretärinnen und vieles mehr – engagieren. Aber wo innerkirchliche Entscheidungen getroffen werden, wo es um Veränderungen geht und Macht eine Rolle spielt, da finden sich bis heute kaum Frauen, so dass oftmals eine weibliche Perspektive auf die Themen fast vollständig fehlt. Manche Frauen innerhalb meiner Kirche haben damit kein Problem. Sie sehen die Rolle der Frau primär dienend, helfend, annehmend.

Ich sehe das anders. Es ist wertvoll, sich in den Dienst anderer stellen zu können, und ich finde es wunderbar, wenn eine Frau darin Erfüllung findet und – je nach Pfarrer – vielleicht durchaus einen großen Gestaltungsspielraum hat und diesen nutzt. Und wahrscheinlich würde vieles in unserer Welt besser laufen, wenn es auch mehr Männer gäbe, die dazu bereit wären, aber es gibt ja auch andere Charismen und Berufungen. Auch das Talent, Menschen in Gottesdiensten Räume zu eröffnen, in denen sie mit dem Göttlichen in Berührung kommen können, die Begabung zu inspirierenden Predigten oder die Fähigkeit zu leiten und stimmige Entscheidungen zu treffen, sind Berufungen, die nicht nur Männern zufallen. Sind solche Begabungen nicht eine Aufforderung, etwas damit anzufangen – unabhängig davon, ob sie einem Mann oder einer Frau geschenkt sind? Ich sehe nicht, dass Jesus etwas anderes gelebt oder verkündigt hat. So wurde mein Entschluss, meiner priesterlichen Berufung zu folgen, angetrieben durch die tiefe Einsicht, dass mir Kostbares mitgegeben wurde, das ich in den Dienst der Menschen stellen sollte, egal was Rom davon hält. Dazu zwei konkrete Erfahrungen. Es liegen 20 Jahre dazwischen.

1998, 17-jährig, ein Jahr vor der Matura, habe ich mich für das Theologiestudium entschieden. Es gab kein anderes Studium, welches mich annähernd ähnlich stark interessierte, obwohl meine berufliche Perspektive sehr schwammig war. Zur gleichen Zeit dachte ein guter Freund von mir aus der katholischen Jugendarbeit ebenfalls über ein Theologiestudium nach. Er wurde darin sehr von unserem Pfarrer unterstützt, später, als er es dann tatsächlich begann, auch mit Büchern und ähnlichem versorgt. Besagter Pfarrer hat sich während meines Studiums und danach nicht *einmal* für mich und meinen Weg interessiert. Ich existierte für ihn nicht.

Nun, ich stehe heute hier, habe versucht, mich als hörender Mensch Schritt um Schritt führen zu lassen, und wurde – was ich damals nicht mal als Option erahnt habe – Seelsorgerin und Pfarreileiterin. In Deutschland wäre das noch immer undenkbar, weltkirchlich bin ich ein exotisches und fragwürdiges Wesen. Doch hier in der Deutschschweiz kann ich auch als Frau viele meiner Begabungen einsetzen, kann Menschen inspirieren, ermutigen und sie ermächtigen, – biblisch gesprochen – mit ihren Talenten am Reich Gottes mitzubauen. Miteinander können wir Leben aus dem Glauben heraus gestalten. Das gibt mir ganz viel Freude, Erfüllung und Dankbarkeit.

Jahrelang musste ich allerdings auch hier mit angezogener Handbremse fahren bzw. arbeiten. Ich durfte meine Kompetenzen nicht voll einbringen, mich nicht weiterentwickeln, erst recht nicht, als mein Mann und ich entdeckten, dass wir auch eine gemeinsame Berufung haben könnten. Paare sind in der katholischen Hierarchie ebenso wenig vorgesehen wie Frauen. Etwa fünf Jahre lang wurden wir ausgebremst. In dem Zusammenhang steht auch die Erfahrung, dass bei Stellenbesetzungen ein Priester, auch wenn ihm entscheidende Kompetenzen fehlen, oft aktiv ins Amt geholt und mit Glanz und Gloria eingesetzt wird, während eine Frau alle Hebel selbst in Bewegung setzen muss. Wenn wir Frauen in der katholischen Kirche Verantwortung übernehmen wollen, müssen wir beweisen, dass wir berührende Gottesdienste gestalten, gute Seelsorgerinnen sind, viele Leute in die Kirche bringen (finde ich auch gut und richtig so, sollte aber für alle gelten). Männer müssen vor allem geweiht sein. Das finde ich entwürdigend.

Ich habe in dieser Zeit viel nachgedacht über einen Wechsel in die christkatholische oder reformierte Kirche und über eine außerkirchliche berufliche Perspektive. Ich habe mich dementsprechend weitergebildet. Und ich habe gehadert, geschimpft und auch geheult. In dieser Phase noch mehr als damals als 17-Jährige. Denn inzwischen war ich mir meiner Berufung sicherer und wusste durch die breite Unterstützung und Anerkennung von der Pfarreibasis, die mich immer gestärkt und ermutigt hat (wofür ich sehr, sehr dankbar bin), dass ich wirklich etwas zu geben habe und in meiner Kirche etwas bewegen und Menschen erreichen kann. Von „oben" nicht willkommen zu sein, mit meinem Charisma nicht ernst genommen und vor allem nicht gleichberechtigt behandelt zu werden, das tat und tut weh. Ich zitiere Christiane Florin: „Wie eine Frau zu sein hat, definieren Männer. Männer – geweihte Männer – wissen viel besser, was Frauen wollen sollen, als Frauen selbst. Deshalb weisen Männer Frauen ihren Platz in der Kirche zu, Mutter oder Jungfrau, dazwischen kann sie sich entscheiden. Männer zirkeln den Radius ab, in dem Frauen sich bewegen dürfen. Verlassen sie diesen Kreis, sind sie keine wahren katholischen Frauen." (https://www.weiberaufstand.com/post/2018/09/16/ ich-bin-es-mir-wert; Zugriff: 15.9.2020) Das ist die Haltung, die mir in meiner Kirche vor allem aus Rom in zum Teil abenteuerlichen Formulierungen und kruden Gedankengängen noch immer oft begegnet. Zum Lachen, wenn es nicht zum Weinen wäre.

Doch all diesen wunden Punkten und Steinen zum Trotz habe ich meinen Weg mit einer gewissen Hartnäckigkeit verfolgt. Auch wenn es zwischendurch Kraft kostete. Es ist sicher kein Zufall, dass Gott mich gerade in der schwierigsten Zeit auch immer tiefer in die Meditation führte, dass das Hören, die unmittelbare Gotteserfahrung immer not-wendiger für mich wurde. Und dass gerade dadurch meine innere Entschiedenheit und meine Unabhängigkeit von äußeren Vorgaben gewachsen sind. Durch den Energieaufwand wurde ich außerdem sensibel im Hinblick auf die Unterscheidung, ob es mir um Macht oder Anerkennung oder um meine Sendung geht. Macht und Anerkennung sind es mir nicht mehr wert, denn diese könnte ich auch außerhalb der Kirche gewinnen, aber meine Sendung ist eben meine Sendung, und die kann ich an keinem anderen Ort leben als dort, wo ich mich immer wieder hingesandt spüre.

Damit bin ich bei der zweiten Erfahrung vom 21. Juni 2018 in Genf. Papst Franziskus besucht den Ökumenischen Rat der Kirchen und feiert im Anschluss einen öffentlichen Gottesdienst. Wenn es zeitlich gepasst hätte, wäre ich gern mit einigen Kolleginnen und Kollegen dorthin gefahren, denn der Basler Bischof hatte sich, angestoßen durch zwei Seelsorgerinnen, dafür eingesetzt, dass wir nichtordinierten Theologinnen und Theologen gemeinsam mit den Diakonen und Priestern den Gottesdienst mitfeiern und im gleichen Bereich sitzen, in unserem Gottesdienstgewand. So wie es in unseren Pfarreien Realität ist. Und es sah so aus, als würde das tatsächlich klappen und damit ein Ausschnitt von der kirchlichen Wirklichkeit der Schweiz in einem Papstgottesdienst sichtbar werden. Das hätte ich wunderbar gefunden. Doch dann vor Ort die lapidare Mitteilung, so anscheinend aus dem Vatikan erhalten: „Ils n'existent pas." [= „Sie existieren nicht."] So wie ich seinerzeit für meinen Heimatpfarrer nicht vorhanden war, so ist es nun unsere Berufsgruppe, die nicht existiert. Weiter hieß es: Wenn wir sichtbar wären, würde das nur für Verwirrung sorgen. Es verletzt und macht wütend, einmal mehr so verleugnet zu werden als Mensch, als kirchlich sehr engagierte Frau, die ich nie die Wahl hatte, ordinierte Priesterin und dann Pfarrerin zu werden. (Ich würde dies beim aktuellen offiziellen Amtsverständnis auch nicht wollen.) Dennoch: Egal, ob Rom uns wahr- und ernst nimmt, ob die Priestermänner sich mit uns solidarisieren oder nicht, wir existieren in unserer Kirche. Nicht nur als Lückenbüßerinnen für die fehlenden Priester, sondern mit einer je individuellen Berufung. So stehe ich hier und kann nicht anders, als – gleichermaßen sorgfältig prüfend wie fest vertrauend – Schritt um Schritt weiterzugehen. Wohin der Weg noch führt, weiß ich nicht. Aber es ist mein Weg, den ich vor meinem Gewissen verantworten muss, und nur diesen will ich gehen, und ich bin glücklich, dass ich ihn gehen kann. Hella Sodies

126. „**Ich würde so gerne das Evangelium verkünden und darüber predigen**" Ich habe erst mit 38 Jahren, im Jahr 2009, erkennen dürfen, dass Gott wirklich ist. Diese Erkenntnis kam spät, dafür umso überwältigender. Es war eine Art „Damaskuserlebnis". Ich war damals Mutter von zwei kleinen Kindern, vier und zwei Jahre alt, beruflich in einem vollkommen anderen Bereich tätig, und meine Einstellung zur Welt mit ihren unzähligen und furchtbaren Problemen und Tragödien war eine ziemlich gleichgültige, wenn ich das aus heutiger Perspektive beurteile. Dies änderte sich schlagartig mit der Erfahrung der Nähe Gottes. Plötzlich waren mir „die anderen" ganz und gar nicht mehr egal. Ich sprach z. B. Bettler auf der Straße an und unterhielt mich mit ihnen, etwas, das ich vorher im Leben nicht getan hätte. Und mich berührte ihr Schicksal. Mir wurde klar, dass ich auf keinen Fall so weitermachen konnte wie bisher. Der Wandel begann damit, dass ich regelmäßig in die Kirche (bis dahin ein rotes Tuch für mich) ging. Ich ließ mich firmen und merkte, dass ich eine Weile Abstand von der Kunst brauchte und erst einmal etwas unmittelbar für Notleidende Nützliches tun wollte. So arbeitete ich ehrenamtlich in der Leipziger Oase, einer Kontaktstelle für wohnungslose Menschen. Nach eineinhalb Jahren spürte ich, dass es mich immer mehr zur Kirche hinzog und dass ich gerne hauptamtlich in der Kirche arbeiten würde. Mit anderen gemeinsam die Gegenwart Jesu in der Liturgie zu feiern, da zog es mich am meisten hin. Am liebsten wäre ich Priesterin geworden. Aber das war natürlich unmöglich. So tat ich das, was vermutlich einige Frauen in dieser Situation tun: Da ich vom Wort Gottes fasziniert war und mich geradezu darein verliebt hatte, fing ich ein Theologiestudium an und bewarb mich gleichzeitig, um nach dem Studium zur Gemeindereferentin ausgebildet zu werden – eine der wenigen beruflichen Möglichkeiten, die Frauen in der Kirche haben. Das hat funktioniert. Ich bin im Moment noch in der Ausbildung, die Ende Juli hoffentlich erfolgreich enden wird.

Nachdem ich im Rahmen der Ausbildung zur Gemeindereferentin drei Jahre lang berufliche Erfahrungen in verschiedenen Gemeinden sammeln konnte, geht es mir mittlerweile so: Priesterin würde ich weiterhin werden. Ich würde so gerne das Evangelium verkünden und darüber predigen. Einige wenige Male durfte ich das auch im Rahmen der Ausbildung tun und es liegt mir. Ich brenne dafür, mit der Gemeinde wirklich Eucharistie und die anderen Sakramente zu feiern, und ich leide, wenn ich im Gottesdienst das Gefühl habe, der Priester vorne am Altar arbeitet die Heilige Messe einfach ab und betet die Texte herunter. Ich spüre, dass es mir liegt, Menschen zuzuhören, dass ich gerne seelsorglich tätig bin. Das alles fällt aber im Rahmen meines Berufes als Gemeindeassistentin fast immer automatisch qua Weihe dem Priester zu. Ich wäre gerne Priesterin. Aber ich würde nicht Pfarrerin werden wollen. So wie die Gemeindestrukturen sich entwickeln, hin zu Großpfarreien von mehreren tausend oder gar zehntausend Gemeindemitgliedern – so eine Pfarrei zu leiten und vor allem zu managen, dazu fühle ich mich nicht berufen. Nachdem ich während der Ausbildung Kontakt zur Gefängnisseelsorge hatte, spüre ich, dass das Diakoninnenamt für mich auch infrage käme. Wenn sich heute plötzlich die Möglichkeit des Frauendiakonats böte, ich würde sie sofort ergreifen. Ich hoffe inständig, dass sich in der katholischen Kirche etwas grundlegend ändert. Kirche ist ja nun sehr vielseitig und besteht Gott sei Dank abgesehen von der amtlich verfassten Kirche aus vielen anderen Aspekten (Caritas, die Familie, „anonyme Christen", usw.). Aber ich bin jeden Tag mehr davon überzeugt, dass Jesus diese amtlich verfasste Kirche, die wir heute haben, nicht gewollt haben kann. Ich glaube fest daran, dass der Heilige Geist wirkt – allerdings trotz dieser Kirchenstrukturen. Und ich fürchte, er hat es schwer darin. Man hört ihn nicht, will ihn nicht hören. Das sieht man ganz deutlich, z. B. an folgendem Sachverhalt: Warum akzeptieren die Amtsträger der katholischen Kirche nicht, dass Frauen sich zum Priestertum oder zum Diakonat berufen fühlen können und dass das dann auch der Heilige Geist ist, der sie ruft? Stattdessen lautet die Antwort, bei Frauen könne das nicht sein. Da stimme etwas mit der Berufung nicht. Warum stimmt bei Frauen grundsätzlich etwas mit ihrer Berufung nicht? Und warum ist dies bei Männern nicht so? Wenn ich mich dazu berufen fühle, Diakonin oder Priesterin zu werden, wird meine Berufung nicht einmal geprüft. Ich fühle mich aber trotzdem dazu berufen und ich habe Fragen.   Anon.

127. „Das verzieh mir Herr Meisner nie" Ich bin Jahrgang 1954 und engagierte mich in den 70er Jahren sehr für die Zulassung von Frauen zu kirchlichen Ämtern. Von klein auf kannte ich eine tiefe innere Verbindung zu Jesus Christus und hatte Sehnsucht, als Ministrantin nah am Altar sein zu können, so wie mein Bruder und dessen Freunde. Immer wieder fragte ich unseren Kaplan Sterzinsky, den ich sehr mochte und dem ich mein wachsendes Interesse an theologischen Fragestellungen verdanke, warum ich das nicht dürfe. Seine Antwort: „Weil Mädchen immer das letzte Wort haben müssen." Das verletzte mich tief, und es dauerte lange, bis ich ihm das sagen konnte. Von meiner Rückmeldung war er sehr betroffen und entschuldigte sich für seine verletzende Äußerung. Da war ich schon Benediktinerin und er Kardinal und mein Bischof. Oft fragte er nach meiner Einschätzung und meinte, ich wäre seine wachste und schärfste Kritikerin. Wir Schwestern, ich besonders, litten oft unter den Predigten pensionierter Pfarrer, die dem Kloster als „Hausgeistliche" zugeteilt wurden. 1995 erteilte Kardinal Sterzinsky schließlich vier Schwestern des Konvents „die Erlaubnis, an Sonn- und Feiertagen, zu Beginn der Eucharistiefeier ein geistliches Wort im Sinn einer Statio an die Mitfeiernden zu richten". Er verwies auf die Verlautbarung der Deutschen Bischofskonferenz zum Predigtdienst von Laien aus dem Jahr 1988. Wir Schwestern waren fassungslos. Da jedoch Ordensfrauen seit dem Konzil nicht mehr als Laien gelten, suchten und fanden wir für uns und die Gottesdienstgemeinde den Kompromiss, die Predigt-Ansprache nach der Lesung, vor dem Evangelium, zu praktizieren. Das wurde bewilligt. Ich war eine der vier Beauftragten und ich predigte gern. In der ehemaligen DDR geboren und aufgewachsen, konnte ich als bekennende Christin kein Abitur machen und bewarb mich für eine kirchliche Ausbildung bei den Ursulinen in Erfurt. Zuvor galt es ein Aspirantinnenjahr zu absolvieren. Für eine freiheits-liebende junge Frau wie mich war das eine harte Schule und echte Zumutung. Die Arbeit fiel mir nicht schwer, aber die Enge setzte mir zu. Rektor und später mein Religionslehrer in St. Ursula war Joachim Meisner, den ich als ideologisch, autokratisch und flegelhaft erlebte. So weigerte ich mich, als Aspirantin im Rektorhaus eingesetzt zu werden. Ich begründete es damit, dass ein erwachsener Mann sein Bett selber machen könne, auch seine Schuhe selber putzen, und führte an, dass zu Hause unser Vater derjenige war, der unsere Schuhe putzte. Das verzieh Herr Meisner mir nie. Sein doktrinärer Religionsunterricht und seine frauenverachtende Haltung waren für mich eine Zumutung, und wir stritten hart miteinander. Für die Abschlussprüfungen hatte ich die Eingebung, darum zu bitten, im Fach Religion nicht vom Rektor, sondern durch den Bischof geprüft zu werden. Die Schulleiterin verstand und ermöglichte das. Sonst hätte ich mit Sicherheit nicht bestanden und schon gar keine *missio canonica* erhalten. Ich blieb in Erfurt, arbeitete als Erzieherin im katholischen Kinderheim und engagierte mich im Liturgiekreis meiner Pfarrei. Daraus erwuchs eine Gruppe, die jeden Mittwoch den abendlichen Stadtjugend-Gottesdienst vorbereitete und gestaltete. Liberale Kapläne und Theologiestudenten/Priesteramtskandidaten ermöglichten uns Frauen eine aktive Mitgestaltung der Gottesdienste. Das waren Jahre, in denen wir Frauen am Ambo und am Altar standen und unsere erarbeiteten liturgischen Texte zum Tragen kamen. Die Hoffnung war groß, dass bald auch Frauen Zugang zu den Weiheämtern erhielten. Dank liberaler Professoren und sympathisierender Priesteramtskandidaten war es in Erfurt möglich, die ein oder andere theologische Vorlesung zu hören. Eine prägende Aufbruchzeit, die mit dem Pontifikat Johannes Pauls II.

abbrach. Mein Weg führte, per Delegation, nach Berlin in ein ökumenisches Aufbaustudium in Trägerschaft des Deutschen Caritasverbandes und der Diakonie. Ich engagierte mich in der Katholischen Hochschulgemeinde und kam in Kontakt zu TheologiestudentInnen in Westberlin und Münster. Freundschaften entstanden, einige lebendig bis heute! Dorothee Sölle und Karl Rahner wurden Leitfiguren für mich. Die Münsteraner Freundinnen engagierten sich stark für den Zugang von Frauen zu den Weiheämtern. Einige von ihnen arbeiteten dann als Pastoralreferentinnen in Pfarreien. Zunehmend litten sie jedoch darunter, dass ihnen zwar die Vorbereitungen für Erstkommunion, Firmung und, als qualifizierte Eheberaterinnen oder Trauerbegleiterinnen, auch für Trauungen und Beerdigungen überlassen wurden, in den jeweiligen Gottesdiensten aber der Pfarrer Hauptakteur war, nicht sie. Nicht mal predigen durften sie. Keine von ihnen blieb im kirchlichen Dienst! Sie arbeiten heute als erfahrene Beraterinnen, kommunale Frauenbeauftragte und als freie Referentin für Frauenspiritualität oder in nichtkirchlichen Führungspositionen. Auch mein Weg als Ordensfrau wurde zunehmend konfliktträchtig. Nach einem Sabbatjahr in Süddeutschland bat ich um Exklaustration. Ich arbeitete in der Altenpflege und absolvierte die Ausbildung in Logotherapie und Existenzanalyse am Süddeutschen Institut in München. Es folgte ein berufsbegleitendes Studium in Caritaswissenschaften an der Theologischen Fakultät der Uni Passau. in dem ich die Pastoraltheologie und Pastoralpsychologie entdeckte. Die Diplomarbeit „Wenn die Berufung sich wandelt" war eine empirische Studie zu Ordensfrauen, die nach langer Zugehörigkeit aus ihrer Ordensgemeinschaft ausgetreten sind und ‚geschlossene Systeme' verließen. Es folgten 15 Jahre als Leiterin der Stabsstelle für Religiöse Bildung & Begleitung, geistliche Begleiterin und als MitarbeiterInnenseelsorgerin im Caritasverband der Diözese Augsburg. In dieser Tätigkeit bereitete ich unzählige Gottesdienste vor, predigte selbstverständlich, leitete Wort-Gottes-Feiern mit und ohne Agape, und bildete, gemeinsam mit der Liturgiebeauftragten des Bistums, MitarbeiterInnen der Alten- und Behindertenhilfe aus zur Leitung von Wort-Gottes-Feiern in ihren Einrichtungen. Dafür erhielten sie eine Bischöfliche Beauftragung! Von Augsburg verschlug es mich nochmals in ein anderes Bundesland und Bistum. In der Arbeitsstelle für Fortbildung und Beratung war ich dort verantwortlich für den Fachbereich ‚Pastorale Fortbildung & Spiritualität'.

Einem Zugang von Frauen zu den Weiheämtern stehe ich heute distanziert gegenüber. Zu verhärtet erlebe ich die Strukturen! So kann und mag ich keiner Frau empfehlen, sich da hineinzubegeben.

Michaela E. Ständer

128. „Der bohrende Finger Gottes" Ich bin in einer kirchlich sehr aktiven Familie groß geworden. Unsere Eltern haben uns einen tiefen, ehrlichen, aber auch kritisierbaren Glauben vorgelebt. Mein Vater stand im Briefkontakt mit unterschiedlichen Theologen, um sich über die Rolle der Frau auszutauschen und seine Hoffnungen auf das Frauenpriestertum darzulegen. Diese Briefe habe ich aber erst nach seinem Tod gelesen. Wir haben bis ins Erwachsenenalter hinein zusammen regelmäßig gebetet, gingen sonntags in die Kirche, waren alle drei Geschwister Messdiener/innen, Chorsänger/innen und lebten für die und mit der Jugend in unserer Gemeinde.

Mit 18 Jahren hatte ich eine besonders nahe Erfahrung mit Gott während einer Jugendmesse. Ab diesem Zeitpunkt wollte ich diese vielen wunderbaren Erlebnisse mit Gott, der Kirche und dem Glauben in Gemeinschaft weitertragen und -sagen. Ich entschied mich für ein Religionsstudium, um als Grundschullehrerin den Glauben weiterzugeben. Der Beruf der Gemeindereferentin schied aus, da ich selbstständiger agieren und nicht nur die rechte Hand des Pfarrers werden wollte. Das Studium und die Tätigkeit in der Schule haben mich sehr glücklich gemacht. Zwischenzeitlich bekamen mein Mann und ich vier Söhne. So verschob sich meine Aktivität wieder mehr in Richtung Kirchengemeinde. Unsere Gemeindereferentinnen gaben uns Frauen immer wieder Möglichkeiten, Gottesdienste vorzubereiten. Außerdem stieg ich in die Erstkommunion-Katechese ein.

Mit den Jahren kamen dann andere Pfarrer und Kapläne in die Gemeinde. Die liberale Atmosphäre meiner Jugend verschob sich zusehends. Bei den Gottesdiensten, die wir mit einigen Frauen vorbereitet hatten, durften wir nur noch aus den Bänken unsere Texte vorlesen. Im Altarraum waren wir nicht mehr geduldet. Bei mir machte sich mehr und mehr Frustration breit. Daraus entstand dann Verbitterung. Erst jetzt machte ich mir so richtig bewusst, dass ich eigentlich, schon seit ich 18 Jahre alt war, Priesterin werden wollte. Wenn ich das erwähnte, hätte ich auch sagen können, ich fliege morgen mit auf den Mond. Ein Tabu kann man aussprechen, ohne dass das jemand ernst nimmt.

Im Herbst 2012 schlitterte ich in ein Burn-out, das ich stationär in einer psychosomatischen Klinik und danach in der Tagesklinik behandeln ließ. Die Ärzte bescheinigten mir ein Problem mit Männern. Angesichts der Tatsache, dass ich fünf davon zu Hause hatte, dämmerte es mir nur langsam. Ich ortete meine Probleme erst überall anders. Glaube und Kirche verschloss ich in meinem Inneren. Ich traute mich nicht daran. Den bohrenden Finger Gottes hatte ich ja nun schon Jahre bewusst und unbewusst überhört, verdrängt und verneint. Irgendwann im Herbst 2013 hatte ich dann mein „Jona"-Erlebnis. Bei einer wohl eher meditativen Veranstaltung mit biblischen Erzählfiguren brachen meine Mauern zusammen. Ich musste mich „Hals über Kopf" verabschieden, da ich so heftig weinen musste, dass ich mich kaum auf den Beinen halten konnte. Gott brach sich seinen Weg durch meine Mauer in mein Herz und Bewusstsein. Ich fühlte mich wie Jona von Gott eingeholt. Dem musste ich mich stellen und konnte nicht mehr entfliehen.

Danach war alles ganz klar: Um mich zu retten, musste ich zu den Alt-Katholiken gehen, die ich schon seit 1995 kannte und mit denen ich immer wieder liebäugelte. Ich hörte auf, diese große Kirche von innen verändern zu wollen. Es begann ein langsamer und einsamer Weg der Trennung. Mein Mann ermutigte mich anfangs sehr darin, bekam dann aber Bedenken und empfand es als stark spaltend in unserer Familie. Meine Söhne fühlten sich verraten und bleiben auch heute noch der altkatholischen Kirche eher skeptisch gegenüber. Meine Eltern, Geschwister und engen Freunde haben den Schritt als richtig und konsequent empfunden, kamen aber so gut wie nie mit in meine neue Gemeinde. Einzig mein Mann und eine Freundin kommen immer mal wieder in die altkatholische Gemeinde. Alle anderen sehen es wohl als eine abtrünnige Handlung. Ich selber empfand den Schritt als einen Rauswurf, da es für Frauen, die sich berufen fühlen, keinen Platz in der katholischen Kirche gibt. Mein damaliger Pfarrer beschimpfte mich, dass sich dann ja wohl jeder alles herausnehmen könne. Es gäbe keine Berufung bei Frauen. Die Phase der Trauerarbeit habe ich so langsam abgearbeitet. Doch beim Schreiben dieses Briefes merke ich, wie tief das alles in mir steckt. Um die Alt-Katholiken besser kennenzulernen und Priesterin zu werden, begann ich im Januar 2015 ein Fernstudium der Theologie. Je länger ich dabei bin, desto überzeugter und befreiter bin ich. Seit Juni 2017 bin ich in diese Kirche gewechselt. Mittlerweile schaffe ich es immer weniger, in die römisch-katholische Kirche zu gehen, da sich nichts verändert hat, meine Freundinnen sich Jahr um Jahr ärgern, aber nichts dagegen tun. Verwandte, die mich nur einmal im Jahr sehen, sprachen mich darauf an, was mit mir geschehen sei. Ich sähe so anders aus. Der bohrende Finger Gottes hat sofort aufgehört, als ich endlich auf meine/seine Stimme gehört habe. Meine Eheprobleme entspannten sich, ich merkte eine neue Souveränität in mir. Der Weg zur Priesterin ist lang. Neben meinen Berufen als Mutter und Lehrerin nun auch noch Studierende zu sein, hat mich häufig an den Rand meiner Kräfte gebracht. Das Ziel ist es aber wert.

Brigitta Stahlberg

129. „Der Heilige Geist kennt kein Ansehen des Geschlechts" Als gläubige Christin bin ich davon überzeugt, dass ich meine Talente von Gott geschenkt bekommen habe. Im Laufe meines Lebens durfte ich erfahren, dass ich von Gott die Gabe erhalten habe, Menschen das Wort Gottes auszulegen, es mit ihrem Alltag zu verbinden und ihnen dadurch – mithilfe des Heiligen Geistes – Trost, Mut und Bestärkung zukommen zu lassen. Leider kann ich diese Gabe Gottes nur bedingt den Menschen zugutekommen lassen, da es Laien verboten ist, in der Eucharistiefeier zu predigen. Ich tue es an anderer Stelle: in den Wort-Gottes-Feiern, gelegentlich bei Unterhaltungen in der Familie und im Freundeskreis und ab und zu – mithilfe einer Sonderregelung der Diözese Rottenburg-Stuttgart und aufgrund der Wertschätzung einiger Priester – in Eucharistiefeiern. Dennoch empfinde ich es als vertane Chance, dass ich dieses Talent nicht noch weiter entfalten kann.

Von Beruf bin ich Gemeindereferentin, persönlich fühle ich mich nicht dazu berufen, Diakonin oder Priesterin zu sein. Dennoch bin ich davon überzeugt, dass der Heilige Geist kein Ansehen des Geschlechts kennt und ebenso Frauen zu diesen Diensten beruft. Diese dürfen sie aber nicht im vollen Maße innerhalb der katholischen Kirche leben.

Ich denke dabei z. B. an meine verstorbene Mutter. Sie war Seelsorgerin mit Leib und Seele. Ihre ganze (Glaubens-)Kraft hat sie dafür eingesetzt, Menschen zu begleiten und ihnen aus dem Glauben heraus Hoffnung und Zuversicht zu schenken. Nicht Wenigen hat sie dabei die Tür zum Glauben einen Spalt breit geöffnet. Diese Begleitung musste oft unterbrochen werden: ausgerechnet dann nämlich, wenn diese Menschen wünschten, sich unter ihrer Assistenz das Ja-Wort zu schenken, ihr Kind taufen zu lassen, oder die Krankensalbung für sich oder einen Angehörigen erbaten.

Kraft für ihr Tun bekam meine Mutter im Gebet und in der Eucharistiefeier. Welcher Segen wäre es für sie gewesen, diese selbst feiern zu dürfen. Mit innigster Hingabe hat sie an Fronleichnam – zusammen mit Wort-Gottes-Leitern aus dem Ort – den leibhaftigen Herrn durch den Ort getragen, buchstäblich zu den Menschen gebracht. Dass der leitende Pfarrer sie dazu ermutigt hat, war ein Segen für die Menschen und die eucharistische Frömmigkeit. Ich kann es nicht begreifen, warum die katholische Kirche es zulassen kann, dass so viele Menschen ihre Begabungen und Berufungen nicht in vollem Maße zum Wohle der Menschen einsetzen können. Ich kann es nicht begreifen, warum so wenig Wert auf Begleitung der Gläubigen durch einen Seelsorger vor Ort gelegt wird. Ich kann es nicht begreifen, warum die Frau unwürdiger sein soll als der Mann. Gott hat den Menschen erschaffen hat als Mann *und* Frau, und zwar ausschließlich in dieser Verbindung. Anna Staiger 247

130. „Das Brennen im Herzen lässt nicht nach" Mit 15 Jahren spürte ich während eines christlichen Jugendcamps zum ersten Mal ein Brennen in meinem Herzen. Es war das Aufflackern einer Berufung zur römisch-katholischen Priesterin. Ich konnte es damals noch nicht so richtig einordnen, doch dieses „Brennen im Herzen" ließ nicht nach. Ich wollte gerne das machen, was mein Stadtpfarrer tat: predigen, Eucharistie feiern, taufen, Ehen schließen, Seelsorgerin sein. Mit 17 Jahren beschloss ich, Ministrantin zu werden. Von Sonntag zu Sonntag wurde meine Sehnsucht zum priesterlichen Dienst und meine Liebe zur Kirche größer. Weil ich wusste, dass es in der katholischen Kirche keine Frauen als Priesterinnen gibt, überlegte ich mir, in eine Kirche zu konvertieren, in der Frauen schon heute Pfarrerinnen sind. Der Gedanke fühlte sich für mich aber nicht richtig an. Etwas in mir sagte: Du könntest zwar dann dem Beruf als Pfarrerin nachgehen, aber dein Herz würde weiterhin römisch-katholisch schlagen. So entschied ich mich, katholische Theologie zu studieren. Im Studium und auch danach musste ich mir immer wieder Gründe anhören, warum Frauen nicht Priesterinnen werden können: Frauen seien unrein oder sie könnten sich eh nicht ans Beichtgeheimnis halten, da sie ja so geschwätzig seien. Die Priesterweihe würde an den Frauen abperlen, Gott kann keine Frauen berufen. So etwas zu hören, schmerzt. Aber ich weiß, dass diese Aussagen sich einer zutiefst mittelalterlichen, patriarchalisch geprägten Theologie bedienen, die von einer Ungleichheit von Mann und Frau ausgeht. Diese wurde vor über 50 Jahren durch das Zweite Vatikanische Konzil aber überwunden. Dort heißt es in *Gaudium et spes* Nr. 29: „Jede Form einer Diskriminierung in den gesellschaftlichen und kulturellen Grundrechten der Person, sei es wegen des Geschlechts ..., muss überwunden und beseitigt werden, da sie dem Plan Gottes widerspricht."

Ein Ereignis, das wohl der schmerzhafteste Moment in meiner Berufung war, war die Priesterweihe eines guten Freundes. Der Bischof sagte in seiner Predigt, dass wir beten sollten für mehr männliche Berufungen, da nur so wenig Männer sich auf den Weg zum Priesterdienst aufmachen. Doch was ist mit den vielen Frauen, die schon lange warten und längst bereit wären, diesen Weg zu beschreiten? Mein Herz ist an diesem Tag fast explodiert. Ich fühlte nicht nur einen seelischen Schmerz, auch mein ganzer Körper tat weh. Dieser Tag hat mich aber bestärkt: Ich habe eine Berufung, denn sonst würde es mich nicht so berühren.

Seit neun Jahren erhebe ich öffentlich meine Stimme für das Frauenpriestertum und Reformen in der Kirche. Ich erhebe immer und immer wieder meine Stimme, auch wenn das viele *hater* auf den Plan ruft. Aber ich habe Gott sei Dank auch sehr viele Unterstützer*innen. Weltweit kenne ich etliche Frauen, die ebenfalls Priesterinnen werden möchten. Zu sagen, dass das Frauenpriestertum nur ein „europäisches Problem" sei, ist schlicht und einfach falsch. Meine Berufung zur Priesterin spüre ich seit nunmehr 15 Jahren. Weil ich weiß, dass nur eine gleichberechtigte, gerechte und barmherzige Kirche im Geiste Jesu Christi Zukunft hat, werde ich beherzt weiterkämpfen. Jacqueline Straub

131. „Warum Frauen im Altarraum nichts zu suchen haben" Das Confiteor konnte ich schon auswendig und auch das viel schwierigere Suscipiat. Auf lateinisch. In der 3. Klasse. Und zwar genauso gut wie mein Bruder, der drei Jahre älter war und Ministrant. So fragte ich den Pfarrer nach dem Religionsunterricht: „Hochwürden, ich kann die lateinischen Messgebete schon auswendig, darf ich jetzt Ministrant werden?" Obwohl er sonst immer freundlich zu mir war, sagte er: „Nein, Mädchen können nicht Ministrant werden." „Aber warum? Ich kann die Gebete wirklich, auch das Confiteor." „Nein, Du bist zwar ein braves und fleißiges Mädchen, aber das weibliche Geschlecht hat im Altarraum nichts zu suchen." Da stand ich und verstand nichts. Das weibliche Geschlecht, was ist das? Und das männliche Geschlecht? Ich hatte beides noch nicht gesehen, wusste nur aus dem Beichtspiegel, dass es was mit untenrum und unkeusch zu tun hatte und dass man sowas nicht fragen konnte. Aber warum ist das männliche Geschlecht Gott wohlgefälliger? Ich war doch braver als mein Bruder, der manchmal log oder heimlich vom Messwein trank. Das beschäftigte mich länger. Ein paar Jahre später lüftete sich das Geheimnis, da sah ich das männliche Geschlecht meines Bruders. Im Taubenschlag. Ein Zipfelchen. Und wegen diesem Zipfelchen ist er also Gott wohlgefälliger als ich, darf Ministrant und Pfarrer, darf Bischof, Kardinal und Papst werden.

Ministrantin und Pfarrerin durfte ich also nicht werden, dann wenigstens Missionsschwester. Und so ging ich mit 12 zu den Franziskanerinnen in die Schule und ins Internat. Mit 14, es war mittlerweile 1961, schrieb ich in mein Tagebuch: „Also, Armut und Keuschheit sind kein Problem, aber der Gehorsam." Ins Kloster gehen war also doch nicht meins. Ich wechselte die Schule und machte dann bei Dominikanerinnen das Abitur. Dort herrschte ein viel freierer und liebevollerer Geist, selbst zum 50-jährigen Klassentreffen kamen noch über 20 dankbare Schülerinnen.

Gut 10 Jahre später war ich Landesvorsitzende des BDKJ in Bayern und in Doppelfunktion Geschäftsführende Leiterin der Landesstelle für Katholische Jugendarbeit in Bayern. Kardinal Ratzinger war mein Chef, ich sah ihn vielleicht einmal im Jahr. Wir kamen gut miteinander zurecht, weil er wohl positiv überrascht davon war, dass er sich Anfang der 1980er Jahre, als das 68er-Gedankengut auch bei den Katholischen Jugendverbänden angekommen war, mit mir als Nicht-Theologin, sondern Juristin und von den Verbänden demokratisch gewählter Landesvorsitzender, über Mystiker wie Meister Eckhart und Teresa von Ávila unterhalten konnte. Bei einem solchen jährlichen Gespräch klärte er mich sogar auf, dass Ruach, der Heilige Geist, im Hebräischen einen weiblichen Artikel habe. Was mir für immer hängenblieb.

In meiner Funktion als Leiterin der Landestelle für katholische Jugendarbeit war ich auch für die Herausgabe unseres Infoblattes „Bai Intern" zuständig. Ich schrieb darin meist Artikel zu aktuellen Themen. Mittlerweile gab es in Deutschland schon Ministrantinnen, aber nicht in allen Gemeinden, weil von Rom noch nicht offiziell erlaubt. Zu einem anstehenden Papstbesuch stand das Thema wieder zur Debatte. So setzte ich einen etwas frechen Artikel in unseren „Bai intern" mit dem Titel „Warum Frauen im Altarraum nichts zu suchen haben". Darin schilderte ich meine Erfahrung als kleines Mädchen, das Ministrantin werden wollte, aber nicht durfte. Diese Ausgabe wurde dann heimlich, hinter meinem Rücken, von unserem Landespräses, der sonst progressiv war, in Absprache mit ich weiß nicht wem vernichtet. Die ganze Auflage. Ein paar Exemplare müssen doch in die Welt geraten sein, weil plötzlich sogar das Bayerische Kultusministerium und die Jusos unser Hausblatt abonnierten.

Als ich darin noch einen persönlichen Bericht über interessante spirituelle Erfahrungen beim Fasten schrieb, sagte mir ein Jugendpfarrer: „Über Spiritualität zu sprechen, überlassen Sie besser uns Priestern, das ist nicht Ihr Metier." Da war es wieder dieses „Mulier in ecclesia taceat". („Die Frau schweige in der Versammlung." 1 Kor 14,34) Mit der Zeit wurde mir, trotz vieler wunderbarer Kolleg/inn/en in der kirchlichen Jugendarbeit, klar, dass ich nicht mit Schere im Kopf leben und schreiben wollte. Nach innerem Ringen verließ ich schweren Herzens den BDKJ und auch die katholische Sphäre. Auf meiner Suche nach Authentizität und Wahrhaftigkeit wandte ich mich anderen spirituellen Gruppen zu, mutigen Pionieren, bei denen ich mehr Raum fand für eigene spirituelle Erfahrungen und offeneren Austausch. Gruppen, in denen der weibliche Beitrag in der Spiritualität schon damals, Anfang der 80er Jahre, als mindestens ebenbürtig anerkannt und geschätzt wurde.

Etliche Jahre später – ich hatte beruflich andere Wege eingeschlagen – wurde ich für den „Universellen Gottesdienst" aller Religionen im Inayati-Orden, vormals Internationaler Sufiorden, als Priesterin eingeweiht. Ich hatte mich acht Jahre darauf vorbereitet, mich mit den geistigen, emotionalen und spirituellen Grundlagen der verschiedenen Weltreligionen intensiv befasst und eine Arbeit vorgelegt. Zur Ausbildung gehörte auch die kontemplative Einstimmung auf die besondere Botschaft, die jede Weltreligion der Menschheit vermitteln kann. In dieser Gemeinschaft braucht niemand eine Konfession anzunehmen oder aufzugeben. Unvergesslich ist mir die Erfahrung, wie ich zum ersten Mal einen solchen „Universellen Gottesdienst" erlebte, bei dem auch Frauen als Priesterinnen fungierten. Das war 1987 in einem internationalen Sufi-Camp als Abschluss eines einwöchigen Retreats in den Schweizer Bergen. Ich war so ergriffen, dass mir Tränen in die Augen kamen. Endlich, endlich, es war eine solche Erlösung und Befreiung. Nicht nur die Tatsache, dass es hier Priesterinnen gab – die gab es mittlerweile auch in der evangelischen Kirche –, hier fand ich noch etwas anderes Neues, für mich zutiefst Beglückendes.

An einer Kerze auf dem Altar, die das EINE Gotteslicht symbolisiert, wurde je eine Kerze als Symbol für die verschiedenen Weltreligionen entzündet. Die erste Kerze für das weibliche Antlitz Gottes und das neu erwachende Bewusstsein des weiblich Göttlichen in unserer Zeit. Dann folgten die Kerzen für die Weltreligionen und als achte Kerze auch ein Licht für all jene, „die der Welt bekannt und unbekannt, das Licht der Wahrheit hochhalten gegen das Dunkel menschlicher Unwissenheit". Erschüttert wusste und fühlte ich: „Ja, jetzt bin ich angekommen, das ist universal. Ich brauche keine Religion auszuschließen. Das ganze spirituelle Erbe der Menschheit ist unser heiliges Vermächtnis." Zu einem ausgewählten Thema wurde ein kurzer Text aus jeder der Weltreligionen gelesen und zu jeder Tradition gab es eine musikalische Einstimmung, nach Möglichkeit mit Musik und Musikern aus der jeweiligen Tradition, hocheingestimmte Musik ist ja der Königsweg ins Herz. Dazu Gebete vom Initiator dieses Gottesdienstes, dem indischen Mystiker, Musiker und Sufilehrer Hazrat Inayat Khan, der Anfang des 20. Jahrhunderts im Auftrag seines Sufilehrers die Idee der Einheit der Religionen in den Westen brachte, als bei uns Katholiken und Protestanten noch kaum miteinander redeten.

Bei meiner eigenen Einweihung zur Priesterin des „Universellen Gottesdienstes" 2004 durch den Pir, den spirituellen Lehrer und Leiter des Ordens, dessen „Einweihungslinie" weit zurückreicht, fühlte ich mich zutiefst ergriffen und angeschlossen an alle spirituellen Traditionen und Lehrer/innen der Menschheit. Seit dieser Zeit habe ich jährlich einen oder zwei Universelle Gottesdienste geleitet, jedes Mal zu einem anderen Thema, meist begleitet von „Tänzen des Universellen Friedens". Es war immer eine tief erfüllende Erfahrung und Freude, schließlich meine innerste Berufung leben zu dürfen, und auch für viele Teilnehmer/innen war es ein beglückendes und erlösendes Erlebnis. Nicht nur für Frauen.

Meine interreligiöse Ausbildung kam mir auch als Ethiklehrerin zugute. Ich hatte Schüler/innen aus verschiedenen Traditionen, vorwiegend Muslime, aber auch Christen aus Afrika und Kroatien, Hindus aus Sri

Lanka und Atheisten aus Russland. Sie spürten offenbar, dass ich nicht nur kognitives, intellektuelles Wissen über ihre Religionen hatte, sondern einen inneren Bezug zu dem, was ihnen in ihren Religionen kostbar und heilig war. Wenn auch in anderer Weise, war ich schlussendlich doch „Missionsschwester" geworden. Meine Einweihung als Priesterin hat mich mit dem Katholizismus auch auf neue Weise wieder verbunden und versöhnt. Inzwischen konnte ich klarer unterscheiden zwischen der inspirierenden Botschaft jeder Religion und ihrer äußeren, strukturell verfassten Institution und Organisation. Und ich wusste, dass da Ideal und Wirklichkeit oft weit auseinanderklaffen. Nicht nur in der katholischen Kirche, sondern in den meisten Traditionen. Je mehr Prestige, Macht, Geld und Privilegien mit Ämtern verbunden sind, desto hartnäckiger werden sie verteidigt. Was die Rolle der Frauen in den verschiedenen Traditionen betrifft, gibt es starke patriarchalische Gemeinsamkeiten und Allianzen, Frauen seit je aus dem Priesteramt und religiösen Leitungsfunktionen auszuschließen.

Im Buddhismus waren es westliche Frauen, die dafür sorgten, dass etwa Lehren wie „Nur im Körper eines Mannes kann man Erleuchtung erlangen" aus dem Lehrkanon entfernt wurden. Auch der rechtliche, soziale und spirituelle Status buddhistischer Nonnen verbesserte sich durch das Engagement westlicher Buddhistinnen.

Überraschend war für mich, dass ich nach meiner Einweihung und der Erfahrung, Gottesdienste zu gestalten und zu leiten, geschwisterlichere Gefühle zu Priestern entwickelte, insbesondere zu den Jesuiten in St. Michael in München, deren Gottesdienste spirituell, liturgisch und musikalisch zum Feinsten gehören, was ich an katholischer Liturgie kenne. Auch wenn sie zu mehreren am Altar gemeinsam zelebrieren, spüre ich, dass sie durchaus auch Frauen in ihrer Mitte integrieren könnten, ein Bild, das mir bei zelebrierenden Domkapitularen nie kam.

Sehr wichtig waren auf meinem Weg erwachte spirituelle Lehrerinnen, die mir halfen, weibliche Eigenschaften auch als Göttliche Qualitäten in mir „nach Hause" zu bringen und zu würdigen, was mein Selbstbild veränderte und das Gefühl für meine weibliche Würde stärkte. Endlich Schluss mit dem alten anmaßenden Primat des Geistes über die Materie, wobei der Geist als männlich und die Materie als weiblich galt. Entsprechend respektlos und ohne Achtung wurde in diesem Weltbild mit der Materie, der Erde und den Frauen umgegangen. Die Konsequenzen erleben wir in zerstörter Natur, schreiender sozialer Ungerechtigkeit und unterdrückten Frauen in weiten Teilen der Welt.

Ich fühle mich allen Pionier/inn/en verbunden, die zum Wohle und zur Heilung der Menschheit und der Erde dafür arbeiten, kämpfen und sich engagieren, dass der weibliche Beitrag in Lehre und Ritus der verschiedenen Religionen einen ebenbürtigen Raum bekommt und so Männlich und Weiblich sich kooperativ ergänzen, verbinden und alte Wunden heilen können.

So hat die noch lebende indische Heilige, Mata Amritanandamai, auch als Amma bekannt, weltweit über 30 Millionen Menschen umarmt und damit dem weiblich mütterlichen Element in der Religion einen neuen körperfreundlichen Ausdruck verliehen. Sie hat in Indien auch erreicht, dass wieder weibliche Tempelpriesterinnen ausgebildet und eingesetzt werden.

Als mir im Rahmen meiner Cheragausbildung (Priester/innen im Inayatiorden) meine tiefe Verbindung und Beheimatung im Katholizismus mit all seinen Ritualen, die mir von Kindheit an zutiefst vertraut sind, als unauslöschliche Verwurzelung intensiv bewusst wurde, bin ich wieder in die katholische Kirche eingetreten, bei den Jesuiten. Als ich da meine spirituelle Vita erzählte, meinte der mich aufnehmende Pater: „Schon traurig, dass die engagiertesten Menschen und aufrichtigen Sucher oft erst gehen müssen."

Meinen schönen Taufnamen Maria Magdalena ließ ich mit 30 Jahren formell vor dem Standesamt in Marlene verändern, weil ich die Rolle der Sünderin und Büßerin, die mit diesem Namen jahrhundertelang verbunden war, als bedrückend und demütigend empfand. Papst Gregor hatte im 6. Jahrhundert die ehemalige *apostola apostolorum* zur Sünderin, Hure und Büßerin degradiert. Damit war eine Ableitung des Priesteramtes von „so einer Frau" endgültig vom Tisch. Nach dem Fund der Schriftrollen von Nag Hammadi war die Aufrechterhaltung dieser Rollenzuweisung nicht mehr möglich, und ab den 1960er Jahren wurde Maria Magdalena allmählich wieder rehabilitiert. 2016 wurde sie dann von Papst Franziskus wieder offiziell zur *apostola apostolorum* erklärt und ihr Namenstag zum Hochfest erhoben. Als ich das hörte, dachte ich: „Das ist der Türöffner für die Priesterweihe der Frauen. Jetzt kann die katholische Kirche ohne allzu großen Gesichtsverlust den Schritt endlich tun." Es geschah wiederum nicht.

Mit meiner Einweihung als Priesterin habe ich den Taufnamen Maria Magdalena wieder als spirituellen Namen angenommen. Da hatte ich das Gefühl, dass ich das Vermächtnis dieser großen Frau jetzt gern wiederaufnehmen möchte; ich fühlte mich dafür reif.

Ich hoffe, es noch zu erleben, dass die katholische Kirche den Schritt vollzieht, Frauen zu Priesterinnen zu weihen und zu allen Ämtern zuzulassen. Ein Schritt zu einer längst fälligen Heilung auf vielen Ebenen. Wir haben eine Bundeskanzlerin, um die uns die Welt beneidet, die Europäische Zentralbank wird von einer Frau geleitet, auch die europäische Kommission, aber zum Priesteramt soll eine Frau hierzulande nicht fähig sein?   Marlene Straub

132. „**Die verlorene Generation**" Der Begriff ‚Die verlorene Generation' beschreibt eigentlich ein kunsthistorisches Phänomen. Es geht um die Jahrgänge zwischen 1890 und 1910, deren künstlerisches und kulturelles Wirken durch die zwei Weltkriege entscheidend gebrochen wurde, und die anschließend im Kunstbetrieb keinen Boden mehr unter die Füßen bekamen und wenig Anerkennung erhielten. Diesen Begriff der verlorenen Generation/Generationen weite ich auf die Frauen unserer Kirche aus, die, ab 1950 geboren, gut ausgebildet, voller Engagement, Mut und Hoffnung, ihre religiösen, intellektuellen und sozialen Talente in ihre Gemeinden einbringen wollten, in ihrem Wirken aber nur bedingt Anerkennung fanden und entmutigt wurden. Das sind rückblickend schon drei Generationen von Frauen, die für das Priesteramt verloren sind, deren tröstende Hände an Krankenbetten fehlten, deren Gebete, gute Predigten und Segnungen ihren von Gott bestimmten Gemeinden vorenthalten wurden.

Als ich fünf Jahre alt war, sagte mir Jesus, dass ich zur Priesterin berufen sei. Ernsthaft teilte ich das Anliegen meiner Umgebung mit, die mir daraufhin beschied, dass ich nur ein Mädchen sei, selbst vom Messdienerdienst sei ich ausgeschlossen. Von diesem Augenblick an war mir klar, dass es sich hier um eine tiefe Ungerechtigkeit handelt. Obwohl ich sehr religiös war, entfernte ich mich als junge Frau von der Kirche. Aber in meinem 30. Lebensjahr erhielt ich die prophetische Berufung in einer kleinen Gruppe von religiösen Menschen. Mit großer Anerkennung blicke ich auf die Pfingstkirchen, die ihre Propheten und Prophetinnen in ihrem Dienst begleiten, betreuen und auch beschützen. Da ich als Katholikin hier an keinerlei seelsorgerische Unterstützung denken konnte, begann ich im privaten Bereich mit meiner prophetischen Arbeit. Durch diesen Dienst haben sich sehr viele Menschen wieder zu Jesus bekehrt.

Als ich 40 Jahre alt war, dachte ich über einen Konfessionswechsel nach, um evangelische Pastorin zu werden. Ich kann sehr gut Vorträge halten und predigen und habe vom Himmel die Gabe, viele Menschen zu erreichen. Da gab mir jedoch mein Engel eine andere berufliche Richtung vor, die sich dann auch realisierte. Sehr gerne hätte ich alle meine Fähigkeiten im Priesteramt eingesetzt und den Menschen gedient. In meiner Familie waren noch zwei weitere Frauen berufen, sie alle leisten heute in anderen Bereichen wertvolle Dienste für die Gesellschaft. Wenn wir heute Priestermangel haben, ist dies ein Zeichen Gottes und vom Wirken des Heiligen Geistes, ein eindrucksvoller Hinweis, dass hier bereits seit Generationen eine tiefe Lücke besteht. Wie viele Menschen wurden aufgrund der Ausgrenzung von so vielen Frauen nicht erreicht, wie viele Kinder wurden dadurch nicht getauft, wie vielen Sterbenden wurde nicht beigestanden! Was mich zutiefst erschüttert, ist, dass es von den männlichen Vertretern unserer Kirche nicht als Sünde und Versagen betrachtet wird, dass so viele Menschen in der Seelsorge vernachlässigt bleiben. Je älter ich werde, als desto schmachvoller empfinde ich das Verhalten unserer Kirchenvertreter. Gerechtigkeit gibt es leider nur beim Zahlen der Kirchensteuer. Anon.

133. „Zum ersten Mal im Leben habe ich mich als Frau wirklich diskriminiert gefühlt" Ich bin 23 Jahre alt und studiere katholische Religionspädagogik in Paderborn. Letztes Jahr im Sommer, nach meinem ersten Studienjahr, hatte ich zum ersten Mal den Gedanken in mir: „Schade, dass du keine Priesterin werden kannst." Nach nur einem Jahr Studium hatte sich Vieles für mich verändert, und mein Glaube an Gott und meine Sehnsucht, in meinem Leben nach seinem Willen zu handeln, war so weit ausgeprägt, dass ich für mich wusste, dass ich nun bereit wäre, einen größeren Schritt zu gehen, wenn es denn in dieser Kirche möglich wäre. Und zum ersten Mal in meinem Leben habe ich mich als Frau wirklich diskriminiert gefühlt – ein Gefühl, das schmerzt. Es wurde gefragt, für welche Alternativen ich mich warum entschieden habe. Gut, dass ich noch in der Situation bin zu studieren, aber auch diese Zeit wird irgendwann vorbei sein, und dann werde ich eine Entscheidung treffen müssen. In letzter Zeit frage ich mich oft, obwohl ich mich für den Dienst in der Kirche berufen fühle, ob dieser Weg der richtige sein wird. Und das liegt vor allem an der großen Frage nach ‚den Frauen in der Kirche'. Letzten Herbst ist es mir passiert, dass ein Kommilitone zu mir sagte, dass ich meine Mitmenschen nicht segnen dürfte, indem ich ein Kreuz mit meiner Hand in die Luft zeichne, weil dies angeblich nur Männer dürfen. Auch wenn diese Aussage nicht wahr ist, schmerzte es mich trotzdem, dass ein Kommilitone ein so konservatives Denken und ein anscheinend so negatives Frauenbild hat. Jetzt in der Coronakrise mit den digitalen Angeboten der Kirchen habe ich mir auch mal Predigten oder Impulse von evangelischen Pfarrerinnen angehört. Ich merke aber, wie ungewohnt dieses Bild für mich ist. Ja, im ersten Moment empfinde ich es als wirklich merkwürdig, eine Pfarrerin zu sehen, und ja, ich bin über mich selbst erschrocken, dass ich diesen Anblick im ersten Moment als ‚merkwürdig' empfand. Das sind Dinge, die mir Angst machen. Angst, dass ich, wenn ich mich später nach dem Studium für die Kirche entscheiden sollte, in ihr nicht ernst genommen werde. Angst, dass ich Segnungen ausspreche, die von manchen Menschen vielleicht nur als ‚halb so viel wert' empfunden werden. Die Freude über meinen Glauben schwappt in mir über, aber ob ich diese Freude so weitergeben kann, wenn es Menschen gibt, die es als merkwürdig empfinden, wenn ich als Frau davon berichte, das frage ich mich schon sehr. Ich frage mich auch, was der Synodale Weg denn wirklich verändern kann. Ob Diakoninnen oder Priesterinnen zugelassen werden, kann doch letztendlich nur vom Vatikan aus entschieden werden und nicht in einem Synodalen Weg. Ich meine, im Synodalen Weg ist es unsere Aufgabe, kleinere Grundsteine für die Gleichberechtigung zu legen. Ich würde mir in meiner Kirche mehr großartige Frauen wünschen, die öffentlich das Evangelium auslegen. Frauen, die uns erst einmal zeigen, dass das nicht ‚merkwürdig' ist, sondern das Normalste auf der Welt. Vielleicht sollten wir nicht damit beginnen zu fordern, dass wir Frauen ordiniert werden können. Ich denke, wir sollten damit beginnen zu fordern, dass wir ein Sakrament spenden dürfen, nämlich das Sakrament der Taufe. Jede Katholikin und jeder Katholik hat die Vollmacht, im Notfall zu taufen. Vielleicht kann es ein Ziel im Synodalen Weg sein, diese Vollmacht auszuweiten, so dass Pastoralreferenten und -referentinnen dies mit einer bischöflichen Beauftragung immer tun dürfen. Anon.

134. „Ich beginne zu erkennen, dass ich längst Priesterin bin und daraus lebe"

Ich bin 65 Jahre und konnte diesen Sommer mein 40-jähriges Dienstjubiläum als Gemeindereferentin in der Kirche feiern. Ich gehöre zu denen, die in den 70er Jahren aus der Begeisterung für Jesus ihren Dienst in der Kirche angetreten haben. Seit dieser Zeit – und schon davor – lebe und lebte ich aus dem Schriftwort „Wo zwei oder drei in meinem Namen versammelt sind, da bin ich mitten unter ihnen" (Mt 18,20). Dieser Vers war und ist meine Grundmotivation. Dahinter findet sich mein Jesus- und Gottesbild. Darin steckt, was für mich Kirche und Glaube ist. Dass ich mich zur Priesterin berufen fühle, habe ich erst viel später erkannt. Heute glaube ich immer noch an die Gemeinschaft der Glaubenden und der Suchenden, der Gottesfinder*innen. Ich arbeite seit fast 14 Jahren in der Reha-Seelsorge und habe vor allem mit Menschen zu tun, die in der Psychosomatik sind, die oft die Kirchenmitgliedschaft hinter sich gelassen haben und sich auf die Suche nach dem gemacht haben, was sie trägt. Die Frage nach einer/einem Priester*in stellt sich für diese Menschen überhaupt nicht. Sie suchen Mitgeher*innen, Begleiter*innen, die ihnen helfen, sich zu finden. Wer sich findet, findet Gott in sich – davon bin ich tief überzeugt. Also stelle ich mir heute nicht mehr die Frage: Wer weiht mich zur Priesterin? Sondern ich beginne zu erkennen, dass ich es längst bin und daraus lebe. Mein Traum in diesem Bereich geht dahin: Alle, die sich berufen fühlen, sich im christlichen, spirituellen Raum einzubringen, sollten die Gelegenheit haben zu studieren, Fähigkeiten und Fertigkeiten zu erlernen. Wichtig bei aller spirituellen Ausrichtung ist auch die Professionalität in der Arbeit. Sie alle sollten als Seelsorgerinnen und Seelsorger einen Dienst finden, der ihrem ganz persönlichen Charisma entspricht. Das ist ein Weg. Die eigene Fähigkeit findet sich oft erst im Tun und in den Rückmeldungen der Menschen, die mit einem unterwegs sind.

Ich meine, wer dann die Priesterin oder geistliche Begleiterin, die Predigerin oder Managerin ist, wird sich in der Gemeinschaft und im Tun und in jeder und jedem selbst zeigen. Das setzt voraus, dass die, die die Seelsorger*innen einstellen, ihre Kolleginnen und Kollegen (oder wie wir auch immer sagen: Brüder und Schwestern) kennen und erleben müssen, um in dieser Hinsicht die richtigen Entscheidungen treffen zu können. Es geht dann aber nicht mehr darum, wer die Macht bekommt oder hat, wer vorne steht und den Applaus genießt, sondern es geht darum, den in mir und in jeder und jedem von uns zu entdecken, der uns trägt.

Ursula Summa

135. „Manchmal müssen Wunden offenbleiben, weil dadurch Dein und SEIN Herzblut zutage tritt" Ich habe in meiner Heimatpfarrei wunderbare, auch tiefe Erfahrungen in der Jugendarbeit gemacht. Zwei Gemeindereferentinnen haben mich sehr geprägt, und so reifte (im Jahr 2000, vor dem Abitur) in mir der Entschluss zum Theologiestudium. Ich wollte als Pastoralreferentin den Glauben weitergeben, weil mir dies als der einzig gangbare Weg erschien. Grundlegend erschüttert wurde mein Kirchen- und Gottesbild im Jahr 2004, als innerhalb weniger Monate zunächst meine Heimatdiözese den Ausbildungsgang zur Pastoralreferentin komplett einstellte und dann mein Vater überraschend starb. Wir Studierenden erfuhren von der Entscheidung, die unsere berufliche und persönliche Zukunft massiv betraf, aus der Presse! Der damalige Diözesanbischof stand nicht für ein Gespräch mit uns Betroffenen zur Verfügung. Bei einer zufälligen Begegnung im Priesterseminar suchten wir drei Studentinnen den Kontakt mit ihm. Auf die Frage, ob er wüsste, was diese Entscheidung für uns Studierende Laientheologinnen und -theologen bedeute, sagte er mir ins Gesicht: „Warum studieren Sie als Frau denn auch Theologie? Zum Gitarrespielen im Kindergottesdienst brauchen Sie das doch nicht." Anschließend griff er nach dem Anhänger in Taubenform, den ich auf Brusthöhe um den Hals trug, nahm ihn in die Hand und meinte: „Was haben Sie denn da Schönes?" Weitere Details aus dieser Begegnung sind mir nach 16 Jahren nicht mehr in Erinnerung, denn ich war wie gelähmt. Aus den Worten und Taten des „Oberhirten" meiner Diözese sprach eine völlige Missachtung von Frauen – noch dazu theologisch gebildeten Frauen – und eine Übergriffigkeit, die mich bis heute fassungslos macht. Diese Begegnung stellte mich in meiner als echt empfundenen Berufung massiv infrage und verletzte mein Frau-Sein in dieser Kirche tief. Waren Kirche und Glaube damit komplett für mich „gestorben"? In einem intensiven 18-monatigen geistlichen Suchprozess entschied ich mich gegen eine Promotion in der Schweiz und für den Eintritt ins Postulat einer apostolisch tätigen Ordensgemeinschaft. Besonders in der Zeit der Ordensausbildung wuchs eine intensive persönliche Christusbeziehung, und es wurde durch viele unterschiedliche sozial-caritative und pastorale Praktika sichtbar, dass ich mich weiterhin zur Seelsorge gerufen fühle. Seit zwölf Jahren arbeite ich als Ordensfrau und Pastoralassistentin bzw. -referentin in einer anderen Diözese. Vieles in meiner Arbeit erfüllt mich mit großer Freude, aber es bleiben auch „Grenzerfahrungen". Regelmäßig predige ich – auch in der Eucharistiefeier – und fühle, dabei Sprachrohr sein zu können, obwohl mir mein Kopf sagt: „Eigentlich darfst Du das nicht." Es tut weh, den Jungen, den ich seit drei Jahren im Religionsunterricht begleitet habe und jetzt in der Erstkommunionvorbereitung erlebe, nicht taufen zu dürfen. Es tut weh, keine sakramentale Lossprechung anbieten zu können, wenn besonders Frauen das seelsorgliche Gespräch mit mir suchen und dabei auch Schuld thematisieren. Es tut weh, bei der Eucharistiefeier nur daneben stehen zu können. Es tut weh, wenn die Berufungs-App der Deutschen Bischofskonferenz *Vocaris*, die ich im Dezember 2018 ausprobierte (um sie evtl. Jugendlichen zu empfehlen), mir als ersten Tipp „Priester" empfiehlt. Seit sechs Jahren steht das Thema „priesterliche Berufung" immer wieder in Exerzitien da. Unvergessen bleiben wird mir Ostern 2019. In der Osternacht habe ich in der Predigt über die Frauen am Grab formuliert: „Die Apostel, man höre und staune, die Apostel, die die Säulen der Kirche sein werden, halten das alles für Geschwätz und glauben den Frauen nicht. Und ich spüre: Das ist heute immer noch so. Das Wort einer Frau in der Kirche bewirkt keine Wandlung." Als ich später zur Kommunionausteilung das Ziborium mit dem Allerheiligsten aus der dunklen Krypta holte, flüsterte ich meinem Herrn den innigen Wunsch zu: „Irgendwann möchte ich Dich im hellen Osterlicht am Altar in meinen Händen halten dürfen." Was dann am Ostersonntag passierte, erscheint mir immer noch wie ein Wunder. Zur Doxologie am Schluss des Hochgebets reichte mein Pfarrer mir den Kelch zum Erheben der Gaben. Eine völlig unabgesprochene Geste; nie davor und nie mehr danach hat er das getan – für mich war es ein geistgewirktes Zeichen. Die Corona-Krise mit Wochen ohne Eucharistiefeier hat manches verstärkt. Wir haben in unserer Hausgemeinschaft dichte Gottesdienste gefeiert, Brot und Wein geteilt, und ich wüsste nicht, warum Jesus Christus darin weniger präsent gewesen sein sollte als in mancher Messfeier, die ich immer wieder als lieblos heruntergebetet empfinde. Ich weiß nicht, ob ich die Wunde einer nicht-lebbaren Berufung offenhalten soll und kann. Es tut so oft so weh. Aber, so sagte es meine geistliche Begleiterin: „Manchmal müssen Wunden offenbleiben, weil dadurch Dein und SEIN Herzblut zutage tritt." Anon.

136. „ICH will, dass du diesen Dienst tust" 1973 wurde ich in der „Hofkirche" in Dresden als Seelsorgehelferin (seit 1990 Gemeindereferentin) in den Dienst in der Kirche gesandt, von Bischof Gerhard Schaffran. In dieser Zeit war der Zugang zum Beruf verbunden mit der Ehelosigkeit. Ich habe in der Zeit vor der Sendung und in den ersten Dienstjahren immer wieder den HERRN gefragt, ob er mich wirklich ehelos in Seinem Dienst habe wolle, bis zu dem Tag, an dem ich sagte: „Okay, hier bin ich, ich bleibe ganz Dein." – Immer am Gründonnerstag war es für mich schmerzlich, auf der anderen Seite zu sitzen, dem Altar, dem Priester gegenüber. – Ich lernte eine evangelische Pfarrerin kennen. Wir waren zusammen in einem Bibelkreis und begleiteten Kurse für konfessionsverbindende Ehepaare und Familien. Am Gründonnerstag sind wir innerlich sehr verbunden: sie, die die liturgische Feier halten darf, und ich, für die es keinen Zugang gibt zu diesem Dienst. – Wenn mich die afghanischen Flüchtlinge im Deutschkurs nach Mann und Kindern fragten, habe ich ihnen gesagt: „Ich bin mit Gott verheiratet." Das haben sie sehr geachtet. – „Warum kannst du nicht mit uns Messe feiern?", wurde ich in der Gemeinde gefragt ... – „Alles außer Sakramentenspendung gehört zu meinem Beruf", habe ich manchmal erklärt, wenn ich gefragt wurde, was eine Seelsorgehelferin/Gemeindereferentin denn tut. – „Sie haben die Katechesen für die Kinder mit Herzblut gehalten", sagte der zuständige Pfarrer, der mir die Vorbereitung auf die Erstkommunion übertragen hatte. Ja, wie sonst? – „Aber Sie müssen eine Berufung haben", sagte ein Pfarrer. Monate zuvor hatten wir darüber gesprochen, warum Frauen nicht oder doch geweiht werden können. Er war dagegen, wollte von mir wissen, warum ich es für richtig hielte: „Sag mir ein schlagendes Argument." „Wenn Christus mir sagt: Ich will, dass du diesen Dienst tust." Beate Thielemann

137. „‚Maria, schweige nicht' – auch ich möchte nicht mehr schweigen" Ich bin 1960 geboren und in einer traditionellen katholischen Familie und Umgebung aufgewachsen, in Osnabrück, am Stadtrand. Als Kind bis zum Ende der Grundschule habe ich fast ausschließlich mit Jungen gespielt, mit meinem Bruder, meinen Cousins und den Nachbarsjungen. Ab Klasse 5 habe ich die Angelaschule besucht, die in meiner Schulzeit immer noch eine Mädchenschule war. Nach dem Abitur habe ich Theologie und Mathematik studiert und bin nun Gymnasiallehrerin. Als ich nach der Erstkommunion nicht Messdienerin werden durfte, nur weil ich ein Mädchen war, war ich sehr traurig, und ich konnte es nicht verstehen. Zumal ich ja sonst alles mit den Jungs gemacht habe, alles konnten wir gemeinsam unternehmen. Und mein Bruder und meine Cousins, die Messdiener hätten werden dürfen, wollten es nicht. Auch Sternsingerin durfte ich nicht sein. Diese Trauer und dieser Ärger haben mich weiter begleitet. Als ich als Jugendliche im Pfarrgemeinderat war, habe ich immer wieder versucht, mehr Rechte für Mädchen zu erkämpfen. In den Gottesdiensten in der Angelaschule durfte ich dann den Dienst einer Messdienerin übernehmen, notgedrungen, es gab ja keine Jungs. Obwohl unsere Schule so eine tolle Namenspatronin hat – Angela Merici, eine mutige, selbstbewusste Frau –, haben wir dies in meiner Schulzeit nicht zum Anlass genommen, um über Frauen in der Kirche, über Ämterstrukturen usw. nachzudenken. Dazu bin ich erst im Studium gekommen, und dort besonders intensiv in der Hochschulgemeinde. Durch die feministische Theologie sind mir noch mal mehr und deutlicher die Augen geöffnet worden. Und ich versuche seitdem auf allen Ebenen, insbesondere natürlich im Religionsunterricht, Geschlechtergerechtigkeit zum Thema zu machen. Außerdem haben mich viele Begegnungen mit starken und mutigen Frauen geprägt, in der Jugendzeit häufig durch Lektüre und in Vorträgen. In den letzten Jahren noch mehr durch direkte Begegnungen, insbesondere auch durch meine Erfahrungen in der Weltkirche. Wenn ich darüber nachdenke, wie lange eigentlich theologisch schon „alles klar" ist, alle Argumente immer wieder neu erarbeitet wurden, werde ich wütend. Denn noch immer werden wir vertröstet. Ich möchte nicht mehr schweigen. Den Aufruf des KDFB „Maria, schweige nicht" finde ich deshalb so passend. Über meine eigene Berufung denke ich auch immer wieder nach. Unsere Ursulinenschwestern dachten, ich würde nach dem Abitur bei ihnen eintreten. Aber das war nie meine Option, auch nicht ein anderer Orden. Ich wurde auch schon oft gefragt, ob ich Priesterin werden würde, wenn es denn möglich wäre. Das kann ich mir jedoch für mich selbst nicht vorstellen. Vielmehr ist in mir in den letzten Jahren der Gedanke an den Diakonat gewachsen, zunächst eher unbewusst, aber dann verstärkt durch meine persönlichen Begegnungen und die Erfahrungen in den Vorträgen, Statements und Diskussionen während des Kongresses 2017 in Osnabrück. Ob ich das schon „Berufung zum Diakonat" nennen kann, weiß ich noch nicht. Ich bin mir nicht sicher, ob ich das möchte, in dieser Ämterstruktur, wie sie im Moment in unserer Kirche gelebt wird, Diakonin zu sein, oder ob sich nicht vorher grundlegend das Amtsverständnis ändern muss. Im Januar habe ich mich dann für den 3. Diakonatskreis beworben. Und nach dem Bewerbungsgespräch habe ich kurz vor Ostern die Zusage erhalten, daran teilnehmen zu dürfen. Darüber habe ich mich sehr gefreut. Übrigens bin ich seit mehr als 30 Jahren glücklich verheiratet und habe vier Kinder. Andrea Tüllinghoff

138. „Die Kirche atmet und lebt einseitig und ist ohne berufene Frauen in ihrer Gestalt unvollständig" Wenn ich heute mit 60 Jahren auf meine Lebensgeschichte zurückblicke, so weiß und fühle ich deutlich, dass ich seit meiner Kindheit eine starke Beziehung zum religiösen Leben und zu den entsprechenden Fragestellungen nach Gott und den Menschen hatte. Bereits im Kindergarten fühlte ich mich immer wieder in die benachbarte Kirche mit ihrer Stille, ihrem Kerzenleuchten und ihrer besonderen Ausstrahlung hingezogen. Das Erleben von Gottesdiensten mit Gesang, einer starken Gemeinschaft im Gottesdienstraum und das liturgische Geschehen haben in mir immer wieder große Resonanz gefunden. Auch wenn ich mich schon als Kind und Jugendliche gegen vielfältiges Verbotsdenken und enge moralische Vorstellungen gewehrt habe, hat sich eine tiefe Sehnsucht nach Gott, nach Spiritualität, nach den erlebbaren Brücken zwischen Glauben und Leben in mir fest eingeschrieben. Diese dauert bis heute an und wird mich sicherlich auch nicht mehr verlassen.

Als junge Frau wollte ich in den Karmel eintreten, später bei den Kleinen Schwestern Jesu. Mein Studium der Theologie und Philosophie hat meine Fragen und mein Suchen eher verstärkt, als dass ich wirklich tragende Antworten für mein Leben und meinen Glauben gefunden hätte. Das starke Erleben der Ungerechtigkeit als Frau in der katholischen Kirche hat mich immer wieder beschäftigt und auch zunehmend verletzt. Ich habe immer wieder Gott bei den Menschen gesucht: in der Fabrik, im politischen Engagement, im Engagement für und mit Frauen. Ich bin heute tief davon überzeugt, dass Gott in mir und mit mir und meinen Fähigkeiten für die Menschen leben will. Als Priesterin hätte ich diese Berufung sicherlich in einer stimmigen Form leben können, die der Kirche und den Menschen gutgetan hätte. Ich schreibe das nicht um meiner selbst willen, sondern weil die Kirche mit nur Männern im Amt einseitig atmet und lebt. Die Kirche ist und bleibt ohne berufene Frauen in ihrer Gestalt unvollständig. Ich kenne inzwischen viele Frauen, denen es sehr ähnlich ergangen ist und die mit ihrer großen Liebe zu Gott und den Menschen die Kirche als Diakoninnen, Priesterinnen und Bischöfinnen viel reicher hätten machen können.

Wenn ich die Möglichkeit gehabt hätte, wäre ich als Mädchen mit großer Leidenschaft Messdienerin geworden und als junge Frau Priesterin. Dass ich beides nicht durfte, hat Spuren in mir hinterlassen. Ich bin deswegen nicht verbittert, aber manchmal tief traurig. Hin und wieder auch wütend. Eine wichtige Gabe darf in mir nicht leben und ich kann sie auch nicht weiterschenken. Diese große Einseitigkeit, Berufungen nur von Männern anzuerkennen, muss um der Kirche und der Menschen willen endlich ein Ende finden. Brigitte Vielhaus

139. „Mir stößt es unaufhörlich auf, dass es in der Kirche diese alten Schläuche gibt" In meiner Jugend habe ich den Drang verspürt, den Dingen auf den Grund zu gehen und für andere Menschen da zu sein. Ich fand zunächst meinen Weg, indem ich in theologischen Büchern wühlte und in der Jugendpastoral mithalf. Theologie habe ich nicht studiert, allein aus dem Grund, weil ich mich nicht in der Rolle einer Pastoralreferentin wiederfand, und eine Alternative zum Beruf der Pastoralreferentin habe ich auch nicht gesehen. Ich habe aus vorwiegend pragmatischen Gründen dann ein geisteswissenschaftliches Studium (Germanistik, Kunstgeschichte) absolviert. Mit Personen insbesondere aus meiner studentischen Wahlgemeinde habe ich intensivst darüber diskutiert, warum der Weg eines Priesters derzeit Frauen verschlossen ist. Bis ein sehr guter Freund, der dann selbst Priester geworden ist, mich darauf angesprochen hat, ob mir das deswegen so sehr am Herzen liegt, weil ich wohl selbst gerne Priesterin geworden wäre. Bis zu dem Zeitpunkt habe ich diese Diskussion eher als einen grundsätzlichen Missstand angesehen, nicht als einen, der mich persönlich betrifft. Manchmal gibt es Momente, die man nicht vergisst, und man merkt, dass sie besonders und anders sind. Ich denke, dass ich bis zu diesem Zeitpunkt einfach nicht wahrhaben wollte, wie sehr das Thema mich selbst betraf, weil ich keine Lust auf ein ständiges Kämpfen und auf diesen Frust hatte. Um Ministrantin zu werden, hatte ich bereits jahrelang an der Sakristeitür geklopft, bis sich dann tatsächlich nach unheimlich langer Zeit in Bayern meine Heimatgemeinde nicht mehr verweigert hat.

Bei meinen Partnerschaften hat es besonders dann gefunkt, wenn ich merkte, dass auch mein Gegenüber spirituelle Tiefe suchte. Direkt hängt dies wohl nicht mit meiner Berufung zur Priesterin zusammen. Aber es war sehr auffällig. Einige Jahre später – ich war inzwischen unterrichtend an der Uni tätig – habe ich nochmals einen Priester kennengelernt, der mich von sich aus und ohne mein Zutun auf meine Sehnsucht ansprach, als Priesterin tätig zu sein. Ich glaube, es ist einfach stärker, es kommt aus mir heraus, ohne dass ich es will und trotz ‚resignativer Reife'. Eine kleine Anekdote noch: Es gibt seit wenigen Jahren eine App zu „Berufe der Kirche". Aus Spaß habe ich getestet, was bei mir herauskommt. Die

Parameter deuten anscheinend darauf hin, dass meine Interessen in den Aufgaben eines Priesters aufgehen. Im Augenblick gibt es allerdings in meinem Leben zahlreiche andere Baustellen (Ehe, Kinder, Beruf etc.). Der Wunsch ist derzeit weit weg von meiner Lebenswelt. Dennoch möchte ich ein Zeugnis dafür geben. Mir stößt es unaufhörlich auf, dass es in der Kirche diese verkrusteten Strukturen, ‚alte Schläuche‘, gibt.   Anon.

140. „Soror in saeculo – Berufung versus Charisma?" „Warum wirst Du nicht evangelisch? Dann würdest Du für das, was Du machst, bezahlt!" Das mit der Bezahlung war nicht von der Hand zu weisen, als mir ein Bekannter vor vielen, vielen Jahren dies vorhielt. Eine Konversion aber kam (und kommt) für mich nicht infrage, nicht die Abkehr von einer Kirche, die mich geprägt hat und mit deren Geschichte und Theologie ich mich intensiv auseinandergesetzt habe und immer noch auseinandersetze; aber auch nicht die Hinkehr zu einer Kirche, die ich in jahrelanger ökumenischer Arbeit (zu) gut kennengelernt hatte.

Die Entscheidung, nicht auf die Kirche als Arbeitgeberin angewiesen sein zu wollen, war zu dem Zeitpunkt längst gefallen. Und das nicht nur, weil es mich seit Kindertagen, als ich nicht Messdienerin werden durfte, ärgerte, dass Frauen bestimmte Funktionen in der Kirche vorenthalten werden. Meine (geistige) Unabhängigkeit war mir wichtiger als materielle Sicherheit und als die mit einer kirchlichen Tätigkeit verbundene Reputation. Deshalb stand für mich von vornherein fest, dass ich (ab 1981) Theologie nicht als einziges Fach studieren würde.

Also Ehrenamt. Mit dem erworbenen Sachverstand, mit Herzblut und mit der Bereitschaft, mich auf Menschen und Strukturen einzulassen – im Bewusstsein der Grenzen, die einem die Menschen und die Strukturen setzen –, sollte sich doch sinnvoll und erfüllend in der Kirche arbeiten lassen. Ich war und bin davon überzeugt, dass man Christ/in nicht für sich ist, sondern für andere, dass christlicher Glaube nicht bloß privat gelebt werden kann oder nur das eigene ‚Seelenheil‘ im Blick haben darf. Als Christin bin ich auf den anderen, auf meinen Nächsten verwiesen, habe ich Verantwortung für ihn und sollte Verantwortung für die Welt übernehmen.

Ich habe berufliche Vorhaben hintangestellt, weil für mich zweifelsfrei feststand, dass ein solcher Dienst, wenn er ernst gemeint sei, unter Umständen auch Verzicht und Einschränkungen, die Korrektur der eigenen Pläne bedeuten und nicht nur das schmückende *Surplus* eines erfolgreichen beruflichen Werdegangs sein könne. Ich habe während meiner sogenannten besten Jahre hauptamtlich ehrenamtlich gearbeitet. In diesen Jahren habe ich viele Erfahrungen gemacht, die ich nicht missen möchte – in Gruppen der Gemeinde und des Bistums, in Katechese und

Bildungsarbeit, in gemeinde- und konfessionsübergreifenden Projekten und Initiativen, als Mitglied und als Vorsitzende verschiedener Gremien in der Pfarrei und der Ökumene.

Soror in saeculo [= Schwester in der Welt] – so nannte mich in diesen Jahren ein anderer, mit kirchlicher Sprache und Tradition vertrauter Bekannter. Was anerkennend gemeint war, klang in meinen Ohren ambivalent. Ja, da war die Freude darüber, dass jemand ein Gespür für mein Leben und Wirken hatte und ihm eine geistliche Dimension zuerkannte. Da war aber auch Enttäuschung darüber, dass allein die „Schwestern und Brüder der Kirche" zählten. Was wertschätzend gemeint war, bemäntelte doch die Tatsache, dass ein Habit, ein Priesterkreuz, ein Amt, eine Anstellung in der Kirche allenthalben mehr Möglichkeiten eröffnet als jedes ehrenamtliche Engagement. *Soror in saeculo* – ist das nicht die Diakonin, die Frau, die sich für den Nächsten in Dienst nehmen lässt?

Dann kam ein Einschnitt: Vor der Wahl zum Pfarrgemeinderat wies mich der Pfarrer darauf hin, er wolle nicht, dass ich in der neuen Amtszeit weiter als Vorsitzende amtiere. In der Gemeinde standen strukturelle und personelle Veränderungen an. Um die im gewünschten Sinne durchsetzen zu können, wollte man ein willfähriges Gremium und vor allem eine willfährige Vorsitzende. Seither weiß ich zwei Dinge: zum einen, dass kein Gemeindemitglied es sich mit dem Priester verderben will, dass gerade die Aktiven, anstatt Fragen zu stellen und Position zu beziehen, schweigen, verdrängen, sich hinter die mächtigen geistlichen Entscheidungsträger scharen; zum anderen, dass es in Pfarrei und Bistum ‚schwarze Listen' gibt, auf denen Personen stehen, die mit dem Stempel ‚anstrengend' und ‚lästig' versehen sind und die es außen vor zu halten gilt.

Was, außer den Narben, bleibt?

Die Dankbarkeit für Jahre intensiven ehrenamtlichen Engagements in der Kirche: für die Begegnung mit Menschen, die ich sonst nicht kennengelernt hätte; für Erkenntnisse, die ich in dieser Zeit erworben habe; für Freundschaften, die Bestand haben.

Das Wissen, dass in der Kirche immer noch ein problematisches Frauenbild herrscht, und zwar in den Köpfen und der Psyche kirchlich sozialisierter Männer *und* Frauen. Unverheiratete, eigenständige Frauen haben es schwer und sind verdächtig, ihr Tun wird oft diskreditiert.

Die Einsicht, dass die Grenze in der Kirche nicht nur zwischen Männern und Frauen, nicht nur zwischen „Geweihten" und „Laien" verläuft. Eine Abgrenzung besteht auch zwischen Haupt- und Ehrenamtlichen. Zwischen hauptberuflich Tätigen und sogenannten Ehrenamtlichen findet keine Zusammenarbeit auf Augenhöhe statt. Solidarität unter Frauen über diese Grenze hinweg? Fehlanzeige! Ich habe erlebt, dass Frauen, die ‚es geschafft' haben, die in der Bistumsverwaltung, an theologischen Fakultäten oder im pastoralen Bereich Anstellung, Auskommen und Anerkennung haben, mit dem Hinweis, sie müssten loyal sein, ehrenamtliche Frauen im Stich lassen. Frauen tragen ihren Teil zur Festschreibung bestehender Strukturen in der katholischen Kirche bei.

Ich dachte vor vielen, vielen Jahren, dass es ein Weg – mein Weg – sein könnte, ohne Sicherheit, ohne „Amt und Würden" in der Kirche zu arbeiten und diese mitzugestalten. Auf diesem Weg bin ich gescheitert. Diese Erfahrung hat mich in der Überzeugung bestärkt, dass Frauen Teilhabe an den Ämtern und Funktionen der Kirche gewährt werden muss, damit sie ihre Gaben in der Kirche entfalten können. Theologische Verbrämungen, die Gleichberechtigung zu verhindern suchen, müssen als solche entlarvt werden. Dazu gehört auch die, dass jede ihr Charisma einbringen könne und dass die Entfaltung der Gaben nicht an das Amt gebunden sei. Wo das Charisma an das Weiheamt rührt, stößt die zurzeit viel bemühte Charismenlehre auf Abwehr. Berufung für die Geweihten – und Charisma für die „Laien"?

Nach Jahren des Kämpfens und des Ringens habe ich mich der Realität gefügt. In einem langjährigen schmerzhaften Prozess habe ich mich vom kirchlichen Ehrenamt verabschiedet. Vom Ehrenamt andernorts verabschiedet habe ich mich nicht. Und auch nicht von der Kirche. In meinem „weltlichen" Leben und Beruf engagiere ich mich als Christin. *Soror in saeculo?*

„Einfach so // Sich in die Hingabe bergen, / ins große Wagnis der Liebe. / Sich keine Sicherheit errechnen, / nur eine Gewißheit haben: / den Tod. / Vielleicht / kann man so / das Leben erfüllen." (Christine Busta: *Der Atem des Wortes. Gedichte*, Salzburg/Wien 1995, S. 82)　　　Anon.

141. „Es gibt sie, die Gebetserhörung um Priesterberufungen: es sind die Frauen!" Ich bin die Gemeindeleiterin der katholischen Pfarrgemeinde auf der Insel Juist und lebe hier seit elf Jahren. Ich bin zuständig für die kleine Ortsgemeinde, die Touristenseelsorge und zu 50 % für Exerzitienarbeit. Ich bin 63 Jahre alt und gelernte Humanmedizinerin (Fachärztin für Psychiatrie; das kann man, wie ich meine, in der Kirche ausgesprochen gut gebrauchen). Vor Ort gibt es keinen ständigen Priester, sondern es kommen alle paar Wochen welche, die hier ihre Ferien verbringen und dann die priesterlichen Dienste übernehmen. Das ist manchmal ein sehr angenehmes geschwisterliches Zusammenwirken, manchmal eine riesige Herausforderung an meine Geduld bzw. Demut, wenn ich z. B. das Empfinden habe, ich könnte das jetzt durchaus sehr viel besser da vorne am Altar. Ich sitze dann unten und kann die Lieder anstimmen oder schnell

was holen, was die lieben Herren vergessen haben. Aber eher hat es sich nun doch so entwickelt, dass Insulaner und die vielen Touristen mich immer wieder fragen, warum ich, wo ich hier doch eigentlich alles mache, nicht auch noch „das eine" tun darf. Darauf sage ich meistens: „Tja, das weiß ich auch nicht."

Kurz und gut, für unsere katholische Kirche kann ich hier wirklich viel, sehr viel gestalten. Dafür bin ich dankbar. Aber mein Weg hätte auch anders gehen können. Ich habe schon mehrfach im letzten Jahr unseren Bischof um eine Tauferlaubnis gebeten und auch um eine Trauerlaubnis (was ja sogar ohne Probleme kirchenrechtlich ginge), aber ich wurde immer vertröstet. Man müsse die Amazonassynode abwarten, und jetzt müsse man den synodalen Prozess abwarten. Ich glaube, ich bin vorher vermutlich gestorben, bis sich da noch irgendetwas tun wird.

Zu meinem Weg in Kürze: Ich glaube, dass ich von Kindheit an eine tiefe ‚Veranlagung zu Gott hin' habe. Kurz gesagt: Ich bete einfach gerne. Es gab unter anderen ein starkes inneres Erlebnis im Alter von zehn Jahren, als ich bei der Priesterweihe unseres Diakons im Trierer Dom dabei war, was ich nie vergessen habe: Umfangen von der Allerheiligenlitanei sah ich die Weihekandidaten daliegen, und in dem Moment war in mir der Wunsch da: Das ist das, was ich auch möchte, mein Leben für Gott geben.

In der Kindheit und Jugendzeit kam dieser Wunsch immer wieder auf; ich träumte mir zusammen, wie ich mich unerkannt als Mädchen in ein Priesterseminar schmuggeln könnte. Ordensschwester zu werden war für mich erst mal gar keine Alternative (das war aus meiner Sicht nur etwas für verklemmte Typen). Schwierig wurde es, als mein bester Freund, mit dem ich viel über Glauben und Gebet sprechen konnte, selber Seminarist wurde. Ich platzte vor Neid und auch vor Wut über diese Ungerechtigkeit. In dem Moment, da ich mich fast entschieden hatte, Theologie zu studieren, um Pastoralreferentin zu werden, bekam ich dann meinen Medizinstudienplatz. Ich war lange in der katholischen Jugendarbeit tätig, kam dadurch in Berührung mit Franziskanerinnen und Exerzitien und hatte dabei den Eindruck: Nun ja, das sind Nonnen, aber ganz bekloppt sind sie auch nicht. Ich habe von da an sehr konsequent meditiert und mich begleiten lassen. Und gemeint, dann gehe mein Weg mit Gott anscheinend in den Orden. Auch das habe ich mit Haut und Haar gemacht. Es führte letztendlich zu einem großen Konflikt mit einer Gruppe junger Schwestern und der Hierarchie, weil wir meinten, die Ausbildung müsse kontemplativer werden, denn die Welt brauche Leute, die was vom Beten verstehen und das auch rüberbringen können. Ich bin daran fast verzweifelt und dann gegangen, nachdem sich in meinen 30-tägigen Exerzitien zeigte, dass das für mich die einzige gesunde Lösung war. Wir haben daraufhin zu dritt einfach neu angefangen und ein Haus der Stille aufgebaut. Wir waren knapp 15 Jahre im Harz. Danach wollten wir ein Kloster auf einer Insel aufbauen, weil es im Harz körperlich zu anstrengend wurde. (Wir haben alles zu dritt gemacht, manchmal zu zweit, manchmal zu fünft: 6.000 qm Rasen mähen, den Kurs bekochen und gleichzeitig begleiten, Reparaturen ausführen etc.)

Hier auf Juist haben wir dann zu zweit weitergemacht. Meine Mitschwester – wir haben uns weiter so genannt – ist vor vier Jahren an Krebs gestorben. Nun bin ich alleine hier (zu Corona-Zeiten eher eine Eremitin) und habe inzwischen ein Leutekloster, wo sich Menschen von nah und fern dem Beten hier in der Kirche verbunden fühlen. Es gibt morgens und abends regelmäßige Meditations- und Gebetszeiten, egal ob einer kommt oder ich alleine bin. Meistens sind aber zwischen 5 und 15 Leute dabei.

Der Schmerz darüber, nicht Priesterin zu sein (faktisch bin ich es, glaube ich), kommt manchmal massiv auf und dann wieder lange Zeit nicht. Manchmal ist er gepaart mit tiefer Traurigkeit, auch angesichts mancher Mitbrüder und deren Leere. Ich glaube, ein Priester, eine Priesterin sollte eines wirklich sein: Brücke vom Himmel zur Erde, und manchmal eben auch umgekehrt. Dafür muss man ein betender Mensch sein und es auch wirklich tun.

Ich habe in meinem inzwischen längeren Leben sehr viele Menschen geistlich begleitet und bin immer wieder erschüttert darüber, welche tiefen Erfahrungen sogenannte Laien in ihrem Glauben haben und wie dürftig dies bei Priestern ist – natürlich nicht bei allen. Das ist ziemlich traurig. Und was mich immer wieder schrecklich ärgert, ist, dass zum Gebet für Priesterberufungen aufgerufen wird und zum Teil unterstellt wird, das sei wohl nicht stark genug. Dabei erscheint es doch offensichtlich, dass es lange schon erhört wurde. Es gibt sie, die Gebetserhörung, es sind Frauen!

Sr. Dr. Michaela Wachendorfer

142. „Mit dem Evangelium nicht in Einklang zu bringen" In Gesprächen mit Kolleginnen etwa meines Alters (ich bin Jahrgang 1952) ergab sich häufiger die Einschätzung, dass wahrscheinlich jede von uns einmal Priesterin werden wollte. Die Motivation dafür aber ist sicher bei den einzelnen sehr unterschiedlich. Wichtig ist wohl, sich vorab deutlich zu machen, dass in meiner Generation das Studium der Theologie zwar für Frauen/ Laien schon geöffnet war, es aber zunächst noch keinen Studienabschluss in der Form des Diploms gab. Ich aber wollte gern die Wissenschaft der Theologie ‚ganz' studieren und habe mir deshalb immer gewünscht, ein Junge zu sein, damit ich ‚voll' Theologie studieren könnte. So herum war meine ‚Logik' in den 1960er Jahren. Während meines Studiums auf Staatsexamen wurde der Diplomstudiengang etabliert, d. h. der Abschluss mit dem Diplom möglich, auf den ich umgeschwenkt bin. Wir haben aber als Studentinnen in Bonn 1971 und danach des öfteren die Frage hören müssen: „Was wollen denn die Mädchen hier?"

Wenn zum Priesterwunsch der Wunsch gehört, am Altar zu stehen oder Seelsorger zu sein, dann war das nicht meine Motivation. Ich bin allerdings feministische Theologin u. a. deshalb geworden, weil ich den prinzipiellen Ausschluss von Frauen aus dem Amt für eine Ungerechtigkeit halte, die mit dem Evangelium nicht in Einklang zu bringen ist. Er beruht auf dem Konstrukt einer Geschlechterdualität, demzufolge Frauen letztlich nicht würdig sind, am Altar zu stehen. Das war eine Erfahrung, die mich als Mädchen in einer Ordensschule für Mädchen nachhaltig geprägt und verletzt hat: Wir mussten zwar ministrieren, weil keine Jungs da waren, aber wir durften nur bis zu den Stufen des Altarraums ‚hinzutreten' (kein *introibo* [= ich werde eintreten; Zitat aus dem früheren Stufengebet zu Beginn der Messe]). Das zeigt einem Mädchen, wo sein Platz ist, und das zu überwinden, kann wohl ein ganzes Leben in Anspruch nehmen. In Erinnerung geblieben ist mir aber auch, dass ich als Unterprimanerin in eben jener Ordensschule einmal predigen durfte: in der wöchentlichen Schulmesse, im Altarraum, in der Kanzel, nach dem Evangelium, mit einem selbstgewählten Thema. Allerdings hat das damals keine weiteren Folgen gehabt, auch nicht für die Ministrantinnen.

Dr. Marie-Theres Wacker

143. „Verzeihen: Der Kirche verzeihen, dass sie so ist, wie sie ist" Wenn ich mich frage, wann meine Berufungsgeschichte angefangen hat, muss ich bis in meine Kindheit zurückgehen. Schon immer hatte ich in mir eine große Liebe zu Gott und eine tiefe Sehnsucht, Ihm zu dienen und für Ihn da zu sein.

Es muss in der Zeit meiner Vorbereitung auf die Erstkommunion gewesen sein, dass ich mir zum ersten Mal die Frage stellte, warum Frauen nicht Priesterinnen werden können. Ich liebte es, zur Messe zu gehen, sooft wie möglich, auch werktags, und ich dachte, dass ich nirgends Gott näher sein könne als am Altar. Für unseren Pfarrer war es undenkbar, dass Mädchen Messdienerinnen sein könnten – für mich war es unmöglich, dies zu verstehen oder gar zu akzeptieren. Als ich es einmal wagte, jenem Pfarrer meine Frage zu stellen, antwortete er mir: „Wen Gott zum Priester beruft, den lässt er als Mann auf die Welt kommen." Damals hat sich mir eingebrannt: Das, was du als Sehnsucht spürst, kann nicht sein und darf nicht sein. Und gleichzeitig: Nein, das kann nicht stimmen. Wenn das so wäre, würde ich nicht empfinden, was ich empfinde.

Die Sehnsucht danach, dass Gott mich auf klare, unmissverständliche Weise auf einen gangbaren Weg rufen würde, hat mich lange weiter begleitet. Zunächst einmal habe ich akzeptiert, ein ganz normales Leben zu führen und darin meine Gottesbeziehung zu pflegen, so gut mir das möglich war. Mit 15 Jahren, als wir aufgrund eines Umzugs in eine andere Gemeinde kamen, habe ich im dortigen Kaplan einen sensiblen Begleiter gefunden, der seinen Teil dazu beigetragen hat, dass die Sehnsucht immer weiterwachsen konnte. Bei der Wahl eines Lehramtsstudiums glaubte ich noch, eines Tages zu heiraten und eine Familie zu gründen. Aber eines der gewählten Fächer war die Theologie, um endlich zu verstehen und eine Antwort auf meine große Frage zu finden. Wie brennend diese Frage für mich weiterhin war, zeigt sich daran, dass ich es gewagt habe, meinem Bischof zu schreiben und ihm von meiner Sehnsucht zu erzählen. Er hat mir verständnisvoll und wohlwollend geantwortet und mich ermutigt zu schauen, ob ich mir nicht auch ein Ordensleben oder eine Arbeit als Pastoralreferentin vorstellen könnte.

Im Lauf des Studiums hat mich mein Weg für ein Jahr nach Jerusalem geführt, ins Theologische Studienjahr der Dormitio-Abtei. Dort bin ich zum ersten Mal in meinem Leben dem monastischen Leben begegnet, in der Dormitio-Abtei selbst, aber auch in Abu Gosh, dem Kloster, in dem ich seit nunmehr fast 20 Jahren lebe. Die Faszination, die diese Lebensform auf mich ausübte, stand im Konflikt mit einem großen inneren Widerstand, mich auf eine kirchlich legitimierte Lebensform und Rolle einzulassen, während dieselbe Kirche mir die Erfüllung meiner eigentlichen Sehnsucht versagt. In einer Diskussionsrunde mit einem Professor über den Umgang mit Traditionen in der Kirche brach dieser Konflikt mit voller Wucht auf. Ein Kommilitone stellte die Frage nach dem Nein zum Priestertum der Frau, das mit Traditionsargumenten begründet werde, während die Traditionen doch alle von Männern „gemacht" seien. Die Antwort des Professors war: „Ja, ein Soziologe würde es so sehen, aber wir in der Kirche, wir argumentieren vom Glauben her." Dieser eine Satz hat damals meine Verletzung so sehr aufgerissen, dass ich zwei Tage lang geweint habe. Es war dann, in den Wochen nach dem Studienjahr, die erste tiefere Begegnung mit der Priorin von Abu Gosh, die mir einen Ausweg gezeigt hat: Verzeihen. Der Kirche verzeihen, dass sie so ist, wie sie ist. Gott verzeihen, dass er das zulässt. – Ein revolutionärer Gedanke, wo ich doch bisher dachte, dass ich selbst schuld/schuldig bin, solche Gedanken und Sehnsüchte zu haben. Dieses Verzeihen hat es mir dann, wiederum einige Jahre später, möglich gemacht, den Schritt in das Ordensleben zu gehen.

Und doch ist die Sehnsucht nie verschwunden. Im Gegenteil, gerade an wichtigen Stationen meines Weges im Kloster kamen immer wieder kleine ‚Zeichen‘, die mir zumindest deutlich machten, dass da eine innere Flamme ist, die sich nicht ersticken lässt. In einem der ersten Jahre habe ich irgendwann Gott diese Berufung zurückgegeben und ihn gebeten, sie jemand anderem zu geben. Seitdem habe ich nicht mehr viel daran gedacht, im Glauben, diesen Teil von mir tatsächlich weggegeben zu haben. Bis vor einigen Jahren, als das Feuer während unserer Gemeinschaftsexerzitien wieder aufloderte. Mehrmals habe ich in diesen Exerzitien über Gen 22 meditiert, mit der Frage, was wohl mein ‚Isaak‘ sein könnte, bis auf einmal die Blockade aufbrach und mir mit einem erneuten Tränenstrom klar wurde, dass diese ‚priesterliche Berufung‘ tatsächlich mein Kostbarstes ist, das ich weggegeben habe, wie Abraham den Isaak, aber dass Gott dies nicht als ‚Opfer‘ haben, sondern mir neu schenken will. Sehr zögerlich habe ich unserem Exerzitienprediger davon erzählt. Seine Antwort? „Deine tiefste Sehnsucht ist eine gute Sehnsucht.“ Das hatte mir noch niemand gesagt.

Seitdem lausche ich immer mal wieder auf diese Sehnsucht und entdecke sie als eine Lebensquelle, von der aus mir immer neue ‚Lichter aufgehen‘. Über meine Aufgabe als Novizenmeisterin habe ich in der Begleitung einer Postulantin Marcel Van entdeckt. In seiner Biographie gibt es ein paar Seiten, die von seiner Berufung zum Priestertum erzählen. Therese von Lisieux erscheint ihm, um mit ihm darüber zu sprechen und ihm zu sagen, dass Gott nicht möchte, dass er Priester wird. Van bricht in Tränen aus und Therese versucht, ihn zu trösten, indem sie ihm sagt, dass sie selbst sich doch auch zum Priestertum berufen gefühlt habe und das nicht leben konnte. Van antwortet: „Bei dir ist das etwas anderes, du bist doch ein Mädchen!“ Therese lacht. Dann führt sie ihn dahin zurück, dass es doch nur darauf ankommt, den Willen Gottes zu tun, und dass Gott ihm aber eine priesterliche Seele geschenkt hat. Sie sagt ihm: „Glaube fest, dass deine Sehnsucht nach dem Priestertum Gott sehr gefällt. Aber wenn er nicht will, dass du Priester wirst, dann deswegen, weil er aus dir einen verborgenen Apostel der Liebe machen will.“ Van kommt dann auf die Idee, seine Berufung an jemand anderen weiterzugeben, und Therese versichert ihm, dass das geschehen wird, auch wenn alle Priester zusammen ihn sehr gut vertreten könnten. Diese Zeilen haben mich tief bewegt und mich darin bestärkt, dass meine eigentliche, meine tiefste Berufung darin besteht, lieben zu lernen, und dass ich das sehr wohl mit einer „priesterlichen Seele“ tun kann.

In all meinem Fragen und Suchen hat es mich immer sehr geschmerzt, dass das Thema Priestertum der Frau in öffentlichen Debatten fast immer nur unter dem Aspekt ‚Machthunger von Frauen' verhandelt wird und dass diese unauslöschliche Sehnsucht meiner Wahrnehmung nach nie gesehen, geschweige denn als von Gott geschenkt anerkannt wird. Ich habe mich an solchen Diskussionen nie beteiligt, weil sie meilenweit von dem entfernt sind, worum es wirklich geht. Ebenfalls habe ich es immer als wenig hilfreich empfunden, wenn Priester (die ihre Sehnsucht ja leben können) versucht haben, mir zu erklären, dass ihr Dienst ja nur eine Funktion unter anderen in der Kirche ist, dass die Nähe zu Gott nicht von einer bestimmten Lebensform oder von einer Weihe abhängt, dass Frauen, die sich zum Priestertum berufen fühlen, ihr Frausein nicht wirklich akzeptieren oder aber dass es viele Frauen gab und gibt, die größere Heilige geworden sind als die meisten Priester.

Umgekehrt war es für mich nie eine Option, der Kirche den Rücken zu kehren. Ich liebe meine Kirche und habe mir nie vorstellen können, in einer anderen Konfession eine Antwort auf meine Fragen zu finden. Und ich bin davon überzeugt, dass die Treue zu dieser Kirche, die auch die Bereitschaft zum Leiden an der Kirche einschließt, auf eine Weise Früchte trägt, die ich nicht kenne und die ich gerne Gott überlasse.

Sr. Marie-Madeleine Wagner OSB

144. „Der Dienst am Tisch des Wortes hat für mich sakramentalen Charakter"

Eine Berufung kann man nur prüfen, wenn sie auch eine konkrete Option ist, ein Weg, den man tatsächlich einschlagen und gehen kann. Ob ich zum Priester- oder Diakonenamt berufen bin, kann ich also in dieser Hinsicht nicht beantworten. Was ich sagen kann, ist, dass es für mich die richtige Entscheidung war, Theologie zu studieren. Ich habe während des Studiums durchaus nach rechts und links geschaut, neben der Theologie auch Philosophie und Psychologie studiert. In der Theologie habe ich mich zu Hause gefühlt und dieses Fach mit Herzblut und Leidenschaft studiert. Als Studentin habe ich mich in Gottesdienstfeiern oft sehr enttäuscht und traurig gefühlt, weil mir klar war, dass ich die symbolische Kommunikation, wie sie die Feier der Sakramente darstellt, nie in der Rolle der Vorsteherin würde vollziehen können. Ich würde diese besondere Sprache, die Menschen in ihren tiefen Schichten anspricht und berührt, nie aktiv anwenden dürfen – einfach nur deshalb, weil ich eine Frau bin.

Im Bewerberinnenkreis für den pastoralen Dienst habe ich mich fremd gefühlt. Dafür gibt es sicher viele Gründe, und ich sehe heute viele Dinge anders als damals. Einer der Gründe war die geistliche Kultur, die ich dort erlebt habe. Mein Eindruck ist, dass die priesterliche Spiritualität ein viel breiteres Spektrum der geistlichen Tradition abbildet, als dies in der Ausbildung der Laien der Fall ist. Und ich glaube, dass das auch etwas mit der Rolle zu tun hat, die diese unterschiedlichen Berufsgruppen in der Liturgie innehaben. Laien werden mit freien, modernen gottesdienstlichen Formen in Verbindung gebracht. Dabei wollte ich viel lieber aus der ganzen Tiefe und Breite der Tradition schöpfen. Als Studentin hätte ich es daher viel spannender gefunden, die Praxis der Tagzeitenliturgie kennenzulernen und einzuüben. Natürlich liegt in der Art und Weise, wie dies in der Priesterausbildung geschieht, auch die Versuchung zum Klerikalismus, und ich weiß nicht, wie sehr ich ihr als Studentin erlegen wäre. Insofern bin ich froh, dass ich Tagzeitenliturgie und gregorianischen Choral später im Studium in Jerusalem kennengelernt habe. Bis heute sind mir Elemente daraus in meinem Gebetsleben wichtig.

Nach dem Studium habe ich im Alten Testament promoviert und arbeite inzwischen als Referentin im Seelsorgeamt des Bistums Osnabrück. Ich bin sehr froh, dass ich auf diese Weise meine Gaben in einem kirchlichen Umfeld einbringen darf, im Team und teilweise auch mit Leitungsverantwortung. Die Möglichkeit, in meinem Beruf Leitung auszuüben, war mir immer sehr wichtig.

Bei den sehr seltenen Gelegenheiten, zu denen ich einem Gottesdienst vorstehen darf, kommen mir die Tränen. Einerseits aus Freude, dass ich diese Aufgabe übernehmen und als Leitung einer Gruppe helfen darf, gut Gottesdienst zu feiern. Denn ich spüre, dass ich das kann, und erhalte auch entsprechende Rückmeldungen. Andererseits aus Trauer und Frustration darüber, dass das die absolute Ausnahme ist.

Meine Berufung würde ich am ehesten als Berufung zur Verkündigung beschreiben. Wenn ich in der Eucharistiefeier als Kantorin im Wechsel mit der Gemeinde den Antwortpsalm singe, folge ich dieser Berufung. Ich bin promovierte Alttestamentlerin und ich singe gut und leidenschaftlich gerne, ich weiß also, was ich da mit Herz und Seele tue. Ich trage dabei sehr bewusst ein liturgisches Gewand. Den Antwortpsalm zu singen ist für mich Verkündigung und Dienst am Tisch des Wortes. Ich hoffe, dass ich der Gemeinde mit diesem Dienst helfen kann, Gottes Wort zu hören, etwas davon zu verstehen und emotional zu erfassen. Dieser Dienst hat für mich sakramentalen Charakter.

Ich schreibe auch regelmäßig Predigten. Das tue ich einerseits sehr gerne, andererseits ist es schlicht schräg, dass ich Predigten schreiben, diese aber nicht in den Eucharistiefeiern, für die sie geschrieben sind, halten darf. Meine Praxis bleibt so hinter meiner Kompetenz und hinter meiner Berufung zurück.

Mit der Berufung zur Verkündigung sehe ich mich in der Spur der heiligen Maria Magdalena, der Auferstehungszeugin und *apostola apostolorum*. Die Art und Weise, wie mit dem Argument der Apostolizität Frauen von den Weiheämtern der katholischen Kirche ausgeschlossen werden, ist m. E. theologisch nicht mehr haltbar. Der Zwölferkreis wurde von Jesus als Zeichen der endzeitlichen Erneuerung des Gottesvolkes berufen. Dieser Kreis wurde nach dem Tod von Judas Iskariot nur einmal durch Matthias nachbesetzt. Nach dem Tod der Generation der unmittelbaren Zeitgenossinnen und -genossen Jesu hörte diese Gruppe auf zu existieren. Die Ämterstruktur der Kirche entstand erst später und ohne Kontinuität zum Zwölferkreis. Die – m. E. unaufgebbare! – Apostolizität des Weiheamtes kann sich daher nur an dem weiteren Konzept des Apostels orientieren, das beispielsweise Paulus für sich selbst in Anspruch nimmt. Wir wissen heute, dass auch Frauen in diesem Sinn als Apostel bezeichnet wurden. Mit der Engführung der Weiheämter auf den Zwölferkreis konnte die katholische (und orthodoxe) Kirche jahrhundertelang Maria Magdalena – zu Recht – als *apostola apostolorum* bezeichnen, ohne daraus irgendeine Konsequenz hinsichtlich der Gleichberechtigung von Frauen und Männern in der Kirche zu ziehen. Es ist höchste Zeit, dass die katholische Kirche ihr Konzept der Apostolizität erneuert und dabei endlich die Jüngerinnen Jesu, die Frauen, die unter seinem Kreuz ausharrten, die Zeuginnen seiner Auferstehung, die weiblichen Apostel wie Junia mit einbezieht. Eine so verstandene Apostolizität muss sich auch in der Ämterstruktur der Kirche niederschlagen. Dr. Regina Wildgruber

145. „Den Predigtdienst habe ich auf Wunsch von Gemeinden bis ins hohe Alter versehen"

Ich bin 1926 geboren. Sehr gerne wäre ich Messdienerin geworden. Da spürte ich zum ersten Mal, dass mir dies aufgrund meines Geschlechts verwehrt wurde. Nach dem Abitur habe ich gegen das Anraten meines Religionslehrers das Theologiestudium in Münster begonnen. Ich wäre mit viel Freude Priesterin geworden. Da es damals noch kein Abschlussexamen in der Theologie gab (für Priesteramtskandidaten waren eigene Prüfungen vorgesehen), habe ich zunächst vier Jahre lang mit Stundenvergütung Religionsunterricht an der gewerblichen Schule in Münster gegeben. Danach eröffnete sich die Möglichkeit, einen Abschluss durch die Promotion in der Theologie zu erwerben.

Mit viel Einsatz und Freude bin ich dann im Bistum Mainz (mein Doktorvater war inzwischen Bischof von Mainz geworden) in den verschiedenen Formen der Verkündigung tätig gewesen: im Aufbau und der Durchführung von Glaubensgesprächen, in der Ausbildung von Gemeindereferentinnen, als Professorin für Dogmatik und Exegese an der Katholischen Hochschule Mainz und nicht zuletzt im Predigtdienst, den ich auf Wunsch von Gemeinden noch bis ins hohe Alter versehen habe. Als geistliche Begleiterin der kfd und durch den Kontakt mit meinen früheren Studentinnen höre ich oft, dass der Wunsch von Frauen, in allen Ämtern der Kirche gleichberechtigt tätig sein zu können, sehr lebendig ist. Ich hoffe sehr, dass der Synodale Weg im Bistum Mainz auch ein Weg zur längst überfälligen Gleichberechtigung der Frauen in der Kirche wird.

Dr. Irene Willig

146. „Mein Weg mit Gott und den Menschen" Als ich vor Jahren in Berlin das Buch von Elisa Klapheck mit dem Titel „So bin ich Rabbinerin geworden. Jüdische Herausforderungen hier und jetzt" geschenkt bekam, ist mir ein Satz hängengeblieben: „Es gibt Momente, da hängt alles davon ab, dass ein anderer Mensch einem sagt, wer man ist."

Im Versuch, meine „Berufungsgeschichte" aufzuschreiben, kommt er wieder. Lange war „Berufung" für mich ein elitärer Begriff, der Männern vorbehalten war. Heute würde ich sagen, dass Berufung mein Weg mit Gott und den Menschen ist oder so etwas wie ein Mosaikbild, in dem mir immer wieder mal besonders schöne Steine geschenkt oder gezeigt werden, ohne dass ich in der Lage bin, das gesamte Bild zu erkennen. Ich finde es schmerzhaft, dass die Institution Kirche die priesterlichen Berufungen von Frauen nicht anerkennt.

Seit 2016 arbeite ich als Referentin in der Hochschulpastoral. Dort bin ich u. a. caritativ tätig und lernte darüber einen syrischen Christen kennen. 2020 besuchte er uns unangekündigt. Zufällig ging ich zur Kirchentür, um zu schauen, ob noch jemand kommt. Just in dem Moment, in dem ich heraustrat, kam er mir entgegen. An der Schwelle begegneten wir uns. Im Nachgang ist das für mich eine der vielen kleinen Gottesbegegnungen. Ich öffne gerne (Kirchen-)Türen für Menschen. Dort können Begegnungen geschehen.

2018 besuchte ich einen Fortbildungskurs. Im Bibliodrama behandelten wir die Geschichte von Elija unterm Ginsterstrauch. Im Nachgespräch brachte ein geweihter Priester ins Wort, was ich intuitiv vollzog: Ich möchte mich niederwerfen, die Stirn auf dem Boden, mich Gott überlassen. Als wir darüber sprachen, sagte er: „Wenn das deine Berufung ist, was willst du tun? Die einzige Möglichkeit, die du hast, ist ins Kloster zu gehen. Die Kirche wird solche Berufungen niemals anerkennen."

2018 begann ich meine Pilgerschaft mit einer muslimischen Freundin auf den Spuren von Franz von Assisi. Sie war die erste, die mich fragte, was Hingabe an Gott für mich bedeutet. Es ist das Jahr, in dem ich das erste Mal siebentägige Exerzitien in Gries besuche. 2017 habe ich ein intensives Erlebnis nach der Karfreitagsliturgie. Mir kommt der Bibelvers aus dem Lukasevangelium in den Sinn „Niemand zündet eine Leuchte an und deckt sie mit einem Gefäß zu oder stellt sie unter ein Bett, sondern

man stellt sie auf den Leuchter, damit jene, die eintreten, das Licht sehen."
(Lk 8,16) Die Erfahrung von Versöhnung wird mir und einer Freundin
in der Osternacht geschenkt.

2015 kamen die Geflüchteten. Als Studentin engagierte ich mich in der
Arbeit mit Geflüchteten, motiviert und bestärkt von der christlichen studentischen Gemeinschaft. Ich erlebte, was die Worte Jesu (Mt 25,40) leibhaftig bedeuten können. In dieser Zeit erlebte ich die Wandlung bei der
Eucharistie oftmals sehr intensiv. Ich spürte meinen Herzschlag stärker.
Seit ich in der Karwoche 2020 aus einem Impuls heraus mein eucharisti-
sches Fasten begonnen habe, vertieft sich dieses Erleben.

2013 lernte ich das stille Gebet nach Franz Jalics kennen. Jeden Mon-
tag kam ich wieder in Stille vor Gott. Bei meiner Firmung im Kleinwalser-
tal machte ich mir Sorgen: Was geschieht, wenn in der liturgischen Feier
nichts geschieht? Wenn der Heilige Geist nicht über mich kommt? Mir
gelang es, diese Frage an den Priester zu richten. Er beruhigte mich, indem er sagte: „Es ist nicht an uns zu entscheiden, wann und wo wir als
Menschen diese Be-Stärkung erfahren, das kann immer und jederzeit geschehen, denn es ist von Gott gegeben."   Julia Winterboer

147. „Die ,große' Berufungsfrage habe ich hinter mir gelassen und gehe meinen Weg mit IHM"

Kinder werden oft gefragt, welchen Beruf sie
einmal ergreifen wollen. Oft ist Arzt, Lokomotivführerin, Lehrer oder
Astronautin zu hören. Ich wollte Pfarrerin werden. Ich weiß nicht mehr,
ob ich das tatsächlich artikuliert habe, aber der Kindheitstraum war da.
Lange Jahre wäre das auch kein Problem gewesen: Ich bin evangelisch
getauft. Obwohl nicht sehr kirchlich sozialisiert, war ich doch von klein
auf sehr gottverbunden. Diese Gottesbeziehung hat mich mein Leben lang
geprägt. Sie hat mich in einen Gebetskreis der Pfarrei, nach Taizé, nach
Paray-le-Monial und in ein kleines Kloster im Südschwarzwald geführt.
Äußere Umstände – ich habe mein katholisches Umfeld als lebendiger
erlebt als das evangelische –, aber auch die theologischen Inhalte – das
katholische Sakramentenverständnis war mir wichtig – haben mich mit
17 konvertieren lassen. Ich bin diesen Weg sehr reflektiert gegangen; ich
wusste, was das bedeutet.

Ich wurde sehr pragmatisch und zielstrebig erzogen: Lebe und engagiere dich in dem Rahmen, der möglich ist. Was nicht möglich ist, darüber brauchst du dir keine Gedanken machen. Insofern war die Frage
nach einer priesterlichen Berufung für mich überhaupt keine Frage. Ganz
ehrlich: Wenn ich ein Mann gewesen wäre, hätte ich mir diese Frage mit
Sicherheit gestellt. So habe ich lange damit gerungen, ob eine Ordensberufung in mir liegt. Die Antwort: nein. Wo können meine intensive Got-

tesbeziehung und mein Engagement für den Nächsten den richtigen Ort finden? Lange habe ich geglaubt, dass Gott nur mit mir ist, wenn ich auf dem Weg seiner Berufung gehe. Mittlerweile weiß ich: Er geht ohnehin mit mir. Die ‚große' Berufungsfrage habe ich hinter mir gelassen und gehe meinen Weg mit Ihm.

Der Kindheitstraum ist mir insofern erhalten geblieben, dass ich Theologie studiert habe: Das Wissen war mir wichtig. Ich bin Pastoralassistentin geworden. Gottesdienste in vertrauter Gemeinde zu feiern, erfüllt mich immer wieder. Ich leite gerne, und ich weiß, dass das eine Stärke von mir ist. Die Grenzen habe ich als Frau und als Laie oft erlebt. Auch wenn ich vieles als mühsam erlebe und mich mit vielem schwertue: Die römisch-katholische Kirche ist meine Heimat. Ich bin verheiratet. Unser einziges Kind ist leider in der Schwangerschaft verstorben. Wann immer das Thema Berufung angetippt wird, spüre ich, dass diese Frage noch immer in mir lebt. Was wäre, wenn die Möglichkeit bestanden hätte? Wenn ich mich hätte fragen ‚dürfen', ob mir eine priesterliche Berufung geschenkt ist? Dieses Sich-fragen-Dürfen als reale Möglichkeit ist es, was ich mir als Frau in der katholischen Kirche wünsche. Anon.

148. „Non, je ne regrette rien – nein, ich bereue nichts" Ich (* 1957) wollte schon als Kind Priesterin werden. Ich fühlte mich wohl in der Kirche, in die meine Eltern meine ältere Schwester und mich von klein auf mitnahmen. Noch nicht in der Schule, konnte ich die Wandlungsworte auf Latein und feierte viele Messen mit den Backoblaten meiner Mutter. Meine Eltern, die mir den Glauben überzeugend vorlebten, führten mich zur Frühkommunion. Ich war zutiefst enttäuscht, als ich nicht einmal ministrieren durfte, weil ich ein Mädchen war. Das war mir absolut unverständlich und niemand konnte es mir einleuchtend erklären. Daraufhin wollte ich Medizin studieren und Ärztin werden. Kurz vor dem Abitur – ich hatte schon die Bewerbungsunterlagen für den Medizinstudienplatz zuhause – fiel mir am Schriftenstand unserer Kirche ein Faltblatt mit der Aufschrift „Seelsorgehelferin" in die Hand. Das darin beschriebene Berufsprofil traf mich mitten ins Herz. Seelsorge – das war das, was ich u. a. mit dem Priestersein verband. Klar war freilich auch: Ich würde Kompromisse eingehen müssen. Mein geistlicher Begleiter sagte zu mir: „Ich weiß nicht, ob Du das aushältst, wenn Du erst einmal hinter die Kulissen geschaut hast." Ich war jung und begeistert und fühlte mich dafür stark genug.

Ich entschied mich für das Studium der Religionspädagogik und Kirchlichen Bildungsarbeit, weil es neben den theologischen auch humanwissenschaftliche Fächer enthielt und im Gegensatz zum Theologiestudium von Anfang an praxisbezogen war. Zum damaligen Zeitpunkt wollte ich nichts anderes, als in einer Gemeinde vor Ort zu arbeiten. Die Würzburger Synode war gerade vorbei und hatte das Votum für das Diakonat der Frau nach Rom gegeben. Der Regens des Priesterseminars gab Kurse in Homiletik. Ein anderer Professor ließ uns in seiner Gemeinde „an der richtigen Stelle" nach dem Evangelium predigen. Am Ende des Studiums schrieb ich beim Regens meine Diplomarbeit, die im praktischen Teil eine schriftliche Predigt enthielt. Im Gutachten stand die Note 1 und der Hinweis, diese Arbeit könne jederzeit mit derselben Note im Studiengang Theologie angenommen werden. Seminaristen erzählten mir, er würde sie im Seminar als Vorbild herumreichen. In einem persönlichen Gespräch sagte er zu mir: „Ich würde Sie jederzeit in mein Seminar aufnehmen, wenn Sie ein Mann wären!" Nun war – und bin – ich gerne Frau. So verliebte ich mich in einen Studienkollegen und er sich in mich. Er wollte aber Priester werden. Das verstand ich, denn ich wollte es ja auch werden! Dass damit aber die Verpflichtung zum Zölibat gegeben war, verstand ich schon weniger. Warum konnte – und kann – die Lebensform nicht freigestellt werden? Er entschied sich für die Weihe; ich „durfte" seine Primizkerze gestalten und war froh, als ich den Primizgottesdienst überstanden hatte. Er bot mir an, als seine Hausfrau mit ihm zu kommen. *Das* wollte ich nicht.

Meine erste Arbeitsstelle war die damals größte Stadtpfarrei im ganzen Bistum mit ca. 10.000 Katholiken. Der Pfarrer wollte eine Nachfolgerin für die Pfarrschwester, die hauptsächlich im Pfarrbüro saß. Dafür war ich nicht qualifiziert. In meiner Not zeigte ich ihm mein Zeugnis, das er so kommentierte: „Da hat mir das Ordinariat ja die Beste geschickt." Und er stellte mich in den Gremien mit den Worten vor: „Die hat studiert!" Was mir zwar peinlich, aber notwendig war, denn ich war die erste Gemeindereferentin (noch in der Assistenzzeit) anstelle eines zweiten Stadtkaplans. Eine studierte Nicht-Ordensfrau mit einem pastoralen Aufgabenfeld hatte es noch nie gegeben. Ich bat darum, mit „Frau" statt „Fräulein" angesprochen zu werden, denn der „Kaplan" würde ja auch nicht mit „Herrlein" angesprochen. Die Aufgaben in der Gemeinde, die mir der Nachfolger des bald nach meinem Dienstantritt plötzlich verstorbenen Pfarrers übertrug, machten mir Freude, auch wenn es anstrengend war, meinen Beruf und die Berufsbezeichnung immer wieder neu erklären zu müssen. Seelsorger/in durften wir uns nach einer Anweisung des Ordinariats nicht nennen; es hieß, das stünde nur Priestern zu. War der Pfarrer dabei, wenn ich biblische oder geistliche Impulse gab, wurde schon mal nachgefragt, ob denn richtig sei, was ich sage, was er bestätigte. Um mich und eine andere Frau als Kommunionhelferin einzuführen, bot er gleichzeitig 10 (!) Männer auf. Einmal sagte er zu mir: „Sie sind manchem Pfarrer und Kaplan überlegen und das ist Ihr Problem." Als er einmal überlastet war, bat er mich, ihm die Predigt zu schreiben. Ich tat es und er übernahm sie wortwörtlich.

An meiner zweiten Stelle, einer ebenfalls städtisch geprägten Gemeinde, war es leichter. Als der bodenständige Pfarrer, der sehr beliebt war, ging, sagte eine ehrenamtliche Mitarbeiterin zu meiner großen Überraschung zu mir, dabei auf die Kirche zeigend: „Brauchen wir überhaupt einen neuen Pfarrer? Das da drinnen würdest Du doch auch noch locker schmeißen." Sein Nachfolger wollte nur eine Zuarbeiterin und war brüskiert, als ich seinen Auftrag, den Schulschlussgottesdienst zu übernehmen, so ausführte, dass ich ihn auch selber hielt, zur Freude der Kinder und Lehrer/innen. Neben dem Religionsunterricht hatte ich in diesen 10 Jahren mit Freude in allen Feldern der Gemeindepastoral gearbeitet: mit Kindern, Jugendlichen, Erwachsenen, Senioren.

Aber mir war auch deutlich geworden, wie abhängig ich in meiner Arbeit immer vom jeweiligen Pfarrer sein würde. Sollte ich aufhören und doch noch Medizin studieren? Ich diskutierte eine halbe Nacht lang mit einem Kollegen, der es so gemacht hatte. Am Ende sagte er: „Auch die Medizin ist ein hierarchisches System, in dem Du es als Frau schwer haben wirst. Ich habe aus einer Jugendlaune heraus Theologie studiert. Bei Dir nehme ich eine echte Berufung wahr." Ich blieb, beschäftigte mich mit feministischer Theologie und kam im Gegensatz zu den offiziellen Verlautbarungen zu der Erkenntnis, dass es keine theologischen Gründe gegen Frauen als Priesterinnen geben könne (was einer meiner späteren priesterlichen Chefs bei einem Kurs auf die Anfrage eines Teilnehmers öffentlich bestätigte). Wegen eines Leserbriefs, in dem ich zusammen mit vier weiteren Kolleginnen die Weihe der ersten anglikanischen Bischöfin begrüßte, wurde ich vom Personalchef zum Gespräch zitiert und gerügt – sogar unsere Glaubenstreue wurde in Zweifel gezogen … Der vorher genannte bodenständige Pfarrer war inzwischen Präses eines Erwachsenenverbandes und sollte, nachdem der für den Jugendverband zuständige Kaplan geheiratet hatte, diesen mit übernehmen. Er bot mir an, mit ihm in diesen Verbänden zu arbeiten. Ich nahm an. Aufgrund der positiven Erfahrung mit mir änderte der Jugendverband seine Satzung; statt eines Kaplans konnte nun erstmals auch ein/e geistliche/r Begleiter/in gewählt werden. Als ich beim Erwachsenenverband zum ersten Mal bei einem großen Frauenbesinnungswochenende einen Vortrag über Maria von Magdala hielt, war es zuerst totenstill, dann sprang eine Frau auf und sagte zum Präses (!): „Herr Präses, ich gratuliere Ihnen zu dieser Mitarbeiterin!" Langanhaltender Applaus folgte und einige Jahre später fand auf Drängen der Frauen im Verband beim Diözesanausschuss meine (einstimmige!) Wahl und Ernennung zur Geistlichen Begleiterin des Erwachsenenverbandes statt in Parität zum geweihten Präses; dieses Amt ist nun in der Satzung verankert. Einmal überließ mir der oben genannte Präses, der mich schon mal als seine Kollegin vorstellte, in einer Eucharistiefeier bei einem großen Kurs die Predigt, worauf mir ein Mann rückmeldete, so wie er mich erlebt habe, könne er sich Frauen sehr gut als Priesterinnen vorstellen. Ähnlich der Spiritual des Priesterseminars, als ich mit ihm Exerzitien im Alltag für seine Seminaristen gab. Massiver wurde eine ältere Frau, als ich zusammen mit einer Kollegin die Wort-Gottes-Feier am Aschermittwoch der Frauen leitete: „Ihr wärt beide so tolle Priesterinnen! Ich bekomm' so eine Wut auf unsere Kirche, die das verhindert!" Ich könnte noch viele ähnliche Aussagen anführen. Bei unserem 40-jährigen Abiturjubiläum hielt ich auf die Bitte meiner Schulfreundinnen einen Gottesdienst in der Kapelle unserer ehemaligen Schule. Die Sakristeischwester fragte mich, ob ich nicht ein liturgisches Gewand anziehen wolle. Ich schlüpfte zur Probe in die schöne Mantelalbe und spürte, dass sie mir wie auf den Leib geschnitten war, trug sie dann aber beim Gottesdienst nicht. Ich wollte mich in diesem Rahmen nicht „abheben" von den anderen. Eine meiner Schulfreundinnen hatte bei meiner Predigt Tränen in den Augen … Im Laufe der Jahre machte ich viele Weiterbildungen, u. a. zur Exerzitien- und Geistlichen Begleiterin, zur Gestaltpädagogin und Bibliologin. Seit vielen Jahren bin ich nun Geistliche Begleiterin des Erwachsenenverbands und Referentin für Spiritualität an einer Bistumsstelle. Ich habe viel Freiheit in meiner Arbeit. Es erfüllt mich, als Seelsorgerin Anteil am Leben der Menschen zu nehmen, sie geistlich zu begleiten, ihnen bei Kursen Impulse mitzugeben und Gottesdienst mit ihnen zu feiern. So kann ich einen Teil von dem leben, was ich mit dem Priestersein verbinde. Managerin einer großen Pfarreiengemeinschaft und Chefin von vielen Mitarbeiter/inne/n wollte ich niemals sein. Unverständlich bleibt für mich, mit bischöflicher Beauftragung das Wort Gottes überall verkünden zu sollen, nur nicht in der Eucharistie. Mein langjähriger Dienst im Bistum ist geprägt von leidenschaftlichem und lustvollem Engagement, aber auch von vielen Kämpfen und Verletzungen. Zusammen mit einer anderen Kollegin baute ich die Strukturen in unserer Berufsgruppe auf und war viele Jahre im Vorstand. Ich bin seit der Gründung im Frauenforum unseres Bistums, in dem Frauen aus allen kirchlichen Einrichtungen und Verbänden bis zu den Ordens- und Pfarrhausfrauen vertreten sind. Im Kampf um die Anerkennung unserer weiblichen Berufungen nicht nur in Worten, sondern vor allem in Taten bin ich allerdings müde geworden und habe diesbezüglich keine Lust mehr, Kraft in fruchtlose Auseinandersetzungen zu investieren, die doch immer mit „*Roma locuta – causa finita*" [= „Rom hat gesprochen – die Sache ist erledigt"] enden. In diesem Zusammenhang sehe ich auch den Synodalen Weg sehr skeptisch. Zu viele solcher „Aufbrüche" habe ich im Sande verlaufen sehen. Doch nach wie vor gilt, was ich in meinen letzten Exerzitien mit Édith Piaf sang: „Non, je ne regrette rien ..." – Nein, ich bereue nichts. Anon.

149. „Ich war eine Notlösung, hoffentlich eine gute " Seit meiner Erstkommunion habe ich mich in der katholischen Kirche in vielen Bereichen engagiert, in der Kinder- und Jugendarbeit, in Diakonie, Liturgie, Unterricht, Pfarrgemeinderat, Bildung, Öffentlichkeitsarbeit. Berufungserlebnisse hat es viele gegeben, vor allem durch Menschen, die mich für kirchliche Aufgaben und den kirchlichen Dienst gefragt und ermutigt haben. Nach meinem Theologiestudium, begonnen in Bonn und abgeschlossen in Luzern, konnte man mich in meinem Heimatbistum Köln leider nicht brauchen. Im Bistum Basel war ich sehr willkommen und habe als Pastoralassistentin sowie fast 23 Jahre als Gemeindeleiterin einer mittelgroßen Pfarrei gewirkt. Das Evangelium hat mich gepackt und ich hatte eigentlich die Absicht, einer Ordensgemeinschaft beizutreten. In zweien war ich als Gast. Mit einer durfte ich auf die Philippinen reisen, was mich sehr geprägt hat. Ich habe einen Bischof kennengelernt und Schwestern, die sich mutig – auch unter Einsatz ihres Lebens – für die Menschen, ihre Rechte und ihre Würde eingesetzt haben, die nicht nur halfen, sondern auch über die Ursachen von Armut, Schulden, Unterdrückung aufklärten. Beim Abschied sagten sie mir: „Wir können dich hier nicht brauchen, geh zurück und sage den Menschen, was hier vor sich geht, denn die Produkte, um derentwillen die Menschen hier Land und Würde verlieren, stehen bei euch im Regal. Und seid Ihr nicht auch Christen und ist nicht unsere Erde eine, die nicht einigen wenigen, sondern allen und vor allem Gott gehört?" Das habe ich nie vergessen, und so wurde das Thema ein Schwerpunkt meiner pastoralen Arbeit in den jährlichen Fastenzeitkampagnen, der Schöpfungszeit, dem Umweltmanagement und in den diakonischen Projekten. Das sind meiner Ansicht nach die wichtigsten Themen, und ich bin dankbar, dass eine Enzyklika wie *Laudato Si'* von einem Papst herausgegeben wurde. Es wäre nur viel glaubwürdiger, wenn in der Kirche die Macht auch geteilt würde, auch mit den Frauen. Ich bin damals vom Volk als Gemeindeleiterin gewählt worden – in meinem Bistum gibt es die Volkswahl für Pfarrer und Leitungspersonen – und wurde anschließend vom Bischof beauftragt. Das wäre ein Vorbild für die ganze Kirche. Auch die Orden dürfen ihre Oberen ja wählen.

In einen Orden bin ich nicht eingetreten. Wegen der täglichen Eucharistiefeier, die ja angeblich so wichtig ist. Vielleicht war es einfach

Pech, dass ich sie dort als derart lieblos erlebt habe. Der Priester ließ die Schwestern bei ihren Antworten nicht mal ausreden und wollte wohl immer schnell fertig sein. Ein anderer las derart monoton, und es schien ihm egal, ob noch jemand dabei ist. Viele Schwestern ließen das still über sich ergehen. Auch die vorgeschriebene regelmäßige Beichte empfand ich alles andere als hilfreich, sondern als demütigend. Schon damals schien mir die klerikale Macht solch tollen Frauen gegenüber höchst anmaßend und ungerecht. Warum durften die Schwestern nicht selber Eucharistie feiern? Dazu kam noch, dass sich die Herren beim Essen, das jeweils üppiger ausfiel als bei den Schwestern, von diesen an einem Extratisch bedienen ließen.

Wegen des Priestermangels bekam ich eine außerordentliche Tauferlaubnis und habe sehr viele Kinder getauft, auch einige Paare getraut, ebenfalls mit einer außerordentlichen Erlaubnis, und sehr viele Menschen beerdigt. Mit ganz wenigen Ausnahmen haben sich die Menschen gefreut, dass ich das tun durfte. Am berührendsten war, als nach einer Taufe eine kroatische Mutter mit Kopftuch auf mich zukam – ich befürchtete schon, dass sie die Taufe für ungültig hielt – und mit Tränen in den Augen zu mir sagte, das sei jetzt so ergreifend gewesen. Dass eine Frau das tun dürfe, sei großartig.

Wenn es möglich gewesen wäre, Diakonin oder Priesterin zu werden, dann hätte ich diese Option ganz bestimmt gewählt. Denn so ist zwar auch vieles möglich – und einige unserer Bischöfe, die ich erlebt habe, haben die Frauen und überhaupt die Laien im Vergleich zu anderen Mitbrüdern gefördert –, aber der Dienst blieb nur eine Notlösung und immer abhängig von der Gnade eines geistlichen Herrn, auch wenn die Zusammenarbeit gut war. Und ich musste zusehen, wie vieles zusammenbricht und nicht mehr seriös stattfinden kann, weil es an Geweihten fehlt, auch wenn ich meist Aufgaben übernahm, die übrigblieben oder um die sich niemand kümmern wollte oder konnte. Das war nicht nur schlecht, ich habe dabei auch viel gelernt. Aber eine wesentliche Gabe, die frau haben muss in diesen Aufgaben, ist eine sehr hohe Frustrationstoleranz. Die habe ich Gott sei Dank.

Ich hätte aber meinen Leitungsstil beibehalten, denn ich wünsche mir, dass die Zweiklassengesellschaft in unserer Kirche, wo nur die wenigen Geweihten entscheiden können, überwunden wird. So ziemlich das erste, was ich als Gemeindeleiterin gemacht habe, war, mit dem Pfarreirat Statuten zu erarbeiten, wo dieser nicht mehr nur ein Beratungsgremium ist, sondern auch Entscheidungskompetenzen hat. Ähnlich habe ich es mit den anderen Gremien gehalten. Wer betroffen ist und sich engagiert, soll auch mitentscheiden dürfen. Damit bin ich sehr gut gefahren.

Dass ich in meiner Lebenszeit nicht Diakonin oder Priesterin werden würde, war mir selbstverständlich immer klar und daher auch kein realistisches Ziel. Aber ich wollte etwas für die tun, die nach mir kämen: auf dass es sowohl im Volke Gottes als auch bei den Unter- und Oberhirten zu frauenfreundlicheren Perspektiven, auch im Hinblick auf die Organisationsstruktur und Ämter der Kirche, komme. Jetzt am Ende meines pastoralen Dienstes bin ich ernüchtert und traurig, dass sich so wenig geändert hat, vor allem in der Ämterfrage. Es ist nicht nur eine Frage der Gerechtigkeit, sondern auch der Seelsorge gegenüber den Frauen: Mit mancher Frau habe ich beschämende Dinge besprochen, die gegenüber einem Mann und Priester vielleicht nie gesagt würden. Und dann die vielen entgangenen Chancen für die Kirche! Frauen bringen als Seelsorger*innen eine andere Lebens- und Erfahrungswelt ein, die komplett fehlt, wenn nur Männer predigen dürfen. Ich denke, dass sich Kirchenherren auch schuldig machen könnten, wenn sie die Frauen weiterhin derart ausschließen. Nach allem, was ich glaube und erlebt habe, kann ich mir nicht vorstellen, dass das im Sinne Jesu ist. Ich bin aber nicht verbittert, sondern dankbar für all die vielen bereichernden Begegnungen und Erfahrungen im Leben und Glauben, die mir mein Dienst und mein Engagement in der Kirche ermöglicht haben. Das Schönste war, wenn ich weiterhelfen und eine lebensfreundliche Sicht und Tat anstoßen konnte im Licht des Evangeliums. Gabriele Zimmermann

150. „... nur wenn man die Regeln bricht oder faule Kompromisse eingeht" Es ist schwierig zu sagen, ob ich mich zu etwas berufen fühle, was mir von Anfang an verwehrt ist. Ich war immer schon religiös interessiert und habe das, was man mir an Glaubenspraxis beigebracht hat, sehr ernst genommen. Spätestens als meine Mutter starb, als ich elf Jahre alt war, bekam die Frage, ob es Gott und einen Himmel gibt, eine existentielle Dimension. Religiöse Auseinandersetzung war mir immer wichtig. Ich hatte einen großartigen Religionslehrer, von dem ich kritisches Infragestellen gelernt habe. Mich hat die Jugendarbeit auf Dekanatsebene sehr erfüllt, gerade auch die Jugendgottesdienste haben in mir viel zum Schwingen gebracht, und es hat mich lange getragen, wenn ich eine Liturgie mitfeiern konnte, bei der ich den Eindruck hatte, dass sie viel mit mir und mit Werten zu tun hat, die mir wichtig waren. Ich war mir über meinen Berufswunsch bald im Klaren: Pastoralreferentin wollte ich werden. Und weil die meisten Menschen, deren Meinung mir viel bedeutete, große Bedenken hatten, gerade als Frau auf die Kirche als Arbeitgeberin zu setzen, habe ich noch Musik auf Lehramt studiert inklusive Referendariat an einer Hauptschule. Möglicherweise sind das meine ersten Umwege, die ich nicht gegangen wäre, wenn ich auch die Möglichkeit gehabt hätte, Priesterin zu werden. Ich möchte heute weder das Musikstudium noch die z. T. sehr ernüchternden Referendariatserfahrungen missen. Ich war spirituell lange auf der Suche, habe geistliche Begleitung in Anspruch genommen, verschiedene Gebetsformen erprobt. Überzeugt hat mich das kontemplative Herzensgebet. Viele Jahre habe ich regelmäßig Exerzitien bei zwei ehemaligen Franziskanerinnen gemacht, die eine Spiritualität gelebt haben, deren Nüchternheit und Alltagstauglichkeit mich sehr berührten. Im Schweigen bin ich einfach ich vor Gott. Sie sprachen eine normale Sprache – gleichzeitig erschlossen sich im ganzen Miteinander und dem Beten spirituelle Grunderfahrungen von Achtsamkeit, Hingabe, Demut, Gnade und Ehrfurcht. Abends wurde während dieser Exerzitien Messe gefeiert, wenn ein Priester da war, ansonsten eben ein Wortgottesdienst. Selten habe ich so deutlich empfunden, dass da etwas nicht stimmt, wenn zwei Frauen, die aus so einer Glaubenstiefe und Christusnachfolge leben, nicht Brot und Wein wandeln dürfen. Eher unbewusst habe ich mir ab dieser Zeit viel stärker weibliche Vorbilder bzw. Weggefährtinnen für geistliche Inspiration gesucht – Männer habe ich ja in sonntäglichen Gottesdiensten eh zur Genüge hören können.

Ich bin verheiratet, wir haben zwei Kinder und ich habe noch nie eine Rolle gehabt, die mich so erfüllt und glücklich macht wie die, Ehefrau und Mutter zu sein. Ich kann mir aber nicht vorstellen, dass das im Umkehrschluss bedeuten muss, keine Priesterinnenberufung zu haben. Wer einmal ein Kind auf die Welt gebracht hat, weiß, was Unverfügbarkeit ist und dass das Leben ein Geschenk ist, das man nur mit Demut und Ehrfurcht annehmen kann. Familienalltag bedeutet, permanent Bedürfnisse von allen Familienmitgliedern zu sehen und auszubalancieren. Besser kann man Nächstenliebe und Achtsamkeit nicht üben. Dies ist auch eine permanente Glaubensschule. Im Umkehrschluss bedeutet das aber auch, dass es nicht immer gelingt, Zeiten für das Gebet so zu reservieren, wie das jemand kann, der ohne Familie lebt. Trotzdem: Könnte es nicht das Priester(*innen)amt unglaublich bereichern, wenn Menschen mit diesem Erfahrungshintergrund Zugang dazu hätten? Wie viel spirituelle Grunderfahrung und Tiefe, die mit der Weitergabe von Leben zu tun hat, kann durch das Priesteramt, wie es gerade definiert ist, nicht abgebildet werden?

Ich sitze in der diözesanen AG Systemische Grundfragen. In der Untergruppe ‚Frauen' prüfen wir, wie es möglich sein könnte, dass Frauen zumindest stärker in die Verkündigung einsteigen. Es macht mich fassungslos, erneut feststellen zu müssen, dass es nur predigende Frauen (Laien) in Eucharistiefeiern geben kann, wenn man die Regeln bricht oder faule Kompromisse eingeht. Alle gut gemeinten Versuche (z. B. von den Schweizer Bischöfen), innerhalb der dogmatischen Vorgaben eine Ausweitung des Predigtdienstes zu formulieren, beleidigen nach meinem Empfinden sowohl die Laien als auch die Priester. Am Sonntag nach der Sitzung, die mir dies sehr klar vor Augen geführt hat, fand in meinem Dorf die erste Messe nach dem Lockdown statt – mit Sicherheitsabständen, Mundschutz und ohne Gesang – ein Schritt zurück zur Normalität, gleichzeitig ein beklemmendes Gefühl – eine sehr besondere Situation. In der Liturgie ging es um den Weltgebetstag für geistliche Berufe und um die Wichtigkeit von Priesterberufungen. Abgesehen von Sicherheitshinweisen beim Kommuniongang ohne irgendeinen Bezug zur aktuellen Lage. Ich weiß, was ich wirklich nicht vermisst habe während der Corona-Zeit: Da war sie wieder, die Wut und Hilflosigkeit darüber, dass da eine Messe gefeiert wird, ohne die anwesenden Menschen und ihre Anliegen im Blick zu haben – für mich ein resonanzloses Geschehen. Ich kann nicht sagen, in wie vielen Messen ich gesessen und beim Zuhören während der Predigt gedacht habe, dass ich auch gerne meine Sicht auf das Evangelium zur Verfügung stellen würde, dass mir viel dazu einfallen würde, was die Schrifttexte in unserer Zeit und in unserer Dorfgemeinschaft bedeuten könnten. Ich würde gern die Sicht der anderen auf die Tageslesungen hören und besser verstehen, warum sie die Messe besuchen, mit welcher Sehnsucht sie da sind. Ich habe einen starken Teil in mir, der sich äußern und gestalten will. Ist das Berufung? Steckt hinter meiner Wut das Faktum, eine Berufung nicht leben zu dürfen? Meine Wut wird gerade immer stärker, und eine wichtige Frage, die ich mir stelle, ist, wie ich sie regulieren kann, und was sie mir zu sagen hat.

Meinen aktiven Platz in der Liturgie habe ich vor allem in der musikalischen Gestaltung von Gottesdiensten. Dazu fühle ich mich wirklich berufen und das kann ich mit Leben füllen. Ich mag es, mit vielen Leuten gemeinsam zu musizieren, viele Menschen dazu einzuladen, sich musikalisch einzubringen, so wie sie das gerade können; ich mag Musikworkshops auf Familienwochenenden oder vor Feiertagen, die darin münden, die Liturgie mit den vorhandenen Charismen und Talenten zu gestalten. Das erfüllt mich und was da manchmal entsteht, lässt mir das Herz aufgehen. Das ist keine Perfektion, aber ein musikalisches und spirituelles Beziehungsgeschehen. Das hat so viel Kraft!

Ich mag es, Menschen dabei behilflich zu sein, ihre Stärken, aber auch ihre Fragen und Lebensthemen anderen Menschen gegenüber einzubringen und damit weiter zu gehen. So verstehe ich meine Arbeit und meinen ehrenamtlichen Dienst, sowohl in der Liturgie über die Musik als auch in der Seminararbeit mit Freiwilligen, als auch in der Arbeit in der Beratungsstelle. So verstandene Leitung übernehme ich gern – und ich investiere viel Zeit und Energie in beraterische Weiterbildungen, um darin wirklich gut und professionell zu sein. Es wäre so stimmig, Beziehungsgeschehen, wie sie in diesen Kontexten möglich werden, auch in der Leitung von Sakramentsfeiern begleiten und in ihrer spirituellen Dimension vertiefen zu dürfen, z. B. als Amtsträgerin und Mutter eine Taufe zu vollziehen, als Amtsträgerin, Eheberaterin und Ehefrau einer Trauung zu assistieren, als Amtsträgerin und Begleiterin von Gruppenprozessen der *Communio* in einer Eucharistiefeier vorzustehen. Aber das ist mir verwehrt und wird es wohl auch bleiben. Schade!   Inge Zumsande

EPILOG
Drei exemplarische Stimmen von Männern

1. **„Berechtigter Hunger nach Teilhabe an der Macht"** Über Umwege und als Mann bin ich an Ihre E-Mail gekommen und freue mich sehr, dass Sie sich in dieser Frage im Forum „Frauen in Diensten und Ämtern der Kirche" engagieren. Sie formulieren als ein Ziel, die Diffamierung der Beschäftigung mit dieser Frage als „Machthunger aufmüpfiger Frauen" zu beseitigen.

Ich finde das keine Diffamierung! Es ist vielmehr das, was es ist: Hunger nach Teilhabe an der Macht, was, wie ich finde, ein gutes und notwendiges Gefühl zur Durchsetzung der Beseitigung der Diskriminierung von Frauen in unserer Kirche ist. Behalten Sie bitte diesen Hunger, sollten Sie ihn verspüren.

Stellen Sie sich als Motiv vielleicht die Situation von Angela Merkel vor, die im Jahr 2000 CDU-Vorsitzende wurde. Oder erinnern Sie sich dann an den genialen Coup von Merkel, zunächst Stoiber als Pappkameraden Kanzlerkandidat 2002 werden und scheitern zu lassen und dann 2005 selbst als Kandidatin anzutreten. Ohne Hunger nach dem Amt wäre es ihr nie gelungen, die Geduld aufzubringen, eine bundesdeutsche Männerdomäne zu erobern.

Ich glaube nicht, dass es ohne einen Kampf eine wirkliche Gleichberechtigung von Frauen in unserer Kirche geben wird. Lange, zu lange habe ich selbst das für ein unmögliches Thema für die Diskussionen in der Kirche gehalten. Es ist keine Utopie. Ich selbst hatte lange eine andere Haltung und habe diese immer mit dem Dienstcharakter (im Sinne „Der Erste soll der Letzte unter Euch sein") des kirchlichen Amtes begründet, was Frauen nicht zumutbar sei. Das ist aber wirklich lächerlich. Das Amt begründet Macht, das ist Fakt. Und Ausschluss von Macht ist Diskriminierung, was ebenfalls Fakt ist. Für mich brauchte es nur einen kleinen Anstoß, um meine Meinung völlig umzukrempeln, einen Vortrag von Christiane Florin zu ihrem Buch „Weiberaufstand", der in Youtube zu finden ist. Ich wünsche Ihnen viel Kraft und Furchtlosigkeit und viele Mitstreiter für diese Herkulesaufgabe und freue mich auf den Fortschritt in und für unsere Kirche.   P. Ralf Sagner OP

2. „Der Kirche geht viel geistgewirktes Potenzial der Frauen verloren" Jedes Jahr in der Osterzeit hören wir die Texte der Auferstehung mit der ersten Beauftragung einer Frau zur Verkündigung: Maria von Magdala, 2016 von Papst Franziskus zur „Apostelin der Apostel" erhoben. Frauen wie Junia, Tabitha und Phoebe haben Gemeinden geleitet und waren diakonisch tätig. Wenn sich die Bischöfe „Nachfolger der Apostel" nennen, wo sind dann die „Nachfolgerinnen der Apostelin der Apostel – Maria von Magdala"?

Die Zeit drängt! Viele Frauen sind schon aus der Kirche ausgezogen oder haben sich in die innere Emigration und Resignation zurückgezogen. Mit dem Auszug besonders der jüngeren Frauen aus einer hierarchisch von Männern geleiteten Kirche geht viel geistgewirktes Potenzial der Frauen verloren. In der Folge fällt in den Familien die Verkündigung des Glaubens für die nächste Generation von Kindern aus.

Gerade das diakonische Amt wird seit biblischer Zeit unbestritten auch von Frauen ausgefüllt. Anfang des 20. Jahrhunderts legte der spätere Münchner Kardinal Michael Faulhaber eine der ersten Studien zum Frauendiakonat vor. 1908 segnete er Frauen, die die „Vereinigung katholischer Diakoninnen" gründeten. Edith Stein, die später heiliggesprochen wurde, erhob in den 1930er Jahren die Forderung nach dem Diakonat der Frau. Seit der Einführung des Ständigen Diakonats für verheiratete Männer nach dem Zweiten Vatikanischen Konzil ist die Diskussion um das Diakoninnenamt weltweit neu entflammt.

Eine zukunftsfähige Kirche kann es nur mit einem erneuerten Amtsverständnis geben, das am dienenden Christus orientiert ist. In ihr müssen auch Frauen durch Weihe zum Dienst beauftragt werden. Wenn die Geschlechterapartheid in unserer Kirche nicht aufgegeben wird, versündigt sich die Kirchenleitung am Evangelium und an den Frauen, widerspricht den Menschenrechten und schadet massiv der Ökumene.

Doch immer noch machen sich Kirchenmänner anheischig, die Lösung aller Probleme alleine vorgeben zu können. Sie beharren auf der engen Auslegung der „hierarchischen Verfasstheit" der Kirche, obwohl dieses Wort im Neuen Testament nirgends vorkommt; denn dort ist von Dienst die Rede, nicht von Herrschaft. Sie beharren darauf, dass sie „auf den Herrn hören", wenn sie die Traditionen der Kirche verteidigen, ja sie dem Evangelium überordnen. Sie verkaufen ihre Reformunfähigkeit als das Festhalten am wahren Glauben. Doch wer die befreiende Botschaft vom Reich Gottes, die Jesus, der Christus, uns allen bringt, nach Gutdünken auslegt, um die Machtverhältnisse in der Kirche zu zementieren, der ist es, der spaltet. Frauen können ganze Staaten leiten, aber in der Kirche werden sie oftmals noch als Menschen zweiter Klasse angesehen, was damit kaschiert wird, dass Frauen „zwar die gleiche Würde, aber nicht die gleichen Rechte wie der Mann" haben.

Jetzt berufen sich die Bremser auf das nachsynodale Schreiben Querida Amazonia von Papst Franziskus, in dem dieser verschiedene Visionen für die Kirche aufzeigt, aber – und das ist auf den ersten Blick und vor allem für die Teilnehmenden der Synode sehr enttäuschend – nicht auf die drängende Frauenfrage eingeht. Zur Weihe von Frauen äußert er sich sogar ablehnend – und wird dafür von konservativer Seite gelobt. Ja, Franziskus provoziert, aber in alle Richtungen, wenn er zur Frauenweihe zu bedenken gibt: „Eine solche Sichtweise wäre in Wirklichkeit eine Begrenzung der Perspektiven: Sie würde uns auf eine Klerikalisierung der Frauen hinlenken und sowohl den großen Wert dessen, was sie schon gegeben haben, schmälern als auch auf subtile Weise zu einer Verarmung ihres unverzichtbaren Beitrags führen" (Querida Amazonia, Nr. 100). Es stimmt, wir brauchen tatsächlich keine Frauen als „Klerikerinnen". Müssen wir dann aber nicht mit Fug und Recht fragen: Wenn wir dem Klerikalismus entgegentreten wollen: Gelingt uns das, wenn wir an den Männern als „Kleriker" festhalten? Bedenken wir: Kleriker*innen sind nach dem Neuen Testament „von Gott Erwählte", berufen in „ein heiliges Volk, eine königliche Priesterschaft". Unsere Taufe ist unsere Priester*innen-Weihe! Die Berufung zum Dienst des Presbyters ist die Berufung zur Gemeindeleitung, keine persönliche Auszeichnung und spezielle Heiligung. Für die Gemeindeleitung braucht es keine gesonderte Weihe.

Die Diskussion über die dringende Erneuerung des Amtsverständnisses ist durch Querida Amazonia nicht beendet, sondern sollte auf dem Synodalen Weg in Deutschland mit theologischen Argumenten und praktischen Erfahrungen intensiv weitergeführt werden. Je einvernehmlicher am Ende die Beschlüsse ausfallen, umso mehr Gewicht werden sie dann im Vatikan und auf jeden Fall bei Papst Franziskus haben.

Magnus Lux und Christian Weisner

3. „Männer und Frauen ergänzen sich auch in der Arbeit am Reich Gottes"

Seit 20 Jahren bin ich neben meiner Tätigkeit als Gemeindepfarrer Dozent für Homiletik im Pastoralkurs des Mainzer Priesterseminars. Hier werden in einem zwei Jahre dauernden Kurs künftige Priester und Pastoralreferentinnen und -referenten gemeinsam ausgebildet, wie schon zu meiner Ausbildungszeit vor 40 Jahren.

Aus eigener Erfahrung weiß ich, dass Frauen predigen können und wie sie predigen. Als Theologinnen nach einem zehnsemestrigen Studium bringen sie ihr Wissen und ihre Lebens-und Glaubenserfahrungen auf ganz eigene Weise – eben als Frauen – kompetent, authentisch und organisch in den Predigtdienst ein, zu dem sie zwar ausgebildet werden, für den es aber in der späteren Berufstätigkeit kaum Anwendungsmöglichkeiten gibt. Nach meiner Meinung ist es in der heutigen Zeit unverantwortlich, diese Talente und Begabungen, die für die Kirche als Geistesgaben eine große Bereicherung darstellen, brachliegen zu lassen. Mann und Frau ergänzen sich nicht nur in der Ehe, sondern auch in allen anderen Lebensbereichen, nicht zuletzt auch in der Arbeit am Reich Gottes. Die Verschiedenheit der Geschlechter in ihrer gleichen Würde ist ein großer Schatz für die Kirche und ihre Sendung zu den Menschen. Die Kirche sollte daraus endlich die Konsequenzen ziehen.

Darüber hinaus ist für mich die volle Teilhabe der Frauen am Weihesakrament kein Angriff auf meinen (katholischen!) Glauben; die Argumente gegen diese Teilhabe überzeugen mich nicht. Gleichwohl bedarf es bei Männern und Frauen in kirchlichen Berufen und Ämtern einer Spiritualität, die ihren Maßstab findet am Beispiel Jesu, der als ihr „Herr und Meister" seinen Jüngern die Füße gewaschen hat.

Thomas Müller

REGISTER DER TEXTE

DIE LEBENS- UND BERUFUNGSZEUGNISSE DER FRAUEN
Von A–Z

14. *„Ich wollte Gottesdienste feiern, die Himmel und Erde verbinden"* Ulrike Böhmer, geb. 1962, Dipl. Religionspädagogin, Kirchenkabarettistin und Autorin

15. *„Die Gewissheit, ganz persönlich gemeint zu sein, beauftragt zum Dienst"* Agnes Bohe, geb. 1942, Dipl.-Sozial-Arb./Päd./Therap. i. R., Geistliche Begleiterin, Sterbe- und Trauerbegleiterin, Familienfrau

16. *„Als Frau kann ich den Schatz der Kirche nie ganz weiterschenken"* Sandra Bonenkamp, geb. 1974, Gemeindereferentin

17. *„Meine Konversion war für mich kein Bruch, sondern einfach nur eine Wegkorrektur"* Alexandra Caspari, geb. 1974, Pfarrerin in der alt-katholischen Kirche

18. *„Ich bedauere, dass ich nicht dazu beitragen kann, dass in jeder Pfarrei an jedem Sonntag Eucharistie gefeiert wird"* Christine Demel, geb. 1967, Pastoralreferentin

19. *„Meine Geschichte ist eine Geschichte des ‚Rufs'"* Petra Dierkes, geb. 1963, Theologin, Seelsorgeamtsleiterin im Erzbistum Köln

20. *„Ich gehöre zur Gruppe der unerfüllten Berufenen"* Marianne Christine Dieterich-Greenwood, geb. 1945, Humanbiologin, Gemeindereferetin i. R., Autorin, ehrenamtliche Klinikseelsorgerin

21. *„Eine unglaubliche Verschwendung von Fähigkeiten und Charismen"* Anon.

22. *„Ja, ich fühle mich zur Ausübung des Dienstes als Diakonin von Gott berufen"* Sylvia Dyballa, geb. 1950, Absolventin des 1. Ausbildungskurses zum Diakonat der Frau

23. *„Die Kirche versündigt sich an mir und den anderen Frauen, die berufen sind"* Dr. Ruth Fehling, geb. 1970, Pastoralreferentin und Theologin

24. *„Ich vermisse kaum etwas, weil ich bereits priesterlich wirken kann"* Dr. Barbara Feichtinger, geb. 1967, Seelsorgerin und Bildungsreferentin

25. *„Eine Stimme in mir sagte: Ich brauche dich!"* Renate Flath, geb. 1960, Pastoralreferentin

26. *„Habe ich mein Leben auf ein falsches Pferd gesetzt?"* Gabi Flörchinger, geb. 1953, Gemeindereferentin i. R.

27. *„Wir Alten müssen es tun; die Jungen fehlen überall"* Marlene Fröhlich, geb. 1939, Lehrerin für Deutsch, Mathematik und kath. Religion

28. *„Auftreten statt austreten"* Maria Angelika Fromm, geb. 1951, Lehrerin, kritische Theologin, alleinerziehende Mutter (3 Kinder, 8 Enkel), Initiatorin der Lila Stola, ausgebildete Diakonin (1999–2002)

29. *„Und trotzdem möchte ich weiterträumen"* Katrin Fuchs, geb. 1982, Pastoralreferentin

30. *„Ich bin stolz, meine Rolle als Laienmissionarin gefunden zu haben und meine Berufung bewusst zu leben"* Annette Funke, geb. 1980, Fachkraft in der Entwicklungszusammenarbeit

31. *„Mein Berufungswunsch zum Diakonat bleibt unerfüllt"* Marieluise Gallinat-Schneider, geb. 1962, Historikerin und Gemeindereferentin

32. *„Die Erika hat das Zeug für einen Pfarrer"* Sr. Dr. Katharina Ganz OSF, geb. 1970, Theologin, Sozialpädagogin, Oberzeller Franziskanerin, seit 2013 Generaloberin

33. *„Priesterin praeter legem"* Judith Gigl, geb. 1967, römisch-katholische Priesterin praeter legem

34. *„Mein Wunsch ist ein Bewusstseinswandel"* Jutta Golly-Rolappe, geb.1966, Gemeindereferentin, Beerdigungsleiterin und Trauerbegleiterin für Kinder und Jugendliche

35. *„Aus dem Kampf habe ich mich (leider) ausgeklinkt, nicht aber aus der tiefen Liebe zu den Menschen, die Gott ahnen wie ich"* Marion Haass-Pennings, geb. 1961, Pastoralreferentin, Judaistin, Gymnasiallehrerin

36. *„Ich habe meinen Sonderweg in einer Nische gefunden"* Sonja Haas-Wessendorf, geb. 1958, Pastoralreferentin

37. *„Bis hierhin und nicht weiter"* Dr. Marianne Habersetzer, geb. 1953, Diplomtheologin, Pastoralreferentin i. R.

38. *„Ich habe keine Chance, auch mit meiner Liebe nicht"* Anon.

39. *„Ich komme nicht los von dieser von Männern bestimmten Kirche"* Marlene Hang, geb.1957, Gemeindereferentin

40. *„Ich wäre eine gute Pastorin geworden"* Elisabeth Hartmann-Kulla, geb. 1954, Lehrerin i. R.

41. *„Ich wurde nie nach meiner Berufung gefragt"* Gudrun Heid, geb. 1963, Pastoralreferentin, Ehe-, Familien- und Lebensberaterin, Systemische (Familien-)Therapeutin

42. *„Christliches Handeln ist immer nur als diakonisches Handeln glaubhaft"* Bettina Heinrichs-Müller, geb. 1967, Diplom-Theologin, Verwaltungsangestellte

43. *„Wohin er uns stellt, sollen wir es zeigen ..."* Ute Maria Hodel, geb. 1957, Gemeindereferentin

44. *„Meine innere Unruhe bleibt und meine Frage nach Berufung, und ebenso mein Traum von einer geschwisterlichen Kirche"* Hildegard Högner-Gierszal, geb. 1963, Theologin und Altenpflegerin

45. *„Für wen sind wir da?"* Christine Hölscher, geb. 1967, Pfarrbeauftragte

46. *„Bleiben und aushalten, die Spannung, den Schmerz und das Nicht-Verstehen"* Sr. Maria Magdalena Hörter OSB, geb. 1954, Benediktinerin

47. *„Seit 50 Jahren muss ich meine Berufung deckeln, damit es mich nicht zerreißt"* Sylvia Horsch, geb. 1964, Gemeindereferentin

48. *„Trage deine Kirche – oder hieß es: ertrage deine Kirche?"*   Anon.

49. *„Die Anliegen vieler Frauen endlich ernst nehmen"*
Hannelore Illchmann, geb. 1945, Gymnasiallehrerin i. R.

50. *„Ich hatte immer das Gefühl, ein Stück Gott bleibt den Männern vorbehalten"*   Anon.

51. *„Meine Begabungen, die von Gott stammen, und meine Gottesbeziehung werden missachtet"*   Anon.

52. *„Zum Altare Gottes will ich treten, zu Gott, der mich erfreut von Jugend auf"* (Ps 43,4)   Gertrud Jansen, geb. 1949, Religionslehrerin i. R.

53. *„Priesterin wollte ich nie werden; die Jünger und Jüngerinnen waren ja auch keine Priester"*   Dorothee Janssen, geb. 1961, Gemeindereferentin

54. *„Nehmen wir es selbst in die Hand"*   Claudia Jobst, geb. 1960, Ergotherapeutin

55. *„Ärger und Wut über die Diskriminierung von Frauen im Namen Gottes"*
Ruth Keller, geb. 1972, Pastoralreferentin

56. *„Ich wollte Menschen helfen, ihr Leben nach Gott auszurichten"*
Eva-Maria Kiklas, geb. 1937, Radiologieassistentin i. R.

57. *„Nichts ist von mir verlangt, als einzig zu leben, lebendig zu sein und dem Ruf zu trauen"*   Anon.

58. *„Nie im Leben hätte ich mich dafür entschieden, mich weihen zu lassen"*
Maria Klemm, geb. 1949, pensionierte Theologin in diversen kirchlichen Diensten im Bistum Basel/Schweiz

59. *„Die Kirche leidet darunter, dass Frauen nicht Priesterinnen werden können"*   Sr. Christine Klimann sa, geb. 1980, Theologin und Ordensfrau

60. *„Wie oft im Leben stehen wir Frauen in persona Christi unseren Mitmenschen gegenüber"*   Benedikta Klinkhammer, geb. 1957, Verwaltungsfachangestellte, Wortgottesdienstleiterin und Religionspädagogin

61. *„Ich tue einen priesterlichen Dienst, auch wenn die Kirche es nicht so nennen würde"*   Ulrike Knobbe, geb. 1956, Diplomsozialpädagogin in Altersteilzeit

62. *„Zermürbender Kräfteverschleiß durch immer wieder aufkommenden Leidens- und Rechtfertigungsdruck"*   Claudia Köring, geb. 1964, Studienrätin

63. *„Alles hat seine Zeit …"*   Hanna Kraume, geb. 1946, Pädagogische Mitarbeiterin in einer Katholischen Familienbildungsstätte i. R.

64. *„Immer stieß ich an die Grenzen meiner Möglichkeiten und meines seelsorglichen/priesterlichen Impulses"*   Martina Kreß, geb. 1962, Dipl. Religionspädagogin, Pädagogin und Therapeutin für Eutonie-Gerda-Alexander

65. *„Pontifex – Brückenbauerin ist mein Ziel"* Sr. Marzella Krieg OSV, geb. 1964, Leiterin des Bildungsforums Untermarchtal, Gestaltseelsorgerin (DGfP)

66. *„Ich arbeite wie in einem goldenen Käfig, bisweilen mit angezogener Handbremse"* Anneliese Kunz-Danhauser, geb. 1955, Theologin und Pastoralreferentin

67. *„Sie sind unsere Pfarrerin"* Adelheid Lappy, geb. 1961, Diplom-Theologin und Pastoralreferentin

68. *„Der Weg meiner verstorbenen Frau Christine, Priesterin zu werden"* Peter Leenen, geb. 1956 (für Christine Leenen)

69. *„Wir träumen einen Traum von einer besseren Welt"* Ulrike Leininger, geb. 1962, Gemeindereferentin

70. *„Was möglich gewesen wäre, wenn ..., ist schon lange nicht mehr meine Frage"* Anon.

71. *„Das ist das, was ich mir von dir wünsche, liebe Amtskirche"* Hannah Lenk, geb. 1999, Studentin der Geographie

72. *„Ich halte Gottesdienste als Frau, als Tochter des Himmels und auch Tochter unserer Erde"* Lisa Lepping, geb. 1959, Pastoralreferentin, Germanistin, Krankenhaus-Seelsorgerin

73. *„Die Warteposition sagte mir nicht zu – Gottes Segen gehört unter die Menschen. Jetzt"* Mag. Melanie Lerchner, geb. 1988, Theologin

74. *„Es ist nicht einfach, diesen Spagat auszuhalten"* Anke Lobmeyer, geb. 1970, Wirtschaftswissenschaftlerin und Klimareferentin

75. *„Es gibt nichts, was meine Sehnsucht stillen kann, Priesterin zu werden"* Irene Löffler, geb. 1957, Theologin

76. *„Unsere Kirche würde vielfältiger, reicher, gerechter und überzeugender"* Anon.

77. *„Längst geschenkt"* Jutta Maier, geb. 1958, Gemeindereferentin

78. *„Institutionell immer in die Zweitrangigkeit verwiesen"* Anon.

79. *„Mein Pastor lacht mich aus und sagt: ‚Ihr wollt ja doch nur die Macht'"* Gudrun Maxelon, geb. 1959, Grundschullehrerin und Gemeindereferentin

80. *„‚Du wirst sein, was du bist' – damit lebe ich sehr gut"* Eva Meder-Thünemann , geb. 1961, Gemeindereferentin für Citypastoral, Supervisorin

81. *„Ich bin nicht Priesterin, aber Prophetin und Hirtin"* Dr. Claudia Mennen, geb. 1963, Leiterin des Bildungshauses Propstei Wislikofen

82. *„Das geht nicht, du bist nur ein Mädchen"* Anon.

83. *„Wenn ich ein Mann wäre, würde ich Diakon werden"* Uta Möhler, geb.1968, Krankenschwester mit Diakonatsausbildung, Mesnerin

84. *„Das Thema macht mich müde ... "* Dr. Maria Anna Möst, geb. 1959, Hochschulseelsorgerin

85. *„Trotz allem gebe ich die Hoffnung nicht auf"* Ingrid Mohr, geb. 1966, Dekanatspastoralassistentin und Bibelreferentin

86. *„Es gibt in der Kirche kein Amt zu meiner Berufung"* Sibil Morgenstern, geb. 1938, verwitwete Familienfrau, Theologin (Fernkurs)

87. *„Ich bin nicht die typische Gemeindereferentin"* Anon.

88. *„Du wirst nur der Handlanger des Pfarrers sein"* Sr. M. Friederike Müller OSF, geb. 1970, Theologin, Pastoralreferentin und Ordensfrau

89. *„Ich durfte erfahren, dass ich Gottes geliebte Tochter bin"* Anon.

90. *„Die Berufung ging verloren, weil ich sie nicht leben durfte"* Dr. Helga Noflatscher-Posch, geb. 1960, Theologin, Historikerin und Gymnasiallehrerin

91. *„Trauen wir Gott denn wirklich nicht zu, dass er auch Frauen beruft?"* Birgit Nowak, geb. 1964, Gemeindereferentin

92. *„Es wäre besser, Weihe und Sendung neu zu definieren und zu bewerten"* Margret Obermeyer, geb. 1958, Gemeindereferentin

93. *„In der Zuwendung zu den Bedürftigen Gottes Liebe erfahrbar werden lassen"* Lisa Oesterheld, geb. 1957, Pastoralreferentin

94. *„Ich hänge an meiner Kirche, aber sie bereitet mir große Schmerzen"* Antonia Maria Papenfuhs, geb. 2000, Studentin

95. *„Meine Wut auf die Kirche und die Liebe zur Kirche blieben immer gleichermaßen präsent"* Martina Patenge, geb. 1956, Pastoralreferentin, Exerzitienleiterin, Gestaltberaterin

96. *„Mein Herz sagt es mir schon lange"* Uta Maria Pfeiffer, geb. 1967, Ingenieurin, Politikberaterin

97. *„Ich bin sicher, dass Gott größer ist als die Kirche, und dass er über jedem Kirchenrecht steht"* Mechthild Prause, geb. 1963, Theologin, Pastoralreferentin

98. *„Gestaltungsmacht"* Anon.

99. *„In Gottes Namen – Amen"* Renate Put, geb. 1944, Theologin, ehem. Leiterin des St. Katharina-Werks, Basel

100. *„Wanderin zwischen zwei Welten"* Dr. Ida Raming, geb. 1932, Theologin, Priesterin (i. J. 2002 contra legem ordiniert)

101. *„Liebt Jesus etwa diese Männer mehr als mich?"* Dr. Kerstin Rehberg-Schroth, geb. 1973, Pastoralreferentin

102. *„Andere Wege"* Marie-Christine Ries, geb.1961, Pastoralreferentin

103. *„Ich werde wohl mein Leben lang auf der Suche sein"* Claudia Rimestad, geb. 1984, Diplomtheologin, Religionswissenschaftlerin, Gemeindereferentin

104. „*Immer öfter war mir, als würde Jesus neben mir gehen"*
Marion Ringler, geb. 1962, Gemeindereferentin
105. „*Papa, können Männer auch Priesterinnen werden?"* Klara Robbers,
geb. 1982, alt-katholische Pfarrerin
106. „*Nichts kann mich tiefer kränken als ein In-Abrede-Stellen meiner
Berufung"* Alwine Röckener, geb. 1970, Gemeindereferentin
107. „*Geburtsfehler: weiblich"* Barbara Rofalski, geb. 1952,
Gemeindereferentin i. R.
108. „*Es geht doch nicht um Macht"* Sr. Katharina Rohrmann OSB,
geb. 1974, Volkswirtin und Ordensfrau (Missions-Benediktinerin)
109. „*Bis heute werde ich als Diakonin betrachtet und angesprochen"*
Walburga Rüttenauer-Rest, geb.1940, Grundschullehrerin, Fachleiterin für
das Fach Religion
110. „*Was mein Weg hätte sein können, wenn er denn möglich gewesen
wäre"* Christa Rita Sahner, geb. 1957, Diplomtheologin, Finanz- und
Personalreferentin
111. „*Die Kirche liegt mir am Herzen, aber ich glaube nicht, dass ich ihr am
Herzen liege"* Andrea Scherer, geb. 2001, Theologiestudentin
112. „*Seit den 90er Jahren erlebte ich eine stete Beschneidung meiner
Kompetenzen"* Dr. Elfriede Schießleder, geb. 1957, Pastoralreferentin
113. „*Es ist lebbar, Seelsorgerin zu sein und gleichzeitig Ehefrau und Mutter"*
Brigitte Schmidt, geb. 1958, Pastoralreferentin
114. „*Ich bin überzeugt, dass die Gleichberechtigung uns von Gott her zusteht "*
Claudia Schmidt, geb. 1971, Pastoralreferentin
115. „*Ohne die Furcht, wieder einmal nicht ernst genommen oder gar nicht erst
gehört zu werden"* Rebecca Schmidt, geb. 1995, Germanistin
116. „*Was geschehen soll an Veränderung, geschieht in mir oder es wird
nicht geschehen"* Hildegard Schmittfull, geb. 1945, Theologin,
Sozialarbeiterin, Mitglied im Katharina-Werk, Basel
117. „*Das alles ist nicht schmerzfrei"* Birgit Anne Schoblocher, geb. 1965,
Theologin und Buchhändlerin
118. „*Ich bin nicht mehr gewillt zu schweigen oder die Dinge einfach
hinzunehmen"* Toiny Schreiner, Säkularinstitut Caritas Christi, geb.1964,
Gymnasiallehrerin
119. „*Die entscheidende Frage ist die der Beziehung und Hinwendung"*
Monika Schuck-Purpus, geb. 1962, Gemeindereferentin
120. „*Die verhärteten Strukturen verhindern eine wahrhaftige Diskussion und
Veränderung"* Anon.
121. „*Warum tun wir es nicht einfach?"* Sr. Lydia Schulte-Sutrum OSB,
geb. 1982, Theologin und Ordensfrau

141. *„Es gibt sie, die Gebetserhörung um Priesterberufungen: es sind die Frauen!"* Sr. Dr. med. Michaela Wachendorfer, geb. 1957, Gemeindeleiterin, Exerzitienbegleiterin

142. *„Mit dem Evangelium nicht in Einklang zu bringen"* Dr. Marie-Theres Wacker, geb. 1952, Theologieprofessorin i. R.

143. *„Verzeihen: Der Kirche verzeihen, dass sie so ist, wie sie ist"* Sr. Marie-Madeleine Wagner OSB, geb.1971, Theologin und Ordensfrau

144. *„Der Dienst am Tisch des Wortes hat für mich sakramentalen Charakter"* Dr. Regina Wildgruber, geb. 1976, Theologin, Beauftragte für Weltkirche im Bistum Osnabrück

145. *„Den Predigtdienst habe ich auf Wunsch von Gemeinden bis ins hohe Alter versehen"* Dr. Irene Willig, geb.1926, Professorin em.

146. *„Mein Weg mit Gott und den Menschen"* Julia Winterboer, geb. 1989, Hochschulseelsorgerin

147. *„Die ‚große' Berufungsfrage habe ich hinter mir gelassen und gehe meinen Weg mit IHM"* Anon.

148. *„Non, je ne regrette rien – nein, ich bereue nichts"* Anon.

149. *„Ich war eine Notlösung, hoffentlich eine gute"* Gabriele Zimmermann, geb. 1958, theol. Mitarbeiterin, Ex-Gemeindeleiterin

150. *„... nur wenn man die Regeln bricht oder faule Kompromisse eingeht"* Inge Zumsande, geb. 1974, Pastoralreferentin

Drei exemplarische Stimmen von Männern

1. *„Berechtigter Hunger nach Teilhabe an der Macht"* P. Ralf Sagner OP, geb. 1962, Diplomingenieur, Diplomtheologe, Dominikaner

2. *„Der Kirche geht viel geistgewirktes Potenzial der Frauen verloren"* Magnus Lux, geb. 1943, Diplomtheologe, Wir sind Kirche, und Christian Weisner, geb.1951, Wir sind Kirche

3. *„Männer und Frauen ergänzen sich auch in der Arbeit am Reich Gottes"* Pfarrer Thomas Müller, geb. 1955, Leiter der Pfarrgruppe Sprendlingen, Dozent für Homiletik im Pastoralkurs des Mainzer Priesterseminars